매티 노블의 조선회상

The Journals of Mattie Wilcox Noble, 1892-1934

매티 윌콕스 노블 지음 | 손현선 옮김

좋은씨앗

조선 사람의 영혼과, 사회의 시대적 아픔을
평생 따스한 가슴으로 보듬어 안은
어머니와 같았던 선교사의 조선 순례기

매티 노블의 조선회상

The Journals of Mattie Wilcox Noble, 1892-1934
by Mattie Wilcox Noble
Copyright ⓒ 2008 by Patricia Noble Sullivan
26 Claremont Cresecnt, Berkeley, California, U.S.A.

Korean Copyright ⓒ 2008
Korean Language rights Licensed to GoodSeed Publishing
All rights reserved

본 저작물의 한국어판 저작권과 사용된 모든 사진자료는
원 판권 소유자인, 저자의 직계가족이 한국 내 독점권을
허락한 〈도서출판 좋은씨앗〉에 있습니다.

초판 1쇄 발행 / 2010년 7월 28일
초판 2쇄 발행 / 2011년 12월 15일

지은이 / 매티 윌콕스 노블
옮긴이 / 손현선
책임편집 / 채대광
펴낸이 / 신은철
펴낸곳 / 좋은씨앗
출판등록 / 제4-385호(1999. 12. 21)
주소 / 서울시 서초구 양재동 2-30, 덕성빌딩 4층(137-886)
영업부 / 전화 (02)2057-3041 / 팩스 (02)2057-3042
편집부 / 전화 (02)2057-3042
홈페이지 / www.gsbooks.org

ISBN 978-89-5874-155-8 03230

Printed in KOREA
□책값은 표지에 있습니다.

The Journals of Mattie Wilcox Noble
1892-1934

추천사

초기 기독교 선교사역에 관한 따뜻한 세밀화

선교는 프로젝트가 아니라 프로세스다. 선교는 단번에 이루어지는 이벤트가 아니라 긴 여정이기 때문이다.

선교는 화려한 사역이라기보다는 매일 매일의 일상에서 일어나는 삶 그 자체다. 선교는 매일의 크고 작은 사건들 속에서 하나님의 존재가 스며들고 인식되는 과정이다.

「매티 노블의 조선회상」에는 저자가 1892년 2월 남편 아더 노블과 결혼하는 때로부터 시작하여, 선교사로 1892년 10월 22일 한국에 도착한 후 자신의 일생을 마무리 하던 1948년 9월까지의 기록이 오롯이 담겨 있다. 이 책은 매티 윌콕스 노블이 자신의 선교사로서, 어머니로서, 전도자로서, 교사로서의 삶을 하루하루의 일기에 꼭꼭 눌러 담아 기록한 것이다. 선교사의 일상과 선교사가 바라본 조선을 놀랍도록 세밀하고 담백하게 그려내고 있어, 당시의 상황을 자세히 볼 수 있다는 점에서 선교적인 측면뿐 아니라 한국의 근대사를 객관적으로 이해할 수 있는 매우 가치 있는 기록이다.

이 책은 한국교회 초기 선교가 어떻게 일어났는지를 살펴보고, 이제 우리는 어떻게 선교할 것인가를 내다볼 수 있는 좋은 선물이 될 것이다. 선교사가 어떤 존재이고, 어떤 일을 하며, 어떻게 그 나라 백성과 울고 웃고 사랑해야 하는지를 알고 싶다면, 이 책이 바로 여러분을 위한 느낌표가 되어 줄 것이다.

한철호 선교사
_선교한국 상임위원장

선교의 웅장한 파노라마를 보여주는 보석같은 책!

매티 노블의 나이 이제 갓 스무 살! 그녀는 선교사의 비전을 가진 멋진 남자 노블(Noble)과 결혼하여, 태평양을 근 한 달간 항해하여, 1892년 10월 21일 서울에 도착한다. 그리고 일기엔 이렇게 썼다. "화요일 밤, (신혼 방을) 도배하려고 벽을 벗겨냈다. 우린 너무 행복하다."

나는 이런 신혼여행을 "세상에서 가장 아름다운 신혼여행"이라 부르고 싶다. 왜냐하면 매티의 신혼여행은 조선에서 42년간의 선교행전으로 이어졌고, 우리 민족의 수많은 영혼을 살린 '생명행전'의 역사로 이어졌기 때문이다.

매티 선교사의 글은 초창기 언더우드 선교사, 아펜젤러 선교사, 홀(Hall) 선교사 가족들의 삶과 사역으로 시작하여, 평양 대부흥운동, 삼일 만세운동, 암울한 일제시대, 2세 선교사들의 삶과 사역까지, 선교부흥기에 일어난 모든 것을 총체적으로 보여주는 조선 선교의 웅장한 파노라마(Panorama)이다.

40년 넘게 이 땅을 섬긴 삶과 사랑, 기쁨, 슬픔 등 그가 느꼈을 온갖 감정이 담담하고 진솔하게 표현된 이 일기를 통해, 우리는 지금 당연히 누리고 있는 것 같은 천국 복음이 수많은 선교사들의 하나님을 향한 신뢰와 인내, 희생을 통한 것임을 새삼 깨닫는다.

미지의 조선 땅에 평생을 바친 헌신적인 한 여선교사의 눈에 비친 조선 땅과 거기서 살아가던 선교사들의 소소한 일상들, 그리고 격변하는 시대 속에서 친히 일하신 하나님의 역사가 생생하게 펼쳐져 있는 살아있는 기록들.

책 가득히 담긴, 눈물과 땀이 묻은 그 기록이 우리를 열정의 시대로 초대한다.

이용남 선교사
_선교동원가, 세계선교공동체(World Mission Community) 대표

추천사 5
서문 11
옮긴이의 글 19

1. 스무살 26
2. 성벽을 넘다 32
3. 조선 사람들 72
4. 청일전쟁 86
5. 이 풍랑 인연하여 94
6. 눈물로 씨 뿌리는 자는 112
7. 어린아이의 믿음 146
8. 흩어지는 씨앗 182
9. 문도라의 이야기 210
10. 다시 격변의 나라로 218
11. 나의 죄를 씻기는 242
12. 안으로는 다툼이요 264

13. 백만인 운동 292
14. 허다한 증인들 314
15. 개척자들의 이름 354
16. 3·1 운동 388
17. 제암리 426
18. 내 주를 가까이 하게 함은 440
19. 조선의 서양 선교사 456
20. 우리의 일부분 : 노블 가족 이야기 496
21. 험악한 시절의 일상 560
22. 자립하는 조선교회 614
23. 본향으로 638

감사의 글 645
옮긴이 주 646

| 알림 |

1. 본서는 원문의 순서를 그대로 따르지 않고 의미 있는 사건이나 시간의 흐름에 따라 독자들의 편의를 위해 일정 부분을 재배열하였다.
2. 특별한 언급이 없는 한 미주와 각주, 그리고 본문 중간에 대괄호([ ]) 안의 설명은 모두 옮긴이의 것이다. 단, 둥근괄호 안의 내용은 저자의 것임을 밝혀둔다.
3. 서양식 도량형은 되도록 한국의 독자들에게 친근한 도량형으로 편집자가 변환하여 둥근괄호와 함께 표시했다.
4. 날짜 옆에 달린 소제목은 저자의 것도 있으나 편의상 편집자 및 옮긴이가 붙이기도 했다. 요일은 저자가 공개한 부분만 올라와 있다.

The Journals of Mattie Wilcox Noble
1892-1934

서문

　매티 윌콕스 노블과 그녀의 남편 윌리엄 아더 노블은 1892년부터 1934년까지 조선의 감리교 선교사였다. 이 42년간 매티 노블은 일지를 썼으며, 아내로서, 어머니로서, 주부로서, 그리고 선교사로서 그 삶의 사건들을 연대기순으로 기록했다. 펜이건 연필이건 손에 잡히는 대로, 종종 시간에 쫓기며 휘갈기듯 써내려갔고, 때로는 한글로 쓰기도 하며 6권의 공책을 채워나갔다. 그녀의 주요한 목적은 아마도 조선에서의 선교사 생활에 관해 이야기하려는 것이었을 것이다. 그리고 그녀는 그 삶의 기쁨과 좌절의 생생한 기록을 남겼다.

　그러나 매티의 일지는 미국 선교사의 관점에서 본 20세기 전환기의 조선에 관한 놀라운 사실들을 제공하기도 한다. 의복, 음식, 집, 결혼식, 종교적 관행, 여성과 아이들의 처우, 일본 치하의 삶, 그리고 기독교인이 된 조선인들이 나날이 겪는 문제들에 관한 상세한 묘사가 있다.

일지엔 또한 그녀와 아더가 말할 수 없이 자랑스러워했던 일곱 자녀들에 대한 일화들이 몇 편 포함되어 있다. 5명은 자라 어른이 되었다. 둘째와 셋째 모두, 그러니까 시릴과 메이는 둘 다 생후 1년이 다 될 즈음에 죽어 평양에 묻혔다. 첫아이 루스는 1894년 서울에서 태어났다. 다른 4명의 자녀들은 모두 평양에서 태어났다. 앨든은 1899년에, 해럴드는 1903년에, 쌍둥이 글렌과 엘머는 1909년에 태어났다. 루스 노블은 헨리 도지 아펜젤러와 결혼하였는데, 그는 1885년 조선 최초의 감리교 선교사로 내한한 헨리 아펜젤러의 아들이다.

매티가 1892년 새신랑인 남편과 함께 조선에 갔을 때 그녀는 스무 살이었다. 13명 자녀 중 11번째 자녀였고 어린 시절을 보낸 펜실베니아의 작은 마을 윌크스배리 인근 바깥으론 한 번도 나가본 적이 없었다. 그녀는 마음이 푸근하고 열정적인 사람이었으며 결코 흔들림이 없었던 탄탄한 목소리를 가지고 있었다. 노래하기를 즐겼고, 특히 찬송가를 즐겨 불렀다. 노래할 때는 온몸을 흔들며 음악에 박자를 맞추곤 했으며 시 암송을 좋아했다. 자녀들에게 시를 가르쳤고, 아이들도 아주 어릴 때부터 제스처를 하며 시를 암송했다. 독자들이 알게 되겠지만, 매티는 그녀의 인생의 감정이 북받치는 시기마다 시를 썼다.

매티의 종교적, 도덕적 신념은 확고했으며 그녀는 확신을 가지고 그 신념을 이야기했다. 그녀는 사후에 아름다운 세계가 있음을 믿었으며 그곳에서 가족들과 친구들이 그녀를 알아보고 그녀 또한 그들을 알아보게 될 것이라 믿었다. 그녀의 아들들은 황금길을 걸으며 하프를 가지게 될 것이란 그 확고한 믿음에 관해 곧잘 그녀를 놀리곤 했다. 그러나 그녀는 자신의 신념에 관한 한 흔들림이 없었다. 그녀는 또한 사랑이 많고, 상상력이 풍부했으며 낙천적이었다. 그리고 생애 내내 이 세상을 경쾌한 선교사의 열정으로 직면했다.

그녀의 자녀들과 손주들은 아침이면 그녀의 발랄한 목소리가 이렇게 노래하는 소리를 들으며 잠에서 깨곤 했음을 추억한다. "네가 누워 꿈꾸는 동안 새 날이 가고 있으니 일어나라, 다른 이는 갑옷을 채우고 전쟁터로 갔다네." 그 목소리엔 전쟁터 부분에서 가볍게 발을 구르는 동작도 포함되어 있었다. 아니면 때론 아래와 같이 시작되는 토마스 칼라일의 시를 즐겁게 암송하곤 했다. "보아라, 여기 또 다른 푸른 날이 밝았도다. 생각하라! 이 날을 허비해 흘러가게 할 것인가?"

비록 낙천성이 매티의 인격의 중심이었지만 그녀의 일지엔 매우 가슴 아픈 시절도 묘사되어 있다. 그녀가 숨지기 8년 전의 마지막 일지엔 "그가 나를 돌보시네."란 찬송을 라디오에서 들었던 이야기를 적고 있다. "세월의 슬픔이 견딜 수 없을 정도로 너무 깊이 차오르는 것 같았다. [이런 감정들은] 대개 재빨리 소리 없이 예수님께 도움을 청함으로 조절할 수 있다. 그리고 인생은 달콤한 평상심을 되찾는다. 고로 모든 게 평안하다."

매티 윌콕스 노블이 우리의 가슴에 살아있듯이 그의 일지를 통해 길이길이 살아남길 바란다.

2008년 6월,
가족대표이자 매티 노블 부인의 손녀들인
패트리샤 노블 설리번, 실비아 노블 테쉬

FORWARD

To The Journals of Mattie Wilcox Noble

Mattie Wilcox Noble and her husband William Arthur Noble were Methodist missionaries in Korea from 1892 to 1934. During these forty-two years, Mattie Noble kept a journal, chronicling the events of her life as a wife, mother, homemaker, and missionary. She filled six separate notebooks, writing with whatever pen or pencil was available, often scribbling hastily, sometimes using Korean characters. Her main purpose was probably to tell about missionary life in Korea, and she leaves a vivid record of its joys and frustrations. But Mattie's journals also provide a fascinating view of Korea at the turn of the 20th century from the perspective of an American missionary. There are detailed descriptions of clothing, food, houses, marriage ceremonies, religious practices, treatment of women and children, life under Japanese rule, and the daily problems of Koreans who had become Christians.

The journals also contain a number of anecdotes about the lives of her seven children, of whom she and Arthur were inordinately proud. Five grew to adulthood. Both the second and third children, Cyril and May, died near the end of their first year and are buried in Pyongyang. The oldest child, Ruth, was born in 1894 in Seoul. The other four children were all born in Pyongyang —Alden in 1899, Harold in 1903, and the twins, Glenn and Elmer, in 1909. Ruth Noble married Henry Dodge Appenzeller, son of the first Methodist missionary to Korea, Henry G. Appenzeller, who arrived in 1885.

When she went to Korea with her new husband in 1892, Mattie Noble was twenty years old. The eleventh of thirteen children, she had never been away from the area around the small town of Wilkes Barre, Pennsylvania where she grew up. She was a hearty, enthusiastic person with a strong voice that never became quivery. She loved to sing, especially hymns, and she swayed as she sang, keeping time to the music. She also loved to recite; she taught her children poems that they in turn recited with gestures from the time they were very small. As the reader will be aware, she herself composed verses at emotional periods in her life.

Mattie's religious and moral values were definite, and she stated them with conviction. She believed in a beautiful world after death where she would recognize and be recognized by family and friends. Her sons were inclined to tease her about her certainty that she would have a harp and walk on golden streets, but she was steadfast in her belief. She was also loving, imaginative, and optimistic. And throughout her life she met the world with a joyful missionary's zeal. Her children and grandchildren recalled being awakened in the morning by her cheerful voice calling, "Arise for the day is passing, while you lie dreaming on. Others have buckled their armor and forth to the fight have gone." The light stamping of feet marching in place would accompany her voice. Or sometimes she would merrily recite the poem by Thomas Carlyle that begins:

Lo, here hath been dawning another blue day.

Think! Wilt thou let it slip useless away?

Although optimism was central to Mattie's character her journal describes times of great heartbreak. In her very last entry, eight years before her death, she writes about hearing the hymn "He Cares for Me" on the radio : "The sorrow of the years seemed to fill my heart too deeply to bear. [These feelings] are mostly controlled by my quickly and silently asking Jesus to help me, and life smoothes out sweetly. So all is well."

May Mattie Wilcox Noble live on and on through her journals as she does in our hearts.*

---

* 위 서문의 원안은 1986년 매티 윌콕스 노블의 며느리인 마르다 하우저 노블이 쓴 것이다. 후에 마르다의 딸 패트리샤 노블 설리번(Patricia Noble Sullivan)과 실비아 노블 테쉬(Sylvia Noble Tesh)가 개정한 것을 2008년, 이 책을 위해 업데이트했다. 매티의 일지들은 그녀가 1956년 세상을 떠난 후 캘리포니아 스톡턴에 모두 보관되었다. 일지의 원본과 타자 사본은 현재 미국 뉴저지 주 매디슨 소재 드루대학에 소장되어 있다.―패트리샤 노블 설리번

The Journals of Mattie Wilcox Noble
1892-1934

옮긴이의 글

매티 노블의 일지를 처음 만났을 때의 흥분을 기억합니다. 아이들 유치원 보내고 남는 시간에 호기심으로 읽기 시작한 조선 선교에 관한 책들이 꼬리에 꼬리를 물다가, 매티 노블의 일지로까지 이어지게 되었습니다. 타자기로 친 사본을 성능이 좋지 않은 복사기로 거칠게 복사한 후, 더 거칠게 제본해 놓은 이 일지는 오랫동안 학자들의 서가에 파묻혀 있었습니다. 한 장 한 장 넘기며 이 책은 많은 선교 사료들에서 볼 수 없었던 독특한 가치가 있다는 걸 알 수 있었습니다. 대개의 사학자들의 자료에 나온 선교사님들은 비현실적이리만큼 완벽한 모습인데 반해, 매티 노블의 일지엔 한 선교사의 인간적인 면모가 진솔하게 드러나 있습니다. 아마도 이 책을 읽으면 가장 좋을 독자들은 선교사님들과 선교사의 꿈을 품고 계신 분들이라 생각됩니다. 매티 노블의 진솔한 기록이 그분들에게 도움이 되었으면 하는 소박한 바람으로 번역을 시작했고, 혹시나 하는 생각에 「닥터 홀의 조선회상」을 출판한 〈좋은씨앗〉 출판사에 연락을 하고, 또 혹시나 하는 마음에 노블 생존가족의 연락처를 찾아 미국에 전화를 걸었습니다. 첫 통화에 연락이 되었고, 노블 가족은 출판을 허락하며 사진을 제공하고 많은 도움을 값없이 후하게 주었습니다. 몇 달 후 배재학당 아펜젤러-노블 기념관 개장을 기념하여 한국에 초대받아 온 노블 가족을 만나게 되었습니다. 하얀 백발에 선한 눈을 가진 참 곱게 늙으신 할머니 두 분, 매티 노블의 손녀인 패트리샤 노블과 실비아 노블이 가족을 대표하여 나왔습니다. 일지 형식으로 쓰여 있어 출판되리라고는 생각 못했다며, 할머니를 추억하며 기뻐하던 모습이 눈에 선합니다. 이 미국 할머니들의 눈에 비친 21세기의 대한민국을 매티 노블이 보았다면 평소의 습관대로 시 한 수 남겼을 텐데, 어떤 시였을지 궁금합니다.

100여 년 전 매티 노블이 보았던 조선은 더럽고 미개하고 암담한 땅이었습니다. 매티가 첫 아이를 맡기기 위해 조선인 보모를 구했는데 너무 지저분해서 돈을 주고 공중목욕탕에 보냈다는 이야기, 조선인들을 초청하여 복음을 전파한 후 이 벌레가 떨어졌을까봐 대청소를 했다는 이야기가 기억납니다. 일지를 읽다보면 매티 노블이 선교사로서 겪었던 인간적인 회의와 좌절이 생생하게 느껴집니다. 고종황제가 미국으로 파송한 최초의 주미 대사 일행을 인도했던 닥터 알렌(Allen)의 기록엔 항해 중 사절단의 어깨에 이 벌레가 기어다니는 걸 보며 잡으라고 지적했다는 기록도 있습니다. 한 나라의 대사일행 치고는 참으로 초라한 행색이었던 것 같습니다. 100여 년 전 조선에 왔던 많은 선교사님들은 이 더러움과 미개함과 희망없음 등과 각자의 방식으로 분투해야 했을 것입니다. 아래의 기록은 스물다섯의 매티 노블이 조선 선교생활 5년 차에 기록한 것입니다.

1897년 12월 6일

난 속이고 도둑질하고 미련한 이 사람들이 지긋지긋하다. 가끔 사람들이 언짢게 하는 통에 신경 쓰느라 머리가 지끈거리며 어찌할 바를 모르겠다. 무슨 물건을 사든 너무 속이기 때문에 진이 빠진다. 그러나 내가 왜 이리 적고 있는지 나도 모르겠다. 난 이 사람들을 사랑하고 이들을 위해 일하고 가르치는 걸 온전히 즐기며 큰 영광이라고 여긴다. 그러나 미국에 사는 것보다 더 빨리 늙고 흰 머리가 더 많이 생기리라는 생각은 든다.

1892년 스무살의 나이에 시작한 선교여정은 조선의 격변의 세월의 풍랑을 타고 이어지며, 그 여정을 통해 매티 노블의 조선인에 대한 관점이 변하고 사랑이 깊어지는 것을 읽을 수 있을 것입니다. 그리고 그녀 자신이 한 사람의 선교사로서 아픔을 통해 성장해가는 것을 읽을 수 있습니다. 다음은 둘째와 셋째 아이의 죽음 이후 매티 노블의 기록입니다.

1899년 4월 6일

사랑하는 아기 메이가 태어났을 때 메이는 나의 끝없는 기쁨이었다. 내 맘 속엔 항상 이 기도가 있었다. "아버지, 메이는 제 곁에 있게 해 주세요." 이것이 주님의 뜻이라는 것엔 일말의 의심도 없었다. 주님은 우리 시릴을 데려가시지 않았는가. 고로 메이는 내 것이다. 이 사실로 인해 한 점 구름 없는 기쁨이 있었다. 내 기쁨의 잔은 흘러넘쳤고 흘러넘치며 슬픔과 번뇌로 변하였다. 우리의 사랑하는 알덴은 여기, 내 곁에 있다. 하지만 이젠 항상 기뻐하지 않으며 항상 열망한다. 내 마음은 온종일, 밤새도록 알덴이 살아남길 바라는 단 하나의 긴 열망일 뿐이다.

그리고 이후 4개월이 지난 다음의 기록입니다.

1899년 8월 15일

오늘 한 나이든 기독교인 부인이 시골에서 올라온 다섯 명의 다른 부인들을 데리고 날 보러 왔다. 친구들이 외국인이나 외국인의 집을 한 번도 본 적이 없으니 구경하도록 허락만 해 주면 예수를 믿을 거라는 생각이었다. 고로 부인은 계속 일행에게 예수를 믿으라고 했다. 부인은 거리를 거닐다가 엎드려 기도하고 싶은 충동을 느낀다고, 길에서 무릎 꿇고 기도하는 게 잘못된 거냐고 물었다. 나중에 일어나면서 그는 내가 자기 기도를 듣고 제대로 기도하는 건지 말해주겠냐고 했다. (…) 부인

이 기도하려고 엎드리자 다른 친구들도 함께 엎드렸다. 부인
은 가슴 뭉클한, 완벽한 믿음의 기도를 드렸다. 그는 분명 주님
의 어린아이가 되었다.

  두 아이를 잃은 상실감의 기록과 구원받은 한 어린아이 같은 영혼을 보는 감격의 기록은 불과 몇 개월의 간극이 있습니다. 그 간극 사이에 질그릇과 같이 깨지기 쉬운 연약한 인간 매티 노블과 질그릇 속에 보배를 감추어두시고 그를 연단하여 사용하시는 하나님의 역사가 있으리라 믿습니다.

  스무 살의 매티 노블이 서울에 도착한 날, 성벽으로 둘러싸여 있는 서울의 사대문은 밤 9시 이후 통행금지로 굳게 잠겨 있었고, 노블 부부는 모펫(Moffet) 선교사가 미리 준비해둔 밧줄로 성벽을 타고 넘습니다. 쇄국으로 굳게 닫혔던 조선에 도둑처럼 숨죽이고 입성했던 매티 노블은 남편과 함께 40여 년의 세월을 조선에 바쳤고 조선 선교에 그들이 남긴 발자취는 두드러질 만큼 선명합니다. 40년 후 조선 감리교 개척자였던 윤치호 씨는 그의 일기에서 노블 선교사 부부에 대해 이렇게 기록했습니다. "북감리교 선교위원회가 재정 압박 때문에 20명의 선교사를 소환하기로 결정했다. 노블 박사도 조선을 떠나게 되었다. 노블 박사 부부는 40년 넘게 조선에서 선교사로 일해왔다. 그들은 조선 감리교에 없어서는 안 될 사람들이다. 북감리교가 그들을 데려가기로 결정한 건 큰 실수인 것 같다."

  이 책은 매티 노블 일지의 완역이 아니라 가독성을 위해 적잖

은 부분을 편집한 것입니다. 호기심으로 시작한 독서의 여정이 출판으로 이어지는 과정은 가이드 없이 무작정 떠난 여행길 같았습니다. 다시는 무모한 길 떠나지 않겠다고 다짐하며 매티 노블과의 동행기를 접습니다.

옮긴이 손현선

1장

스무살

Journals of Mattie Wilcox Noble

 1892년 6월 30일 목요일. 결혼신고서

아더(William Arthur Noble)와 내가 와이오밍 신학대학에서 알게 된 지 3년하고 여러 달 여러 날이 지났다. 그간 시간은 유쾌하고 빨리 흘러갔다. 우리는 조선 선교사로 임명받았고 8월 28일 밴쿠버에서 뱃길에 오를 예정이다. 많은 염려를 자아냈던 결혼신고서를 취득하였다. 절차는 오판스 재판소에 가서 밟았다. 내가 아직 성인이 아니기 때문에 엄마도 같이 가야만 했다. 재판소 서기는 결혼신고서가 신문에 게재되지 않게 하려면 1달러를 더 내라고 했다. 결혼식 전에 졸업식에 참석해야 했기 때문에 게재되지 않았으면 하는 어리석은 바람이 내게 있었다. 그러나 내 딱한 1달러에도 불구하고 그날 석간과 다음 주 월요일자 신문에 결혼공고가 실렸다.

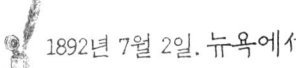 1892년 7월 2일. 뉴욕에서

아더는 날 뉴욕 5번가의 감리교 선교본부로 데리고 갔고 우린 볼드윈(Baldwin), 레오나르드(Leonard), 펙(Peck) 박사님들을 만났다. 매우 친절한 분들이었다. 어떤 시험을 통과해야 하는 건 아니었고 볼드윈 박사는 내가 건강하냐고만 물었다. 그는 우리를 서적실(Book Room)로 데리고 가 그곳 비서에게 소개시켜주고 청년 하나에게 이 거대한 빌딩 안내를 부탁했다. 정기간행물 〈크리스천 애드버킷〉(*The Christian Advocate*), 주일학교 신문, 주일학교 책자 등이 여기서 인쇄된다. 제본실 등 모든 게 다 있다. 이곳은 세계 최대의 종교서적기구다.

18세의 매티 윌콕스 노블. 조선 선교사역을 위해 떠나기 전 펜실베니아에서.

1892년 7월 3일. 대조적인 두 가정

우리는 뉴욕에 있는 아더의 친구들을 방문했다. 헤이에즈 씨 집에 가는 길에 소낙비를 맞았다. 부부는 우리를 따뜻하게 맞아주었다. 남편은 술주정뱅이였으나 치유되었다. 이전엔 고통과 궁핍의 가정이었던 곳이 이젠 아주 행복한 크리스천 가정이 되었다.

다음엔 크로포드 부부의 집으로 갔다. 이 집은 하나님의 축복이 머무르지 않는 빈곤과 절망의 집이다. 궁색해 보이는 건물로 들어가 대문을 두드리자 들어오라고 했다. 방안엔 가구가 거의 없었으며 매우 더러웠다. 위스키 병이 바닥에 나뒹굴었고 병의 내용물이 웅덩이를 이루고 있었다. 크로포드 부부는 둘 다 신앙을 가졌지만 여러 번 실족했다. 아더가 이 술 취한 사람과 대화하려고 하자 그는 자기는 낙오자라며 부질없는 짓이라고 했다. 아더는 하나님께선 일흔 번에 일곱 번이라도 용서하신다고 했다. 그는 술 생각이 나지 않도록 여러 번 기도하고 또 했지만 실패했다고 했다. 아내는 내 목에 팔을 두르고 입을 맞추었다. 아더는 그들에게 무릎 꿇고 기도하자고 했다. 오, 그 남자의 번뇌와 공포를 난 절대 잊지 못할 것이다. 그들을 저녁 선교부 모임에 데려가려 했으나 여의치 않았다. 시간이 늦어 우리만 매디슨 거리로 출발해야 했다.

1892년 7월 5일. 아더의 안수식

오전엔 방에 머무르며 휴식했다. 오후에 안수식이 있어 선교

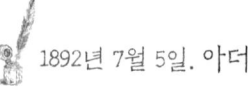

본부로 갔다. 식(式)은 굿셀(Goodsell) 감독이 주재하였다. 참석한 사람들은 볼드윈, 레오나르드, 펙, 헌트(Hunt) 박사님들, 해외여선교부 회장 스키드모어(Skidmore) 부인, 드루 신학대학 학생 테일러 씨, 그리고 다른 훌륭한 분들이 몇 분 더 계셨다. 예배는 엄숙했다. 아더는 집사로 임명받고 이내 장로가 되었다. 훌륭한 여섯 분과 감독님이 그의 머리에 안수했다. 예배가 끝나자 굿셀 감독님은 즉석에서 몇 마디 하시고 나에게 악수를 청하고 우리를 축복하셨다. 예배 후 볼드윈 박사는 우리를 그의 누이들과 딸들에게 소개했다. 누이는 볼드윈 박사가 해외 선교지로 나갈 때 꼭 아더처럼 젊었다고 했다. 우리가 젊다고 생각하는 모양이다. 볼드윈 박사 누이는 내 나이를 물었다. 스키드모어 부인이 내가 아무리 많아도 열아홉은 안 될 거라고 했단다. 난 스무 살이다.

2장

성벽을 넘다

Journals of Mattie Wilcox Noble

 1892년 9월 12일 수요일. 요코하마를 거쳐

어제 아침 일본이 시야에 들어왔고 정오가 되어 항만에 닻을 내렸다. 13일간 바다에서 지낸 후 대지를 다시 보는 건 유쾌한 일이었다. 요코하마에 정박하자 눈에 들어온 풍경은 얼마나 기이하던지! 작은 증기선과 나룻배들이 우리를 항구로 실어 내리려 왔다. 보트에서 나온 일본인 중엔 셔츠와 밑가리개 천만 걸친 사람도 있었고 바지만 걸친 사람도 있었고 아예 밑가리개 천만 두른 사람도 있었다. 그들은 벗은 황색 몸으로 보트 위에서 이리저리 옮겨다녔다. 모든 게 너무 이상하고 낯설었다.

 1892년 10월 21일. 서울에 도착하다

아더와 난 서울의 우리 새 집에 와 있다. 화요일 밤에 도배하려고 벽을 벗겨냈다. 우린 행복하다.

오늘 저녁 조선 소녀 세 명이 날 보러 왔다. 그들은 학교에 다니며 영어를 알아듣는다. 의자에 앉질 않고 바닥에 앉거나 무릎을 꿇거나 내 의자 주위에 서 있었다. 두 명은 17살이었고 다른 하나는 16살이었다. 내게 노래를 해보라고 해서 한 곡 불렀고 함께 몇 곡을 불렀다.

우린 10월 15일 부산에 도착했고 조선과 조선인을 처음 구경했다. 상륙하여 종일 즐거운 시간을 보냈고 하디[1] 일가족과 저녁 식사를 했다. 제물포엔 10월 17일 월요일에 도착했다. 흰 옷을 입은 사람들이 항구로 우릴 보러 나왔다. 한 조선인은 250파운드(약 113킬로그램)나 나가는 크고 무거운 트렁크를 등에 짊어졌다. 이 사람들은 모든 걸 등에 짊어진다.

제물포의 스튜어드 호텔에서 한 밤 지내고 다음날 아침 9시에 강을 따라 올라가는 작은 증기선에 올라탔다. 우리와 동행한 사람들은 유쾌했으며 뱃길은 매우 즐거웠다. 스크랜턴 박사(Dr. W. B. Scranton) 부부, 올링거(Rev. F. Ohlinger) 씨와 모펫(Samuel. A. Moffet) 씨가 우리 일행(데이비스[Davis] 양, 테프트[Taft] 씨, 아더, 나)을 맞으러 나왔다. 8시쯤 되어 서울에서 3마일(4.8킬로미터) 떨어진 곳에 내렸다. 세 명 태울 가마를 보내달라고 전신을 쳤는데 가마는 두 개만 와서 데이비스 양과 내가 번갈아 걸었다. 조선인 하인 몇이 서울의 선교사들을 맞으러 나왔고 우린 꽤 큰 무리가 되었다. 어떤 하인들은 랜턴을 들고 왔다. 가마는 기다란 대나무 막대기가 양쪽에 달린 바구니 의자였다. 두 남자가 가마 하나를 멨다. 이

건 굉장히 새로운 경험이었다. 일본의 인력거가 매우 매우 비인간적이라고 생각했는데 가마는 훨씬 더 비인간적이다.

성벽을 넘다

서울은 성벽에 둘러싸인 도시다. 도시를 둘러싼 돌 벽은 길이가 약 12마일(약 19킬로미터)이며 높이는 30피트(약 9미터)이다. 8시에 성문이 닫히며(시간은 가변적이다) 그 후엔 아무도 출입할 수 없다. 예전엔 성벽을 넘다 걸리면 사형에 처했다고 한다. 이젠 처벌은 추방에 그치지만 다른 일부 법들처럼 더 이상 집행되지 않는다. 서울엔 9시경에 도착했다. 사무엘 모펫 씨는 우리가 늦게 도착할 줄 알고 성벽을 타고 갈 밧줄을 준비해 두었다. 성 안쪽에 높은 둔덕이 있는 곳이 있다. 신사 몇이 가파른 돌벽 위로 올라가 밧줄을 단단히 잡아당기고 한 사람은 밧줄 한쪽 끝을 허리에 고정시키고 성 안쪽에 서 있었다. 얼마 후 우리 대(大)부대는 성벽을 타고 입성했고 아더와 나는 새 집에 도착했다. 홀 박사는 여행 중이었고 홀 부인(Rosetta Hall)이 우릴 반겨주었다. 당분간 이 집에 기거하게 될 것이다. 우리는 거실, 화장실, 침실, 방 세 개를 쓴다.

19일 수요일 우리 어학선생이 왔다. 그는 영어를 못한다. 선교사들은 영어를 못하는 어학선생을 권한다. 그의 이름은 장 서방이다.

1892년 10월 23일 일요일. 조선에서의 첫 주일예배

오늘은 조선에서 맞는 첫 일요일이다. 평안한 하루였다. 난 조선여자들의 주일학교에 참석했다. 다른 사람처럼 바닥의 매트 위에 앉았다. 여기서 모든 소녀와 여성들에게 그리스도를 가르치는 선한 사역이 이루어지고 있다. 여자들 몇을 소개받았다. 조선 처녀가 교회에 오면 세례 때 새 이름을 받는데 영어 이름이 일반적이다. 조선 처녀는 결혼하면 옛 이름은 잃어버리고 그렇다고 남편 이름을 따르는 것도 아니다. 그래서 기독교식 영어 이름이 있으면 그 이름을 쓴다. 아더는 조선인 남자 모임에 갔다. 한 마디도 못 알아들었지만 낯익은 곡조들이었다. 웅장하고 오래된 감리교 찬송가들을 타국어로 듣는 건 아름다운 경험이다.

1892년 10월 29일. 조선 소녀들

아더는 내일 설교를 준비하고 있다. 조선에서의 첫 설교다. 어젯밤 조선 소녀 두 명이 날 보러 왔다. 한 명은 19살이고 한 명은 16살이었다. 19살 소녀 수잔은 너무 어려 보였고 난 더 어린 소녀인 에스더2에게 다른 소녀의 이름을 물었다. 에스더는 그녀의 이마와 머리에 꽂은 긴 머리핀[비녀]을 가리키며 결혼했다고 했다. 수잔은 3년 전 결혼했고 조선 소녀들은 10살, 12살, 14살, 15살에 결혼하는 일이 흔하다고 했다. 소녀들은 결혼할 때 이마 양 옆과 위의 잔머리들을 다 뽑아버린다고 했다. 에스더에게 아프지 않냐고 물었더니 매우 아프다고 했다.

1892년 11월 14일. 영난이

우리는 매우 유쾌한 하루를 보냈다. 이곳의 가을 날씨는 고국의 인디언 섬머3가 오래 지속되는 것 같이 매혹적이다. 오늘은 왕비의 생일로 조선의 공휴일이다. 오늘 저녁 닥터 윌리엄 스크랜턴 부부, 페인(Paine) 양, 엘라 루이스(Ella Louise) 양, 아더, 나는 경축행사를 보려고 큰 길로 나갔다. 거리는 색색의 연등과 불빛으로 밝았다. 우리의 심부름꾼 소년 영난이는 연등을 들고 앞장섰다. 그의 흰 옷은 매우 더러워 로제타 홀 부인이 영난이에게 새 옷을 주문해주었다. 그는 불교 승려가 되려고 공부하였다고 한다. 이곳에서 승려는 하층민에 속한다. 영난이는 미국의 어정쩡한 십대소년을 떠올리게 한다. 외국인을 양귀자(洋鬼子)라고 부르는 중국과는 대조적으로 이곳에선 외국인을 높이 존중한다. 우리는 여기서 '대인'(大人)이나 '대부인'으로 불린다. 밤거리는 꽤 붐볐다. 영난이와 다른 외국인의 하인들은 앞서 가며 길을 뚫었다. 대인이 가니 길을 비키라면 인파가 물러난다. 우리 소년은 양반에게 이래라 저래라 하는 걸 즐기는 듯했다.

이 민족엔 거대한 카스트 제도가 존재하며 내가 알기론 두 개의 분명한 계층이 있다. 막노동꾼이나 일꾼계층이 있고 또 양반계층이 있다. 양반은 품위를 떨어뜨린다고 생각하는 육체노동은 전혀 하지 않는다. 우리와 친분이 있는 양반들에게 미국에서는 상류층도 일하는 게 존중 받는다고 알려줬다. 다른 계층마다 쓰는 말도 다르다. 각각 호명방식도 다르다. 우리에겐 옛날보다 벌이가 좋아지자 양반이 된 하인이 한 명 있다. 그는 물건을 사고 식탁시중을 들며 문지기 일을 한다. 조선인은 한 가지 특정한 일만 하지는 않는다. 우리가 사는 이 나라는 문자 그대로 '부(富)가 짐이 되는' 나라이다. 남자들과 당나귀는 등에 돈짐을 지고 다닌다. 화폐는 가운데 구멍이 뚫린 둥그런 엽전인데 줄이나 새끼로 꿰어 다닌다. 3,350냥이 금화 1달러이다. 오늘 저녁 본 광경은 여장(女裝)소년들이 남자들[광대들] 어깨 위에 올라가 함께 춤추는 모습이었다.

1892년 11월 27일 밤 수프

이젠 지난 며칠 간 있었던 일들을 적어야겠다. 11월 22일 아더와 난 오전 내내 우리 방에서 조선어로 주기도문을 공부했다. 오후엔 어학선생을 내보내고 기도문을 가지고 산기슭으로 긴 산책을 갔다. 경치를 즐길 수 있는 좋은 곳을 찾아낸 후 다시 기도문을 공부하기 시작했다. 6시쯤 되자 더듬더듬하나마 끝까지 할 수 있었다. 다시 집에 돌아오자 훌륭한 저녁식사가 우릴 기다리고 있었다. 고국에서 먹는 음식은 거의 여기 다 있으며 토속적인 음식도 있다. 감, 호두, 그리고 생으로 먹으면 맛없지만 삶아 소금을 약간 찍어 먹으면 아주 맛있는 큰 밤을 많이 먹는다. 땅콩은 중국산이 판매되며 귤과 다른 여러 종류의 과일들도 구할 수 있다. 어느 날 밤 홀 부인이 저녁에 수프거리가 떠오르질 않아 고민하다가, 밤 수프는 들어본 적이 없었지만 삶아서 으깨면 수프로도 괜찮을 듯했다. 그래서 요리사에게 밤 수프를 만들라고 했다. 요리사는 어떻게 만드냐고 물었다. 홀 박사는 포테이토 수프처럼 만들면 된다고 했다. 이제 우린 밤 수프를 아주 자주 먹는다. 꽤 맛이 좋다.

우린 유연탄을 쓴다. 먼지가 많이 생긴다. 난로 연통은 금방 가득 찬다. 2주일에 한 번쯤 먼지를 쓸어 내줘야 한다. 고향집에 크리스마스 때 도착하게끔 조선 물품들을 보냈다. 친정 시댁 양가에 6개의 조선 골무를 보냈다. 아더의 어머니, 에마, 툴라, 벨, 메이에게 하나씩 보냈다. 젓가락 한 벌, 놋숟가락, 담배 재떨이, 머리빗, 여자 비녀 두 개도.

11월 24일은 추수감사절이었다. 맑고 아름다운 날이었다. 저녁엔 날씨가 최저기온으로 떨어져 추웠다. 오전 11시에 [장로교-감리교] 연합추수예배가 연합예배당에서 열렸다. 레이놀즈 씨가 모임을 인도했다. 감리교 선교사들은 2시에 스크랜턴 여사(M. F. Scranton)[4]의 집으로 점심 초대를 받았다. 우린 가서 아주 즐거운 시간을 보냈다. 코스로 나와 점심 먹는 데 2시간이 걸렸다. 식사 내내 활발한 대화가 오고갔다. 저녁엔 벙커 목사님이 모든 미국인들을 집으로 초청했다. 많은 사람들이 모였고 아주 재밌는 시간이었다. 5분간 이야기할 주제를 적은 카드를 돌리며 이야기를 시켰다. 밤 12시가 되어서야 집으로 돌아갔다.

1892년 12월 11일. 찬송할 만한 날

12월 2일 아더, 존슨 씨, 그들의 어학선생 2명, 담요와 짐을 실을 말 한 필, 마부로 구성된 일행이 송도를 향해 떠났다. 아더의 첫 여행이다. 일주일 정도 예정했는데 오는 길에 평양에서 오는 홀 박사와 이씨 일행을 송도 이편에서 만나 더 일찍 돌아오게 되었다. 그래서 16일 월요일 모두 집에 왔다.

시골엔 도적들이 많이 돌아다닌다. 존슨 씨와 아더는 두 도적이 죽는 광경을 목격했다. 아더로부터 좀 떨어진 곳에 도적들이 웃통이 벗겨진 채로 허리 뒤쪽을 죽을 때까지 맞고 있었다. 그들의 무덤은 근처에 파 놓았다. 관리는 "더 쳐라"고 외쳤고 이 끔찍한 임무를 수행하는 사람들은 "예, 더 칩니다요"라고 했다.

신경 쓸 잡다한 일이 없이 현지인과 무리 지어 시골을 여행하는 건 언어를 공부할 좋은 기회다. 내년 봄 우리는 둘 다 평양에 가기로 되어 있다. 9일 금요일 밤 아더와 나는 스크랜턴 박사[5] 댁에 갔다. 그의 어머니 스크랜턴 여사의 예순 살 생일을 기리는 저녁식사에 초대받았기 때문이다. 촛불 60개를 꽂은 크고 둥근 생일 케익이 준비되었다. 아주 예뻤다. 조선인은 연륜을 존중하며 스크랜턴 여사를 사랑한다. 그날 아침 몇 명의 조선인 남자들이 여사의 방에 행운을 기원하며 종이꽃을 가지고 왔다. 참석자 모두 찬송가 "만복의 근원 하나님"을 불렀고 그날이 찬송할 만한 날이라고 여겼다.

1892년 12월 17일. 한 아기의 장례식

금요일엔 병원에 입원한 아기의 서글픈 장례식에 참석했다.

아기의 엄마는 이미 세상을 떠났고 아버지는 건실한 사람이 아니었다. 아기는 병원에서 돌보고 있었다. 병원에 왔을 땐 아픈데다 거의 영양실조였다. 여기에선 여성들이 격리되어 있으므로 장례식에서도 남녀가 격리된다. 학교의 여학생들과 몇 안 되는 부인들만 장례식에 왔다. 시신은 흰 천으로 싸서 리본으로 묶었다. 바닥에 담요를 깔고 그 위에 놓아두었다. 존스(George Heber Jones) 목사6가 조선말로 장례식 예배를 주재했다. 나중엔 장의사와 짐꾼이 시신을 가지러 왔다. 장의사가 시신을 인도받기 전에 현금을 달라고 해서 현금을 내주었다. 장의사는 생명 없는 작은 몸뚱이를 들어 흰 겉옷 아래 품속에 넣어 팔에 낀 채로 매장지로 갔다.

한국 상류층은 시신을 매장하기 전 석 달간 보관하는 것이 상례이다. 못 사는 계층은 5~9일 정도 보관한다. 사람이 죽을 것 같으면 친지가 가서 우상에게 제물을 바치며 쾌유를 빈다. 만일 쾌유되면 우상에게 음식 제물을 많이 가지고가 사례한다. 시신을 묻으러 나가면 악귀를 겁주려고 춤추는 여자[무당]를 부른다. 친지가 죽은 후 거의 3년간 흰 소복을 입어야 하고 하루 세 번 친지를 기억하며 곡을 한다.

1893년 1월 2일 월요일. 새해 인사

새해 벽두에 우린 이 먼 나라에 살고 있다. 새해는 일요일이라 오늘 신정을 지냈다. 여기에선 새해가 되면 으레 방문객을 받는다. 선교사 부인들은 손님 맞을 준비를 하고 여러 부인이 한 집에서 방문객을 같이 치르기도 한다. 조선도 이 같은 관습이 있으나 그들의 새해는 우리보다 한 달 반 늦다. 조선인들은 신정에 우리에게 인사하러 온다. 오늘 신참 선교사들은 아무도 인사하러 다니지 않았다. 닥터 제임스 홀과 아더도 가지 않았다. 몇몇 부인들은 지금 퍼져 있는 소아마비에 대한 우려로 올해엔 방문객을 받지 않았다.

로제타 홀 부인과 난 손님을 받았다. 우린 객실을 꾸미고 사탕과자를 한 상 가득 차려놓고 두 개의 작은 탁자에 내어놓았다. 조선인 20명, 일본인 몇 명, 중국인 한 명, 러시아 영사, 영국 선교사 닌스테드 대령, 독일인 한 명, 미국 남자 선교사 몇 명이 내방했다. 매우 즐거운 하루였다. 이번 주는 기도주간이므로 오늘 밤 첫 모임이 열리는 닥터 윌리엄 스크랜턴의 집으로 갔다. 예배 후에 닥터 홀 부부와 아더와 난 성벽 안길을 따라 거닐었다. 달빛이 아름다운 밤이었다. 우릴 지금 비추는 이 달과 별이 얼마 후 바다 건너 우리가 사랑하는 이들 눈에도 보이겠지.

조선의 서울에서 보낸 첫 크리스마스는 매우 유쾌했다. 나의 산타클로스인 아더는 오페라 안경과 조선 여인들이 쓰는 목각 화장품케이스를 내 스타킹에 넣어두었다. 메리 스크랜턴 여사는 고운 일본 꽃병 두 개를 선물했고 벵갈 양은 수놓은 하얀 실크 손수건을 주었고 조선인 소녀 둘은 조선 소녀들이 쓰는 골무를 각각 세 개씩 선물했다. 고향에서 이렇게 멀리 떨어진 곳에서 이렇게 많은 선물을 받아 너무 의외였고 흐뭇했다. 토요일엔 노블과 장로교 신참 선교사 스왈렌 씨가 사냥을 나갔다. 둘 다 오리 한 마리씩 명중시켜 오늘 저녁은 그 오리를 먹었다.

오늘 아침 학당(학교) 소년들이 깨끗한 흰 옷을 입고 새해 복을 빌러 왔다. 머리가 바닥에 닿도록 우리에게 절했다. 난 조선인 한 명에게 미리 외워둔 조선말 문장으로 대답했다. 그는 내 성실함이 감사하다고 했다.

1893년 1월 6일 금요일. 반가운 편지들

수요일에 우편물이 왔다. 오, 얼마나 행복한 날인지! 크리스마스 전에 우편물을 살폈으나 1월 4일 수요일에야 왔다. 3주만에 처음 받은 것이다. 난 일곱 통의 편지를 받았고 아더도 몇 통 받았다. 너무 반가운 편지였다. 내 사촌 클라렌스 윌콕스가 세상을 떠난 소식만 빼놓고 모두 밝고 명랑한 톤이었다. 모든 편지엔 친지나 지인의 죽음에 관한 슬픈 소식이 있었다. 사랑하는 메이는 하늘색 베레모를 보냈고 아더에겐 아주 예쁜 달력을 보냈다. 해티는 리자의 아기 이름을 코리아(Korea)를 따라 코리(Corey)라고 지었다고 적었다. 감사할 일이 너무 많다. 일전에 저녁 식사 중에 메이[May, 매티 노블의 친자매]에 대한 이야기가 나왔고 우린 왜 메이가 조선에 선교사로 안 오는지 이상하다고 생각했다. 어제 닥터 로제타 홀은 메리 스크랜턴 여사에게 메이에 대한 이야기를 꺼냈고 스크랜턴 여사는 메이와 비서들에게 그녀의 조선행(行)에 대해 편지하기로 했다. 아더와 나도 상세하게 써서 다음 우편에 부칠 것이다. 메이가 여기 온다면 얼마나 신날까?

1893년 1월 13일. 조선 여인들의 다듬이질

조선인들은 우리처럼 집에 기계가 없다. 우리는 서서 빨래하고 다림질하지만 조선인들은 앉아서 한다. 빨래 장소는 샘터나 산기슭 시냇가나 도심의 실개울이다. 다림질할 땐 우리처럼 열을 가하지 않는다. 아주 거친 방법으로 하지만 다 하고 나면 우리 식보다 더 광택이 난다. 한 여인이 다리미 기구와 옷감을 놓고 앉고 다른 여자가 마주 앉는다. 옷감을 원형 대나 막대기에 감고 잡아당기며 서로 번갈아 두드려댄다. 그 결과 옷에선 반들반들 윤이 난다. 겨울옷은 솜옷이라 빨래할 땐 다 뜯어내야 한다.

1893년 1월 13일. 눈 감은 신부

오늘 조선 혼례에 초대받았다. 2시까지 오라고 했다. 아더는 바빠서 나만 갔다. 신부 아버지가 양반이었지만 매우 가난한 집안이었다. 그들의 진흙 오두막은 현관을 가운데 두고 양 옆으로 방이 두 칸밖에 없었다. 방 하나는 부엌이었고 하나는 살림방이었다. 모든 조선인 가옥이 그렇듯 온돌방이었다. 온돌은 바닥 밑에 불 때는 곳이 있고 외부에서 불을 지피고 연기는 집 옆으로 빠져나간다. 이게 모든 가옥의 난방 방식이다. 난로는 없다. 집안 살림방에서 혼례를 치렀는데 방바닥 상태가 별로 안 좋아 몇 군데서 연기가 새나왔다. 그래서 누군가 방문을 열었을 땐 반기지 않을 수 없었다. 방은 비좁아 방바닥에 다 앉자 미어터질 지경이었다. 한 열여섯 살 정도 되는 어린 신부는 우리 건너편에 앉아 있었다. 집안이 너무 가난해 부잣집처럼 정교한 장식은 없었다. 신부는 밝은 빨강색 치마와 하얀 끈으로 묶은 옥색 저고리를 입고 있었다. 머리 위엔 작은 화관이 있었다. 엄청 큰 가발을 썼고 머리엔 핀과 리본이 잔뜩 꽂혀 있었다. 얼굴은 하얗게 분을 바르고 양 볼과 이마엔 크고 둥근 붉은 점을 칠해놓았다. 입술도 붉게 칠했다. 신부는 예식 전과 도중 그리고 예식 후에도 가능한 한 오래 눈을 감고 있는 게 이곳의 규례이다. 어떤 경우엔 아예 눈을 풀로 붙여버리기도 한다. 신부는 (한 번도 만난 적 없는) 신랑이 나타날 때까지 완벽하게 부동자세를 유지해야 한다. 신랑은 4시에야 나타났다. 신부는 지쳐서 가끔 고개를 갸우뚱거렸다. 신부 옆에 앉아 있던 나이든 조선 부인들은 가만있으라고, 그게 조선 법도라고 나무랐다. 이 불쌍한 소녀가 너무 가여웠다.

방 한 켠에 이불 한 채, 조선 베개 하나(어떤 조선 베개는 매우 근사하다), 신랑이 지어준 신부복 몇 벌, 결혼선물 몇 개로 이루어진 혼수가 있었다. 곧 먹을 것이 들어왔고 참석자들에게 선물을 하나씩 주었다. 사탕과 과일과 견과류가 있었다. 김치(양념을 세게 한 피클 배추)와 수프가 나왔고 수프 그릇 위엔 (아마도 개고기 같은) 고기 양념이 얹어 있었다. 우린 4시경까지 기다렸다. 그리고 신랑이 왔다. 그는 결혼예복을 입고 있었으며 갓은 벗고 뒤에 두 개의 작은 날개가 삐져나온 모자를 쓰고 있었다. 집이 좁았기 때문에 혼례예식은 도중에 야외로 장소를 옮겨 현관 앞 땅바닥에 큰 매트를 깔아놓고 치러졌다. 신랑은 먼저 기러기와 하늘과 땅에 절을 해야 했다. 땅바닥에 작은 탁자를 세워놓았고 그 밑엔 목각 기러기를 놔두어, 신랑이 거기에 절을 하고 기러기는 치워버렸다. 그리고 신랑이 한 번 더 절하자 작은 탁자를 치웠다. 신랑은 세 번째 절을 했다. 신랑이 절을 마치자 두 여인이 어린 소녀를 현관으로 데리고 나왔고 그녀는 얼굴 앞에 하얀 천을 들고 있었다. 양쪽 여인들은 신부가 신랑에게 땅바닥까지 절하는 걸 거들었다. 신부는 네 번 이렇게 절했고 계속 흰 천을 얼굴 앞에 들고 있었다. 신부가 일어서자 얼굴에서 흰 천을 걷어냈다. 그래도 눈은 내내 감고 있었다. 청년은 신부에게 두 번 땅바닥까지 낮게 절했다. 신랑 신부 각자 같은 잔에서 술을 마심으로 혼례는 끝났다.

 1893년 1월 21일. 한문 수업

오늘 아침 나는 배재 남학교[대학과정]7 채플에 처음 참석했다. 존스(G. H. Jones) 목사가 예배를 인도했다. 첫 순서는 종을 치면 남학생들이 모두 일어나 선생님께 목례하는 것이다. 출석부를 부르면 호명된 학생이 한 명씩 일어나 '여깃습니다'(Yogisupnida) 하고 대답한다. 채플 수업이 끝나자 아더와 나는 한문 수업을 보려고 그 교실에 남았다. 한문 선생은 조선인이었고 학생은 스무 명가량 되었다. 모두 바닥에 앉아 책을 앞에 놓고 몸을 앞뒤로 흔들며 박자를 맞춰 수업내용을 큰 소리로 낭독했다. 첫 사람이 목청껏 운을 떼자 다른 아이들도 시작했다. 나중엔 모두 몸을 이리저리 흔들며 목이 터져라 소리치며 수업내용을 노래했다. 대부분의 학생은 미국 소년의 쟈켓에 해당하는 분홍 저고리를 입고 발목에 매듭을 묶은 큼지막한 흰 바지를 입고 있었다. 양말도 흰색이며 나막신은 문간에 벗어두었다. 머리는 뒤로 땋아 넘겼다. 옷이 매우 더러운 학생도 있었다. 오늘은 한문 복습시간이다. 선생이 한 학생을 지명하면 나머지는 공부를 멈춘다. 소년은 앞에 나와 선생을 등지고 앉아 내내 몸을 앞뒤로 흔들면서 암송한다. 그들을 지켜보는 건 매우 흥미로운 일이다.

1893년 2월 22일. 노블의 의주 여행

그가 없다. 누가 없다고? 내 소중한 아더가 거의 두 달간 집을 비운다. 그와 홀 박사는 어제 정오 평양과 의주로 떠났다. 조선인 조수들(어학선생들, 조선인 소년들, 마부들)이 오자 당나귀 세 마리에 짐을 싣고 떠났다. 선교회는 몇 년 전 선교회에서 의주에 사놓은 땅을 살펴보라고 아더를 파견하였다. 그들은 번갈아 당나귀를 타기도 하겠지만 거의 대부분의 여정을 도보로 갈 것이다. 의주는 여기서 북서쪽으로 350마일(약 560킬로미터) 떨어진 곳이다. 거기 도착하면 아더는 조선 최북단과 최남단에 다 가본 셈이다. 이 추위에 그가 떠나는 게 얼마나 두려운지. 그들이 돌아올 땐 날이 풀려있겠지. 그리고 돌아오는 여정은 그리 지루하지 않겠지. 저녁에 조선 소녀 몇이 아더가 떠났다고 날 위로하러 왔다. 그들은 말했다. "예수를 위해 일하러 왔으니까 어차피 가야 하는 거예요. 슬퍼하지 마세요."

오늘 벵갈 양, 페인 양, 존스 씨와 난 남대문을 지나 전쟁의 신을 기리기 위해 지은 군사 신당(神堂)에 가보았다. 입구 양편엔 전쟁 신(神)의 것이라는 큼직한 말과 마부 동상이 있는 울타리가 있었다. 입구 탁자엔 제물로 바쳐진 음식이 조금 있었다. 우린 진짜 신당에 들어가기 전 신발을 벗었다. 안엔 전사(戰士)들의 기립 동상이 많았다. 동상의 옷은 부분적으로 순금으로 덧씌워 놓았다. 우상 앞의 단상에는 돈이 놓여 있었다. 그 방 다른 쪽엔 전쟁 신에게 바치는 음식이 있었다. 큰 배와 밤이 있었고 큰 접시에 삶은 돼지들이 있었다. 벽과 천정엔 그림들이 많았다. 아주 조야했다. 한 방에는 전사(戰死)한 군인들의 낡은 갑옷이 한 무더기 쌓여 있었고 설립배경에 관한 한문 비석이 있었다.

 1893년 3월 4일. 시소

구정엔 소녀들이 이 명절에만 하는 놀이들을 한다. 아주 흥미로운 놀이는 시소다. 우리 미국 시소와는 사뭇 다르다. 긴 나뭇판은 균형을 잡는 중심점이 그리 높지 않다. 내가 본 것은 한 무더기의 볏짚자루 위에 놓아둔 시소였다. 소녀가 한 쪽 끝에 (앉지 않고) 선다. 첫 번째 사람이 시작하여 번갈아 천천히 뛰어오르기 시작한다. 그러다 시소가 빨리 움직이면 자기 쪽 시소가 올라갈 때 공중으로 아주 높이 뛰어올랐다가 다시 내려온다. 그들이 뛰어오르면 길게 땋아 내린 머리가 공중에 휘날린다. 모두 새해를 맞아 밝은 옷을 입었고 너무도 아리따운 풍경이다. 부인들도 마당에 나와 시소를 한다. 보통 조선인 가옥은 안뜰을 둘러싸고 지어졌다.

오늘 조선인 소년이 내 옷의 다림질을 했다. 난 보통 빨랫감을 일본인 세탁소로 보내지만 종종 작은 빨랫감은 내가 직접 빨려고 놔둔다. 이번 주엔 몇 가지만 세탁소에 보냈고 2주간 모아둔 모든 옷가지와 테이블 냅킨을 소년에게 빨래하고 다림질하게 했다. 그는 내 속저고리를 보더니 제발 자기가 가져도 되겠냐고 물었다. 만일 내가 줬다면 근사한 겉옷으로 입고 다녔을 것이다.

1893년 3월 17일. 로제타 홀의 왕진에 동행하다

며칠 전, 의사 로제타 셔우드 홀이 조선인 귀족 집에 왕진 갈 때 동행했다. 조선인의 관점에선 높은 양반집에 걸어 들어가는 건 결례이기에 우린 각각 두 명의 남자들이 끄는 덮개 가마를 타고 갔다. 가마는 한 사람이 앉기엔 조금 넉넉한 작은 집 같다. 안에 의자나 좌석이 있는 건 아니라서 조선식으로 바닥에 앉아야 하고 가마꾼들이 목적지까지 들고 간다. 커다란 대문을 지나 바깥뜰을 통과하여 안채에 도달했다. 가마꾼들이 가마를 바닥에 내려놓자 우린 휘장을 올리고 기쁜 마음으로 바깥 공기를 다시 들이마셨다. 하인들이 우리 주위로 모여들었고 환자의 남편이 우리를 맞았다. 우리는 집안의 가장인 노인이 있는 방으로 안내를 받아 들어갔다. 그는 높은 바닥 위에 앉아 있었고 첩이라는 여자 몇이 방에 있었다. 조선인이 그를 보러 온다면 얼굴이 바닥에 닿도록 절하겠지. 우리는 그들과 잠시 담소를 나눈 후 왕진하기로 되어 있던 젊은 아내의 처소로 갔다. 인도처럼 여기도 남녀의 처소가 분리되어 있다. 우리가 통과한 방엔 이전에 본 어떤 조선집보다 예쁜 물건들이 많았다. 아기자기한 장롱과 찬장은 미국 것과는 달랐고 진주가 박힌 장롱도 있었다. 어느 작은 방에는 요와 베개가 탑처럼 쌓여 있었다. 요는 길고 좁고 매우 두꺼운 매트 같다. 각 사람마다 개인 요가 있다. 베개는 길고 둥글다. 예쁘게 비단으로 만든 베개도 있다.

젊은 아내의 방에 들어가자 따끈한 바닥에 앉으라고 권했다. 그들의 바닥은 일반적으로 기름종이를 발랐고 깔끔하다. 로제타 홀 부인은 전에 이 집에 와서 쪽복음서 한 권을 준 적이 있었다. 오늘 홀 부인은 복음서가 어디 있냐고 물었고 그들은 알지 못했다. 챙겨두고 읽을 만큼 관심이 없었던 것이다. 나는 요한복음 3장 16절 한 절을 낭독했다. 그들은 흥미를 보였다. 그러나 조선말이 너무 짧아 많은 이야기를 할 순 없었다. 홀 부인은 환자를 병원으로 보내는 게 좋겠다고 했으나 집 밖으로 나가는 건 말도 못 꺼내게 했다. 조선의 상류층 여인은 항상 집에 있어야 한다.

조선에선 손님들에게 음식을 대접하는 게 관례다. 환자를 보고 집으로 가려고 안채로 나왔으나 젊은 남편이 그의 처소로 가 함께 점심을 들자고 했다. 그는 남자이기 때문에 안채로 들어올 수 없다. 홀 부인은 안 가는 게 현명하리라 판단하고 거절했다. 그러자 남편은 여자들이 대접하도록 우리를 여자 처소로 보냈고 우리는 그렇게 했다. 그러나 방 안에 음식은 있는데 여자들은 모두 밖으로 나갔다. 때론 우리 앞에 놓인 음식을 먹는 게 힘겨울 때가 있다. 그러나 이 사람들이 준 음식은 괜찮아 보였다. 귤과 밤도 있었다. 우린 꽤 맛있게 먹었다. 귤과 밤과 모든 과일과 견과류는 항상 식탁에 내오기 전 껍질을 까놓는다. 홀 부인은 '국수'[긴 누들이 있는 수프]를 젓가락으로 능숙하게 먹었다. 나는 젓가락질을 해 본 적이 없어 그들이 준 일본 숟가락으로 먹었다.

집으로 오는 길에 소년들이 어른들의 석전(石戰) 놀이를 흉내 내는 걸 보았다. 매년 이때 즈음 구정이 되면 사람들은 오락거리로 로마 검투사의 전투와 같은 돌 던지기 싸움을 몇 차례 벌인다. 남자들은 나뭇조각이나 돌을 던지며 싸운다. 죽는 사람도 몇 나오고 부상자는 흔하다. 일반적으로 작은 골짜기에서 석전을 벌이고 구경꾼들은 주변 언덕에 있다. 언덕 위의 구경꾼들은 거의 대부분 흰 옷이나 옅은 색 옷이고 중간에 빨강, 초록, 보라색이 점처럼 찍혀 있다. 기이한 풍경이다. 아이들은 흰 옷을 입지 않고 밝은 색을 입는다. 연 날리기는 소년뿐 아니라 성인 남자들도 즐기는 큰 오락거리다. 그들은 사각 연을 날리는 데 능숙하다.

로제타 홀은 집으로 곧장 가지 않고 다른 환자를 왕진하러 떠났다. 나도 같이 가려 했는데 가마꾼들이 내 가마를 집으로 끌고 왔다. 가마꾼들은 내가 같이 못 가서 실망한 모습을 보고 아주 재밌는 장난을 쳤다고 생각하는 모양이었다.

1893년 3월 19일 일요일. 동대문 예배당

오늘 아침 예배당에 가려고 동대문까지 걸어갔다. 동대문 예배당에 간 건 이번이 처음이다. 여기에서 3마일(약 5킬로미터) 정도 거리다. 예배당은 남녀가 함께 예배드리도록 지어졌다. 남녀 사이엔 얇은 분리막이 있다. 기름종이를 바른 얇은 판자다. 남자 38명, 여자 22명. 기독교 모임은 난생 처음인 사람도 꽤 된다. 모두 지대한 관심을 가진 것 같았다. 여자들은 서로 대화할 때 막 저편에 들리지 않도록 목소리를 낮춰야 한다. 조선 여성은 목소리가 남자에게 들리는 게 범절에 어긋난다고 여긴다. 오후엔 연합예배에 참석했고 프랭클린 올링거 목사님의 훌륭한 설교를 들었다. 저녁 시간엔 닥터 윌리엄 스크랜턴이 평양에서 인편으로 보낸 편지 한 아름을 안고 왔다. 홀 부인과 난 우리 사랑하는 남편들에게서 온 편지들을 열심히 읽어 내려갔다.

1893년 4월 3일. 노래하는 사람들

오늘 조선 기독교인 가정 두 군데를 심방했다. 첫 번째 집은 엄마와 할머니가 모두 기독교인이었지만 남편은 아니었다. 남편은 병을 앓을 때 외국인 기독 의사들의 치료를 받았고 지금은 회복기에 있다. 그래서인지 예전처럼 외국인들에 대해, 아내와 어머니가 기독교인이라는 사실에 대해 부정적인 말을 많이 하진 않는다. 그러나 아내는 가장이 건넌방에서 자기의 소리를 들을까봐 교리문답서를 들고 와 문답하는 걸 두려워했다.

다른 집도 아버지가 비기독교인이었다. 내가 방 안에 들어갔을 때 아버지는 아내와 아이들과 함께 방에 있었다. 남자는 잠시 이야기를 나눈 후 나갔다. 아이들은 성경을 크게 읽길 두려워했고 아버지가 들을까봐 찬송도 못했다. 그는 다른 방에서 '술'(조선의 독주)이 어딨냐고 아내에게 소리쳤다. 알콜은 어디에서 만들어지건 인류에게 큰 저주다.

이 나라에선 노래하는 일이 흔치 않다. 아이들과 젊은이들은 공부할 때 음정 없이 읊조리며 일반적으로 그 읊조리는 어조로 책을 읽는다. 노래하는 건 기생(평판 나쁜 여인들)뿐이다. 그래서 기독교 소녀들과 우리들이 노래하는 걸 보면 조선인 머리에 제일 먼저 드는 생각은 우리가 과연 인격이 제대로 된 사람들이냐는 것이다. 그러나 음악이 창조자를 향한 영혼의 감사와 찬양의 통로라는 걸 배우는 데는 그리 오랜 시간이 걸리지 않는다.

1893년 4월 13일 목요일. 어떻게 기도해요

어젯밤 조선인 학생과 그의 어머니가 날 보러 왔다. 내 짧은 조선어가 허용하는 한에서 이 모자(母子)와 많은 이야기를 나눴다. 후에 미국 사진을 보여주고 오르간을 연주했다. 조선인은 우리 오르간을 아주 흥미 있어 한다. 소년과 어머니는 방 안의 가구들을 유심히 관찰했다. 소년은 기독교인이었으므로 난 성경 한 장을 읽고 기도하는 게 좋겠다고 생각했다. 난 조선어로 아름다운 성경 본문 한 장을 읽고 소년과 어머니에게 기도해 달라고 했다. 소년은 짧게 기도했고 어머니에게 기도하라고 했다. 그러나 가엾은 어머니는 이교도들이 이방신에게 할 때를 빼고는 기도라고는 해 본 적이 없었고 어쩔 줄 몰라 많이 난처해했다. 어머니는 계속 "어떻게 기도해요, 뭐라고 해요. 어떻게 해요."라고 했다. 그래서 내가 유일하게 조선어로 잘 할 수 있는 주기도문을 시작했다. 우리의 복된 복음을 믿는 사람들이 많은 것 같다.

1893년 4월 30일 일요일. 아더의 첫 조선어 설교

오늘 아침 아더가 처음으로 조선어 설교를 했다. 우리는 함께 설교문을 연구하고 배웠다. 현지인들은 전부 다 이해했다고 했다. 닥터 홀 부부와 내가 아더의 설교를 들으러 갔다. 2시에 난 여성병원 모임에 가서 동일한 설교를 했다. 50명이 넘는 여자들이 있었다. 대부분은 복음을 한 번도 들어본 적이 없는 사람들이었다. 방은 작았고 창가에 서 있는 사람도 있었다. 3시 반에 우린 외국인 예배를 드렸고 난 5시에 미국 어린이 주일학교에서 가르쳤다.

1893년 5월 1일. 5월의 꽃바구니

오늘 누군가 문가에 예쁜 5월의 바구니를 놔두고 갔다. 스크랜턴 집 아이들이 가져다 놓고 쏜살같이 도망친 것이다. 바구니는 종이로 만들었고 봄꽃이 가득 담겨 있었다.

1893년 5월 5일. 에스더의 약혼

미국해외여선교회에서 가장 총명한 조선 소녀 에스더가 약혼한다. 약혼하는 사람은 우리의 피고용인이다. 그는 닥터 제임스 홀이 평양에 갔을 때 그의 마부였는데, 몇 달간 일을 시켜보니 사람 됨됨이가 좋았다. 소년은 이제 마부 일을 그만두고 우리를 위해 일하며 학교에 다니면서 한글, 한문, 영어를 공부한다. 에스더의 어머니는 딸이 양반이 아닌 계층과 혼인하는 것을 못마땅하게 여겼다. 하지만 소년의 아버지가 선생이었으며 소년도 학교에 다니며 마음씨가 착하다는 설명을 듣자 누그러졌다. 유산이는 인물이 좋다. 물론 에스더와 유산이는 한 번도 서로 만난 적이 없다. 그는 에스더에게 그의 '사' [사주]를 보냈다. 이건 그냥 커다란 종이에 딱 4가지, 신랑의 생년월일시를 적어놓은 것이다. 이 문서는 청혼에 해당되며 신부 측에서 되돌려 보내지 않고 가지고 있는 것이 조선의 관례다. 그동안 중매는 결혼이 양측에 합한 것인지 알아본다. 며칠 후 에스더는 혼인 날짜를 통보할 것이다. 유산이는 에스더에게 비단옷감과 은가락지 2개, 비녀 1개, 그리고 다른 몇 가지 물건이 들어 있는 함을 보낼 것이

에스더와 박유산. 닥터 로제타 홀이 에디스를 안고 있고, 셔우드가 옆에 서 있다. 1895년 9월.

다. 여자는 신부복을 만들고 신랑 될 사람을 위해 이불 한 채와 옷 한 벌을 지어야 한다.

에스더는 17살이고 유산이는 23살이다. 에스더는 결혼하고 싶어하지 않는다. 자기는 좋은 조선 남자는 만난 적이 없고 남자를 안 좋아한다고 한다. 그러나 조선 관습상 혼인해야 한다면 진정한 조선의 기독교인이 되고 싶으므로 크리스천이 아니면 결혼하지 않겠다고 했다.

1893년 5월 17일. 노래 수업

오늘 아침 조선인 클래스에서 두 번째로 발성법 기초를 가르쳤다. 이 클래스는 배재학당 선생님과 가장 나이 많은 학생들 8명으로 구성되었다. 전교생이 노래하는 걸 배우면 좋겠다는 취지에서 시작되었다. 클래스 수를 점점 늘려 궁극적으론 전교생에게 곡조 있는 노래를 하도록 가르칠 것이다. 조선인들은 노래할 줄 모른다. 그들은 음정 없는 흥얼거림을 노래라고 부른다. 공부하거나 책 읽을 때도 같은 식으로 읊조린다. 처음 그들이 8음계를 노래하는 걸 들었을 땐 너무 우스꽝스러웠다. 목소리를 조정하여 높낮이가 다른 음정을 내질 못했다. 오늘 아침엔 다소 발전이 있었다. 우리가 고국에서 아이들을 가르치듯 이 남자들을 가르치는 게 이상했다. 그들은 배우는 데 큰 관심이 있다. 어제와 오늘 배재학당 노래시간에 반주를 했고 아마도 매일 아침 채플시간에 가서 반주를 해야 할지도 모르겠다.

동학

지난 두어 달간 수도는 흥분에 휩싸인 상태였다. 남쪽 사람들이 동방의 종교라는 동학(東學)을 만들었기 때문이다. 그들은 왕에게 동학을 국교로 삼고 (중국인을 제외한) 모든 외국인을 나라에서 추방시킬 것을 요구했다. 왕은 응하지 않았고 동학교도들은 외국인들을 직접 쫓아내겠다고 위협했다. 동학은 남쪽에서 세를 불려갔으며 점차 서울로 다가오고 있다. 외국인을 죽이려고 구체적으로 날짜를 잡았다는 소리가 여러 번 들려왔다. 하지만 그날마다 아무 소란 없이 조용히 지나갔다. 이 남쪽 사람들이 외국인을 해하러 오는 게 아니라 자기들 중에서 새 왕을 추대하여 새 형태의 정부를 수립하려 한다는 소리도 들린다. 사람들은 조선의 현 상태에 대해 아주 불만이 많다. 고위층은 가난한 계층에게 돈을 뜯고 그들은 돈을 내줘야 한다. 그래서 이 나라는 매우 가난하고 사람들의 비참한 상태는 계속된다. 남쪽 사람들은 이제 큰 세력을 이루었다. 동학교도의 깃발엔 "외국인은 물러나라"고 쓰여 있다.

1893년 5월 31일. 양화진 묘지

어제 강가에 버티 올링거(Bertie Ohlinger)의 시신이 안장되었다. 조선 감리교 선교부에 죽음의 천사가 최초로 방문한 것이다. 버티는 올링거 목사(?) 부부의 둘째 아들이며 나이는 12살 정도 됐다. 2주간 버티와 여동생 윌라는 (편도선염을) 심하게 앓았으며 버티는 죽을 때까지 의식이 있어 사람들에게 말을 했다. 여동생도 상태가 안 좋아 오빠의 죽음에 대해 알리지 않았다. 올링거 부부와 첫아들 굿씨는 매우 슬퍼하고 있다. 홀 박사와 아더가 관을 만들었고 모슬린 천으로 감싸고 하얀 새틴 천으로 다시 덮었다. 오후와 저녁엔 부인 몇 분이 와서 새틴 관 덮개에 댈 레이스 장식을 만들고 버티를 위한 흰색 새틴 수의를 지었다. 죽은 사람을 위해 무언가 준비하는 걸 도운 건 이번이 처음이다. 관을 꽃으로 장식하는 것도 도왔다. 장미꽃 속에 마지막 잠을 자는 얼굴이 아름다워 보였다.

소년은 강가에서 4마일(약 6킬로미터) 정도 내려간 곳에 묻혔다. 여긴 아름다운 곳이다. 외국인들이 묘지로 쓰려고 이 땅을 구입했다. 여기 묻힌 외국인은 1890년 소천한 장로교 선교사 존 헤론(John W. Heron)10밖에 없다. 남자들은 무덤까지 모두 걸어갔다. 여자들은 가마꾼들이 끄는 가마를 타고 갔다. 관은 홀 박사가 만든 운구에 실려 가마꾼들이 끌었다.

호레이스 언더우드 박사(H. G. Underwood)의 장례식 설교 본문은 "나의 사랑하는 자가 자기 동산으로 내려가 백합화를 꺾는구나"[아가서 6:2]였다.

(1893년 6월 3일.) 어린 월라에게 오빠 버티가 천국으로 갔다고 말할 필요가 없게 됐다. 6월 1일 천사가 월라를 데리러 왔다. 오늘 월라는 강가 버티 묘 옆에 묻혔다.

1893년 6월 14일. 고종황제의 행렬

아더와 나는 우리 어학선생과 함께 왕[고종황제]의 행차를 보러 갔다. 성문 밖으로 나가자 큰 행렬이 눈에 들어왔다. 왕은 성묘하러 12마일(약 19킬로미터) 정도 떨어진 조상 묘로 아침 일찍 나들이 갔다 입성하는 길이었다. 왕의 행렬엔 많은 사람들이 있었다. 군인, 악사, 양반(귀족), 궁전을 관리하는 내시, 각계각층의 도지사와 관리들이 있었다. 대포 몇 개, 아름다운 가마, 말 탄 남자들, 깃발 여러 기(基)도 있었고 그 중 어떤 깃발은 아주 근사했다. 사람들은 매우 이상한 차림새였다. 완전히 흰색만 걸친 이도 있고 황색, 홍색 등 알록달록한 옷을 입은 이도 있었다. 모두 한 폭의 그림 같았다. 왕과 왕세자는 말을 탔다. 두 분 다 시종을 많이 거느렸다. 아들의 행렬은 왕보다 더 눈에 띄게 되어 있었다. 왕은 준수한 용모의 남자였다. 38~40살 정도 되어보였다. 왕의 말 양 옆엔 부채를 부치는 남자들이 있었고 뒤엔 큰 파라솔을 든 사람이 있었다. 왕자를 빙 둘러서 시종들이 곱게 단장한 파라솔을 들고 있었다. 우리는 행차가 지나갈 때 얼굴을 잘 볼 수 있는 목에 자리 잡고 섰다. 행렬이 지나가는 길 양편엔 인파로 북새통이었다. 사람으로 가득 메운 언덕과 골짜기는 장관이었다. 조선인의 의복은 우리의 어두운 색보다 시각적인 효과가 크다.

우리는 불교 여승 무리 가운데 섰다. 여승들은 삭발을 했으며 이상한 차림새였다. 모자처럼 보이는 큰 볏짚 가리개를 썼다. 내 뒤의 사람들은 내 옷을 만지거나 옷에 대해 논평을 했다. 우리가 인파를 뚫고 집으로 갈 때 우리 어학선생이 부딪히지 않게 사람들에게 길을 내라고 하였다. 사람들은 우리에게 길을 터주려고 물러섰다.

1893년 7월 15일. 기념일

아주 무더운 날이다. 4일간 맑고 더운 날씨였으며 그 전엔 매일같이 비가 내렸다. 모두 이제 장마철이 시작됐다고 한다. 곰팡이가 피기 시작한다. 6월 30일은 비가 내렸다. 아더와 나는 거의 하루 종일 출판사에서 바쁘게 일했다. 우리의 첫 결혼기념일은 매우 즐겁게 보냈다. 한 해를 돌아보면 모든 게 아름다웠다. 이 날을 기념하여 케익을 만들었고 호두 크림도 만들었다. 잠자리에 들기 전 웨딩드레스를 입어 보았다. 낮에 입어보려 했으나 주위에 사람이 너무 많아 계획대로 할 수가 없었다. 7월 4일은 아주 재밌는 하루였다. 저녁엔 아이스크림을 먹었다. 오전엔 아더와 버스티드 박사가 불꽃놀이할 것을 좀 사와서 몇 개 터뜨렸고 나머지는 저녁에 조선 해외여선교회에 가져가려고 남겨두었다. 그곳에서 불꽃놀이를 하고 애국적인 노래들을 부르고 아이스크림과 케익을 대접 받으며 유쾌한 시간을 보냈다.

1893년 7월 28일. 요란스런 저녁식사 준비

닥터 홀 부부는 북한산으로 피서를 갔다. 아더와 버스티드(J. Busteed) 박사와 나는 서울에 남아 있다. 로제타 홀 부인은 요리사를 데리고 갔고 대신 바위라는 소년을 남겨두었다. 우리는 그가 요리에 대해 조금은 안다고 생각했으나 아니었다. 홀 부부가 떠난 다음날 바위는 빵과 비스킷을 구웠다. 맛은 아주 좋았다. 바위는 오븐 안을 들여다보더니 비스킷이 예상보다 훨씬 높이 부풀어 작은 빵 덩어리가 된 걸 보고는 '아이고' 하며 뒷걸음질 쳤다. 다음날은 케익과 파이를 구웠다. 둘 다 쓰레기통으로 갔다. 바위가 만든 다른 케익 하나도 역시 버려졌고 옥수수 녹말 푸딩은 잘 만들었는데 더러워서 먹다가 버렸다. 바위는 요리사의 조선어 레시피를 가지고 있으니 나아질 것이다. 부엌엔 소년 두 명이 바위의 보조로 있다. 난 저녁에 친구 몇 명을 초대해도 우리끼리 거뜬히 해낼 수 있다고 생각했다. 그래서 여선교사 2명과 남선교사 한 명을 초대했다. 소년들을 가르치느라 상당 시간을 부엌에 있었다. 조선인은 매우 더디며 한 번에 한 개 이상은 생각질 않는다. 난 저녁식사는 6시 30분이라고 했다. 빵은 요리사가 오전에 구워놨으리라 생각했고 쉽게 준비하려고 통조림 재료를 몇 가지 쓰기로 했다. 주문한 메뉴는 다음과 같다.

토마토 수프
통조림 소고기, 옥수수, 감자, 통조림 완두콩
통조림 파인애플, 아이스크림, 견과류
레모네이드

우리는 7시가 넘어서야 저녁을 먹었다. 손님은 6시 30분에 도착했다. 소년들은 이것저것 물어보려고 계속 나한테 쪼르르 달려왔다.

첫 번째 전한 소식은 버터가 없다는 것이다. 나는 중국인 가게에서 사오라고 했다. 그 다음엔 와서 빵이 "없어"(opso)라고 했다. 그래서 중국인 가게에 빵을 사러 보냈으나 그곳에도 없어 크래커로 대신했다. 나중에 부엌에 가서야 내가 아이스크림 사는 걸 깜박한 걸 알았다. 얼음을 사러 보냈고 소년들이 크림을 만들었다. 일손을 덜어주려고 내가 코코아넛 파이를 만들었는데 빨리 완성이 안 되어 내놓질 못했다. 소년들에게 토마토 통조림 캔 하나, 완두콩 통조림캔 하나를 줬다고 생각했는데 알고 보니 둘 다 완두콩이었다. 그들은 나에게 말하지 않고 토마토 수프 대신 완두콩 수프를 끓이고 완두콩을 야채 요리로 가져오려 했다. 난 완두콩은 이제 그만 내 와도 된다고 했다. 그들은 음식을 식탁으로 나르는 데 매우 느리다. 뭔가 잘못될 때마다 난 어색한 웃음을 터뜨렸다. 테이블을 멋들어지게 꾸미려고 동생 벨이 결혼 선물로 준 유리 피처와 유리잔 세트를 꺼내놓았다. 소년은 그걸 보고도 각 사람 세팅에 보통 유리컵을 갖다 놓았다. 왜 그러면 안 되는지를 이해시키기가 힘들었다. 여자 손님 한 명이 레모네이드 말고 그냥 물 한 컵 달라고 했다. 그걸 이해시키는 데 시간이 너무 걸려 그냥 주는 대로 마셨다. 아더는 뭔가 가지러 부엌에 갔다가 다 녹아 뚝뚝 떨어지는 버터를 캔에서 스푼으로 떠내는 장면을 목격했다. 저녁은 끝났고 난 기뻤다. 손님들은 매우 착한 사람들이라 망신스런 일이지만 그리 창피하진 않았다.

 1893년 8월 24일. 북한산 피서

다시 서울의 우리 거실로 돌아왔다. 용수아는 창문을 물청소하고 있다. 아더는 올링거 씨를 도우러 출판사에 갔다. 올링거 부인과 아들 굿씨는 어제 남한산성으로 피서 갔다. 올링거 부인은 아직도 두 아이의 죽음에 대해 아주 이상한 말을 한다. 그녀가 그렇게 되도록 자신을 방치하는 게 너무 슬프다.

낮은 무덥지만 저녁은 선선하다. 아더와 버스티드 박사와 나는 8월 4일에 북한산에 피서 갔다가 돌아왔다. 그곳에서 매우 유쾌한 시간을 보냈다. 산기슭 둔덕에 텐트를 쳤다. 산봉우리가 우리를 에워싸고 있었고, 실개울이 산기슭으로 졸졸 흘러가고 둔덕 바로 밑 계곡엔 시냇물이 흐르고 있었다.

북한산엔 불교 사찰이 많다. 우리 텐트에서 1분 정도 걸어가면 큰 절이 있었다. 선교사들 몇이 무더위를 피해 절의 손님방을 빌린 적도 있다. 승려들은 우리의 행동거지와 관습을 관찰하길 즐겼다. 어느 날 아침 주지승이 술에 취했다. 승려들이 술 마시는 건 금지지만 규범에 개의치 않는 듯했다. 주지승은 동자승의 등짝을 큰 막대기로 후려쳤고 미친 사람마냥 이리저리 뛰어다녔다.

우리가 북한산에 도착했을 때 윌리엄 레이놀즈(William D. Reynolds)[11] 목사 가정에 어린 아기가 태어났다. 첫 아이이며 사랑스런 얼굴을 한 작은 아기이다. [그러나] 열흘 후 주님이 자신의 것을 되찾아 가셨고 이 땅엔 슬픈 마음 둘이 남았다. 아더와 나는 서울까지 레이놀즈 목사님 아기를 실어갈 작은 관을 만들었다. 서울에 가면 제대로 된 관에 입관될 것이다. 우리가 관 만드는 작업을 도운 건 이번이 세 번째이다.

거의 매일 버스티드 박사, 아더와 나는 함께 긴 산책을 했다. 우리는 몇 군데 우뚝 솟은 봉우리 꼭대기까지 올라갔고 정상에서 본 경치는 웅장했다. 그레이트하우스(Greathouse) 부인은 아들이 국왕의 고문[12]인데 우리 텐트로 놀러와 우리에게 노래시키길 좋아했다. 한번은 조선해외선교회 소속인 커틀러 양(박사), 페인,

루이스와 중국 선교회의 헤일 양이 와서 며칠 머물다 갔다. 그들 중 셋은 하룻밤은 우리 텐트에서 잤고 나머지 밤은 절에서 묵었다. 너무 더워 텐트 안에서 식사하기가 힘들면 나무 그늘 밑에 자리를 깔고 먹었다. 그곳엔 그물침대 두 개가 있다. 버스티드 박사 것 하나, 우리 것 하나.

재밌는 시간이었지만 집에 돌아오니 좋았다. 휴가를 다녀온 후론 휴가 전보다 더 공부할 의욕이 생긴다. 우리가 떠나 있는 동안 서울에서 온도계의 수은주가 그늘에서 109도와 112도(섭씨 42~44도)까지 올라갔다고 한다. 이제 좀 선선해지기 시작한다.

8월 11일은 우리가 고국을 떠난 지 1주년으로 기념하고 8월 24일은 버스티드 박사의 생일로 기념했다.

1893년 9월 2일. 선물 상자

얼마나 행복한 하루였는지! 오늘은 연례회의 3일째이고 포스터 감독이 주재했다. 손님 몇 분이 조선에 오셨다. 서적실의 레오나르드 박사, 킨 부인(해외여선교회 필라델피아 지부 총무)과 그 딸이다. 중국 해외여선교회에서 온 릴리언 헤일(Lillian Hale) 양도 있다. 우린 원산에서 온 맥길 박사를 접대하고 있다. 스크랜턴 박사 댁엔 포스터 감독과 레오나르드 박사가 묵고 있다. 조선해외여선교회는 아가씨들을 대접한다. 지금까지 세션들은 매우 즐거웠다. 난 이 훌륭한 분들이 이야기하는 걸 즐겨 들었다. 오늘 정오엔 입국하는 아펜젤러 가족 편으로 고향 펜실베니아에서 보낸 작은 선물 한 상자를 받았다. 얼마나 반가운 꾸러미인지. 고국의 사랑하는 이들의 손길이 배어 있는 물건들이다. 사랑하는 손길들이 만든 기쁨의 물건들을 바다 건너 주고받을 수 있다는 사실로 하나님을 찬양한다. 마치 먼 나라에서 불어 온 부드러운 산들바람 같다.

상자 안엔 내 몸에 맞는 하늘색 실크단을 댄 새 기성복 블랙 드레스(분명히 사랑하는 동생 툴라가 만들었을 것이다)와 도라가 보낸 12개의 무명 냅킨, 벙어리장갑 한 켤레, 아더 넥타이 한 개, 책 2권, 손뜨개 목도리 한 개, 리본 몇 개가 있었다. 벨은 내가 몇 년 전 달라고 했었고 그녀가 수년간 간직해 온 리본 몇 개를 넣었다. 난 소녀 시절에 그 리본을 무척 좋아했고, 벨은 두 계절 동안 모자에 달도록 리본을 빌려줬으며, 난 후에 되돌려주었다. 바로 그 리본들을 보낸 것이다. 사랑하는 내 착한 자매 벨. 미국 국기 두 기도 있었다.

오, 고향의 사랑하는 사람들. 오늘밤 여러분 모두 여기 있었다면 얼마나 좋을까요.

1893년 9월 8일 금요일. 올링거 부인

오늘 아침 8시쯤 올링거 목사 부부와 아들 굿씨가 서울을 떠나 미국으로 갔다. 홀 박사 부부와 맥길(W. B. McGill) 박사, 버스티드 박사, 아더와 내가 배웅 나갔고 얼마간 동행했다. 그들이 떠나게 된 현재 상황과 얼마 전 강둑에 남겨놓은 두 무덤이 이별에 큰 슬픔을 더했다. 가엾은 올링거 부인. 이젠 얼굴에서 웃음을 거의 찾아보기 어렵다.

오전에 마지막 연회(年會) 세션이 있었다. 아더는 배재학당의 학술부장과 애오개 선교지 담당 목사로 임명되었다. 헐버트13 씨가 오실 때까지 당분간은 출판사 일도 돌봐야 한다.

1893년 9월 10일 일요일. 애오개 사역

성문 밖 애오개 사역에 선임된 후 첫 만남을 가졌다. 버스티드(J. B. Busteed) 박사가 우리와 함께 갔다. 애오개엔 약 백 명의 남자와 소년들이 오가고 있었고 유동인구가 항상 50명은 넘는 것 같다. 유산이가 닥터 제임스 홀의 미니 오르간을 들고 갔고 버스티드 박사의 연주에 맞춰 우린 모두 조선어 찬송가를 불렀다. 아더가 성경 한 장을 읽고 잠깐 이야기했고 우리 어학선생이 이야기하고 기도했다. 어학선생이 말하는 동안 난 건물 뒷문으로 살짝 빠져나왔다. 건물은 조선인 가정집에 불과하며 오두막이라는 게 더 정확한 묘사일 것이다. 난 그냥 흙바닥에 지붕을 덮어놓은 부엌으로 들어갔다. 할머니 한 명과 아이 몇이 부엌에 있었다. 그들에게 이야기를 시작했고 곧 여자 네 명과 아이들 몇이 귀를 기울였다. 할머니는 자기는 보통 사람들이 죽는 나이를 훨씬 넘겼고 아주 무식하다고 했다. 다른 여자들도 다 무식하여 글을 못 읽고 배운 적도 없었다. 그래도 난 하늘에 계신 우리 아버지와 그의 아들에 대해 최선을 다해 설명하려고 했고 그들은 조금 관심이 생기는 듯 나를 더 나은 방으로 인도했다. 나는 매주 일요일마다 갈 예정이며 애오개에 기독교인이 될 사람이 있는지 보려고 한다.

 1893년 9월 27일. 점심식사

오늘은 그레이트하우스 부인과 초대받은 손님들과 함께 점심을 먹었다. 모두 미혼 여선교사들이었다. 이제껏 먹어본 것 중 가장 고급스런 점심이었다. 그레이트하우스 부인은 사람들을 참 좋아한다. 난 고향에서 보내준 새 드레스를 처음 입었다. 4시에 여성 기도모임을 인도했다. 기도모임 주제는 찬양.

 1893년 10월 1일 일요일.

아구스타 스크랜턴[스크랜턴 선교사 딸]은 주일학교에 아름다운 분홍 장미 한 송이를 가져와 내게 건네주었다. 앨리스 아펜젤러[14]는 단풍설탕으로 만든 케익을 내게 주었다. 사랑하는 아이들. 아이들이 우리 주일학교를 재미있어 하는 것 같다.

 1893년 10월 10일. 코가 베인 여인

현재 부인병원엔 간통을 하다 걸려 남편이 코와 손가락을 베어버린 여자가 있다. 닥터 메리 커틀러(Mary Cutler)는 새 코를 만들어주는 수술을 하려 한다. 우리 어학선생은 이게 일반적인 처벌이며 어떤 경우는 죽이기도 하나 살인은 어려우니까 큰 고통을 주고 외모에 손상을 가한다고 했다. 조선엔 정조를 지키는 남자가 드문데, 남자의 코와 손가락은 누가 베는지?

1893년 10월 18일. 조선에서의 1년

바로 1년 전 오늘밤 우리는 서울의 성문을 처음으로 기어올라 우리 새 집에 왔다. 이곳에서의 삶은 너무 행복했다. 헐버트 씨가 와서 출판사 일을 맡게 되어 우리 아더는 그 격무에서 자유로워졌다. 조금이나마 공부할 여유를 얻었고 학교 일에 더 신경 쓸 수 있게 되었다. 우리는 근래에 처음 왔을 때처럼 매혹적인 날을 보냈다. 오늘은 비를 몰고 올 바람이 분다. 어제 체중을 쟀는데 아더는 126파운드, 난 101파운드(각각 57, 45킬로그램 정도)이다.

호머 헐버트 부부와 그 집 아이, 룰루 프레이(Lulu E. Frey) 양, 해리스 양이 선교사가 되고자 이곳에 도착했다.

1893년 11월 10일. 셔우드 홀의 탄생

오늘 아침 10시에 9파운드(약 4킬로그램) 아기가 태어나 홀 박사 부부 가정에 식구가 하나 늘었다. 아들의 이름은 셔우드(「조선회상」, 「인도회상」의 저자 닥터 셔우드 홀이다―편집자). 홀 부인의 처녀 때 이름이다. 모두 건강하다. 매리 커틀러 박사와 루이스 양이 출산을 도왔다.

 1893년 11월 11일. 왕실 행렬

오늘은 왕실 행렬을 보러 갔다. 60년에 한 번씩 국왕은 어떤 위인을 기리기 위해 어떤 특정한 절에서 묵어야 한다. 자세한 내용은 잘 모르겠다.

이번은 몇 년 만에 처음으로 조선의 왕비가 궁궐에서 외출한 날이며 퍼레이드에 여자가 끼어 있는 날이다. 행렬엔 국왕부처와 왕세자와 왕세자비와 그들의 시종, 군사, 악사들이 있었다. 왕비와 왕세자비는 시녀와 무희들을 거느렸다. 왕과 왕세자는 내시를 시종으로 거느렸다. 왕과 왕자의 가마 또는 왕좌는 크고 멋들어지게 장식되었다. 옆엔 아름다운 모피로 덮여 있었다. 왕과 왕자는 또렷이 볼 수 있었다.

우리 외국인 거주지 옆으로 왕의 행렬이 지나간 건 이번이 처음이다. 내 생각엔 왕이 외국인 거주지를 보고 싶어 한 것 같다. 왕은 지나가면서 우리 모두에게 목례했다. 외국인 신사들은 네 명의 왕실 일가에 모두 모자를 들어 경의를 표했다. 왕비와 공주는 남자 여럿이 멘 큼직한 덮개 가마 속에 있었다. 가마들은 확실히 아름다웠다. 묘사하진 못하겠다. 왕비와 공주를 보지는 못했다. 왕비와 공주의 측근 시종들은 조랑말을 타고 휘황찬란한 색의 우산처럼 생긴 걸 얼굴 위에 드리우고 있었다. 무희들도 조랑말을 타고 갔다. 무희들은 머리와 얼굴을 가리지 않고 다만 머리 뒤에 어마하게 큰 가발과 많은 장식품을 하고 있었다. 무희들은 옅고 고운 색의 옷을 입고 있었다. 행렬 전체는 멋진 쇼를 연상케 했다.

3장

조선 사람들

Journals of Mattie Wilcox Noble

 1894년 1월 9일. 어학 선생 이씨와 그의 아내

 어젯밤 22년간의 행복한 삶이 막을 내리고 새로운 해의 여정이 시작됐다. 고국을 떠날 땐 사람들이 내 생일을 어제 받은 소중한 선물들처럼 그렇게 기억해 주리라고는 전혀 생각질 못했다. 아더는 아름다운 일제 육면 병풍을 선물했다. 각 면은 새와 꽃이 있는 아름다운 풍경화이다. 새 몇 마리는 실크다.

 몇 주 전 우리 어학선생이 내 생일이 언제냐고 물었을 땐 그의 아내가 살아 있었다. 난 그저 선생의 아내가 내게 선물하길 원하겠거니 짐작했다. 아내는 아름다운 조선 기독교인이었고 12월 29일에 본향으로 갔다. 그 후 이 서방은 슬픔과 외로움에 시달렸다. 그녀는 1개월 된 갓난아기와 두 어린 아들을 놔두고 갔다. 아침에 이 서방은 두 어린 아이들과 하인 한 명 편으로 생일 선물과 멋진 편지를 보냈다. 아내는 별세하여 올 수 없으니 자기 선물만 받으라고 했다. 이씨는 슬픔 중에도 즐거운 소원을 담아 선물을 보냈다. 선물은 아름다운 조선 깃발 4장이 들어 있는 작은 함이었다. 2개는 밝은 홍색 천에 한문 성경 구절이 금박으로 적혀 있었고 다른 둘은 주황색에 검정 글씨였다. 또 큰 쟁반에 여러 단으로 과자가 담겨 있는 선물도 받았다. 1단 은 잣, 2단 호도, 3단 귤, 4단 사탕이다. 하얀 종이로 싸여 있고 맨 위엔 중국 아니면 일본의 조화(彫花)들이 있었다. 이 선물들을 받고 매우 놀라고 기뻤다. 이씨의 아내인 마르다가 마지막 남긴 몇 마디에 관해 몇 자 적고자 한다. 마르다는 자기 방, 자기 요에 누워 있었으며 의식이 없는 듯했다. 자기를 태우려고 누군가 크고 흰 말을 보냈다고 했다. 마르다가 못 탄다고 하자 이번엔 왕후의 가마처럼 예쁜 덮개가 있는 꽃가마를 보내며 그걸 타고 떠나라고 했단다. 마르다가 여기 남아 아기를 돌봐야 하기 때문에 못 간다고 하자 그들은 가야만 한다고 했다. 그녀는 고운 흙 같은 걸 집으려고 손을 내밀며 말했다. '흙이 참 곱다. 꼭 금(金) 같네. 이런 건 처음 봤어.'

 1894년 3월 2일. 실비아의 기구한 사연

실비아란 세례명의 조선 여인 이야기를 들려주려고 한다. 실비아는 서울에서 몇 마일 떨어진 곳에서 어린 시절을 보냈고 아이 적 이름은 부무였다. 15세가 되자 서울에서 스물한 살 된 청년이 내려왔다. 양가 부모님은 중매를 통해 두 젊은이를 약혼시켰다. 서로에게 절하고 하늘과 땅과 기러기에게 한 번씩 절하는 이교도의 방식대로 혼례식을 치렀다. 혼인날까지 둘은 한 번도 얼굴을 본 적이 없었다. 신랑 노씨는 젊은 신부를 서울로 데리고 와 살림을 차렸다. 조선 처녀가 결혼하면 처녀 적 이름을 버리고, 혹 부를 일이 있으면 아무개 댁으로 부른다. 아이를 가지게 되면 아이의 이름을 넣어 아무개 엄마로 부른다.

서울에 사는 동안 노씨 부부는 크리스천이 되었고 감리교에 입교했다. 13년간 이름 없이 살았던 노씨 부인은 세례식 때 실비아란 기독교 이름을 받았다. 그녀는 많은 기독교인들에게 실비아란 이름으로 통한다. 그들의 외동딸은 7살 때 감리교 미션스쿨에 입학했는데 학교에서 불 가까이 놀다가 불에 타 죽었다. 아이가 죽은 지 얼마 후 부부는 다시 서울에서 하룻길 되는 시골로 이사 갔다.

조선의 시골 지역엔 아주 이교도적인 관습이 지배한다. 남편이 죽어 과부가 된 여자는 동네 홀아비나 총각이 마음대로 와서 붙잡아가 아내나 첩으로 삼을 수 있는 것이다. 조선 서민에게 혼례 비용은 만만치 않은 부담이므로 시골 남자 중엔 혼례를 치르지 않고 과부를 잡을 때까지 기다리는 사람도 있다. 가련한 여자들은 이 잔인한 풍습 앞에서 속수무책이다.

어느 날 노씨가 친구 집에 저녁 초대를 받았다. 먹은 음식에 독이 들었었는지는 우리가 알 수 없지만 집에 오자마자 심하게 앓더니 어떤 약도 소용이 없었다. 남편은 서울 사는 형에게 외국

약을 좀 가지고 오라고 했다. 그[형]는 우리 현지 목회자였다. 형이 뒤늦게 약을 가지고 도착했으나 바로 그날 노씨는 숨을 거두었다. 노씨가 숨진 그날 아침 장정 30명이 와서 과부가 된 실비아를 총각에게 주려고 끌고 갔다.

우리 현지인 목회자는 나가서 장정들을 설득하려고 했다. 이것이 악습이고 실비아는 크리스천이며 이 풍습을 거부한다고 설명했다. 그리고 더 나은 삶에 대해 전파했지만 소용이 없었다. 남자들이 원하는 건 노획물이었다.

다행히 노씨의 형은 서울에서 외제 총을 가지고 갔고 총으로 남자들을 겁주었다. 조선인들은 외국인의 힘에 경의를 품고 시골 사람들은 수도에 사는 사람들을 두려워한다. 실비아와 시숙은 장정들이 더 큰 무리를 끌고 돌아올까 무서워 서울로 야반도주했다. 실비아는 시숙에게 매우 감사한다. 그녀는 현재 우리 집에서 일하고 있으며 이교도의 잔인한 풍습으로부터 안전하다.

1894년 7월 14일. 루스의 보모

우리 아기 루스(Ruth Noble)는 오늘로 1개월이다. 아주 건강하다. 태어날 때 감기 기운이 있는 것 같더니 그 후 꽤 자주 재채기를 했다. 아직도 가끔 잔기침을 한다. 우는 일은 거의 없다.

어제 내가 아더와 산책하러 외출하는 동안 아기를 돌봐줄 보모가 왔다. 보모의 옷과 숨결은 담배 냄새에 절어 있었다. 난 그에게 아기를 맡기기 싫다고 했고 왜 그런 데 돈을 쓰냐고 물었다. 그녀는 묵묵부답이었다. 평상시엔 완벽하게 얌전한 아기가 왜 가만히 못 있었는지 원인은 다른 데 있지 않았다. 루스는 내가 외출하기 직전에 젖을 배불리 먹었고 건강은 완벽했고 한 번에 몇 분 이상 우는 법이 없다. 그러나 내가 집에 오자 30분 전 외출했을 때부터 내내 울었다고 했다. 로제타 홀과 우리는 순전히 담배 때문이라고 생각한다. 보모는 아기를 맡기고 나갈 만큼 신뢰가 가지 않는다. 그러나 선교사는 현지인에게 아기를 가끔 믿고 맡기는 수밖에 다른 도리가 없다. 어디든 아기를 떼 놓고 가야 할 곳이 생기고 아기를 데리고 가는 게 비현실적인 경우가 있기 때문이다.

보모에게 아기가 운 이유에 대해 내 생각을 말하자 절대 "다시는 담배를 안 먹겠다"고 했다. 그 결심이 얼마나 갈지는 모르겠다. 조선인들은 말[言]도 돈도 모두 '먹는다'고 표현한다. 말을 들었다거나 돈을 쓴다고 할 때 먹는다고 한다.

어제와 오늘은 루스의 관심을 끌어 여러 번 방긋방긋 웃게 했다.

1894년 7월 20일. 무더운 날

생전 이렇게 무더운 날은 처음이다. 이 더러운 모랫길을 어떻게 쓰러지지 않고, 병 걸리지 않고 나다닐 수 있는지 모르겠다. 나의 아더는 오늘 여름 날씨 영향으로 아프다. 이 곳 여름엔 거의 모든 외국인 가정에 아픈 사람들이 생긴다. 21일과 22일 아더는 매우 쇠약해져 종일 자리에 누워 있었다.

1894년 8월 23일

또 다시 무더운 날. 7월 18일 이후 몸에 종기가 있다. 현재까지 50개의 크고 작은 종기들이 있음.

1894년 9월 11일

고베에 있음. 8월 28일에 집을 떠남. 8월 30일까지 제물포에서 지냄. 고베엔 9월 6일 도착. 거친 항해. 빈튼 박사 부부가 우리와 동행했다. "우리"란 루스와 루스의 엄마아빠. 벌라드 부인 댁에 투숙 중. 여긴 유쾌한 친구들이 있음, 스미스 박사 부부와 말컴 박사 부부와 애비 부인과 드러먼드 부부와 아픈 아기, 더필드 양, 파일 양의 자매인 핼리 부인, 호프 씨도 있음. 돈을 거의 다 썼는데 고베에서 아직 살 물건을 다 못 삼.

오늘 루스 사진 찍음. 스미스 씨의 아기 유모차를 샀음. 가방에 모자 등과 같이 넣어 갈 수 있을 것 같음. 지폐를 은화로 바꿈.

1894년 10월 10일. 영완이

다시 체력이 좋아짐을 느낀다. 너무 오랫동안 신경 쓰지 못한 일들이 산적해 있다. 일하던 소년이 그만둬 요리사에게 일할 소년을 구해달라고 했다. 요리사는 영완이를 한 번 보라고 데리고 왔다. 우리의 유쾌한 도둑은 두 번 우리 집에서 일했으나 매번 나가버렸다. 도둑질하고 속이고 거짓말 하는 악당이라 다시는 쓰지 않으려 했다. 그러나 영완이는 조선어 표현대로 뉘우치는 마음을 '먹은' 것처럼 행동했다. 오전 기도시간에 그에게 기도를 시켰더니 유려하게 기도했고 우리는 그가 회개했다고 생각했다. 다시 큰 악을 저지르는 걸 발견할 때까지 말이다.

우리 새 요리사는 영완이를 추천하면서 "교리대로 잘한다"고 했다. 우린 다른 소년을 찾을 수 없어 영완이에게 일주일만 청소를 시키고 보낼 작정이었다. 그는 토요일부터 화요일 밤까지 일했고 그 와중에 빵 한 덩어리 훔치는 것을 나에게 들켰다. 아더에게는 주급을 미리 달라고 했고 돈을 받자 일주일치 일을 마치지 않고 떠나버렸다. 그래서 난 다시 사람을 구해 훈련시켜야 한다.

1894년 10월 17일. 커다란 시험거리

여기서 우리의 큰 시험거리는 하인들이다. 질병과 이가 너무 많고 너무 미련하다. 며칠 전 우리 아줌마와 소년 몸에 큰 이가 있는 걸 발견하고 이를 잡지 않으면 더 이상 있을 수 없다고 했다. 그러나 그들을 내보내는 건 부질없다는 생각이 들었다. 다음 사람도 십중팔구 같은 상태일 것이기 때문이다. 그러나 오늘 매독을 앓고 있음을 발견했으므로 이젠 정말 내보내야 한다. 여기 그들이 얼마간 머물렀다는 게 얼마나 꺼림칙한지. 아줌마가 아기와 거의 접촉이 없었으니 그나마 다행이다. 아더는 이 사람들 때문에 우리가 사람을 잘 믿지 못하게 되는 것 같다고 한다. 대다수가 사람을 속인다.

1894년 12월 26일. 크리스마스의 즐거움

12월 5일. 가엾은 개의 비명소리를 방금 들었는데 이내 멈췄다. 영원히. 이제 곧 포식하는 조선인들이 있겠지. 12월 7일. 홀 부인은 제물포로 가려고 서울을 떠났다. 아기 루스는 12월 18일에 예방접종했다. 12월 10일. 아더는 말라리아로 4일째 누워 있다. 좀 나아지고 있다. 오늘은 루스가 처음으로 또랑또랑하게 자음(字音)을 발음한 날이다. 까르르 웃고 옹알이 하고 '다다다' 라고 한다.

12월 26일. 크리스마스 때 남은 팝콘과 사탕을 즐겨 먹고 있다. 조선인에게 좋은 시간을 선사하려고 노력하는 와중에 우리도 메리 크리스마스를 보냈다. 크리스마스 이브엔 이웃의 조선 여인 스무 명을 초청하여 탁자에 맛난 걸 가득 차려놓고 나눠 주며 재밌는 시간을 보냈다. 우리 요리사와 아더는 이웃들에게 멋진 메시지를 전했고 이웃들은 모두 다시 오겠다고 했다. 난 케익을 만들었고 아더는 팝콘을 만들어 여기 배치된 미군들에게 주었다. 감리교와 장로교 부인들은 각각 미군들에게 선물을 보냈다. 매일 밤 미군들은 우리 선교 부지를 순찰하고 노래를 부르며 보초시간을 보낸다.

크리스마스 아침엔 조선인 방문객이 몇 있었다. 방문객을 대접한 후 우리 주일학교 교사들에게 보낼 선물을 준비했다. 저녁

후엔 애오개에 가서 멋진 시간을 보냈다. 아더는 그의 방에서 몇 명의 남자들을 맞았고 난 내 방에서 9명의 여성과 10명의 소년을 맞았다. 모두 내 이야기를 경청해 주었다. 아이들도 한 무리 왔다 갔다. 우린 생전 처음 크리스마스 이야기를 듣는 사람들에게 이야기를 전했고, 그들 가슴에는 큰 기쁨이 있었다.

내가 조선말로 말씀을 전하자 한 부인이 왜 미국인이 자기들과 같은 '어머니, 아버지, 언니'라는 단어를 쓰는지 어리둥절해 했다. 부인은 내가 줄곧 영어로 말하고 있었다고 생각한 것이다. 그러나 대부분은 내가 하는 조선말을 다 알아들었고 다들 맞장구치며 질문했다. 내 곁에 앉아 있던 한 소년은 크리스마스에 대해 다 배우고야 말겠다고 했다. 한 부인은 한나처럼 아이를 갖길 원했고 내가 도와줄 수 있는지를 묻는 것 같았다. 예배 후 이웃들은 내 드레스와 손을 만져보았다. 한 소년은 미국에 자기들 같은 아이들이 있는지, 자기들처럼 놀이를 하는지 물었다. 내가 그렇다고 하며 미국 아이들은 조선 아이들을 사랑할 뿐 아니라 조선 아이들이 예수에 대해 듣지 못한 걸 너무 안타깝게 여긴다고 하자 흡족해 하는 듯했다.

 1895년 1월 11일. 도난당한 것들

지난 몇 달간 우리가 도난당한 물건들을 적어봐야겠다. 도둑 중 한 사람이 잡힐 것 같으니까 우리 종이 되겠다고 목숨만 살려달라고 했다는 이야기를 들었다. 도둑질에 8명이 연루되어 있다고 한다.

> 고급 외투 1벌, 남색 조끼 1벌, 큰 터키 타올 1개, 남자 부츠 1켤레, 새 신사 정장 웃옷 1벌, 여자 부츠 1켤레, 포켓 나이프 1개, 리본, 찻주전자 1개, 베갯잎 4장, 아기 옷들(흰 드레스 1벌, 플라넬 페티코트 1벌, 웃옷 2벌, 아기 수건 9개, 깔개 1개), 강판 1개, 땔나무와 음식 등.

어젯밤 선교사 한 분이 감리교 신자가 당한 핍박에 대해 말해 주었다. 그는 존스(G. H. Jones) 씨가 강화도에서 회심시킨 사람인데, 아버지를 최대한 기독교 방식으로 안장하려 했다. 그런데 묘소에 이교도 친척들이 와서 시신을 다시 파헤쳐 집으로 가져가 이교도 방식대로 묻도록 했다. 동대문에선 기독교인들을 조롱하고 손가락질하고 핍박하는 일이 있었다. 이 나라는 우리가 아는 것보다 더 깊은 암흑 가운데 있다.

페인 양이 일꾼들에게 미제 톱을 하나 주었다. 장작이 필요할 때마다 톱질할 사람이 한 명 더 필요하다는 핑계를 못 대게 말이다. 조선의 톱질하는 방식은 두 명이 땅바닥에 앉아 통나무 양편에서 톱 한 쪽씩을 들고 설렁설렁 켜게 되어 있다. 페인 양은 한 사람이 손잡이를 잡고 켜는 미제 톱을 준 후 이제 혼자 톱질하리라 예상했다. 그런데 두 사람이 땅 바닥에 앉아 예전 방식으로 다시 톱질하는 걸 보고 한바탕 웃었다고 했다. 한 번은 한 사람이 혼자 톱질을 하는데 아주 어색하고 힘겹게 하더라는 것이다. 그는 톱 손잡이를 몸에 대고 반대편 끝은 땅 끝에 대고 통나무를 위 아래로 움직이더라는 것이다.

1895년 2월 23일. 개신교 선교 10주년

선교사역과는 완전히 분리된 왕립학교에 최초의 외국인 교사로 온 사람들은 복음 사역자들이었다. 자연히 교재에서 하나님의 이름이 자주 언급되었다. 영어를 아는 몇 안 되는 조선인들은 책을 가져다가 하나님의 이름이 나오는 곳마다 지워버리고 읽지 못하게 했다. 10년 전 일이다. 그때 즈음 감리교 선교회와 장로교 선교회가 설립되었다. 감리교는 이제 10주년 기념식을 한다. 몇 년이 지나자 하나님의 이름이 다수의 동의를 얻어 읽히게 되었고 5년 후엔 영어를 이해하는 학생들이 교사인 호머 헐버트 목사의 설교를 들으러 외국인 예배에 참석했다. 며칠 전 정부와 왕립학교 담당 선교사들 간에 계약이 체결되었다. 내용은 200명의 왕립학교 학생에게 영어를 가르치기 위해 감리교 미션스쿨[배재학당]에 보낸다는 것이다. 그들은 미션스쿨의 모든 규칙을 준수할 것을 약속하였고 매일 복음과 기도를 들어야 한다는 걸 인지하고 있다.

윌리엄 닌데(William X. Ninde) 감독이 연회(年會)를 마치고 제물포로 가고자 서울을 떠난 후 왕[고종황제]은 교계 지도자인 노(老)학자가 내한했다는 말을 들었다. 왕은 그를 만나 종교에 대해 이야기를 나누길 원했고 제물포에 사람을 보내 다시 올라올 수 있겠냐고 물었다. 그래서 우리 감독과 그의 두 아들은 차가운 가마를 타고 28마일(약 45킬로미터)을 여행해 주인이신 주님의 대의를 위해 영향력을 끼치고자 왕을 알현했다. 이 일은 우리 사역에 큰 도움이 되었다. 조선인들이 자신의 국왕이 예수 교리에 반감이 없음을 알고 교회 다니는 것에 더 큰 자유함을 얻게 되었던 것이다.

우리 바느질하는 아주머니는 16살짜리 큰 아이부터 모두 네 명의 자식을 병으로 잃었다고 한다. 그녀 가족에 왜 이리 병이 많은가 염려하다가 무당에게 가 물어보았다. 무당은 집안의 혼령들에게 제물을 넉넉하게 안 바쳐 악귀가 병을 보냈다고 했다. 그래서 아주머니는 맹인 남자 무당에게 가 많은 돈을 허비했다.

우리 요리사는 자기 어머니 집엔 괜찮은 방 하나를 혼령들에게 제사하는 용도로 쓰며 그곳엔 무명과 다른 제물이 가득 차 있다고 한다.

4장

청일전쟁

Journals of Mattie Wilcox Noble

1894년 6월 30일. 전쟁의 소문

 우리의 결혼 2주년이다. 날씨는 무더웠다. 난 6월 14일 우리 아기 루스가 태어나고 처음으로 아더의 부축을 받아 우리집 식당에서 저녁을 먹었다. 매우 즐거운 하루였다. 비록 현지인들은 임박한 전쟁으로 큰 공포에 사로잡혀 있지만. 일본인들은 제물포 항에 군함 몇 척을 정박시켰고 조선 땅 여러 곳에 군사들을 많이 배치했다. 들려오는 소식은 큰 중국군대가 여기 올 것이며 일본은 중국에게 2백만 달러 배상과 조선에 대한 권리 포기를 요구했다고 한다. 조선에서 전쟁이 터질지, 다른 나라가 전쟁에 참여할지는 두고 봐야 한다. 러시아는 조선에 항구를 원한다. 아더는 전쟁으로 물가가 오르면 우리가 부양하는 사람들에게 염가에 팔려고 큰 쌀 다섯 가마니를 사놓았다.

우리 어린 루스는 아주 건강하고 튼튼하다. 첫 2주간 1파운드(약 500그램) 살이 올랐다. 태어날 때는 7파운드(약 3.2킬로그램)였다. 생후 15일째엔 고국에서 긴 편지, 아니 편지들을 받았다. 형제자매, 엄마, 아빠, 조카 등 스무 명이 편지를 보냈다. 아더가 루스를 안고 있는 동안 난 편지를 소리내 읽었다. 루스는 6월 14일 목요일에 태어났고 2주 만에 1파운드가 늘었다.

(1894년 7월 3일.) 컨디션이 훨씬 좋아졌다. 다시 응접실에 나와 앉아 있다. 아침엔 조선인인 박애니(Annie Pak) 부인이 아기 루스와 날 보러왔다. 조선인은 다들 미국 아기가 너무 크다고 생각한다. 박 부인은 "얼마나 큰지 말도 못해요."라고 했다. 그러더니 귓속말로 노블 씨가 아기를 사랑하는지 묻고, 아들이 더 좋은지 딸이 더 좋은지 물었다. 난 아들도 좋지만 딸이 더 좋다고 했다. 박 부인은 왜 미국인들은 딸을 더 좋아하는지 모르겠다며 조선인은 아들을 선호한다고 했다. 조선인들은 우리 아기가 아주 예쁘다고 생각하는 것 같다.

아더는 시골에 갈 때 필요한 큰 텐트를 주문 제작했다. 그러나 전쟁의 풍문으로 격변기에 있는 나라이므로 언제 서울을 떠나게 될지 모른다. 전쟁이 일어날지의 여부조차 알 수 없으니.

1894년 7월 23일 월요일. 전쟁의 시작

아더가 총소리에 깨어나 창가에 귀를 대고 있다. 일본인들은 궁궐을 점령코자 전투를 벌였다. 부상자 외에 10명의 사망자가 생겼으나 일본인들은 궁궐을 접수했다. 가엾은 중국인 하나가 떨면서 우리 부엌으로 들어와 난리가 끝날 때까지만 숨겨달라고 했다. 중국 군인들은 아직 서울에 도착하지 않았지만 얼마 전 1천 명이 평양에 왔다고 한다. 불쌍한 조선인들은 겁에 질렸다. 현재로서는 우린 집안에서 안전하다. 그러나 정말 전쟁이 터지면 민란의 위험이 있고 그러면 미국공사가 공사관으로 우릴 소집하여 거기서 군사들의 보호를 받을 것이다. 난 만약을 대비하여 증기선용 트렁크에 아기와 우리 옷가지를 싸고 있다. 볼티모어 군함에 있는 미군 장교들은 아주 불량하게 행동했다. 실(John M.B. Sill)[15] 미국공사가 그들에게 와 달라고 했지만 오지 않았고 내내 제물포에 머물러 있다. 내 생각엔 장교들은 떠나길 원하는 것 같다. 그들은 조선이 너무 매력 없는 나라라 질색하지만[16] 미국 시민을 보호하는 것이 그들의 의무이니 정부로부터 면책을 당하게 될 것이다.

전신선은 일본인에 의해 끊겼다. 우리는 내 동생 메이가 보낸 성조기 2기를 하나는 우리 집에, 하나는 상동 병원에 게양했다. (메이야, 네 선물이 신변보호를 위해 쓰일 줄은 예상 못했겠지.) 오후엔 총성이 더 들렸고 후에 조선인의 무기고와 병참부대를 일본인이 접수했다는 소식을 들었다.

우리 아줌마[여자 하인]는 아들들을 데리고 시골로 피난 간다고 한다. 많은 조선인들이 도시를 떠나 피난길에 올랐으며 중국인들은 모두 중국으로 떠났거나 떠나고 있다. 우리는 저녁 산책을 하다가 일본 군사가 거리와 성문을 순찰 도는 걸 보았다. 8명의 조선인 부상병이 우리 감리교 병원[17]에 있다.

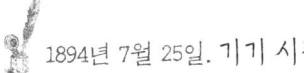
1894년 7월 25일. 기기 시작한 루스

아기 루스는 5주가 되기 전부터 기기 시작했다. 아더는 뒤로 기대고 앉을 땐 자주 루스를 가슴 위에 올려놓고 아기 발을 손으로 받쳐주었다. 그러면 루스는 항상 무릎과 몸을 움직여 아빠 어깨까지 기어간다. 침대에서도 똑같이 하지만 침대에서 하는 건 별로 안 좋아한다. 아기가 너무 힘을 뺄까봐 많이 기지는 못 하게 한다. 이젠 까르르 웃기도 한다.

어젯밤 100명이 넘는 조선군이 복면을 쓰고 우리 집에서 멀지 않은 기다란 옛 주조국 건물로 들어갔다는 소문을 들었다. 우리 어학선생은 그들이 밤에 그렇게 모이는 이유는 도둑질밖에 다른 이유가 없다고 생각한다. 그래서 어젯밤 선교회 남자 4명이 교대로 선교 부지를 순찰했다.

1894년 11월 21일. 닥터 제임스 홀 선교사의 죽음

닥터 제임스 홀이 장티푸스로 누워 있다. 모두 큰 시름 속에 있다. 박사는 청나라 군사들의 시체가 매장되지 않고 널려 있는 평양에 다녀왔다가 과로와 병균노출로 병에 걸렸다. 지방을 여행할 때 그런 병균노출은 끔찍한 수준이다. (말라리아에서 이제 막 회복한) 사무엘 모펫과 닥터 홀과 테이트(Lewis B. Tate)[18] 씨는 2주 전 평양을 떠나 증기선을 타고 제물포로 왔었다. 거기서 배를 타고 한강을 거슬러 오는데 배가 모래사장에 처박혀 (며칠이 지체되고,) 불쌍한 홀 박사는 위독하던 중에 더 악화되었다. 그는 긴 증기선 좌석에 실려 강을 타고 올라와 여기 침대로 옮겨졌고 계속 심하게 앓고 있다.

(1894년 11월 26일.) 홀 박사는 11월 24일 토요일 저녁 6시 15분 '영문을 빠져 나갔다.' 아침 일찍부터 죽어가고 있었다. 금요일까지는 의식이 있었지만 말은 못했다. 목소리를 완전히 잃기 전, 끊어지는 문장으로 아더에게 말하길, 자신은 살지 못할 거라며 "어린 양의 피로 씻긴 문으로 들어갈 것"이라고 했다. 장티푸스 열병을 앓았기 때문에 전염될까봐 문병은 허락되지 않았다. 시신은 어제 매장되었다. 외국인 대다수와 많은 조선인이 강가 묘지에 갔다. 아더가 매장지에서 예배를 인도했고 닥터 윌리엄 스크랜턴이 연주했다. 일주일 후 아더의 책임 하에 추모예배가 있을 것이다. 아더, 홀 부인, 버스티드 박사는 계속되는 간호와 세심하게 환자를 지켜보는 일로 거의 탈진하였다.

"그의 삶은 온유했고 많은 요소들이 그 안에서 조화를 이루었다. 대자연도 일어서 세상을 향해 말할 것이다. 여기 진정한 사람이 있었다고."

이제 강둑엔 8기(基)의 무덤이 있다. 6기의 무덤이 1년 반 안에 생겼다. 묻힌 순서대로 열거한다.

헤론 박사 (장로교 선교사)
버티와 윌라 올링거 (올링거 선교사 자녀들)
윌리 레이놀즈 (레이놀즈 선교사 아기)

90 매티 노블의 조선회상

커트윌더 빈튼 (빈튼 선교사 아기)

덤키 씨 (독일 공사관 서기)

홀 박사 (감리교 선교사)

조지 젠킨 (장로교)

5장

이 풍랑 인연하여

Journals of Mattie Wilcox Noble

 1895년 4월 25일. 요양 차 귀국하다

어제도 목요일이고 오늘도 목요일이다. 이번 주는 8일이지만 태평양을 횡단하는 뱃길이 워낙 쾌적하여 그리 길게 느껴지지 않는다. 며칠째 대양은 상당히 평온했다. 우리 배는 큰 물결이 일렁일 때마다 심하게 이리저리 출렁인다. 햇살이 환히 비칠 땐 온 바다가 한폭의 실크처럼 보인다. 그러다 우리 증기선이 파고가 높은 풍랑 속을 통과할 땐 다시 물결이 뱃전에 찰싹거리며 하얗게 거품을 뿜으며 반짝거린다. 시야에 들어오는 건 온통 거대한 흰 물결머리뿐이다.

나의 일기야. 왜 이 시점에 내가 바다를 횡단하는지 의아하겠지. 내가 조선에 1~2년 더 머무르면 폐결핵에 걸릴 거라고 의사들이 입을 모았기 때문이란다. 하지만 지금 귀국하면 완쾌되어 사모하는 사역지로 되돌아갈 확률이 높다고 한다. 이렇게 빨리 떠나야 한다는 사실 앞에서 우리가 느끼는 깊은 안타까움은 형언할 길이 없다. 그러나 우리는 주인이신 그분을 따르고 있고 그분은 우리를 안전하게 인도하시며 그의 마음에 합하면 다시 안전하게 파송하시겠지.

지난 가을 일본 여행에서 돌아가면서 허약한 상태에서 걸린 감기가 폐에 흔적을 남겼고 5개월간 목이 아파 아기에게 허밍도 못해 줬다. 가슴에도 통증이 있었으나 스스로 의사인 양 완쾌되어 곧 튼튼해지기만을 바랬다. 2월 1일 즈음 커틀러, 쿡크, 언더우드, 스크랜턴, 에비슨 박사님들은 청진기를 대보고 약한 부위가 있다고 했다. 그제야 난 그들이 내 귀국을 고려한다는 눈치를 처음 챘다. 그러나 의사 선생님들은 추운 날씨에 귀국하는 건 현명치 못하다고 판단했고 커틀러 박사는 한 달간 기다려보고 뚜렷한 차도가 없으면 귀국하는 게 최선이라고 판단했다. 아직 폐에 조직파괴는 없지만 우리는 캘리포니아 남쪽 항로를 따라 귀국하고 있다. 아마 호놀룰루에 정박하게 될 것이다. 내 상태는 상당히 좋다. 아더는 옆구리에 류마티즘 같은 통증이 있지만 그건 아닐 거라고 믿는다.

1896년 1월 14일. 고향집

아더로부터 내 생일날 쓴 아름다운 편지 한 통을 받았다. 그는 아직 드루대학에 있지만 2월 말까지는 일을 끝낼 예정이다. 루스와 나는 잭슨네 집에 아직 있으며 매우 조용하게 살아간다. 거의 아무도 찾아오지 않으며 우리도 벨이나 리자네 빼고는 거의 아무도 찾아가질 않는다. 어제는 월과 앨리스의 아기 애나를 안장했다. 겨우 3개월 1주일 된 아기다.

12월에 메이는 건강 때문에 한 달간 휴가를 가졌다. 우리는 크리스마스 선물을 만들고 일을 하고 책을 읽으며, 함께 매우 유쾌한 시간을 보냈다. 크리스마스는 집에서 조용히 보냈다. 새해엔 아더와 함께 사무엘과 어니스트가 몇 년 만에 서부에서 집으로 왔다. 그들은 근사한 크리스마스 선물을 가져왔고 시부모님과 포레스트 레이크에 사는 형제자매가 보낸 선물도 전해주었다. 아기와 나도 주변 사람들이 잊지 않고 선물을 많이 주었다.

할머니가 있는 우리 집은 너무도 포근하다. 특히 아더와 남자들이 왔을 땐 더 아늑했다. 예쁜 방에 환하고 따뜻한 벽난로가 타고 있다. 우린 8월에 조선에 돌아가는 데 아무 지장이 없도록 완벽한 건강상태를 유지하려고 노력한다. 그곳이 우리가 있어야 할 곳임을 느낀다. 그러나 어디든 그가 인도하시는 곳이 가장 주님을 기쁘게 해 드릴 곳임은 틀림없다. 그래서 계속 신뢰하며 매일 주어진 작은 일들을 하며 그가 의도하신 곳에 머무르고 있다.

> 세상에서 내게 가장 달콤한 사람
> 가장 소중하고 훌륭한 젊음
> 오늘 그가 없다
> 즐거움도 함께 사라졌다

인생의 매 시간마다
그는 온유했고 사랑했다
아플 때 위안 되고 건강할 때 힘되는
그를 난 날마다 더 사랑한다

이 세상에서 가장 사랑하는 사람
나의 남편, 연인, 친구
내 마음은 온전히 그의 것
인생의 끝날까지

* * *

어머니는 스토브에서 팬케익을 굽는다
아빠는 장작더미에서 나무를 팬다
들라이아는 욕조에서 씻고 있다
아기는 모자를 이리저리 써 본다

시름이 밀려간다 저녁상은 다 차려졌다
슬픔은 생각지 말아라, 기쁨을 생각하라
아빠 저녁 드시라고 불러라, 높은 의자 빼드리고
그리고 기억해라 인생은 놀잇감이 아님을

1896년 2월 12일. 시릴 드루 노블

1896년 1월 28일, 시릴 드루 노블(Cyril Drew Noble)이 태어났다. 몸무게는 6.5파운드(약 2.9킬로그램). 잘생긴 남자아이이다. 머리카락은 거의 나만큼이나 짙은 밤색이고 매우 짙은 눈과 투명한 피부를 가졌다. 루스 애기 때와 별로 안 닮았다. 이마는 짱구고 얼굴은 길다.

가정의 가장 사랑스런 보석은 아이들
나의 두 사랑스런 아이들이 얼마나 소중한지
말할 수 없어요

이제껏 발견된 어떤 다이아몬드보다 크고
온 세상 어떤 보석보다 더 깊고 윤택한 광채
이 두 다이아몬드에 대해 이야기해 드릴까요
그들의 달콤한 어린 생명이 내게 어떤 값어치가 있는지
그 가치의 작은 일부분도 상상할 수 없을 거예요
영원토록 제 소유죠

 1896년 4월 25일. 건강검진 결과

아더는 우리의 조선행(行)에 대해 알아보러 뉴욕 선교본부 서적실에 갔다. 우린 소식을 초조하게 기다리고 있다. 2주 전 마지막 건강검진을 했고 윌크스배리의 스튜어트 의사로부터 건강이 완벽하다는 진단을 받았다. 고로 우리가 돌아가지 못할 이유가 없다고 생각한다. 그러나 아직 서적실에서 아무 전갈이 없다.

아기 루스는 오늘 계단에서 크게 떨어졌지만 이마에 혹 하나만 남았다. 몇 분간은 새파랗게 겁에 질렸다. 이번 주엔 시릴의 사진을 찍으러 가지 않을 것이다. 얼마나 튼튼하고 사랑스런 남자 아기인지.

틸다 고모가 남겨준 유산으로(50달러) 오르간을 사려고 한다. 재봉틀 카탈로그도 살펴보고 있다. 조선에 돌아가기 전에 오르간, 재봉틀, 유모차를 사려고 한다.

이제 난 120파운드다. 작년 봄 조선에서 귀국했을 때보다 15파운드 더 나간다.

1896년 7월 11일. 다시 조선으로

기차 안이다. 7월 6일 월요일에 도란스턴과 고향 사람들을 떠나 뉴욕으로 출발했다. 뉴욕엔 오후 12시 20분에 도착했고 아기와 가방들을 들고 거리를 행군하여 그랜드 센트럴 항만으로 가서 짐 가방을 놔두고 선교본부 서적실로 갔다. 홀 부인을 만나러 바이블 하우스에도 갔지만 저녁에 아이들과 함께 신선한 공기를 쐬러 시골에 갔다고 했다. 그날은 우리 여행일정 중 가장 힘겨운 날이었다. 아기는 찬 음식을 먹어야 했고 이로 인해 며칠간 아팠다. 서적실의 총무들(볼드윈, 스미스, 레오나르드 박사)은 모두 매우 친근했다. 볼드윈 박사는 역까지 우리와 동행했고 루스를 돌보는 걸 도와주셨고 내게 작별의 키스를 하셨다. 우린 저녁 7시 15분에 뉴욕을 출발하여 다음날 아침 10시경에 캐나다 몬트리올에 도착했다.

1896년 7월 12일. 진찰

레지나에서 무스헤드 기차역에 아기를 진찰하러 의사를 내보내달라는 전문을 부쳤다. 아기의 설사가 너무 오래 계속되었고 설사가 다른 병으로 발전할지 또는 밴쿠버에 도착하기 전에 다른 의사를 만날 수 있을지 염려가 되었기 때문이다. 의사가 오기 전에 아기의 상태가 좋아지기 시작했고 계속 나아져 밴쿠버에 다다랐을 땐 아기는 다시 건강해졌다. 비스무스 약이 아이를 고쳤다.

1896년 7월 14일. 다시 배에 올라

여객선 "엠프레스 오브 차이나"(Empress of China)에 타고 있다. 우린(루스, 시릴, 애들 아빠와 나) 어제 정오에 배에 탔다. 아기들은 아주 컨디션이 좋으나 아더와 내가 속이 울렁거린다. 확고한 발판이 있고 끊임없는 출렁임이 없는 고향집에 안전하게 머물렀더라면 좋았을 걸 하는 생각이 들었다.

1896년 7월 15일. 잔잔한 바다

시릴은 거의 대부분의 시간을 자고 시릴과 루스 둘 다 상태가 너무 좋다. 난 오늘 아침엔 컨디션이 상당히 좋았다. 바다가 비교적 잔잔했기 때문이다. 아침 일찍 갑판 위를 걸었다. 공기는 감미로울 정도로 신선했고 산책은 아주 흡족한 감흥을 불러일으켰다.

오늘 아침엔 전혀 뱃멀미를 하지 않았다. 우리 62호 선실은 큼지막하며 제일 좋은 자리인 배 중앙에 있다. 우린 아기가 잘 수 있도록 작은 그물침대를 샀는데 아주 쓸모 있다. 밴쿠버에서 '웨일즈의 왕자'라는 근사한 유모차도 샀다. 16달러 들었지만 내가 항상 아기를 안고 있는 데서 가끔 자유로울 수 있다는 것만으로 배 여행에서 충분히 제값을 했다. 시릴은 갑판 위에서 그물침대에 앉거나 누워 있는 걸 너무 좋아하고 따뜻하게 감싸주면 바깥바람을 쐬면서 긴 낮잠을 즐긴다.

1896년 7월 25일 일요일. 변화무쌍

오후에 증기선에서 내려 요코하마에 간다. 얼마나 순식간에 혹한의 날씨에서 무더운 여름으로 바뀌는지. 이제껏 태풍은 없었다. 아기와 난 꽤 심한 감기에 걸렸지만 이젠 나았고 이젠 아더가 감기다. 오, 아름다운 바다. 오늘의 그 고요함이란.

> 고요한 바다로 저 천국 향할 때
> 주 내게 순풍 주시니 감사합니다

큰 물결 일어나 나 쉬지 못하나

이 풍랑 인연하여서 더 빨리 갑니다

 1896년 7월 29일. 게일 선교사(일본 요코하마)

요코하마에서 선교사들을 아주 많이 만났다. 조선의 제임스 게일[19] 선교사가 이 곳 셋집에서 그의 한영사전이 인쇄되는 동안 가족과 함께 머무르고 있다. 어제 그 집에 방문했다. 우리가 여기 도착했을 때 일본 선교사 연례회의가 막 끝나려던 참이었다. 그래서 선교사들이 많이 집으로 돌아가는 길이었고 많은 이들을 우리가 묵고 있는 브리튼 양 집에서 만났다.

스펜서(D. S. Spencer) 목사님이 월요일 저녁 조금 전 우릴 방문했다. 그는 나고야의 집으로 돌아가는 길이었다. 부인과 가족과 함께 8월 23일 나고야를 떠나 조선에 휴양을 다녀올 계획이라고 했다. 윌리엄 스크랜턴 박사와 버스티드 박사댁에 묵을 거라고 했고 그렇다면 그들과 더 친분을 쌓을 기회가 있을 것 같다. 우린 다른 스펜서(J. E. Spencer) 가족이 북쪽으로 여행갈 때 배웅하러 부두로 내려갔다. 그들은 휴양이 절실히 필요한 상태였다.

우리가 만난 선교사들의 대단한 지성, 인격, 교양에 큰 감화를 받았다.

어젯밤엔 엉덩이에서 발톱까지 문신으로 뒤덮은 일본인을 만났다. 옆 엉덩이의 디자인은 아름다운 파란 색 동그라미였다.

지구상에서 가장 착잡해 보이는 존재는 이교도 가운데 자신을 잃어버린 외국인이다. 요코하마 거리에서 그런 사람을 한 명 만났다. 그는 비틀거리며 거지도 상거지의 차림새로 비천한 막노동자보다 더한 몰골로 아더에게 돈 좀 달라고 구걸했다. 아마 수년 전 소속된 배에서 도망쳐 나와 방탕한 삶으로 돈을 탕진하고 여기에 발이 묶인 사람 같다. 너무 불쌍했다. 동양엔 그런 사람들이 많다는 소리를 들었다.

 1896년 8월 23일. 상동의 스크랜턴 부인댁에서

이 왕국에 얼마나 위대한 기독교인들이 있는지 목격하는 건 경이로운 일이다. 칠흑의 이방종교에서 한 세대가 지나기도 전에 그리스도의 복음으로 인한 영광스런 결실이 드러나고 있다. 이 수다한 백성들에게 사람을 귀하게 여기고 영혼을 행복으로 채울 수 있는 사랑에 대해 전하려는 열망으로 내 가슴은 타오른다. 고국의 교회가 내가 방금 목격한 헌신의 사례들을 볼 수 있으면 좋겠다. 오늘 아침 죠이스 감독은 여기서 약 1마일(1.6킬로미터) 떨어진 곳에서 큰 무리의 조선 남자들을 위해 사랑의 잔치를 베풀었다. 이 도시 인근에 살고 있는 한 남자 기독교인은 직업상 먼 곳의 집회에 참석할 수 없었으므로 혼자서라도 예배의 축복을 누리겠다고 결단했다. 그는 이 작고 텅 빈 예배당에 와 찬송하고 말씀 읽고 큰 소리로 기도하고 나가기 전 "주의 말씀 받은 그날 참 기쁘고 복되도다" 찬송을 불렀다. 그가 나갈 때 예배당에 그와 단 둘이 계시던 주님께서 분명 이 남자를 축복하셨을 것이다.

　연례회의는 좋은 시간이었다. 회기 중 어느 날 작년 교인 수 증가에 대한 발표가 있었는데 그 수치가 너무 커 외국인들이 전원 기립하여 찬미가를 불렀다. 이내 그 결과가 조선어로 통역되자 조선인들도 찬송하길 원해 그들의 언어로 찬미가를 불렀다. 2년간 2배의 성장이 있었다. 이제 교인 수는 220명이다.

 1896년 10월 20일. 아, 시릴!

　9월 5일, 닥터 폴웰(E. D. Follwell)과 조선인 하인들과 함께 서울을 떠났다. 아더가 사무엘 모펫 씨의 선교부지 안에 우리가 3개월간 기거할 집을 찾았다고 평양으로 오라는 전문을 부쳤기 때문이다. 제물포에서 평양으로 가는 증기선이 불결한 탓에 곤경을 당했지만 그럭저럭 버텼다. 증기선에서 내린 후 나룻배를 타고 두 시간 넘게 대동강을 거슬러 올라갔다. 아기는 서울을 떠나기 며칠 전부터 아팠고 여행길에 악화되었다. 평양에 도착했을 땐 위독했고 몇 주간 계속 아팠다. 아기의 변을 자세히 살폈고 얕은 들숨 날숨까지 지켜보았다. 한동안 조금씩 회복되었으나 최근 식욕을 완전히 잃어버려 먹는 건 죄다 억지로 먹였다. 비쩍 말라 뼈 골격이 낱낱이 드러날 정도다. 아기가 곧 회복되길 애타게 바라고 기다린다. 병명은 만성 설사다.

　우린 평양 군수와 상당한 친분을 쌓고 있다. 군수는 폐병에 걸렸고 우리에게 미국 빵과 버터를 좀 보내달라고 청했다. 고로 앞으로 빵을 구우면 군수에게도 제공할 것이다. 군수가 젖소와 송아지 한 마리를 보내주어 이젠 우유를 넉넉히 얻게 되었다. 군수는 송아지를 우리가 키우다가 어미 소가 젖이 더 안 나오면 소와 송아지 둘 다 돌려보내라고 했다. 군수는 닥터 팔웰과 아더를 청하여 하인들에게 소젖 짜는 법을 가르쳐 달라고 했다.

 1896년 11월 8일. 또 하나의 상실

11월 3일. 성의 앞문 안에 있는 우리 새 집으로 이사했다. 우리가 살던 장로교 외국인 거주지에서 약 0.5마일(800미터) 떨어진 곳이다. 남자 하나가 아기 유모차를 등에 멘 지게에 실었다. 루스가 앞서 달렸다. 아빠는 그의 총을 들고, 옛날 일하는 아줌마와 새 아줌마는 각각 작은 보따리 하나씩 들고, 난 내 사랑하는 아기를 팔에 안고 갔다. 아기를 마지막으로 집 밖으로 안고 가는 걸음이었다. 아기의 머리는 내 어깨 위에 뉘어 있었고 너무 힘이 없고 급속도로 악화되고 있었다. 그러나 그 당시만 해도 얼마나 빨리 진행되는지 깨닫지 못했다. 우린 따뜻한 온돌이 있는 새 침실의 침대 위에 아기를 눕혔다. 그리고 온돌이 아기에게 유익하고 쾌적하길 바랐다. 그날 저녁 아기는 더 악화되었고 폐렴에 걸렸다. 닥터 팔웰이 아기를 보러 왔고 강력한 방법을 써서 공포의 병을 물리치려 했다.

11월 4일 저녁, 아기는 죽어가고 있었다. 우린 알았지만 믿지 않았다. 그렇게 아프면서도 아기는 늘 밤잠은 잘 잤다. 아더가 아기를 좀 안아주자 울어댔다. 난 아기를 팔에 안고 내 무릎 위에 뉘였다. 우린 숨죽이고 아기의 거친 호흡을 지켜보았다. '은탯줄은 풀리고 금 사발은 깨어졌다.'

우린 널 시릴이라고 이름 지었지
우리 사랑하는 어린 아들
시릴, 그리스 선교사의 이름
네가 오래 살며
위대한 일을 하길 바랬지

드루는 아빠가 다니던 학교 이름
하나님의 아들을 전파하기 위해
거기 살며 공부했지
너무 앙증맞고 달콤한 아기
놀라와라 어떻게 하나님께서
이 작고 사랑스런 아이를
우리에게 빌려주셨을까

이제 천사들이 널 데려간 후
네가 없는 우리 집은 너무 외롭구나
그러나 아기야, 너를 향한 사랑은
우리 가슴 위에 새겨있단다
하나님께서 우릴 본향 집에 데려가
너와 함께 살게 하실 때까지

매티 노블의 첫 딸 루스와 둘째 아들 시릴(1896년). 시릴은 매티 노블이 미국에서 안식년을 지내던 1896년 1월에 태어나 노블 부부가 조선 평양 사역지에 정착하던 1896년 11월에 이질에 걸려 세상을 떠났다.

 1896년 11월. 아더의 선교편지

아더가 평양 도착 후 쓴 편지다.

이곳 기독교인들이 자신들의 손과 돈으로 예배당을 건축했습니다. 크지는 않지만 약 150명이 앉을 수 있어 당분간은 충분한 규모입니다. 기독교인들은 노블 부인과 나를 매우 정겹게 맞아주었고 '평양의 영웅'인 김창식[20] 씨는 여러 방식으로 반가움을 표현했습니다. 그가 아니었다면 이 도시에서 우리 사역은 오래 전에 파산 났을 것입니다. [청일]전쟁 동안 그리고 후에 그는 이 기지를 신실하게 지켰고 우리 회합은 날마다 강건하게 자라고 있습니다.

우리는 이곳에 오길 간절히 바랐었지만 이로써 많은 난관에 봉착했습니다. 우선 거주할 집이 없었습니다. 전 지난 8월 서울에서 올라왔고 노블 부인과 두 아이들은 일주일 후에 합류했습니다. 선교회 회계의 조언에 따라 감독님이 임대료로 300달러를 주셨지만 임대할 집이 없었습니다. 그래서 집을 건축하려고 약 150엔에 부지를 구입했고 300달러로 12칸 집을 지었습니다. 온돌식이지만 월동준비가 끝나 불편은 없습니다. 오히려 불편한 점은 가구가 없다는 것입니다.

부임 후 한 달이 못 되어 교인 수가 예배당을 초과해 버렸습니다. 기독교인들은 주저함 없이 증축 작업에 착수하여 원래의 예배당 건물만한 별관을 지었습니다. 저번 건축 땐 외국인이 약간 보조를 했으나 이번엔 조선인들이 예배당을 도배했고 현재로선 충분한 좋은 건물이 생겼습니다. 이곳에서 우리 교회는 자조(self-help)의 문제는 다 해결했다고 생각합니다. 그들은 모두 가난한 사람들이며 놀라운 일을 했습니다. 물론 이것은 다만 영적 생활의 증거입니다. 기독교인 중에는 피상적인 신앙도 많다는 인식이 있지만 대부분은 진실하다고 믿습니다. 김창식 씨는 진실하며 모든 교우들에게 큰 감화를 끼칩니다.

우리 가족이 서울을 떠나기 전 막내 아들 시릴이 설사를 앓았습니다. 평양에 도착하면서 모두 이질에 걸렸고 시릴만 빼고는 완쾌되었습니다. 두 달간 아이의 머리맡을 지켰습니다. 계속 마르더니 새 집으로 이사한 다음날 우리 곁을 떠났습니다. 아이가 숨을 거둘 때 엄마 품에 안겨 있었습니다. 자식을 보낸다는 게 얼마나 어려운지 아시죠. 게다가 우린 혼자였습니다. 장로교 선교사들은 모두 연례회 참석차 서울에 가 있었습니다. 우리와 한 집에 사는 팔웰(E. D. Follwell)[21] 박사는 어려울 때 진실한 친구가 되어주었습니다.

김창식 목사. 그는 평양 연합감리교 최초의 현지인 목사였다.

6장

눈물로
씨 뿌리는 자는

Journals of Mattie Wilcox Noble

 1896년 11월 27일. 최초의 여학교

11월 26일은 평양에 여성과 소녀들에게 언문을 가르치는 최초의 학교가 설립된 날로 기억될 것이다. 9명의 여성이 모였고(소녀들도 몇 명 있었다) 그 중 2명은 가르치고 나머지는 성경을 공부하기 위해 읽기를 배울 것이다. 우리의 이곳 여성 사역에서 위대한 일들이 일어나리라 기대한다.

아침엔 한 진지한 여성이 찾아왔다. 읽기반이 오후가 아니라 오전인 줄 알고 온 것이다. 난 그녀에게 온 김에 그리스도에 대해 이야기하자고 했다. 그녀는 모든 예배에 참석하며 이제껏 내가 본 얼굴 중 가장 진지한 얼굴을 하고 있었다. 그녀의 큰 갈색 눈은 무언가를 간절히 구하고 찾는 눈빛이었다. 그녀는 자기와 남편이 기도하려는데 어찌 할지 몰라 집 주변을 걸어 다니며 동서남북에 한 번씩 절하며 성령님께서 마음에 임하시도록 기도했다고 했다. 자기가 어떻게 했는지 보여주려고 앉은 자세에서 일어나 손을 모으고 절하기 시작했다. 남편은 오랫동안 병을 앓았으며 그의 건강을 위해 기도하는 중 점차 낫기 시작했다. 그녀는 위대한 하나님, (조선인에겐 생소한 개념인) '우리 아버지'께서 기도를 들으시고 응답하셨다는 걸 알았고 행복했다고 한다. 난 부인에게 우리 아버지가 그를 진지하게 찾는 자에게 얼마나 온유하시고 사랑이 많으신지를 이야기했다.

평양에서 매티 노블이 설립한 연합감리교 여자학교의 어린이들

1896년 11월 29일. 한 진지한 여성

그 진지한 여성이 오늘 다시 와서 계란 열 개를 건네주었다. 그녀는 내가 심방 갔을 때 식사대접을 못 한 게 너무 민망했다고 했다. 조선에선 손님이 오면 식사 대접하는 관습이 있다. 난 부인과 이야기를 나누고 함께 찬송을 불렀다. 그녀는 "나의 죄를 씻기는 예수의 피밖에 없네"란 찬송을 암송하면 자기에게 어떤 유익이 있겠냐고 나를 올려다보며 물었다. 그리고 자기가 까막눈인 것을 너무 속상해하며 이 찬송가를 한 줄 한 줄 배우려고 여러 번 날 찾아왔다.

 1897년 1월 2일. 크리스마스 날의 풍경

크리스마스와 새해가 왔다가 갔다. 난 크리스마스 이브에 여성들을 집으로 초대했고 30여 명의 부인들이 아기들과 함께 왔다. 우린 기도하고 찬송하고 크리스마스에 대해 이야기를 나누고 각 사람에게 케익과 사탕과 삶은 밤을 대접했다.

크리스마스 때 아침에는 예배당에서 예배를 드렸다. 조선인은 밑부분만 빼놓고는 장식을 달지 않은 나무 발치에 선물을 가득 쌓아두었다. 예배실은 미어터질 정도로 북적거렸다. 사람들은 촘촘히 바닥에 앉거나 뒤편에 서 있었다. 우리 작은 예배당에 200명의 사람들이 있었다. 아더가 크리스마스 설교를 한 후 김창식 목사의 사모가 짤막히 이야기하고 선물을 나누어주었다. 바로 그 전까지는 조용히 질서를 잘 지키더니 삽시간에 아수라장이 되었다. 그들은 크리스마스 아침을 매우 즐기는 듯했다. 아더는 이제 조선말을 자유자재로 쓰는 것 같다.

모든 외국인들을 저녁 식사에 초대했다. 리 부부, 웹 부인, 웰스 박사 부부, 위타모어 씨가 왔다. 우린 훈련된 하인이 없었다. 전의 요리사는 지적을 받을 때마다 냅다 뛰쳐나갔기 때문에 내보냈다. 옛날 있던 소년은 아줌마와 사이가 틀어졌다면서 나갔다. 고로 두 명의 완전 신참 하인이 있었다. 한 소년은 일한 지 한 달 반 되었는데 지저분한 흰 옷을 입고 와서는 아직 한 번도 갈아입질 않았다. 그는 장작불을 때고 소에게 먹이를 주는 등 지저분한 일을 많이 하는데도 말이다. 두 하인은 너무나 기상천외하고 화를 돋우는 일을 많이 하지만 시간이 지나면 배우리라 생각한다. 한 명은 자긴 너무 미련해서 10년이 지나도 못 배울 거라고 했지만 잘 하리라는 믿음이 있다.

아더와 나는 훌륭한 저녁을 요리해서 즐거운 크리스마스 저녁을 보냈다. 아더는 꿩 두 마리를 구웠고 나머지는 내가 했다. 우리에겐 진귀한 간식인 휘핑크림을 대접했다.

1897년 1월 28일. 어떤 부인

나의 시릴, 우리 아기가 태어난 그 해에 우린 모두 친정 엄마와 함께 고국의 집에 있었다. 지난 몇 달이 얼마나 기나긴 시간이었는지.'

며칠 전 심방 간 집에 한 부인이 있었는데, 여덟 자식 중 세 살짜리만 남겨두고 다 죽었다고 했다. 그리고 세 살배기 아이는 다른 아이들이 죽은 병과 같은 증상을 보이며 아프다고 했다. 곧 그 어린 아이가 바깥에서 문을 열고 들어왔는데 태어날 때 입은 옷 그대로 알몸이었다. 바깥 기온은 영하에 눈이 쌓여 있었다.

대부분의 아기들은 일 년 내내 작은 저고리 하나만 걸치고 있다. 엄마가 아기를 데리고 외출할 때면 담요를 등에 두르고 아기를 업는다. 그러나 아기를 등에서 내리면 이 추운 겨울날 하반신은 알몸이고 때론 발가벗은 아이도 있다.

1897년 1월. 루스

새해 저녁은 웰즈 씨 댁에서 먹었다. 그들은 루스도 오리라 기대했지만 데리고 가지 않았다. 웰즈 박사는 이 날을 위해 시를 몇 편 지었다. 하나는 루스를 위한 시였고 이건 일기에 넣어 두었다. 루스도 제스처를 해가며 짧은 시를 암송한다. 영악하리만큼 천연덕스럽게 한다. 조선인들은 아이가 5,6세 될 때까지 등에 업고 다닌다. 그들은 루스가 너무 빠르다고 이상하게 여긴다.

다섯 살 난 어린 남자아이가 오늘밤 엄마와 함께 교회에 왔다. 하인도 데리고 왔고 아이가 졸려하자 엄마는 젖을 물리고 재웠다. (아이를 재우는 제일 흔한 방식이다.) 그리곤 아이를 하인의 등에 업히고 애가 자는 동안 업고 있게 했다. 그녀는 바닥에 앉아서 손바닥으로 바닥을 짚어 앞으로 수그린 자세로 몸을 지탱했다.

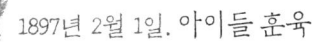
1897년 2월 1일. 아이들 훈육

며칠 전 여자 몇 명이 우리 집에 성경공부를 하러 모였다. 몇 명은 아이들도 데려왔다. 다섯 살 난 어린 남자아이는 엄마에게 마치 폭군처럼 군림했다. 그는 엄마를 방 이리저리 끌고 다니며 내 병풍을 넘어뜨리고 화초 잎을 꺾고 상당히 말썽을 부렸다. 그러나 엄마는 아들에게 아무 조치도 취하지 않았다. 조선에서 아이들을 훈련하는 전형적인 방식을 그 모자(母子)가 보여주는 것이다. 난 그들에게 아이들을 다스리는 것에 대해 이야기를 좀 했다. 분명히 효과가 있는 것 같았다. 주일 예배에 몇몇 아이들이 매우 소란스러웠는데 집에 왔던 그 남자아이가 조용히 하질 않자 엄마가 아이를 예배당 문 밖으로 데리고 나가 단단히 혼을 냈다. 물론 그 혼내는 소리와 울음소리가 다른 여자들의 주의를 흐트러뜨려 몇 명이 일어나 신을 신고 나가보려 했다. 난 가만히 내버려두라고 했다.

어젠 아더가 일하는 소년에게 아침 일찍 올 땐 우리 뒷문으로 돌아서 들어오면 된다고 가르쳐줬다. 우리 집에 근 한 달간 일했으며 멀리 살지 않음에도 불구하고 소년은 뒷문으로 가는 길은 모른다고 했다(소년은 22세였다). 아더는 소년을 저녁 예배에 오라고 청했다. 예배당은 5분 거리였음에도 불구하고 그의 핑계는 길을 모른다는 것이었다.

이 소년은 식탁 시중을 들며 배고픈 외국인들에게 감자 요리를 내놓다가 자신이 배가 고파진 모양이었다. 접시를 팔웰 박사 의자 뒤로 가져가 먹음직스런 요리를 한 움큼 집었으나 약간 타이밍이 늦어 들켰다. 그러나 손에 아무것도 없다고 완강히 부인하며 손을 펼쳐보였다. 그런데 몇 조각이 손가락에 붙어있었다. 그의 얼굴은 금세 난해한 표정을 띠며 흙빛으로 변했다.

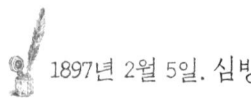
1897년 2월 5일. 심방

오늘 부유한 가정 두 곳을 심방했다. 그 집은 나와 동행한 두 조선인을 융숭하게 대접했다. 한 집에선 집안의 가장이 긴 곰방대에 담배를 채워 넣더니 나에게 피우라고 권했다. 안주인은 사탕과 계란을 내놓았다. 계란은 칙칙한 접시에 김이 모락모락 나는 채로 삶아서 가져왔다. 검푸른 찬 물을 계란 위에 붓더니 안주인이 껍질을 깐 후 손으로 잘라 먹으라고 권했다. 가는 집마다 국수를 말 때까지 기다리라고 했다. 조선에선 국수를 큰 별미로 여긴다.

1897년 2월 24일. 혼령숭배물

어느 날 우리 교인들을 심방하는 동안 어느 집 벽에 혼령숭배물을 발견했다. 막대기 두 개를 벽에 고정시켜놓고 죽은 모친의 옷을 둘둘 말아 걸어두었다. 그 위엔 글씨를 적은 종이를 휘장처럼 걸어놓았다. 모친의 혼령이 거기 산다고 믿으며 음식제물을 때마다 그곳에 바쳤다. 이 여인은 기독교인이 되려는 중이었고 교회에 정기적으로 출석했다. 난 이 숭배물을 치우지 않겠냐고 물었다. 여인은 며칠 후에 치우겠다고 했다. 내가 지금이 적절한 때라고 하자 수긍하고 벽에서 치우고 내 앞에서 불살랐다.

80세 된 나이든 여인이 우리 모임에 와서 학습인(probationer)[22]이 되고 싶다고 했다. 그녀는 자기처럼 늙고 미련한 사람도 교리 공부를 할 수 있냐고 몇 번이나 물었다.

오늘 우리의 가장 서글픈 의혹이 현실이 되었다. 팔웰 박사가 아더의 폐에 청진기를 대 보더니 양쪽 폐가 둘 다 염증이 있으며 그의 소견으로는 한 일 년 정도 된 것 같다고 했다. 인애하신 아버지. 우리를 향한 그의 뜻이 무엇인지 알 수 없다. 다만 믿을 수밖에.

1897년 3월 7일. 무당

3월 6일, 종일 그리고 밤늦게까지 집 근처에서 큰 북과 징소리가 울려 퍼졌다. 이유를 물어보니 아이 하나가 위독해 부모가 병마를 쫓아내려고 무당들을 불렀다는 것이다. 오후엔 현지 기독교 여성과 함께 아이 어머니에게 '위대한 의사'인 주님에 대해 전할 수 있을까 하여 그 집 마당에 갔다. 우리 목소리는 요란한 북새통에 파묻혀 거의 들리질 않았다. 그래서 두 기독교 부인들은 다른 때에 보내기로 했다.

왁자지껄한 소리에 이끌려 심드렁한 구경꾼들이 모여서 웅성거리며 북적거렸다. 마당 한가운데 멍석 위엔 세 명의 중년 여자 무당들이 앉아 있었다. 한 명은 큰 놋쇠 징을 마주쳤고 고개를 끄덕이며 가끔 이상한 주문을 중얼거렸다. 우리가 막 자리를 뜨려는 참에 무언가가 휙 스쳐지나갔다. 기이한 형상을 한, 내가 상상하는 한 가장 악귀와 비슷한 형상이었다. 젊은 여인이었고, 검고 곧은 머리카락은 뒤엉켜 산발이었다. 어둡고 추한 윤곽의 얼굴과 이마에선 땀방울이 떨어지며, 헐렁한 붉은 가운을 입고 있었다. 한 손은 앞으로 내밀어 구경꾼과 집안 식구로부터 돈을 받았고, 다른 손은 낡은 옥색 천을 좌우로 휘날리며 여러 방문을 드나들며 악귀를 쫓아내려 했다. 쏜살같이 집 안을 뛰어다니길 여러 번, 그 후엔 무당들이 앉아 있는 멍석으로 가 징과 북 소리에 맞춰 춤을 추었다. 멍석 위엔 음식이 가득 차려진 상 두 개가 있었다. 밥과 동양의 별미들이 혼령을 달래기 위해 놓여 있었다.

한밤중이 돼서야 이교도 조선의 소리와 광경이 멈추었다. 이 세상의 죄를 없애시고 각양각색의 병을 치유하시는 주님께서 이 집에서 환영받는 날이 속히 오도록 기도하고 있다.

1897년 3월 26일. 여성모임의 성장

오후 여성모임엔 거의 100명이 모여 방이 미어터질 지경이었다. 서 있을 공간도 없어 많은 사람들이 문가에 있었다. 아주 관심이 많은 청중이었다. 우리의 오르간은 18일에 도착했고 오르간 소리를 처음 들어본 여인들에겐 경이 그 자체였다. 딱한 할머니들은 성경교리를 공부하기 위해 '가나다'부터 배우고 있다. 한 여성은 거울 근처에 앉았다가 거울에 비친 자기 모습을 보고

매티 윌콕스 노블과 조선 여인들. 날짜 모름.

는 '연세가 어떻게 되세요?'라며 자기소개를 하려 했다. 세 번이나 질문하자 다른 여자들이 키득거리며 누군지 말해주었다.

 1897년 4월 1일. 아더의 시골여행

아더는 오전에 시골여행길에 올랐다. 나귀 한 마리가 아더와 짐과 책을 싣고 김창식 씨는 걸어갔다. 아더는 2주 안에 돌아올 것이다.

(1897년 4월 6일.) 오후에 완두콩과 양파를 바깥에 심었다. 아더가 돌아올 때 즈음이면 정원이 완성되어 있겠지. 몇 날 밤 동안 서리가 내렸지만 낮엔 아름다운 날씨다.

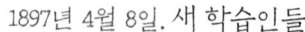
1897년 4월 8일. 새 학습인들

우리가 심방한 가정에는 새 학습인이 있었다. 성경공부를 하는 줄도 몰랐는데 감리교 교리문답을 절반이나 해냈다. 또 다른 집에선 아직 집에 혼령숭배물이 많았다. 하나는 벽에 걸린 두 개의 작은 쌀자루였는데 아이가 태어났을 때 생명신에게 제물로 바친 것이었다. 그들은 자루를 치우고 쌀은 먹어버리기로 약속했다. 또 하나는 기다란 선반 위에 두 개의 뚜껑 덮인 바구니와 토기 단지 하나가 있었다. 내가 안에 뭐가 들었는지, 혼령들에게 뭘 바쳤는지 살펴보려 하자 안주인은 물건 만지는 걸 크게 두려워하였다. 내가 보여줘도 아무 탈 없을 거라고, 우상에게 제물을 바치고는 하나님을 섬길 수 없다고 하자 물건들을 끄집어내 열어보였다. 물건들은 수년간 먼지 아래 덮여 있었다. 한 바구니엔 무명을 개어 혼령들에게 제물로 바쳐놓았다. 노모가 35년 전 혼례 때 입었던 저고리와 긴 치마도 있었다. 다른 바구니엔 수년 전 각종 혼령들에게 제물로 바친 낡은 옷들이 들어 있었다. 신주단지 안에는 오래 전 썩어버린 밥과 떡이 혼령들을 달래기 위해 선반을 지키고 있었다.

우리 마당엔 지금 세 명의 남자들이 양쪽에 밧줄이 하나씩 달린 가래삽을 가지고 일하고 있다. 한 명이 손잡이를 잡고 나머지 둘이 밧줄을 당긴다.

1897년 6월 22일. 선교사들과의 교제

4월 하반기엔 평양을 떠나 서울에 가 있었고 집에는 6월 7일에 돌아왔다. 서울의 연례회의는 흥미로웠으며 감독은 두 번째 귀국한 후 더 발전한 듯했다. 먼저 아펜젤러 집 옆의 방문객 숙소로 갔고 해외여선교부 아가씨들과 함께 언덕에서 식사를 했다. 버스티드 가족은 박사의 건강 때문에 미국에 귀국할 준비를 하고 있었다. 그는 신경쇠약으로 극도로 약해졌다. 박사 가족끼리만 일본에 가는 건 현명하지 못하다는 판단으로 아더가 나가사키까지 동행했다. 이로 인해 예상보다 오래 집을 떠나 있게 되었지만 좋은 휴가를 보내 우리에겐 좋았다. 아더가 떠난 후 난 루스와 스크랜턴 여사(M. F. Scranton) 집에 한동안 묵었다. 그 집에서 조이스 감독 부부와 함께 있어 즐거웠다.

미국에서 주문한 의자와 소파가 도착했다. 우린 서재와 손님방을 만드는 중이다. 올 여름엔 몇 명의 손님들을 예상하고 있다. 팔웰 박사 부부는 우리 집에 묵고 있다. 팔웰 부인은 박사가 서울로 떠나기 전 원래 계획은 가을에 올 예정이었으나 계획을 바꾸어 지금 평양에 왔다. 부인이 빨리 와서 기쁘다.

1897년 7월 12일 목요일. 해외여자선교회 건축허가

로스와일러(L. C. Rothweiler) 양이 7월 8일 일요일 밤에 왔다. 강물이 불어 장거리를 걸어와야만 했다. 아더는 로스와일러 양에게 해외여자선교회가 매입하고자 하는 가옥과 부지를 둘러보고

매입 계획을 세우라고 전문을 보낸 바 있었다. 평양 감사는 교회 앞의 멋진 부지에 건축허가를 내 주었다. 그녀의 방문으로 시간은 즐겁게 흘러갔다. 어젯밤엔 평양에 있는 모든 외국인을 저녁에 초대했다. 여행 중에 이곳에 들러 웰즈(J. Hunter. Wells) 씨 집에 묵고 있는 그랜듀 남작도 왔다. 나의 두 부인들, 요리사와 아줌마는 로스와일러 양이 떠날 때 같이 떠나 서울에 있는 집으로 돌아간다고 한다. 좋은 하인들이었는데 떠나게 돼서 실망스럽다. 우린 올 때마다 하인들로 곤란을 겪었다.

1897년 8월 29일. 조선 사람의 좁은 집

방금 조선인 집에서 돌아왔다. 그 집의 유일한 살림방은 길이와 폭이 외국의 더블베드를 넣으면 꽉 찰 크기였다. 물론 조선엔 침대가 뭔지 알려져 있지도 않다. 조선인들은 바닥에 좁은 요를 깔고 잔다. 이 집엔 부부가 우리의 낡은 나무 상자들 위에 판자를 깔고 잔다. 바닥은 지저분해 보였고 상자 주변엔 빈대가 기어오르는 걸 막으려고 재를 뿌려놓았다. 며칠 밤은 빈대 때문에 밖에서 자기도 했다고 한다. 난 바닥과 벽을 도배할 신문지를 갖다 주겠다고 약속했다. 다음에 심방할 땐 좀 더 편안해 보였으면 한다. 부부는 조선인들은 빈대 퇴치법을 모르며 그저 도배만 새로 할 뿐이라고, 그러나 보통은 너무 가난해 도배도 몇 년씩 못 한다고 했다. 우리 작은 방 하나는 조선인 네 식구의 살림방 네 개를 붙여 놓은 크기다. 미국인이 이런 방에 산다는 게 얼마나 감사한지. 조선인들은 대개 살림방이 하나밖에 없다.

 1897년 10월 8일. 메이의 탄생

9월 5일 일요일 오후 5시에 팔웰 부인을 방문하고 집에 돌아온 후 9시가 되어 아기 메이(May Noble)가 우리 가정에 태어났다. 몸무게 2.4킬로그램. 적갈색이 섞인 연한 밤색 머리. 짙은 파란 눈. 튼튼하고 건강하다.

루스는 여동생을 사랑하여 내가 침대에 누워 있는 동안 늘 우리 곁에 붙어서 '엄마를 도우려고' 한다. 루스는 'myself'를 'meself'라고 한다. 그러나 대부분의 단어는 어려움 없이 발음한다. 루스는 우리가 벌레라고 부르는 벼룩과 빈대에 대한 이야기를 너무 많이 들었다. 조선인은 벼룩과 빈대가 많이 있기에 난 방문객이 간 후엔 남겨두고 간 해충이 없나 정탐한다. 어느 날 아더가 뭔가 일을 하려고 고개를 숙이고 있자 루스는 아빠의 머리카락을 손가락으로 헤집으며 노래했다. "아빠 머리에 벌레를 잡아요, 벌레, 벌레, 벌레. 아빠 머리에 벌레를 잡아요."

팔웰 부인이 3~4일간 아기 목욕시켜주러 왔다가 앓아누워 아더가 생후 3주까지 아기 목욕을 시켰다. 그 후 이틀간은 내가 시켰다. 아더와 팔웰 박사는 9월 27일 시골 여행을 떠났다. 9월 28일 난 오한과 열이 나 앓아누웠고 열이 103.3/4도(섭씨 39.6/7도)까지 올랐고 근 이틀간 102.5도(섭씨 39.1도) 밑으로 떨어지질 않았다. 원인은 젖이 뭉쳐 말라리아가 악화된 것이다. 난 웰즈 박사를 불

매티 노블의 둘째 딸 메이 밀드레드 노블(1898). 생후 11개월인 1898년 8월에 사망했다.

렀고 그가 와서 약을 주었다. 팔웰 부인은 아파서 처음엔 방문할 수 없었고 웰즈 박사가 웹 부인에게 내 곁에 있어 달라고 했다. 그녀는 매우 친절했다. 웹 부인은 우리 소파에서 잠을 잤다. 아더는 10월 3일 금요일에 돌아왔지만 난 월요일에야 자리에서 일어났다. 그 후 많이 회복되어 집과 선교 구내를 걸어 다닐 수 있다. 어젯밤엔 팔웰 부인이 왔고 체력이 서서히 회복되고 있다.

아더는 엡워스 청년회23를 시작했다. 우리 사역에 큰 도움이 될 가능성이 엿보인다.

살로메[살롬]는 9월 27일부터 여학교에서 가르치기 시작했다. 아더가 처음엔 여학생 6명을 위해 리모델링한 우리 구내의 방에 모인다. 작년 겨울처럼 성장할 깃으로 믿는다. 팔웰 부인과 내가 건강해지고 시간을 헌신할 수 있게 되면 분명히 성장할 것이다. 1896년 이씨 부인(메어리)이 첫 번째 교사였고 그 다음은 아비가

일 오 부인, 그 다음은 노 살로메 김24이었다.

우린 학교에 다니는 여학생들의 부모로부터 올겨울 여학교 난방용 연료와 땔감을 위한 보조를 좀 받으려고 했다. 그러나 헌신적인 기독교인 두 명만 자원했고 나머지는 아들 교육시키기도 벅차 딸은 언문을 깨우치지 못해도 개의치 않는다고 했다. 그나마 관심 있는 집에선 독학으로 배우게 했다. 이것이 조선 여성교육의 현실이다. 고로 소녀들에게 교육을 시키려면 우리가 난방비뿐 아니라 교실과 교사도 보조해야 한다.

 1897년 11월 30일. 평양도지사

평양도지사와 팔웰 부부를 저녁에 초대했다. 도지사는 아주 사교적이었고 친근감을 표하려고 애썼다. 식탁에서 난 아내와 어머니가 평양에 왔냐고, 조선인이라면 결코 하지 않을 질문을 했다. 조선인은 사람들 앞에서 집안 여자에 대해 말하는 법이 없다. 도지사는 아니라면서 원하면 여기서도 여자는 얼마든지 구할 수 있다고, 기생은 많다고 했다. 그는 서양의 도덕관념에 대해선 무지했던 것이다. 아더는 외국인들은 첩이 허용되지 않으며 우리 교회는 교인 모두 일부일처제라고 했다. 그러자 도지사는 말을 돌려 자기도 아내는 하나밖에 없다고 했다. 우린 오르간 주변에 모여 먼저 영어로 노래를 부르고 다음에 "복된 나라가 있네"(There is a happy land) 찬송가를 조선어로 불렀다. 도지사는 내가 건네준 조선어 찬송가를 들고 함께 노래했다. 그에겐 20여

명의 시종들이 있었다.

그날 밤 우린 조선인 기도모임에 참석했고 집에 와 아더의 일주일 반 또는 2주 일정의 시골전도여행 채비를 했다. 이번엔 전보다 음식을 더 많이 싸주었다. 순회여행 예산이 빠듯해 아더는 말 타는 경비를 아끼려고 필요한 짐을 실을 말을 끌고 가지 않았다. 그래서 언제나 뻑뻑한 쌀밥이 목에 걸릴 때까지 조선 음식을 먹고 다니며 돌아올 땐 여행 전보다 몸이 상해서 온다.

1897년 12월 3일. 어느 일상

오전엔 월동준비를 위해 야채를 덮는 일을 했고, 남학생 클래스에 주일예배 개회송으로 '글로리아 패트리'(*Gloria Patri*)를 연습시켰고, 여학교에 가서 그림엽서를 작은 방의 빈 벽에 압핀으로 붙였다. 이 방은 아이들이 바닥에 앉기 때문에 가구가 하나도 없다. 오후엔 부인반을 1시간 45분 가르쳤다.

1897년 12월 6일. 난방 걱정

난 속이고 도둑질하고 미련한 이 사람들이 지긋지긋하다. 가끔 사람들이 언짢게 하는 통에 신경 쓰느라 머리가 지끈거리며 어찌할 바를 모르겠다. 무슨 물건을 사든 너무 속이기 때문에 진이 빠진다. 그러나 내가 왜 이리 적고 있는지 나도 모르겠다. 난 이 사람들을 사랑하고 이들을 위해 일하고 가르치는 걸 온전히 즐기며 큰 영광이라고 여긴다. 그러나 미국에 사는 것보다 더 빨리 늙고 흰 머리가 더 많이 생기리라는 생각은 든다.

올해 교회 난방연료에 배정된 예산이 없다(작년에도 없긴 마찬가지였지만). 사람들은 예배당을 짓기 위해 드릴 수 있는 건 다 드렸고, 우리도 그랬다. 그러나 연료를 사기 위해 훨씬 더 많이 돈을 내야 할 것 같다. 난로는 너무 형편없고 작다. 벽지도 바르지 않은 맨 토벽의 방을 데우는 데는 역부족이라 우린 예배 중에 덜덜 떨며 앉아 있다. 따뜻하고 보기 좋은 방이라면 더 많은 성도들이 올 텐데.

1897년 12월 16일. 어떤 속상한 일

조선인들이 종교서적을 살 때조차 속이는 걸 보면 이상하다. 사람들이 어떻게 날 끊임없이 속상하게 하는지 한 예가 여기 있다. 어떤 남자가 복음서를 사러 와 100냥밖에 없다며 나머지 10냥은 다음에 가져오겠다고 한다. 10냥은 금화 1센트 정도다. 글쎄, 난 이런 식으로 너무 많이 손해 봐서 이렇게 답한다. "책을 사겠다니 기쁩니다만, 전액을 가져오면 책을 드리겠습니다." 그는 즉시 전대에서 10냥을 더 꺼내 책을 가져간다.

러시아인들은 조선에 발판을 마련하고 조정을 통제하려 갖은 수단을 다 쓴다. 러시아인들은 이미 큰 세력을 형성하고 있다.

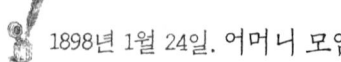 1898년 1월 24일. 어머니 모임

쓰고 싶은 게 너무 많다. 크리스마스 아침에 아더는 훌륭한 크리스마스 설교를 했고 아이들은 가르친 대로 최선을 다해 찬양을 했다. 350여 명의 사람들이 모였다.

김재선 씨 부부가 우리 부엌 뒤편에 있는 작은 별채에서 잠시 기거하려고 왔다. 그의 부모님은 오랫동안 며느리 엘라와 아들을 기독교인이라고 핍박했으며 집에서 쫓아내려 했다. 새해 명절행사에 이웃들이 자기들과 부모까지 너무 못살게 굴어 여기서 한 달 넘게 있겠다고 했다. 그는 울먹이며 이야기했고 엘라는 우리 금요일 오후 모임에서 기도하다 목이 메어 말을 잇질 못했다.

새해 벽두에 이교도들은 조상과 악귀에게 밤새 제사지낸다. 우리 교회의 가장 훌륭한 부인은 그날 오후 심방을 다니며 학습인들에게 제사 지내지 말라고 경고했다.

몇 주 전 난 어머니 모임을 가졌다. 모두 관심이 지대했다. 난 "이제 잠자리에 들어요"(Now I lay me down to sleep)란 기도문[25]을 번역하여 나눠주고 자녀들에게 가르쳐주라고 했다. 오, 그들은 얼마나 무지한지. 그러나 하나님께서 그들 안에 일으키시는 변화는 경이롭다.

한 집에선 어머니가 크리스천이 된 지 며칠 안 되었는데 제사도구를 부수는 걸 도와달라고 청했다. 식구는 아버지, 어머니와 곱사등 딸이었다. 딸은 사람들의 조롱거리가 될까 두려워 한 번도 마당 밖으로 나간 적이 없다고 했다. 조선인들은 모든 불행은 악행을 저질러 악령이 내린 것으로 믿는다. 고로 사람들은 아이의 불구의 몸을 보면 죄가 밝히 드러났다고 여기며 악령이 부모와 아이를 꾸짖은 거라고 비웃는다. 어머니는 소녀를 데리고 교회에 오기로 약속했다.

벽에 걸린 제사도구 하나를 보고 난 그 의미를 물었다. 대답은 집 건물을 보호하는 혼령에게 바친 것이라고 했다. 그들은 오늘로써 과거에 숭배했던 모든 신들과 술장사와도 결별하길 간절히 원했다. 난 부인에게 이제까지 숭배하고 제물을 바친 혼령이 몇이나 되냐고 물었다. 부인은 돈과 양식과 옷을 제물로 바친 혼령이 열넷이 넘는다고 했다. 한 방엔 선반 위에 여러 악령에게 제사 지낼 용도로 지은 옷이 가득한 바구니가 세 개 있었다. 어떤 항아리 하나엔 오래된 밥이 있었다. 부인은 이것들을 다 불태우길 원했다. 살로메는 살림에 보태 쓰라고 했으나 부인은 보관하길 원하지 않았다. 그래서 우린 교회의 가난한 아이들에게 주려고 가지고 왔다. 교회 밖에선 사단의 진노를 두려워하여 아무도 감히 그 물건들을 쓰려 하지 않을 것이다. 나중에 내게 한 아이디어가 떠올랐는데, 이 물건들을 선교사가 메시지를 전하는 데 쓰도록 본국의 여러 지인들에게 나누어 보내는 것이다.

집에 오는 길에 보니 많은 집 위에 해와 달과 신발 모양으로 오린 종이가 제물로 담벼락에 걸려 있었다. 대문엔 대문의 영(靈)을 기리는 종이 제물이 있었다. 고기잡이 어부의 집에선 무당의 북소리와 춤추는 소리가 들렸고 지붕 위엔 휘황찬란하게 만든 깃발들이 나부끼고 있었다. 모두 다가오는 새해에 물고기 신의 환심을 사려는 노력이었다.

1898년 2월 5일. 구정 풍경

오늘은 조선의 큰 명절인 구정 1월 15일이다. 이 나라는 양력을 받아들였지만 백성들은 구정을 고수한다. 구정 1월 1일부터 천연의 계단식 극장인 서대문 외곽 골짜기에서 매일 석전(石戰)이 열린다. 언덕과 성벽을 따라 수백 명의 관람객이 늘어 서 있다.

오늘 살로메와 사라와 난 우리의 새 학습인 가정 세 곳을 심방했다. 오가고 심방하는 데 모두 4시간이 걸렸다. 각 집에서 복음을 전할 너무도 좋은 기회를 얻었다. 한 집에선 25명의 이웃이 이야기를 들으려고 모여 있었다. 우린 생전 집회라곤 가 본 적도 없고 기독교에 대해 무지한 사람 한 65명을 만나 가르쳤다. 많은 이들이 내일 주일 오전 예배에 나오겠다고 약속했다. 일부 노부인들은 우리의 정결하고 거룩한 삶의 방식에 대해 달게 들었다. 오, 난 이들을 이렇게 가르치기엔 내 자신이 너무 연약하고 무가치함을 느꼈다. 하나님께서 내게 주신 특권이 얼마나 놀라운지.

이렇게 짧은 시간에 타종교의 모습을 많이 접하긴 오늘이 처음이었다. 큰 명절인지라 모두 혼령들에게 제사를 지내고 있었다. 이웃의 한 부인은 어린 사내아이와 함께 왔는데, 아이는 작고 붉은 주머니를 잔뜩 꿰매놓은 작은 종이 모자를 쓰고 있었다. 오늘 시내엔 이런 모자를 쓴 아이들로 가득했다. 사람들은 앞으로 열두 달의 질병이나 병균이 아이에게서 빠져나가 이 모자로 들어갈 거라고 믿는다. 오늘밤 모자를 빗어 밥과 다른 음식을 붉은 주머니에 채워 강물에 던지면 강의 악령이 질병은 가져가고 아이는 그냥 내버려둔다는 것이다.

집에 가까이 오자 사람들이 떼지어 석전을 보러 가는 중이었다. 딱한 광경은 뻔뻔하고 죄스런 얼굴을 한 13살 또는 더 나이 든 기생들이 부유한 상류층 남자들과 어울려 다니는 모습이었다. 한 양반은 기생이 걸어가는데 그 등 위에 올라탔다.

(1898년 2월 10일.) 명절이 끝나도 석전은 왜 계속되는지 알았다. 도지사와 군수가 너무 재미있어한 나머지 8일을 연장시켰다는 것이다. 도지사와 군수는 매일 참석하여 서로 다른 편을 응원한다. 최근 하루에 2~3명이 석전놀이를 하다 죽었다.

1898년 3월 21일. 새집 부지

아펜젤러 씨가 일주일 방문한 후 서울로 돌아갔다. 그는 우리 새 집 부지를 살펴보고 다른 집 하나의 부지도 계획하러 왔다. 최근 난 거리에서 지폐를 많이 주웠다. 죽은 사람이 저승에 가서 돈을 얼마나 넉넉히 쓰는지를 과시하고 부(富)를 누리도록 길가에 뿌리는 것이다. 줄줄이 꿰어진 지폐를 묘소에서 불살라 저승에서 고인이 쓰도록 하기도 한다.

1898년 5월 12일. 에디스의 이질

5월 2일 로제타 홀 부인과 아이들 셔우드(Sherwood Hall)와 에디스(Edith Hall)가 평양에 도착했다. 집이 완공될 때까지 우리 집에 묵기로 했다. 홀 가족은 배에서 설사병을 앓았다. 홀 부인은 이질로까지 갔다가 이제 다 나았지만 여전히 튼튼하지는 않다. 셔우드는 말라리아에 걸렸다가 나았지만 어린 에디스는 이질을 심하게 앓고 있다. 이렇게 아픈 경우는 처음 본다.[26] 아더가 에디스를 지켜보고 있다. 닥터 팔웰과 닥터 웰즈(J. H. Wells)[27]가 여기 왔었다. 홀 부인은 내 침실에서 좀 쉬고 있다. 루스와 셔우드는 밖에서 재밌게 놀고 있다. 우리 아기 메이가 설사에 걸려 상태가 좋지 않다. 모두 다 잘 되리라 믿는다. 조선인들은 홀 부인을 다시 보게 되어 행복해 한다.

1898년 6월 8일. 열악한 위생환경

어제와 그제 조선인 가정 11군데를 심방했다. 오! 그 비참함, 불결함, 가난이란. 좁은 골목을 지나는데 사방에 오물 냄새가 진동했다. 돌아보니 돼지가 있는 더러운 웅덩이에 최악의 부패물이 썩고 있었다. 숨을 멈추고 발길을 재촉하는 수밖에 없었다. 조선인들은 바로 그 웅덩이 가장자리에 살면서 이런 상태에 따라오는 질병을 막기 위해 손 하나 까딱할 생각조차 않는다. 13살짜리 소년을 만났는데 종기가 너무 심해 똑바로 서지도 못하고 구부정하게 걷는다. 그는 태어날 때 입은 옷 그대로 아무것도 걸치지 않았다. 가족들은 병을 고치려고 아무 노력도 하지 않는다. 내가 선교회 의사가 도울 수 있을지 모른다고 하자 놀라는 눈치였다. 한 집에선 남편이 한 달 전에 죽었는데 벌써 다른 남자의 첩이 된 부인을 만났다.

1898년 8월 15일. 메이의 이질

연례회에 보낼 내 평양 사역보고서를 막 끝마쳤다. 올해엔 아더와 나 둘 다 참석하지 못한다. 우리 아기 메이가 3주 전 이질에 걸렸다. 하루에 30번, 28번씩 변을 보았다. 이질은 서서히 설사로 바뀌었고 지금은 합병 증세를 보이고 있다. 이 사랑스럽고 잘 참는 꼬마 환자는 몹시 쇠약해졌다. 메이는 말라리아가 끔찍하게 만연한 이 집에서 말라리아도 같이 걸렸다. 아이가 아프기 전날, 아줌마에게 아이를 유심히 살피라고 했는데 아줌마는 아이에게 옥수수를 먹였다. 냄비에 그 증거가 있다. 그로 인해 병세가 급격히 악화되었다. 일주일 후 우리는 메이를 위층 홀 부인 거처로 데리고 올라갔고 난 밤마다 아이 곁을 지켰다. 아더와 루스는 여기 아래층에서 지냈고 나는 오르락내리락 했다. 최근 밤마다 불침번을 서다가 아침에 아더가 교대하러 올라오면 아래층으로 가 눈을 붙였다. 조선과 조선인은 우리에게 지독하리만큼 큰 대가를 치르게 했다.

1898년 8월. 메이의 죽음

그렇다. 마지막 문장은 사실이다. 8월 18일 목요일 밤 9시경 천사들이 왔다. 이틀 반 동안 아기 메이는 사경을 헤매고 있었다. 구체적인 사항은 메이의 일지에 적어놓았다. 약 5일 전 이틀이 조금 넘는 시간 동안 새 이가 7개 났고 8번째 이가 나오고 있었다.

평양 묘지에 있는 메이와 시릴이 묘비(1898).
매티 노블이 쓴 메모의 내용은 이렇다. "윌리엄 아더와 매티 윌콕스 노블의 아들과 딸을 추모하며. 시릴 드루(1896. 1. 28~1896. 11. 4), 메이 밀드레드(1897. 9. 5~1898. 8. 18)"

장례식 후 홀 부인이 와서 서울로 가라고 재촉했다. 하리옹 호가 22일 출발한다는 소식을 듣고 우리도 황급히 짐을 싸 떠나는 게 최선이라고 판단했다. 아더가 연회(年會)에 참석해야 했고 이런 상황에서 루스와 나를 두고 갈 순 없었다. 우리는 일요일 밤 배에 올라탔고 8월 25일 서울에 도착해 11시간 걸려 한강을 타고 올라갔다. 연회에 참석했고 내내 바빴다. 스크랜턴 감독과 부인과 세 딸이 여기 와 있다.

1898년 9월 1일. 조선왕조 500주년 기념행사

오늘 아침은 14차 연례회 마지막 회의가 있었다. 오후엔 독립협회 회관에서 열린 독립협회 주최 조선왕조 500주년 기념행사에 참석했다. 아치 독립문으로 들어갔다. 윤치호 씨와 호머 헐버트(Homer Hulbert) 목사의 연설이 있었고 왕의 허락을 받고 온 조선왕실악단의 연주가 있었다. 훌륭한 다과가 나왔고 각 손님에게 큰 연꽃 한 송이씩을 주었다. 내가 가본 어떤 조선인 모임보다 더 융숭한 손님 접대였다.

루스가 가마에 타다가 갑자기 날 올려다보며 말했다.
"엄마, 난 하나님이 좋아요."
침묵.
"난 하나님을 사랑해요."
다시 침묵.
"내가 천국에 가면 하나님을 키스해 주고 안아 줄 거예요. 엄마도 그럴 거예요? 아빠는요?"

 1898년 11월 29일. 믿을 만한 사람이 없다

난 돈을 얼마를 주건 어떤 일 하나도 제대로 믿고 맡길 만한 사람 하나 없다는 사실에 지치고 지쳤다. 아더가 시골여행으로 집을 비웠을 때 문제가 끊임없이 발생했다. 오씨는 바깥 겨울 냉장창고의 시공감독을 맡았고 나의 감독 하에 이 일을 했다. 창고

가 완공되어 이제 흙과 볏짚으로 덮고 문을 덮는 일만 남았다. 난 우리 일하는 소년과 문지기에게 셀러리를 갖다 넣는 일 정도는 믿고 맡길 수 있다고 생각했다. 그리곤 잘 하리라 믿으며 일을 시켰다. 추운 밤이 지나고 아침에 가보니 셀러리를 그냥 던져 넣고 문은 열어젖힌 채 아무것도 덮어놓지 않았음을 발견했다. 그래서 우리의 좋은 셀러리가 모두 얼어버렸다. 난 이 문제로 숨이 막혀 기도 시간에 성경낭독을 할 수 없을 정도였다. 이건 우리 체험의 일례에 불과하다.

지난 주일 현지인들이 최초로 투표를 하여 교회에 벤치의자를 주문제작하여 들여놓기로 했다. 조선에서 좌석이 있는 교회는 우리가 두 번째다. 첫 번째는 선교사들이 의자를 들여놓은 배재예배당이다. 우리 새 의자는 등받이가 없고 폭이 좁아 오랜 시간 앉아있기는 힘들다. 포스터 감독이 여기 왔을 때 이렇게 말했었다. "때가 되면 신앙이 현지인을 바닥에서 의자로 높일 것"이라고. 우리 교인들이 다른 교회보다 먼저 높임을 받은 것이 신앙심이 더 깊어서인지는 모르겠다. 교인들은 첫 예배 때는 용감하게 의자에 앉았다. 그러나 다음번 예배 때 부인들은 벤치를 밀어서 붙여놓고는 그 위에 당당하게 줄지어 앉았다. 바닥에 앉을 때처럼 시린 발을 포개 올려놓고는 말이다. 어떤 사람은 작고 낡은 난로의 온기를 쬐려고 설교자를 등지고 앉았다. 예배 후 난 의자를 이렇게 써선 안 된다고 했다. 교인들은 미안하다며 몰랐다고, 다음엔 안 그러겠다고 했다. 사실 새로 온 사람은 외국인 집에 가 본 적이 없기 때문에 의자를 본 적이 없는 이도 있다. 우리가

METHODISTS. 1907

The Methodists are well located, high on the hill immediately in the rear of the city. Their church building is in a strategic position, and it can be truly said they command the heights. The style of architecture is Korean in the residences but more modern in school buildings and churches. One can hardly realize that such a small force of Methodist missionaries have accomplished so much. Those men and women have been carrying the burdens of a great church and a vast work single handed. Their hearts and lives have been unduly burdened. We sincerely hope that the great Methodist Episcopal church will see the importance of this field and the lack of men and women to properly man it and will send men and money at this strategic moment. One of the mission-

see page 220.

PYENG YANG
METHODIST CHURCH.
1. A BASKET HAT WORN EVEN TO CHURCH.
NAM SAN CHURCH

Entrance to woman's side. 1st M.E. Church Pyeng Yang. Korea

Coming out of Church. woman's Side 1st Ch- Pyeng Yang-

Ruth says, 1984, that more than once when the Korean women left their basket-hats outside the church door the children (she + her friends) played hide and seek under them!

PYENG YANG - 1901
see page 220

평양 남산현 교회(1901). 노블 선교사 부부가 목양하던 평양 남산현 제일감리교회다. 남녀 출입구가 따로 있었으며 교회 안에서도 남녀가 따로 앉았다. 아래 사진의 여자 출입구 앞에 외출 시 얼굴을 가리기 위해 여인들이 쓰던 바구니가 보인다. 매티 노블은 사진 옆에 이렇게 메모했다. "루스는 조선 여인들이 예배당 문앞에 가리개 바구니를 놔두고 들어가면 아이들은 그걸 가지고 숨바꼭질을 하고 놀았다고 했다."

남산현 교회에서 열린 성경강습회(1904). 가운데 짙은 상의에 나비 넥타이를 매고 앉아 있는 사람이 윌리엄 아더 노블이다.

140 매티 노블의 조선회상

좋은 난로와 땔감을 얻게 되면 사람들은 발을 내려놓고 꼿꼿이 앉게 될 것이다. 벤치는 흔히 교회 벤치의자와 연관지어 자연스레 떠올리게 되는 원목 의자들과 강대상 등의 결핍을 오히려 더 부각시킨다. 또 더 큰 공간의 필요성도 제기된다. 전에는 상자에 정어리를 넣듯 포개어 앉았지만 지금은 벤치에 앉아야 하므로 복도 세 군데가 너무 붐빈다.

 1898년 11월 14일. 여자성경학원

난 가장 총명한 여성 사역자들을 위한 여자성경학원(Women's Bible Institute)[28]을 시작했다. 서울에서 얼마 전 장로교 미혼 여선교사가 시작한 성경학원을 빼면 전국 최초다. 모든 여성을 환영하지만 일주일 내내 오전, 오후로 공부하는 열정적인 일정을 견딜 사람은 최고의 사역자들밖에 없다. 25명이 출석하여 우리 응접실에 모였다. 어떤 사람은 수 킬로미터 떨어진 시골에서 오기도 했다. 성경을 더 배워 다른 사람에게 더 잘 가르치려는 일념으로 그 먼 길을 줄곧 걸어온 것이다. 우리 기독교인들은 시골에서 온 사람들에게 숙소를 제공했다. 모두 새로운 진리를 배우는 걸 기뻐하는 것 같았다. 어느 오후엔 부활에 관한 공과를 했다. 공책을 들고 와 말씀한 모든 것을 너무 열심히, 감사하며 받아들였다. 고린도서는 최근에서야 자국어로 번역되었기 때문에 그들은 그 놀라운 15장을 전혀 읽어본 적이 없었다. 집에 돌아가서는 구정 기간에 더 오랜 시간을 두고 다시 개강할 수 없겠냐고

문의해 왔다.

1899년 3월 16일. 알덴 얼 노블의 출생

2월 27일 월요일 팔웰 부인은 여자훈련반을 개강했다. 팔웰 부인이 오전반을 가르치고 내가 오후반을 가르치기로 되어 있었는데, 난 중도하차해야 했다. 그래도 팔웰 부인은 조선인 조사29 들과 클래스를 계속 했다. 내가 가르칠 수 없게 된 이유는 그날 자정 몇 분 전 진통을 일으키며 우릴 찾아와 나의 온 관심을 독차지해버린 누구 때문이다. 바로 튼튼하고 잘 생긴, 사랑스런 작

1898년 평양에 있는 해외 여선교사의 집(1), 연합감리교회(2)와 아더 노블의 자택 사진(3). 위에 숫자로 표시된 집들이다. 아래에는 조선 사람들의 평범한 집들이 보인다.

은 머리의 사내아이가 아니겠는가. 우린 아기 이름을 알덴 얼 노블(Alden Earl Noble)이라고 지었다.

첫 주엔 아기 체중이 늘지도 줄지도 않았지만 지난 일요일에 아파 우릴 호되게 걱정시켰다. 우린 알덴이 이질에 걸렸다고 생각했다. 나중에 보니 단지 소화불량이었다. 내 젖엔 카세인이 너무 많이 함유되어 매번 수유하기 전 아기에게 물을 1온스씩 먹여 우유를 묽게 해야 한다. 그래도 아기는 우유 덩어리를 토했다. 처음부터 의사들의 소견은 유모를 구해야 한다는 것이었다. 내 몸 안에 아직 잠복하고 있을지 모르는 결핵균이 우유를 타고 아기에게 옮기지 않도록 말이다. 유모를 물색하는 건 우리에게 얼마나 큰 시련인지, 그리고 얼마나 어려운 일인지. 난 급속도로 체력을 되찾고 있다. 산후 8일째 되는 날 침대에 앉아 식사를 했다. 9일째인 수요일엔 아더의 부축을 받아 침대 옆 의자에 앉았다. 12일째인 토요일엔 아더의 도움으로 응접실에 나와 기도시간 후까지 남아 있었다. 그리곤 상당히 기운이 빠졌다. 이젠 몸 상태가 꽤 좋고 침대와 응접실을 걸어 다닌다.

1899년 4월 6일. 메이는 내 것이다

사랑하는 아기 메이가 태어났을 때 메이는 나의 끝없는 기쁨이었다. 내 맘 속엔 항상 이 기도가 있었다. "아버지, 메이는 제 곁에 있게 해 주세요." 이것이 주님의 뜻이라는 것엔 일말의 의심도 없었다. 주님은 우리 시릴을 데려가시지 않았는가.

고로 메이는 내 것이다. 이 사실로 인해 한 점 구름 없는 기쁨이 있었다. 내 기쁨의 잔은 흘러넘쳤고 흘러넘치며 슬픔과 번뇌로 변하였다. 우리의 사랑하는 알덴은 여기, 내 곁에 있다. 하지만 이젠 항상 기뻐하지 않으며 항상 열망한다. 내 마음은 온종일, 밤새도록 알덴이 살아남길 바라는 단 하나의 긴 열망일 뿐이다.

7장

어린아이의 믿음

Journals of Mattie Wilcox Noble

 1899년 8월 15일. 믿음의 기도

오늘 한 나이든 기독교인 부인이 시골에서 올라온 다섯 명의 다른 부인들을 데리고 날 보러 왔다. 친구들이 외국인이나 외국인의 집을 한 번도 본 적이 없으니 구경하도록 허락만 해주면 예수를 믿을 거라는 생각이었다. 고로 부인은 계속 일행에게 예수를 믿으라고 했다. 부인은 거리를 거닐다가 엎드려 기도하고 싶은 충동을 느낀다고, 길에서 무릎 꿇고 기도하는 게 잘못된 거냐고 물었다. 나중에 일어나면서 그는 내가 자기 기도를 듣고 제대로 기도하는 건지 말해주겠냐고 했다. 부인은 오래 전에 제2의 아동기로 퇴화하는 느낌이라면서, 더 똑똑해지는 약을 구할 수 없냐고 나에게 물어본 적이 있었다. 난 천국에선 모두 항상 총명할 것이라고 했다. 부인이 기도하려고 엎드리자 다른 친구들도 함께 엎드렸다. 부인은 가슴 뭉클한, 완벽한 믿음의 기도를 드렸다. 그는 분명 주님의 어린아이가 되었다.

1899년 9월 18일 월요일

존스(George Heber Jones) 박사의 일지에서 발췌한 글이다.

오늘 서울과 제물포를 잇는 철도가 공식 행사를 가지고 개통되었다. 첫 열차는 오전 7시에 출발했다. 게일(James S. Gale) 형제와 난 이 열차에 탑승했고 서울에서 6마일(9.6킬로미터) 떨어진 노돌까지 갔다. 1등석에 탔고 우리 차표는 .001 과 .002였다. 조선에서 판매된 최초의 1등석 승차권이었다. 승객 수가 꽤 되었지만 붐비지는 않았다. 나는 나가사키 통신에 이 기찻길을 묘사한 글을 기고했다. 이 자료는 그 신문에 보낸 나의 서신파일에 있다.

우리가 보기엔 기찻길은 꽤 매끄러웠다. 제물포에서 오전 7시에 출발하여 10시 30분에 돌아왔다. 나는 개통식 행사에 끝까지 남아 있었고 나가는 길에 아펜젤러(Henry Appenzeller)를 만났다. 늦게 온 아펜젤러는 노돌행 기차를 놓치자 자기 차를 몰고 기차를 추격했다. 아펜젤러가 그렇게 흥분한 건 정말 오랜만에 보았다. 상행선은 탈 수 있었으므로 추격에 대한 어느 정도의 보상은 받은 셈이다.

조선 소[牛]를 9만 3천 냥 주고 샀다. 환율은 3,400냥이 27.35엔 또는 13.63금화달러이다. 매일 4쿼트(약 4리터)의 젖이 나온다.

1900년 9월 2일. 신약성서 조선어 완역

일요일 오후, 서울 정동제일감리교회에 갔다. 신약성서 전체를 조선어로 완역, 편찬한 것을 기념하는 예배가 열렸다.30 몇 명의 연사가 말했고 그 중엔 주한미국공사 알렌(Horace N. Allen)31 박사와 요코하마의 루미스(Henry Loomis)32 씨도 있었다. 50여 명의 외국인이 참석했고 중국에서 온 피난민도 한 무리 있었다. 1,500여 명의 현지 기독교인이 참석했다.

1901년 3월 3일. 선교회에 닥친 어려움

수요일 아침 우린 모두 서울 연회에 참석하기 위해 평양을 떠났다. 이틀간 강을 타고 가 진남포33에서 증기선을 탔다. 서울행 5시 기차를 겨우 탈 시간에 제물포에 도착했다. 벡 씨가 제물포에 출장 중이어서 우린 그와 함께 서울로 가 서울의 벡(S. A. Beck) 씨 집에 묵었다.

우리가 방문한 동안 벡 부인은 심장이 심하게 뛰면서 아팠다. 그녀는 아주 섬세한 여성으로서 거의 작년 내내 앓으며 매우 고생스런 한 해를 보냈다. 그녀는 내가 만난 여성 중에서 가장 착한 여성 중 하나이다. 심장 발작이 일어난 첫 날 의사들은 거의 살아날 가능성이 희박하다고 믿는 것 같았다. 의사들은 그녀가

1900년의 매티 노블

최상의 병원에서 여러 달 입원 치료해야 한다면서 미국으로 돌아갈 것을 권유한다. 고로 우리의 최고의 선교사 가정 하나가 다시 떠나야만 한다. 게다가 올해는 엘라 루이스(Ella. A. Lewis) 양의 안식년이고 로제타 홀 부인은 오래 지속된 불면증과 우울증으로 인해 쉬고 있는 상태이다. 우린 로제타 홀이 떠난다는 사실에 모두 크게 상심했다. 그녀는 원산에 가서 좀 상태가 나아지는지 보고 있다. 그러나 의사들과 감독은 이것이 결국 닥칠 귀국을 미루는 결정일 뿐임을 알았고 더 이상 그녀를 조선에 두는 것이 위험하다고 판단했다.[34] 이 모든 일 후에 스크랜턴 부인이 상태가 악화되어 닥터 스크랜턴(William Scranton)이 부인을 데리고 고국으로 가야 한다. 우리 선교회는 곤경에 빠졌다.

1901년 5월. 로버트 목사의 산동성 여행

 방금 중국 산동성 지방 여행을 마치고 온 로버트 목사님은 여행에 대해 흥미진진한 이야기를 해 주셨다. 산동성 여행은 이번 시련 후 그가 떠난 첫 여행이었다. 한 부락에서는 28명의 기독교인이 죽임을 당했고 기독교인 가옥은 한 집도 남겨두지 않고 다 헐어버렸다고 한다. 몇몇 소수의 사례를 제외하고는 적개심이나 복수심은 없다고 하였다.

 로버트 목사님이 만난 세 형제들은 가장 고귀한 형제애를 보여주었다고 한다. 그들은 서로를 위해, 서로의 유익을 위해 살았다. 각자 가족이 있었다. 그들은 좋은 땅을 소유하고 있었고 집엔 32개의 방이 있었다. 집은 다 불살라졌고 재산은 송두리째 빼앗겼다. 한 형제는 살해당했고 다른 한 형제는 횟병으로 죽었고 한 명만 살아남았다. 그는 과거엔 부유했으나 이젠 가난해졌고 그의 가족에다 죽은 두 형제들의 가족까지 떠맡게 되었다. 그는 목사가 오는 걸 보자 나와서 서양식으로 악수를 청하며 목사님이 오셔서 기쁘다고, 좀 더 빨리 오셨으면 좋았을 걸, 그간 너무 견디기 어려웠다고 했다. 그는 부인들과 아이들과 함께 추위와 배고픔으로 겨우내 아사할 지경이었지만 하나님께서 이 모든 것을 이기시고 선을 이루실 것을 믿는다고 했다.

로버트 목사님은 위안스카이에 대해 말씀하시면서 진지한 존경을 표하였다. 그는 위안스카이가 그가 만난 중국인 중 가장 훌륭한 사람이라고 했다. 위안스카이는 그의 관아에 늘 1,000명의 경비병을 두고 4개월 간 관아에서 한 발짝도 나갈 수 없었다고 한다. 외부인들은 그를 증오했고 외국인의 친구라고 했으나 그는 옳다는 원칙을 지켰다. 그는 이 모든 시련 가운데 산동성을 지켰다.

이 고난에도 불구하고 기독교인들은 정규예배를 계속 드렸다. 성경책도 찬송가도 없었지만 누군가 신약을 암송하는 이가 있었고 성경 몇 장을 통째로 외우는 이도 있었고 찬송가는 모두 알고 있었다. 그들의 성경책과 찬송가는 집과 함께 사라져버렸다.

북경의 벨즈선교교회(Mission Church Belles)가 초토화되어 잿더미와 폐허가 된 후 현지 기독교인들이 잔해 깊숙이 파묻힌 교회 종을 발견하였다. 그들은 종을 파내고 현재 선교사들이 있는 곳으로 가져갔다. 난 진료소 앞에 그 종이 있다고 해서 보러 갔다. 그리고는 종에 새겨진 문구를 읽고는 즐거운 놀라움에 사로잡혔다. 이 종은 나의 고향 윌크스배리의 모(母)교회에서 보낸 것이었다. 해외여선교회와 윌크스배리의 제일감리교회가 공동기증한 것이었다.

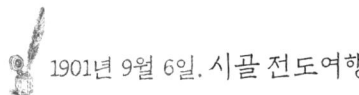
1901년 9월 6일. 시골 전도여행

금요일 아침 아더와 알텐과 난 평양을 떠나 시골여행길에 올랐다. 9일간의 일정이었고 9월 14일 오후 4시에 돌아왔다. 아더는 걸었고 아기와 난 가마를 탔고 이씨는 작은 당나귀를, 김덕수는 아더의 자전거를 탔다. 네 명의 가마꾼들은 처음엔 같이 메더니 나중엔 둘씩 교대로 일했다. 우린 11시 30분에 강어귀에 다다랐다. 개울의 다리가 허물어져 짐을 다시 풀어 배로 건너보내야 했다. 큰 나귀는 진흙탕에 납작 엎드려 꼼짝도 않으려 해서 움직이는 데 좀 시간이 걸렸다. 우린 요기하러 여인숙에 들렀다. 말과 당나귀와 모든 일행의 먹을 것을 준비하고 다 먹는 데 2시간이 걸렸다.

강서엔 오후 6시에 도착했다. 살로메의 어린 딸과 여학생 세 명이 마중 나왔고 이내 살로메도 나왔다. 작년에 살로메는 학교 성장을 위해 때론 4명까지 여학생들을 몇 개월씩 데리고 살았다. 살로메의 집엔 우리를 만나려고 기독교인 몇과 많은 구경꾼들이 있었다. 그날 저녁 몇 명이 기도하러 왔고 우린 다음 날 예배 일정을 공지하고 마을 부인들에게 오후 4시에 내가 가르칠 부인모임에 오라고 초청했다. 오후 4시에 구경꾼이 대부분인 50여 명의 마을 부인과 소녀들이 왔다. 좋은 모임을 가졌고 주님께서 말씀들은 이들의 마음에 살아 역사하시리라 믿는다. 일요일 오전엔 난 주일학교 부인들을 가르쳤고 아더는 설교 후 남자들을 가르쳤다. 120여 명이 출석하였고 비좁아 앉지 못한 사람은 창가나 문가에 서 있었다.

모임 후 사람들은 모두 우리 아들 알덴을 보러 우리 숙소의 방문으로 몰려왔다. 난 알덴을 밖으로 데리고 나가 선보였다. 알덴은 조선의 통상적인 인사말인 '안녕하세요'로 인사했고 '햇빛을 비추어라'를 몇 소절 불렀다. 모두들 신나했다. 우린 계속 창호지로 바른 문과 창문에 누군가를 세워두어 접근하는 이들을 막아야만 했다. 그렇게 해도 사람들은 손가락에 침을 발라 눈구멍을 뚫고 들여다보기 때문에 자유로울 수 없었다. 그러나 우리가 처음 여기 왔을 때보단 훨씬 정도가 덜했다. 저녁에 아더는 성찬식을 베풀었다. 60여 명의 기독교인이 와서 성찬식에 참여했다. 예배 막간에 난 부인과 소녀들에게 메시지를 전했다. 토요일 오후 5시엔 여학생들과 대화를 나누며 즐거운 시간을 보냈다. 항상 출석하는 소녀가 5명 있었다. 여름 무더위엔 교회출석을 중단하는 이가 많지만 이젠 더 많은 사람이 올 것으로 예상된다.

강서 여학교 교사 김 살로메와 학생들

우린 9월 9일 월요일에 강서를 떠나 애명골 주막에서 점심을 들고 오후 3시에 진남포로 떠났다. 떠난 직후 큰 비바람이 몰아치기 시작했고 비 피할 곳을 찾아 동분서주했다. 내 가마꾼들은 언덕길 건너 논두렁 사이까지 냅다 달음질해 허름한 오두막집을 찾아냈다. 그 집에선 우릴 반겨주었고 우린 한 시간가량 머무르며 집안의 나이든 아버지와 딸들에게 하나님에 대해 전했다. 그 남자는 평양에 우릴 만나러 오겠다고 약속했다. 아더가 자녀가 몇이냐고 묻자 아버지는 서글픈 어조로 아들 하나 없고 딸만 다섯이며, 맏딸이 아직 집에 있다고, 혼인시켜 시집으로 보냈으나 일이 서툴러 시댁에서 되돌려 보냈다고, 이로 인해 삶이 고달파졌다고 했다.

진남포엔 오후 6시에 도착했다. 비는 퍼부었지만 아기와 난 가마 속에 있었으므로 젖지 않고 아더만 젖었다. 모리스(C. D. Morris) 씨가 우릴 기다리고 있었고 다음날 아더는 진남포에서 분기별 모임을 가졌다. 우린 도라의 집에 갔다가 학교 교실에 여장을 풀었다. 모리스 씨는 황씨 집 아래층 방에 기거하였다. 도라와 다른 모든 사람들은 우리의 방문에 기쁨을 감추지 못했다. 다음날 아침 여학생들이 날 보러 왔고 난 한동안 노래 부르기를 가르쳤고 학생들에게 학업내용에 대해 질문했다. 오전 10시엔 시내에 사는 바스토우 대위 부부를 방문했다. 그들은 5시에 와서 같이 아이스크림을 들자고 했고 우린 그렇게 했다. 오후엔 부인 몇 명과 이야기를 나눈 후 분기 회의에 참석했다. 5시 30분엔 새로 부임한 세관장을 방문하러 갔다. 우린 그의 가족이 여기 왔다는 소리를 들었고 아더가 그를 오전에 만났을 때 가족을 여기 데려왔냐고 묻자 그는 그랬다고 답했다. 그러나 집에 방문했을 때 만난 중국 여인은 그의 부인이 아니라는 강한 의혹이 들었다.

다음날 아침 9시 난 에디스라는 아픈 여인을 병문안하여 즐거운 시간을 보냈다. 아침에 삼화로 가마 타고 가는 길은 유쾌했다. 정오에 삼화에 도착했고 사람들을 만나고 점심을 먹었다. 오후에 아더와 모리스 씨가 분기회의에 참석하는 동안 난 우리 방에서 부인모임을 가졌다. 저녁엔 80~100명이 모였다. 난 본예배 전에 짤막하게 부인들에게 메시지를 전했다. 다음날 삼화를 떠나 배인일 부락에 부인들을 만나러 들렀다. 부인들을 우리 가을 성경반에 오라고 초청했고 다소 격려한 후 우리의 사역지인 비수고리로 가기 위해 아름다운 산등성이를 넘었다. 여기선 기독교 가정에 묵었다. 온 가족이 우리에게 두 개의 조그마한 방을 내주기 위해 이웃집으로 옮겨갔다. 모리스 씨가 방 하나를 쓰고 우리가 다른 방 하나를 썼다. 두 방은 얇은 창호지 접이문이 파티션으로 있었다. 이 마을에서 사람들과 좋은 시간을 보냈다. 그들의 영성은 훌륭했고 사역은 발전하고 있었다. 9월 15일 오전엔 땅바닥에 멍석을 깔고 내 의자를 광(창고)의 처마 그늘 밑에 두고 50여 명의 부인과 아이들과 모임을 가졌다. 그동안 아더와 모리스 씨는 교회 분기회의에 참석했다. 오후에 아더는 설교를 했고 저녁엔 학습인 몇 명을 세례 주고 몇 명은 입교시켰다.

9월 14일 오전, 우린 해 뜨기 전 집으로 돌아가는 110릿길 여정에 올랐다. 오는 길에 있는 모든 부락과 마을들을 보며 주님의 소유가 되도록 탐했다. 자주 여행할 기회가 있으면 너무 좋겠다.

농간 근처 산등성이에서 내려오는 비탈길은 매우 거칠고 자갈투성이였다. 가마꾼들은 "길이 살은 다 벗겨지고 뼈만 남았네."라고 했다. 한 부인이 백포도를 들고 가는 걸 보고 한 다발 샀다. 어딜 가면 더 구할 수 있냐 물어 모리스 씨의 심부름꾼 소년을 앞서 보내 포도를 샀다. 한동안 싱싱한 과일을 먹을 수 있었다. 아다는 시골에서 과일을 구한 건 이번이 처음이라고 했다. 여행 중 알덴은 종종 착한 꼬마 선교사로서 내가 구경꾼들과 말문 트는 걸 도와주며 한 몫 톡톡히 했다.

도르가 강(Dorcas Kang)이 처음으로 혼자서 황해도 미개척지를 여행하고 돌아왔다. 그녀는 좋은 여행이었다면서 주님의 돌보심을 인하여 하나님께 영광을 돌렸다.

9월에 여기서부터 남포까지 가는 길엔 울긋불긋한 꽃은 구경할 수 없었다. 단지 몇 가지 꽃만 보았을 뿐이다. 들녘에서 본 곡물은 벼, 수수, 맵쌀, 찰옥수수, 메밀, 면화, 호박, 참외, 작은 수박, 붉은 고추, 콩 등이다.

1902년 1월 9일. 성경반 학생 심방

아다(Ada)가 와서 바쁘지 않으면 함께 성경반 학생들 집에 심방 가지 않겠냐고 물었다. 난 피곤했지만 아다가 다음에도 스스럼없이 동행하자고 말을 꺼낼 수 있도록 문제없다고 했다. 우린

3시간 동안 네 가정을 방문했다.

첫 번째 심방한 집은 남편이 아내와 자식을 버리고 다른 여자와 살림을 차려 나갔다. 고로 아내는 어린 아들과 부양책도 없이 남게 되었다. 친정 노모도 함께 살았고 모녀가 힘을 합쳐 어렵사리 생활했다. 둘 다 기독교인이었다. 모녀는 나에게 대접하기 위해 밖에 가서 뭔가 사오려고 했지만 차마 그리도록 할 순 없었다.

다음 심방한 집은 아주 환대를 받았다. 우리가 둘러앉아 안주인의 영적 상태에 대해 대화하는 중 안주인은 나의 하얀 울 목도리를 발견하고 만지작거렸다. 난 그녀에게 양털로 만든 거라고 말해주었다. 그녀는 양모제품을 생전 처음 봤으므로 매우 흥미로워했다. 건너편 방을 들여다보니 맹인 할아버지 한 분이 요에 누워 있었다. 친정아버지냐고 묻자 남편이라고 대답했다. 그녀는 내 목도리를 가져가 노인의 손에 쥐어주고는 "외국 부인인 노블 부인이 왔어요. 이걸 두르고 왔어요"라고 했다. 남편은 부드러운 목도리를 만지며 너무 좋아했다. 난 방에 들어가 그에게 이야기를 건넸고 그는 날 매우 반겼다. 팔꿈치를 딛고 일어나 앉으려고 해서 난 다시 누우라고 했다. 그는 "우릴 보러 오셨는데 앉지도 않으면 죄 짓는 거죠, 큰 허물이 되죠"라고 했다. 처음에 그는 친근함의 표시로 농담을 하려고 했다. 우린 그에게 예수에 대해 전했다. 그는 어찌 지금 당장 믿을 수 있겠냐, 성경에 대해 아무 것도 배운 게 없는데 어찌 믿겠냐, 난 너무 늙고 무기력하다고 했다. 그에게 전도하는 건 기쁨이었다. 그가 너무 열심히 배우려고 했기 때문이다. 그가 자기 인생은 쓸모없다고 하자 난 그에게 변화된 마음으로 인내하며 손님들에게 예수에 대해 가르칠 수 있을 거라고 했다. 그러자 그는 흡족해하며 지금 당장 하나님께 새 마음을 달라겠다며 이 순간부터 주님을 위해 살기 시작하겠다고 했다. 난 모두에게 기도하기 위해 고개를 숙이라고 했다. 부유한 이웃 한 명을 포함하여 모두가 경건하게 고개를 숙였다. 내가 기도를 인도하려고 했는데 그 맹인 노인이 극히 진지한 어조로 구원을 위해 간구하기 시작했다. 그가 마치자마자 내가 이어서 간구했다. 난 주님이 이 노인을 자기 자녀로 받아주신 걸 믿는다. 기도 후 그는 하나님과의 관계에 대해 물었고 하나님이 우리 아버지면 예수는 무엇이냐고 물었다. 그리고 노블 부인이 자기 자매면 다른 사람은 어떤 관계냐고 했다. 그는 하나님 교회의 새 가족과 관계를 맺게 된 걸 기뻐했다. 내가 일어나 가려고 하자 그는 자주 방문해 달라고 간청했다.

다음 심방한 집은 극빈 가정이었다. 그 집으로 날 인도한 노부인은 기도시간이 되자 이 집의 어머니와 함께 통성기도하기 시작했다. 서로 다른 기도를 했으나 매우 열성적으로 기도했다. 노부인은 주님께 자기의 마음을 털어놓으며 왜 자신의 며느리가 믿지 않는지를 말했다. 그녀는 주님께 어찌나 친밀한 어조로 말하든지 이런 식이었다. "이건 이렇고 저건 저렇습니다. 주님은 다 아시지만 이 부인은 모릅니다" (이 부인은 날 지칭하는 것이다.). 노부인은 며느리가 신앙을 가지도록 열심히 기도했다. 기도 후에 이 집의 어머니는 내가 거기 있는 동안 혼령들에게 바친 제물들을 불사르길 원했고, 모든 제물을 바깥뜰에 쌓아놓고 불살랐다. 그녀는 마음의 찌꺼기와 죄까지도 다 불태웠으

158 매티 노블의 조선회상

면 좋겠다고 했다.

우린 서둘러 작별인사를 하고 또 하고 자리를 떠야 했다. 우리를 인도한 노부인은 조금만 더 심방하면 너무 좋겠다고 했다. 하지만 잘라서 거절해야만 했다. 우리 아이들이 저녁밥을 못 먹고 날 기다리고 있었기 때문이었다. 오, 미혼 여선교사가 이 절박하고 낙 없는 가정들을 자유롭게 방문해 갇힌 자들을 주님께 인도하고 가르치며 새신자들을 세운다면 얼마나 좋을까.

올 가을 남녀 성경반은 성황리에 진행되었다. 여자반은 현지인의 넉넉한 보조를 받았다. 선교사들은 단지 일부분만 보조하면 되었다. 여자반엔 시골에서 25명의 부인과 소녀들이 와서 참석했다. 16명은 서부지방에서 단체로 왔다. 10월 26일 여자반이 시작된 직후 조선북부지방회의 제1회 지방회[35] 회의(District Conference)가 열렸다. 그리고 바로 연이어 남자 훈련반과 신학반이 열렸다. 존스(G. H. Jones) 씨와 닥터 맥길(W. B. McGill)이 도와주러 왔다. 난 하루에 한 시간씩 모리스(C. D. Morris) 씨 통역을 했다. 그리곤 크리스마스를 앞두고 성인남녀와 아이들에게 일주일간 매일 두 시간씩 노래 지도를 했다. 6명의 젊은 남자들이 내가 얼마 전 번역한 "이 길 끝에 다다르면"(*When We Get to the End of the Way*)을 훌륭히 잘 불렀다. 올해 크리스마스는 즐거운 시간이었다. 밤에 불빛을 보고 사람들이 대거 몰리는 것을 피하려고 오전에 행사를 했다. 크리스마스 전날 밤 큰 비가 내려 근처 시내에 사는 사람들 빼곤 올 수가 없었다. 그래서 예배당은 딱 알맞게 가득 찼다. 이

전처럼 북새통이라 다 퇴장시키고 문에서 조심스럽게 다시 입장시키거나 옥외예배를 봐야 하는 사태는 없었다.

새해 첫 날은 조선인 기독교인의 방문을 받았다. 배재와 이화 두 학교에서 단체로 와 절을 했다. 사람들은 오전 9시 30분 경부터 오후 3시 30분까지 계속 왔다. 우린 각 손님에게 일제 과자 몇 개와 밤톨 몇 알을 선사했다. 거의 300명의 손님이 왔다.

크리스마스 이브엔 헌트 일가에서 모든 외국 교민을 축하파티에 초대했다. 헌트 부인은 식당을 국기들로 장식하고 임시무대를 설치했다. 루스가 발표하고 알덴도 했다. 다른 아이들은 노래를 부르고 암송을 했으며 성인 4인조 중창도 있었다. 알덴은 '그 어린 예수 눌 자리 없어'를 암송했다. 무대에 올라 우스꽝스럽게 간단한 인사를 하고 너무나도 달콤하게 암송해 모두를 즐겁게 해주었다.

1902년 1월 16일. 불쌍한 조선 영혼들

교인 몇 가정을 심방하고 막 들어왔다. 신덕을 심방하여 신덕의 가엾고 죄된 딸에게 구주를 소개할 기회를 얻었다. 딸이 주님을 받아들일지는 모르겠다. 그러나 순전한 삶을 산다는 것에 마음이 움직인 것 같았다. 딸은 기생이다. 아니, 기생이었다는 편이 맞겠다. 이젠 25세로 나이가 들어 벌이가 좋지 않다. 그러나 아직도 기생으로 불린다. 기생들은 여덟, 아홉 살 때부터 기생으로 불린다. 이 나이부터 열여덟, 스무 살까지 기예를 수련하기 때문이다. 딸은 아홉 살에 기생이 되기 위해 기생학교에 보내졌다. 보통 열넷, 열다섯엔 학교에서 졸업하고 악(惡)의 직업전선에 뛰어든다. 평양엔 이런 기생학교가 세 군데 있다. 기생은 평양의 명물이기도 하다. 우리가 지나간 거리엔 기생들이 많았다. 기생은 도지사의 명부에 등록된다. 새 도지사가 부임하면 평양의 모든 기생은 불려가 선보이게 된다. 삼사십 살 된 기생도 다 불려간다. 조선인 표현으로 '개업 중'인 기생은 모두 불려간다. 그 중 도지사의 가슴을 설레게 하는 기생은 간택되어 도지사의 집에 들어가 그의 기생이 된다. 만일 간택되었는데도 가길 거부하거나 대신 돈을 보내거나 다른 어린 신참 기생을 보내면 잡혀가 태형을 받는다. 기생이 남편이나 자식이 있어도 감사의 눈에 들면 가야만 한다.

신덕의 딸은 거울 앞에 앉아 긴 머리를 부드럽고 아름답게 단장하려고 빗질하고 있다. 얼굴에 분칠하고 입술과 뺨에 연지를 바른 채 감사에게 가기 위한 가마를 기다리고 있었다. 가마를 기다리는 동안 난 기생의 삶을 접고 예수에게 와 새롭게 거듭날 것을 간곡히 권했다. 딸은 예수의 사랑 이야기를 듣고 감동 받는 것 같았다.

조선인들은 내가 이제껏 만난 어떤 이들보다 작은 친절에도 크게 감사한다. 조선인들은, 그러니까 조선 기독교인들은 외국 선교사가 거의 완벽하다고 생각한다. 그리고 개인적으로 작은 관심이나마 보여주면 크게 기뻐한다. 어젯밤엔 한 부인이 교회가 끝난 후 나에게 자신의 맹인 남편을 위해 기도해 주고 그가 하나님의 빛으로 나오는 통로가 되어준 것을 감사했다. 다른 이는 내 손을 움켜잡고 날 얼마나 사랑하는지 모른다고 했다. 다른 사람과 이야기하려고 돌아서는데 등 뒤에서 내가 이교도인 자기 친모보다 더 가깝게 여겨진다는 말을 하는 걸 들었다. 한번은 성경반 학생들이 날 찾아왔을 때 문을 노크하는 사람이 있어 조선어로 '들어오세요'라고 했다. 방 안에 있던 이들은 내 목소리로 자연스런 조선말 하는 걸 듣길 좋아했다. 한 사람은 내 목소리가 곱다고 했고 아주 간단한 이야기 하는 것도 즐겨 들었고, 주의를 기울여 한마디도 놓치지 않으려 한다.

주님께서 여기서 날 조금이나마 쓰실 수 있으리라 생각한다. 나의 전부를 주님께 드리고 싶다. 그가 나에게 주신 모든 달란트가 그의 영광을 위해 풍성해지길 바란다. 난 너무 평범하고 달란트가 없는 것 같고, 미국에선 아무도 나보고 가수라고 부르지 않을 것이다. 그러나 여기에선 숱하게 노래 부르기를 가르쳤다. 왜냐면 조선인들은 노래 부르는 것에 관해선 백지상태이기 때문이다. 물론 내가 그들보다 더 많이 안다 해도 대단한 수준은 아니다. 그래도 하나님께서 내 목소리를 사용하셔서 조선인들에게 기독교 찬송을 부르게 해 달라고 늘 기도했다. 때론 조선인들 앞에서 노래할 땐 평상시와는 달리 하나님께서 실제로 내 목소리에 힘을 주시고 더 풍성한 멜로디를 불어넣으심을 느낀다. 오늘은 엡워스 청년회 담당자에게 다음에 청년회가 모일 때 원한다면 내가 노래 부르기를 가르칠 용의가 있다고 말했다. 그래서 오늘밤 그는 청년회원들에게 다음 집회는 찬양 예배로 가지면 어떻겠냐고 물었고 모두 좋다고 했다. 그는 노래 가르칠 사람 중에 노블 부인만한 사람이 있겠냐는 등의 이야기를 했다. 그리고 공개적으로 나에게 이들을 가르칠 수 있겠냐고 물었고 난 수락했다. 그러자 이 결정이 마음에 들고 노블 부인에게 감사하고 싶은 사람은 일어나라고 했다. 청년회 전체가 싱글벙글하며 재빨리 기립했다.

어제 아침엔 남학교 학생들에게 노래 부르기를 가르쳤다. 지난주엔 매일 가르쳤다. 그 전에 내가 오후에 사디와 함께 기독교 여성들을 심방 다닐 때도 틈틈이 가르쳤다. 난 여덟 집을 심방했고 각 집마다 환영해주었다. 그러나 대부분의 가정에서 마주치는 두터운 무지는 놀랄 정도다. 한 여인은 사디가 사도신경을 한 단어씩 말해주어도 무슨 뜻인지 이해하지 못했고 따라하지도 못했다. 이 여인은 지저분한 옷밖에 없어 교회에 오래도록 못 나왔다. 우리 남학교 선생의 집에선 49살 된 선생의 아내를 만났는데 정말 늙어보였다. 목소리도 떨렸고 손도 부들거렸다. 7명의 아이를 낳았지만 하나만 빼곤 다 죽었다고 했다. 아이들은 아마도 조선에서 태어나는 대부분의 신생아들처럼 제대로 돌봄을 받지 못해 죽었을 것이다.

진지한 기독교인인 한 젊은 여인을 심방했다. 몇 달 전부터 교회에 매우 잘 출석했고 교리문답을 공부하며 교회 사역에 큰 관심을 가진 여인이었다. 그런데 이교도인 남편이 더 교회에 다니지 말라면서 집에서 신앙서적도 못 읽게 했다. 여인이 집에 숨겨둔 책 몇 권을 읽으려고 하자 남편이 들어와 갈기갈기 찢어버렸다. 남편은 여인이 새 남편을 구하려고 교회에 다닌다는 거짓말을 했다. 아내를 가차없이 매질하고 남편 몰래 교회에 가려다 들키면 다시 매질했다.

1902년 3월 31일. 동달의 아버지

일주일 전 토요일, 저녁밥상에 앉았는데 아줌마가 들어오더니 아버지가 죽게 됐다고, 사람을 보내 딸을 찾으니 가봐야 한다고 했다. 그날 우리 아줌마 동달에게 소식을 전하러 온 사람은 70릿길(27마일)*을 걸어왔다. 그는 대부분의 조선인이 이런 상황에서 (또는 조금만 아파도) 그러듯이 조용히 아버지가 위독하다고 말하지 않고 호들갑을 떨어 듣는 사람을 기겁하게 만들었다. 가엾은 동달은 너무 흥분해 울음을 터뜨렸다. 아더는 우리 당나귀를 타고 가라고 했지만 동달은 그냥 가는 게 낫겠다고 했다. 그래서 동달과 남편은 어둠을 뚫고 하룻밤 길에 올랐다. 우리가 아끼는 동달이 이런 일을 당해 안타까웠다.

오늘밤 동달이 돌아왔다. 기쁨에 차서 아버지가 거의 완쾌되었을 뿐 아니라 예수를 믿게 되었다며 뛸 듯이 행복해했다. 아버

---

* 원문에서 노블 부인이 1리를 계산하는 기준이 모호하고 제각각이다. 현재의 도량형 기준으로는 1리가 0.4킬로미터이지만, 원문에는 정확하게 이 기준이 적용되지 않는다. 그리하여 리 단위로 거리를 측정할 때에는, 혼동을 피하기 위해 저자가 '마일' 단위로 표기한 원문만을 싣는다.—편집자

지가 회심한 것과 어제 아버지의 요청으로 교인 몇 사람과 함께 모든 오래된 혼령숭배물을 부수고 불사르며 하나님께 찬송하던 이야기를 전했다. 동달의 눈은 기쁨으로 반짝였다. 동달은 너무 행복하다고, 천국에 가도 이보다 좋을지 모르겠다고 했다. 우리 집에서 떠나던 날 밤 도중에 군인 몇이 동달 내외를 불러 세워 무슨 용무로 가는지 물었다. 동달이 아버지를 문병 간다고 하자 군인들은 평안히 보내주었다. 가는 내내 흐느껴 울면서 동달은 아버지의 생명을 구해달라고 하나님께 기도했다. 기도하는 중에 응답 받은 확신이 들었고, 주님에게 아버지가 살 것을 믿는다고 다시 기도했다. 동달은 하나님께 모든 영광을 돌린다.

오늘 저녁 아더가 몸살에 열 기운으로 아프다. 말라리아가 아닌가 싶다. 아이들은 이제 겨우 말라리아에서 회복되었다.

우리의 춘계 여자성경학원(Women's Bible Institute)은 완전 자비량이었다.

1902년 4월 15일. 신부의 혼수품

오늘 아침 에스티(E. M. Estey) 양, 해먼드 양, 해리스 박사, 모리스 씨 모두 모란봉과 기자묘에 갔다. 사라 밀러(Sarah Miller) 양과 해먼드 양은 일주일 전 토요일 밤(4월 5일) 서울에서 올라왔다. 사라 밀러양은 당분간은 평양으로 발령받았으며 해먼드 양은 평양에 방문차 왔다. 우린 전쟁신(神) 사찰도 방문했다. 사찰 안 우상 앞에서 큰 절을 거듭하는 여인 한 무리를 보았다. 내가 왜 우상에게 절하고 비냐고 한 부인에게 묻자 재물과 아들을 얻기 위해서라고 했다. 난 부인들이 절에서 나갈 무렵 그들과 이야기를 나누고 우리에게 우상을 안내해 준 승려도 교회로 청했다.

　오늘 오후 난 교회 부인들의 집 아홉 군데를 심방했다. 예배에 한동안 결석한 사람들이 있어 내 전도부인 사디와 함께 출석을 종용하러 갔다. 한 집에선 며칠 전 시집 온 새댁이 있어 신부의 혼수를 보여주었다. 새댁은 친정에서 준 큰 트렁크 상자 또는 함 하나, 그리고 신랑 식구들이 준 함을 하나 가지고 있었다. 쌀을 담아놓은 12개의 놋그릇이 차려진 작은 상도 있었다. 놋그릇 세트는 친정식구들이 행운을 기원하며 준 선물이다. 다른 놋기류도 있었다. 새댁은 옷장 또는 장롱을 보여주었다. 새 여름 비단 저고리 5벌, 누빈 저고리 5벌, 매우 수려한 솜씨로 누빈 비단 저고리 2벌, 그리고 맞춰 입을 치마와 속옷 등이 있었다. 모두 환하고 고운 색이었다. 새댁은 17살이었고 환한 색은 앞으로 5년밖에 더 못 입는다고 했다. 새댁은 장신구가 가득한 함을 가지고 있었다. 혼인잔치 때 끼는 거대한 비녀 3개(비녀 하나가 30센티미터가 넘는다), 무거운 은가락지 2개, 비단 실타래가 달려 신부잔치36에 저고리 앞에 달 수 있는 화려한 은노리개 몇 개다. 새댁은 신부잔치 때 쓰는 정교하게 수놓은 머리 리본도 몇 개 가지고 있었다. 신랑의 근사한 새 옷도 보여주었다. 젊은 신부가 시댁 식구 각 사람에게 선사한 옷들도 있었다. 여자들은 새 비단저고리 한 벌씩을 새댁이 직접 만들어 선물했다. 난 피해야 할 이유가 있다고 생각하여 혼례에 참석하지 않았는데, 그래서 나만 따로 작은 혼인잔칫상을 차려주었다.

한 가정에선 따뜻하게 맞아주었지만 가는 빗으로 계속 어린 소녀의 머리를 빗고 있었다. 다른 집에선 부인이 말했다. "이젠 집이 너무 평안해요. 남편은 기독교인이 된 후로 술을 안 마셔요."

1902년 4월 17일. 전도부인 사디와 오석형 목사

오늘 심방한 한 가정에선 부인들이 내 전도부인 사디가 조선인이 아니냐고 물었다. 사디는 자기가 외국인이 아니라고 대답했다. 그들은 내 피부가 하얗다면서 모든 외국인 피부가 저렇게 희냐고 물었다. 사디는 대답했다. "그래요. 다 희어요. 피부만 흰 게 아니라 마음도 희어요. 조선인처럼 생각과 행동으로 죄된 일을 하지 않아요." 정말 사디의 말처럼 우리 마음이 모두 하얗다면 얼마나 좋을까.

우린 오늘 외성(Waysung)의 가정 여섯 군데를 심방했다. 이 집들은 양반 집이어서 여성들을 꽤 엄격하게 격리하는 풍습을 따른다. 우린 기독교 남자들의 아내들에게 교회에 오라고 강권했다. 모든 집에서 우릴 얼마나 기꺼이 반겨주던지. 돌아오는 길에 오석형을 만났다. 오씨는 외성의 한 가정에서 남자 기도모임을 가졌다고 했다. 그는 사역하는 걸 매우 행복해하나 죽음의 천사가 점차 그와 이 세상과의 끈을 풀고 있다. 오씨는 외국인 부인이 여기 내려와 거리를 활보한다는 말을 듣고 난 줄 알았다고 했다.

이자벨(Isabelle E.)은 안주 사역 보고를 하면서 그곳에 박씨 부인이 있다고 했다. 그 부인은 과부로 과거엔 불교신자였으나 이젠 주님의 굳건한 신자이다. 이자벨은 여러 차례 그녀를 가르쳤으며 그리스도를 구주로 영접하라고 강권했다. 박씨 부인은 부처를 위해 불교 주지승에게 거액을 시주했다. 최근엔 주지승들이 사찰의 양식과 꽃과 다른 헌물을 구입할 용도로 부처 또는 주지승에게 1천 냥 또는 약 150엔을 바치라고 했다. 그녀는 불상 뒤에 걸어놓을 비단 두 필과 주지승들이 절의 특정 예식에 입을 의복도 미리 사놓은 터였다. 박씨 부인이 불교 신앙을 포기하고 예수를 믿기 시작하자 이 비단 여러 필은 자기 가족이 쓰도록 놔두었다. 부인은 주님의 훌륭한 종이 되겠다고 약속했다.

1902년 4월 19일

사디와 함께 나이든 부인들이 사는 집을 심방하는데, 연로한 양반 부인이 내 곁에 다가와 앉았다. 부인은 부분적으로 귀와 눈이 멀었다. 방 안엔 4대가 있었다. 80세 고령의 증조할머니, 그의 딸, 딸의 딸, 그리고 증손자. 할머니는 한동안 날 물끄러미 쳐다보다 말했다. "이 부인은 참 하얗구나. 외국인들은 다 이렇게 하얀가?" 다른 부인이 대답했다. "그래요, 다 하얗고요, 얼굴만 하얀 게 아니라 마음도 하얘요." 우리 모두 사디의 말처럼 마음이 하얗다면 좋겠다. 난 사디에게 나이든 할머님 가까이 가서 귀에 대고 예수의 이야기를 해 주라고 했다. 할머님은 희색을 띠고 듣다가 딸을 돌아보고 말했다. "네가 잘 듣고 있다가 나중에 다시 되풀이해 줘라. 듣고 또 듣고 싶구나."

 1902년 4월 24일. 딸 잃은 어머니

아침에 정원에 몇 가지 씨를 뿌렸다. 정오엔 아더와 함께 팔웰 부인 댁에 점심 먹으러 갔다. 루스는 베어드 씨 집에 갔고 알덴은 일찍 점심 먹고 낮잠 자러 들어갔다.

점심 후 사라 밀러 양과 난 집으로 오는 길에 근처 어느 집에선가 둥둥 울리는 북소리와 쨍그렁거리는 징소리를 들었다. 무당이 주문을 외며 악령을 숭배하는 이교도 의식의 소리였다. 밀러 양은 이교도 의식을 보고 싶다며 함께 소리 나는 쪽으로 가보자고 했다. 그래서 그 집으로 갔다.

들어가니 마당에 남녀어른과 아이들로 가득 차 있었다. 우린 뜰 반대편 방으로 갔다. 거기엔 두 무당이 있었는데, 한 여인은 깊은 울림이 있는 북을 쳐댔고 한 여인은 커다란 놋쇠 징을 울리고 있었다. 두 무당 건너편엔 휘황찬란한 옷을 입고 음식을 즐비하게 차려놓은 작은 상 위로 부채를 흔들며 주문을 외는 무당이 있었다. 나지막한 병풍 바로 뒤에 수수한 관 하나가 있었다. 관 안엔 스무 살 된 젊은 여인의 시신이 있다고 했다. 병풍 앞엔 음식을 푸짐하게 차려놓은 작은 상 두 개가 있었다. 음식은 여인이 낙원에 들어가도록 바친 제물이고 여인의 혼령이 돌아와 음식을 골라먹을 것이라고 믿었다.

죽은 여인의 어머니는 어디 있냐고 묻자 바로 건넌방에 있다고 했다. 우린 어머니에게로 갔고 부인과 아이들 한 무리가 우릴 따랐다. 들어오라고 청하는 소리를 듣고 들어가 앉았다. 난 나이든 부인 곁에 앉았다. 부인은 소망 없는 비참한 형상이었고 다른 여인들은 곰방대에 담배를 피우고 있었다. 난 나이든 부인에게 내가 부인의 심경을 이해한다고, 우리 집에도 어린 딸아이가 먼저 세상을 떠났다고 말하며 하나님의 크신 사랑에 대해 전했다. 조선인들은 하나님을 무서운 혼령으로만 알지만 그분은 부인의 마음을 체휼하시며 부인을 자신과 자신의 사랑으로 이끄시는 분이라고 했다. 부인이 혼령을 숭배하고 마음과 생각과 돈을 악령숭배에 쓰는 것은 하나님을 근심케 하는 일이라고, 이제 부인의 마음을 그분께 드리고 그분만을 이제부터 영원까지 섬기지 않겠냐고 물었다. 부인 옆에 앉아있던 가족 중 젊은 아낙이 말했다.

"말씀해주신 것을 미리 알았더라면 우리가 믿고 이 무당들을 부르지 않고 악령숭배도 안 했을 겁니다. 이 딸이 죽기 전에 와서 말씀해 주셨다면 절대 안 그랬을 겁니다. 그러나 이 가엾은 노모의 마음은 찢어지고 눈이 빠지도록 울고 있어요. 우린 와서 혼령들을 달래기 위해 뭔가를 해서 이 집이 평안을 되찾게 하려고 했죠. 우리 조상 때부터 늘 이렇게 무당이 와서 굿을 해서 이렇게 하면 평안은 없지만 마음에 위로가 됩니다. 당신이 말씀하신 것을 들었으니 다음엔 다시 이렇게 안하겠습니다!"

노모는 딸을 묻은 후 우리 하나님을 믿기 시작하겠다고 했다. 자리를 뜨려고 일어나며 난 내 손을 부인의 거친 손 위에 올려놓고 다시 말했다. 얼마나 부인을 안타깝게 여기는지, 그리고 우리

아버지에게 마음을 다 털어놓지 않겠냐고 물었다. 노모와 다른 부인들은 우리 둘에게 와 줘서 감사하다며, 일요일에 교회 예배에 가겠다고 약속했다.

거의 매일 밤낮 쩌렁쩌렁한 징소리와 깊고 음산한 음색의 무당 북소리가 우리의 귓전을 때릴 때면 떠오르는 구절이 있다. "사람들의 영혼이 죽어가는 동안 조금이라도 도와라."

1902년 5월 9일

최근 에스티 양은 장식 없는 무명치마를 조선인 일하는 부인에게 주며 이 치마를 본 따 새 치마를 만들라고 했다. 낡은 치마 앞자락엔 기운 조각이 한 군데 있었다. 에스티는 부인에게 일감을 맡기고 일하러 나갔다. 돌아와 보니 새 치마가 거의 완성되었는데 앞자락에 낡은 치마와 똑같은 스타일과 사이즈의 기운 조각이 있었다. 에스티 양은 새 치마에 왜 기운 조각을 댔냐고 물었다. 부인은 옛 치마와 똑같이 만들라고 해서 시키는 대로 순종하여 똑같이 한 것이라고 했다. 에스티 양은 만약 부인이 저고리를 새로 만든다면 옛 저고리처럼 기운 자국까지 똑같이 하겠냐고 물었다.

평양에서 2마일 정도 떨어진 봉농동에선 사람들이 노래하고 노래 부르기를 가르칠 선생을 애타게 찾는다고 한다. 마을 사람들은 최근 에스티 양에게 그런 선생이 석 달에 한번이라도 와주면 매우 기쁘겠다고 했단다.

1903년 7월. 해럴드 조이스의 출생

1월 19일 우리 사랑스런 아기 해럴드 조이스(Harold Joyce)가 태어났다. 아더는 12월에 서울로 출장 갔다가 출산일 딱 2주 전에 돌아왔다. 해럴드는 월요일 새벽 1시에 태어났다. 그전 날 난 일요일 오전 예배에 참석했고 오후엔 주일학교에서 우리 반을 가르쳤다.

4월 중순경엔 서울의 연례회의에 참석키 위해 아이들의 옷을 준비해 놓았다. 우린 4월 마지막 날에 출발했고 서울에서 좋은 시간을 보냈다. 벡 씨 집에 신세를 졌다. 얼마나 사랑스런 가족인지 모른다. 다들 내 안색이 매우 좋다고 했다. 서울로 떠나기 직전 해럴드는 매일 조금씩 설사를 했고 지난 3개월간 심하든 약하든 설사기가 없던 날이 많지 않다. 고로 7월 30일 우린 아더가 개조한 집배에 올라타 대동강으로 뱃놀이를 갔다. 감리교 선교회의 로빈스 양과 평양 외국인학교의 교사(장로교) 암스트롱 양이 합류했다. 다른 배를 타고 동행한 무리는 모리스 씨, 무어 씨, 베커 씨로 다 총각들이었다. 우린 2주간 뱃놀이를 했다. 첫 이틀간은 리(Lee) 일행과 함께 했다가 갈라졌다. 리 일행은 업무차 집에 갔다가 되돌아오기로 했다. 우린 내일 오기로 한 리 일행과 다른 뱃놀이 일행을 기다리고 있다. 매일 뱃사공들은 우릴 물살이 빠른 곳으로 인도했다. 우린 책 읽고, 게임 하고, 먹 감고, 노래한다. 먹 감기는 유쾌하다. 난 수영하는 것처럼 팔을 휘저어 물에 조금 떠 있는 법을 배웠다.

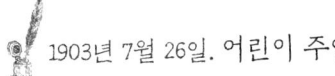
1903년 7월 26일. 어린이 주일학교

일요일 오전 8시, 난 200여 명의 어린이들을 가르쳤다. 미리 교회에 광고를 하여 각 교인이 적어도 5명의 어린이들(4~16세)을 교회에 데려오라고 청했다. 비오는 아침이었지만 거의 200명이 왔다(175명). 이 중엔 교회엔 난생처음인 아이들도 많았다. 주일학교에서 좋은 결과를 거두리라는 소망이 있다. 난 다른 곳에 썼던 에너지를 일부 이 주일학교 사역으로 돌려야겠다는 생각을 한다. 이 주일학교를 시작해야겠다는 바람은 늘 있었다. 그러나 기존에 맡은 책임들 외에 또 다른 일을 벌일 여력이 없었다. 이제 가능하다면 다른 일은 좀 줄이고 주일학교에 더 많은 힘을 써야겠다. 우리가 안식년을 떠나기 전까지 1,000명 학생으로 성장하게 하고 싶다.

대동강 상류로 올라가다 머무른 강가에 젖소 한 마리가 있었다. 우린 이 강변에 며칠 머물 예정이었으므로 요리사를 보내어 그날 저녁과 내일 소젖을 짤 수 있냐고 물었다. 사람들은 답했다. "뭐라고요? 소의 젖을 짠다고요? 안 됩네다. 우린 가난한 사람들이라 이 소를 쟁기질하고 짐 나르는 데 씁니다. 그러면 소와 송아지 둘 다 죽을 텐데, 둘 다 버릴 만큼 여유 있는 사람들이 못 됩니다. 양인들 좀 즐겁게 해 주려고 그런 손해를 볼 순 없습네다." 소젖을 짜도 괜찮다고 아무리 설득해도 통하질 않았다.

아더는 근사한 철제 바퀴 몇 개를 미국에서 사왔다. 이 바퀴 위에 프레임을 놓고 교회 건축에 필요한 통나무나 목재를 강에서 실어올 때 쓰기 위해서였다. 그러나 조선인들은 언덕 위에 다

다르자 조심스럽게 바퀴를 잡고 내려가지 않고 바퀴를 냅다 던져버렸고 혼자 구르던 바퀴는 망가졌다.

 1903년 10월 28일. 시골 여인들

2주 전, 칠십 살 먹은 귀머거리 시골 여인이 평양에 왔다. 이 부인은 집에서부터 150릿길을 걸어 부인이 '성전'이라고 부르는 우리 신축 교회를 보러왔다. 다음날 부인은 내가 정신없이 바쁠 때 날 보러 왔고, 난 다음에 내려가기 전에 한 번 더 들르라고 했다. 그러나 부인이 날 보지 못하고 그냥 내려갔다는 말을 듣고 안타까웠다. 그러나 이 노인들이 하늘에 계신 우리 아버지를 향해 품은 사랑은 경이롭다. 매일 수백 건의 한심하면서도 아름다운 일화들이 우리 기독교인의 삶에서 빚어지고 있다.

오늘 난 어떤 기독교인들을 심방하러 갔다. 집에 오는 길에 한 젊은 여인을 보려고 들렀다. 거기 있는 동안 5명의 시골 부인들과 아이 하나가 젊은 부인을 보려고 문가에 섰다. 그러나 집 안에 있는 날 보자 내가 방문 중이라 자기들은 못 들어오리라 생각했다. 부인 일행은 저 외국인 부인을 보려고 이 먼 거리를 걸어왔는데, 외국인 부인이 저기 계시니 우린 못 만나겠다면서 그냥 지나가버렸다. 우린 부인들 일행을 곧 뒤따라갔다. 이들은 외국인 구내에 구경하러 들어가려 했으나 출입이 허락되질 않았다. 날 보자 부인들은 말했다. "이제 이 부인을 따라가자. 가서 집 밖도 구경하고 마당도 거닐 수 있나 보자." 그들은 구경하게 해 준

평양의 주일학교 어린이들. 매티 노블(흰 모자)과 아더 노블(오른쪽 모자 쓴 사람)이 아이들과 함께 있다.

다면 신앙을 가지겠다고 했다.

  나와 함께 있던 전도부인과 난 그들에게 이르기를, 죄를 싫어하고 죄 사함을 받고 싶다면 회개해야 한다고 했다. 이 일행은 우리를 따라 외국인 구내로 들어왔고 우리 집 안으로 청하자 놀라고 기뻐했다. "아이고, 집이 이쁘기도 해라. 꼭 천국 같다." 그러자 전도부인이 답했다. "우리네 사람들이 이렇게 삽디까? 부인은 하나님을 섬기니까 하나님이 외국에서 예쁜 집에 살게 허락하신 겁니다." 집 안으로 들어오자 부인들은 말했다. "미국인 부인들은 다 달라요. 어떤 부인은 구경꾼들을 집에 들여보내고 어떤 부인은 안 그래요." 난 이들에게 미국인 부인들이 날마다 얼마나 분주한지를 설명했다. 부인들은 내가 이해 못한다고 생각하고 자기들끼리 말했다. "귀도 이쁘고 얼굴과 손이 곱고 하얗다." 그리고는 나에게 말했다. "아이고, 너무 감사합니다. 너무너무 감사합니다." 5명 각각 감사치레를 하고 또 했다.

1903년 11월 9일 일요일. 낙심은 없다

최근 우리 여선교사 한 사람이 기독교인의 유약한 인격에 매우 낙심하였다. 이 민족의 고질적인 죄는 거짓말과 도둑질이다. 기독교인도 이 죄의 경향성을 극복하는 데는 어느 정도 시간이 걸린다. 몇 차례 낙심할 일이 이 선교사의 눈에 띄었고, 이런 일을 겪고도 이 사람들을 구원하기 위해 숱한 근심과 역경을 치를 가치가 있는지 회의했다. 이 선교사와 이야기를 나눈 후 난 기독교인인 우리집 일하는 아줌마와 이야기했다. 그리고 아줌마에게 기독교인 친구들의 삶이 어떻게 변한 것 같냐고, 이교도 친구들보다 나을 게 없냐고 물었다. 난 아줌마에게 소수의 사람이 말을 짓고 헐뜯고 남에게 해를 끼치는 이 모든 게 너무 낙담거리라고 했다. 아줌마는 말했다. "왜요, 부인, 그 사람들이 믿기 전에 어떠했는지 생각해 보세요. 놀랄 만큼 달라졌어요. 이교도들은 사악해요. 우리 남편은 믿기 전에 술 취하고 우린 너무 가난했죠. 남편은 갖은 사악한 방법으로 죄를 지었어요. 그러나 이젠 술도 안 먹고 가정을 돌봐요." 난 아줌마에게 아주 더럽고 먼지 많은 방에 들어가서 먼지를 털고 나면 먼지가 많이 없어져도 아직 먼지가 많이 남은 것과 같냐고 물었다. "그래요, 바로 그거예요. 하지만 변화가 확연히 보여요." 내가 심방한 한 가정에서는 부인들이 우리 목회자들인 오석형과 박성픱의 훌륭한 인격에 대해 이야기했다. 부인들은 이 목회자들이 얼마나 선량하고 그 가족 또한 그런지 말했다. 모두들, 이교도들까지도 이 목회자들의 삶의 순전성에 관한 좋은 평을 한다.

낙심할 여지가 없다! 주님의 사역은 영광스럽다. 씨앗은 온갖 종류의 땅에 떨어지나 풍성한 씨앗이 옥토에 떨어져 큰 수확을 낸다.

 1904년 1월 29일. 경선이

아더는 미국 금광 관리자들을 위해 수천 달러의 돈을 관리해 왔다. 바스토우 대위가 아더에게 맡겨둔 것이다. 이건 상당한 책임이었다. 어느 날 아더는 추가로 올 돈을 기다리느라 아직 최종적으로 못질하지 못한 궤짝의 잔돈을 다시 세 보았다. 그런데 100엔[37]이 모자랐다. 불현듯 이건 외부인의 소행일 순 없다는 깨달음이 들었다. 궤짝은 우리 침실에 딸려 있는 옷장을 걸어 잠그고 넣어두었으며 밤엔 두 명의 야간경비가 이 장소를 지켰다. 고로 의혹의 대상은 두 심부름꾼 소년인 세구와 경선이로 좁혀졌다. 돈 궤짝 안에 덫을 넣어두고 궤짝 뚜껑엔 손이 들어갈 만한 큼직한 구멍을 뚫어두었다. 우린 세구가 걸렸더라면 안타깝기는 했겠지만 경선이만큼 상심하진 않았을 것이다. 경선이는 우리 집에 더 오래 있었고 최근 음식 때문에 의심 산 일이 있었지만 우리의 각별한 신뢰와 호감을 받았기 때문이다.

금요일 아침 경선이가 침실 일을 할 때 팔웰 박사, 에스티 양, 아더 그리고 난 응접실에 있었다. 경선이가 덫에 걸렸다. 내가 침실에 들어가 보니 옷장 문이 활짝 열려 있고 맨 위 돈 궤짝은 사라진 채였다. 난 아더에게 말했고 우린 안쪽 침실로 들어갔다. 거기 경선이가 서 있었다. 경선이는 빠져나가려 했으나 한 손으론 문을 열 수 없었고 다른 한 손은 얽매인 상태였다. 경선이의 엄지손가락이 덫에 걸려 있었고 뼈까지 파고들었으나 뼈가 부러지진 않았다. 아더는 경선이에게 100엔은 어디 있냐고 물었고 경선이는 모른다고 발뺌했다. 되려 아더에게 그만한 돈을 잃어버렸냐고 되물었다. 아더는 100엔을 내놓기 전엔 덫에서 풀어주지 않겠다고 했다. 경선이는 그제야 자기 집 상자 안에 있다고 돈의 행방을 밝혔다. 상자 안엔 99엔이 있었다. 경선이는 100엔 중 1엔은 썼다고 했다. 우리 집의 다른 자잘한 물건들도 상자에서 나왔다. 베커(A. L. Becker) 씨와 아더가 힘을 합쳐 덫을 열었고 경선이를 밧줄로 묶고 서재로 데리고 갔다. 경선이는 그곳에 오전 9시부터 오후 4시까지 있었고 그간 우리 조사(helper)들이 경선이로부터 죄를 자백 받아내려 했다. 경선이는 처음엔 뻔뻔스럽게 나오며 돈을 가지러 들어간 사실조차 부인했다. 그러나 나중엔 여러 달 동안 저지른 허다한 도둑질과 또 여기 고용되기 전에 저지른 것까지 실토했다. 우리 모두에게 끔찍한 날이었다. 그 후 경선이를 어떻게 처리할 것인가 하는 문제가 남았다. 아더는 조사 몇에게 경선이의 이야기를 들어보게 한 후 우리와 응접실에서 대면하고 최상의 방도를 정하겠다고 했다. 어떤 조사들은 경선이를 군수에게 넘기자고 했고 어떤 이는 집에서 다시 일할 기회를 주자고 했다. 아더는 후자의 제안을 한 사람에게 경선이를 그의 집에 데리고 가 경선이가 그를 위해 할 수 있는 모든 일을 하게 하면 어떻겠냐고 했다. 이 제안이 어불성설임은 자명했다. 그러나 정부 관아는 너무 이교도적이라 만일 넘기면 군수가 경선이를 때려죽일지도 모를 일이었다. 그뿐 아니라 경선이 가족의 전 재산을 몰수하고 인생을 매우 고달프게 만들 것이었다. 그래서 아더는 경선이를 풀어주고 이 지방에서 도망가라고 했다. 만일 여기 머무르면 분명 잡혀서 맞아 죽든지, 아니면 군수가 우리를 해코지할 마음을 먹고 온 도시에 불쾌한 이야기를 퍼뜨리며 소년을 풀어줄 경우, 군인이나 동학교도가 되어 우리 적이 될지도 모를 일이었다.

그래서 경선이는 어제 하와이로 간다며 떠났다.

이런 날들로 사람이 지치고 닳는 것은 끔찍한 일이다. 우린 경선이가 우리가 전혀 알지 못했던 열쇠를 들고 다니며 문을 따고 원할 때마다 현금을 챙겼음을 알았다. 경선이를 풀어준 후 경선이의 상자 안에 있던 열쇠 하나가 우리 금고 열쇠처럼 만든 것임을 알았다. 우리 금고 열쇠와 거의 비슷했고 조금만 더 채워 넣으면 자물쇠에 맞아 들어갔을 것이다. 그렇다면 우린 늘상 도둑질 당했을 것이다. 경선이가 빠져든 죄의 깊음에 대해 이런 식으로 붙잡히지 않았다면 우린 한사코 믿으려고 하지 않았을 것이다. 경선이는 다른 사람들과 작당하여 우리 가족의 석 달치 감자를 훔친 적도 있었다.

이제 온 나라가 일본과 러시아 간에 예상되는 전쟁으로 인해 들썩거리고 있다. 동학교도들은 전쟁이 선포되면 즉각 모든 외국인과 기독교인을 사살하겠다고 말한다. 그리고 전쟁과 무관하게 4월 17일을 그 거사일로 잡아놓았다. 동학교도들은 날마다 강성해지며 더 조직화되고 있다.

여기 나와 있는 우린 늘 전쟁과 끔찍한 변란의 소문에 휩싸여 있다.

8장

흩어지는 씨앗

Journals of Mattie Wilcox Noble

1904년 2월. 러일전쟁 전의 흉흉한 소문들

1월과 2월 초반에 평양 지역의 상황은 갈수록 더 위협적이 되고 있다. 전쟁이 예상되자 남의 나라 사람들에게 노략질 당하기 전에 우리가 먼저 약탈하자고 맘먹은 조선인이 허다했다. 큰 도적 떼가 나라를 누비고 다녔다. 도적들은 대개 멸시 받고 봉급도 박한 잘못 뽑은 조선 군인들이다. 때론 스무 명씩 무리지어 돌아다닌다. 강변가의 집들은 거의 대부분 털렸다. 도시 곳곳에서도 밤에 털리는 집이 태반이다. 도적들은 혼자 있는 힘없는 아낙들을 재갈 물리고 결박한 후 거의 싹쓸이를 해간다. 선교사 가정에 대해서 도적들이 얼마나 더 열외로 둘지는 알 수 없다.

미국 공사 알렌(Horace N. Allen) 박사는 평양의 모든 선교사들은 평양 내에 머물며 당분간은 내지 사역을 하지 말라고 지시했다.<u>38</u>

시골의 절박한 필요를 외면하고 선교사들이 모두 집에 머물러야 한다는 건 고역이었다. 그러나 가정에 머물며 가정과 도시의 교회들을 지키는 건 매우 현명한 처사였다. 장로교와 감리교 두 선교회의 남자들은 대책회의를 했다. 선교사들은 각 집에 어떤 종류든 무기가 있어야 한다는 판단 하에 사냥용으로 가져온 총과 라이플총을 분배했다. 우리 집엔 베커 씨가 기거했으므로 라이플총이 두 개 있었다. 남자는 의무적으로 비상시를 대비하여 라이플총을 한 개씩 갖고 있어야 했다. 요 몇 주 내내 동학교도들은 외국인과 기독교인들을 사살하겠다고 으름장을 놓고 있다. 우린 동학이 큰 해를 입힐 정도로 강한 세를 모을 수는 없으리라 생각했다. 그러나 도적떼들은 실로 위세가 대단했다. 몇 주 째 우리는 다른 사람들과 같이 외국인 구내 주변을 진짜 조선식으로 행진하며 지켰다.

어느 날 아침 우리 경비가 와서 내게 말했다. 그 전날 밤, 한 남자가 담장을 타 넘어오는 걸 보고 얼른 달려가봤더니 남자는 다시 담을 타고 올라갔다고 했다. 우리 경비가 남자를 치자 남자는 얼른 일어나 뒷걸음질 쳐서 도망갔다. 경비는 쫓아가지 않았다. 돌아보니 쌀 한 섬이 마당에 있었다. 짐작컨대 그 침입자가 쌀을 훔친 후 누가 뒤쫓아 오니까 일단 쌀가마니를 우리 구내에 던져 넣었다가 추적자가 지나간 후 다시 쌀을 찾으러 온 것이었다. 그러나 우리 경비가 그 사람을 쫓아낸 것이다.

그 몇 주간은 기이하고 소스라칠 일들이 빈번히 일어났다. 가끔은 알렌 박사가 교민사회에 전신 회람을 보냈다. 내용은 정세

보고, 2월 9일 러일전쟁 최초 전투에 관한 뉴스, 제물포 항의 해전, 그리고 서울에서 통보 즉시 평양을 떠날 채비를 하라는 당부 등이었다. 이후의 회람은 여성과 아이들만 떠날 준비를 하고, 평양에 전투가 발발하면 남자들은 산으로 대피했다가 가능한 빨리 복귀해 선교 부지를 돌보라는 것이었다. 모든 선교회의 여성들은 위험의 첫 신호탄이 터지면 이 판단에 따르기로 했다.

1904년 2월. 러일전쟁 1차 전투 전의 사건들

다른 일지에 미국 공사 알렌 박사가 평양주재 미국인들에게 보낸 후반기의 모든 전신문을 넣어두었다. 나중에 일본 공사관은 여러 성문에 현수막을 내걸었다. 내용은 4~5만 명의 군사들이 수천 명씩 입성하여 대부대가 성내에 주둔하게 될 것이며, 모든 조선인 아낙과 처녀들은 급히 산이나 먼 곳으로 피신하라는 것이었다. 군사들로부터 여자들을 지켜줄 수 없기 때문이란다.

물론 많은 경우 젊은 여인들이 피난가면 남자와 나이든 부인들도 따라가야 했다. 아기와 짐을 나르고 젊은 처녀들과 소녀들을 인도하고 보호하기 위해서 말이다. 그래서 집집마다 적은 가산이나마 죄다 보따리에 싸서 피난길에 오른다. 아침부터 한밤까지 며칠간 피난민이 물밀듯이 성문 밖으로 쏟아져 나왔다. 이미 입성해 성문을 지키는 일본군이 두려워 성벽을 기어 올라가는 사람도 태반이었다. 딱한 광경들이 눈에 들어왔다. 아기를 업고 지팡이를 짚고 뒤뚱뒤뚱 걷는 노인들. 보자기에 싼 옷가지와 가재도구들에다 이불까지 머리에 산처럼 이고 가는 남자여자들. 머리에 짐을 이고 손에도 무언가 들고 부모와 조부모 곁을 종종거리며 따라가는 아이들. 많은 피난민들이 정처 없이, 찾아갈 친구도 없이 무작정 고향의 위험으로부터 피난을 떠났다. 남겨둔 집은 폐허가 될 것이며 고생길에 도적까지 만날지 모른다.

여자들 대부분이 떠나야 했고 우리 기독교인 부인들도 남편이나 아버지와 함께 떠났다. 그래서 약 1천 명의 결신자와 학습인이 있던 우리 교회는 손꼽을 만큼 적은 무리만 남게 되었다. 우리가 평양을 떠나 미국으로 출국하기 전에 드린 주일저녁 예배엔 여자 1명과 남자 12명만 출석했다. 가슴이 미어지는 듯했다. 많은 기독교인들은 피난길에 오르며 교회가 흩어지는 걸 가슴 아파하지 말라고 했다. 예루살렘 교회가 흩어졌을 때처럼 자기들도 그렇게 하겠다고 했다.

그들은 정말 가는 곳마다 복음을 전했고 주님의 말씀은 놀랍도록 흥왕했다. 그 복된 이들이 다니며 흩뿌린 소중한 씨앗은 100배의 열매가 되어 그들에게 돌아왔다.

1904년 3월. 선교사들의 피난길

3월 6일 즈음 미국 금광촌에 있던 부인들이 평양으로 왔다. 알렌 박사가 금광촌 여성들에게 평양으로 와 사태를 함께 지켜보라는 회람을 보냈기 때문이다. 위급한 상황에서 평양에서 사흘길 되는 금광을 빠져나오기란 쉽지 않다. 그래서 선교사 가정은 모두 호위대가 딸린 금광 사람들 몇 명씩을 맞이했다. 부인들이 평양을 떠나야 할지도 모른다는 소식을 처음 접했을 때 대동강과 진남포항 모두 얼어붙어 있었다. 그래서 비상 시 증기선을 댈 수 있는 가장 가까운 항구에 가려면 약 300릿길(100마일) 정도 육로여행을 해야 했다. 선교회의 남자들은 대책위를 조직하여 급작스런 여행을 위한 수단과 방법을 강구했다. 위원회는 각 가정이 식구 중 여자와 아이들을 싣고 갈 가축을 마련하라고 했고 여자들을 호위 및 인도할 남자들은 걷기로 했다. 그래서 가축이 미리 구비되지 않은 가정에선 소나 조랑말이나 나귀를 한 필 구입해야 했다. 전혀 재밌는 상황은 아니었지만 수백 마일 길을 소와 나귀를 타고 여행할 것을 상상하면 입가에 미소가 번지고 웃음이 나왔다. 모든 게 완비되었고 각 사람은 대오에서 자기 위치를 파악했다.

마침내 진남포항의 얼음이 깨졌고 평양 전투의 위험은 줄어들었다. 알렌 박사가 보낸 전문이 도착했다. "여자는 와도 되고 남자는 남아도 된다." 미국 순양함 신시내티 호가 북쪽으로 가는 마지막 배편이며 신시나티 호가 떠난 후엔 알렌 박사가 더 이상 배편을 책임질 수 없다는 내용도 있었다. 그 해 이미 안식년으로 떠나지 않은 많은 선교사 부인들은 남기를 간절히 원했다. 남자 선교사들은 모두 크게 안도하며 평양을 떠나든지 머물든지 자율에 맡긴다는 이 전문을 반겼다. 전쟁이 만주로 비켜갈 것이라는 교감이 있었기 때문이다. 선교사들은 평양에서 압록강까지 퍼져 있는 현지 조선인들과 일종의 정탐망을 형성하고 있었다. 조선인들은 평양 북쪽의 일본군과 러시아군의 모든 움직임에 대해 평양 사람들에게 알렸다. 우리는 전투가 일어날지 여부를 평양에서 대피할 충분한 시간차를 두고 알 수 있었다. 군대의 이동은 더디고 우리는 수백 마일 떨어진 곳의 군대 동태를 파악하고 있었다.

많은 러시아 정탐꾼이 북쪽 전역에서 내려왔고 정탐꾼들끼리 몇 번 소규모 충돌이 있었다. 어느 이른 아침 러일전쟁 최초의 육지전 또는 충돌의 소음에 잠을 깼다. 고작 5인으로 구성된 러시아 기마대가 '이 나라를 정탐하러' 칠성문 근처 성벽까지 왔다. 일본인 보초들이 러시아군을 발견하고 발포한 순간 러시아 군사들은 이미 도망가기 시작했다. 성 안엔 엄청난 수의 일본군이 주둔하고 있었고 모든 성문과 성벽 위에 보초를 서고 있었다. 일본인이 쏜 포탄은 러시아군의 말 꼬리를 스치고 지나갔다. 소수의 일본인 기마대가 뒤따라 나갔으나 아무 일도 없었다. 더 북쪽에선 더 큰 충돌이 있었다.

그때 즈음 일본 관리들은 모든 미국인에게 뱃지를 나눠주고 거리에 나올 땐 상시착용하도록 했다. 청백홍의 3색 원형 뱃지였다. 처음엔 코트 옷깃 밑에 차는 사람도 있었지만 종국엔 모두 환히 드러나도록 늘 차고 다녔다. 미착용자는 본부로 연행되어 몸수색을 받았다. 미국 금광촌의 밴 네스 씨는 영국인이었는데 절대 뱃지를 차지 않겠다고 공언했다. 그는 영국인이었고 만일 몸수색을 한다면 일본인들이 이 사실을 확인할 수 있을 거라고 했다. 그러나 두어 번 본부로 끌려간 후엔 마침내 그도 생각을 바꾸어 3색 뱃지를 착용하기로 했다. 처음엔 우리도 3색이 미국인의 전유물이라고 생각했는데 네스 씨와 우리 모두 3색이 영국 국기색도 되는 걸 후에야 깨달았다. 그는 금광으로 돌아갈 때 나귀와 수레의 행차 선두에 미국 국기를 앞세우고 갔다. 그 국기는 일본군들 가운데 통과할 때 안전을 보장해 주었다.

처음에 우리는 아홉 살짜리 우리 딸 루스가 서대문을 지나 학교에 오갈 때 뱃지를 착용하지 않아도 되리라 생각했다. 어느 날 루스가 12시 조금 넘어 조선인 하인이 모는 나귀를 타고 집에 오는 길이었다. 성문 양편에 두 줄로 정렬해 있던 일본 군사들이 아이에게 나귀에서 내리라고 명령했고 조선인 하인만 통과시켰다. 루스는 새파랗게 질려 울기 시작했다. 조선인은 돌아와 나귀

러일전쟁 직전 미국인이 착용한 뱃지. 일본당국은 러일 전쟁이 발발할 무렵 평양에 거주하는 모든 미국 시민에게 미국인이라는 표식으로 지름 6센티미터 정도의 뱃지를 차도록 했다. 흰색, 남색(아래), 연분홍색으로 되어 있다.

를 끌고 가고 루스는 일본군 사이를 걸어서 성문을 통과했다. 성벽 안으로 한참 가서야 아이는 다시 나귀에 올라타 집으로 왔다. 우리는 분개했고 아이가 이 일로 상당히 불안해해서 오후엔 학교에 보내질 않았다. 다음날 아침, 아이는 코트 옷깃 위에 뱃지를 달고 털 베레모에 미국 국기를 꽂고 갔다. 우리가 미국으로 출국할 때까지 계속 그렇게 했다.

전투가 임박하자 미국공사는 평양이나 미국 금광에 주둔하는 미국인을 보호하기 위해 미국 군대가 동원될 수 없으며 미국 시민들은 일본인 보호 하에 놓인다는 전갈을 보냈다. 미국 남자들은 일본인들이 우리의 보호를 위해 어떤 대책을 세웠는지 알고자 일본 공사관을 찾아갔다. 일본인의 계획은 이러했다. 감리교와 장로교 거주지(평양에 주둔하는 미국인은 선교사밖에 없다)에 위험의 기미가 보이면 언질을 줘 모두 평양 중심부 분지로 모이게 하고 여성과 어린이들은 가운데 놓고 일본인 보초 한 명과 남자들이 주변을 에워싸 지킨다는 것이었다. 우리 쪽 사람들은 이 보호 조치가 놀랍다고(?) 느꼈다. 미국인 부지를 보호할 계획은 없었다. 게다가 어린 아기들도 있고 병에서 회복 중인 아기도 있는데 일본인 보호자들은 여성과 아이들이 들어갈 지붕 있는 은신처조차 마련할 계획이 없었다. 그저 이 혹한에 모두 밖에 나가있으라는 것이었다. 물론 우리의 미국 남자들은 필요하면 스스로를 방어할 대책을 실행에 옮겼고 신호용 국기와 특정한 의미를 전달하기 위한 조명을 설치하고 각 가정은 몇 가지 신호체계를 배웠다.

첫 해상전이 터지기 전, 온 나라에 조선 도적들이 들끓었고 기독교인과 외국인의 생명은 위협을 당했다. 정말 학살이 시작되어 기독교인들이 우리에게로 대피해 올 수도 있을 것 같은 상황이었다. 여러 집에서 많은 양의 쌀을 사두어 위험의 시간이 정말 다가오면 기독교인들이 굶지 않게 대비했다. 그때 식수 문제가 대두되었다. 이 도시는 물을 감리교회에서 0.5마일(800미터)도 더 되는 대동강에서 길어 온다. 평양을 봉쇄하면 사람들은 심각한 물 부족에 시달리게 될 것이다. 그래서 아더는 얼음을 사서 잘 덮어두었다. 필요할 때가 되면 얼음을 녹여서 피난민에게 물을 넉넉히 제공하려는 생각이었다. 나중에 우리가 고국에 올 때 큰 얼음덩어리들은 원가보다 훨씬 낮은 가격에 팔아치웠다.

장로교 선교 기지가 있는 선천에 러시아 군사들이 한동안 주둔했다. 러시아군은 조선인의 물자를 돈을 주고 샀고 선교사들에게 매우 친절하고 정중했다. 러시아군은 소수인지라 적군과 거리를 두고 군사 요새 내에 머무를 계획이었다. 그러나 상부에서 진군하여 전투를 개시하라는 명령이 직접 시달되었다. 러시아군은 자신들의 판단에는 어긋나지만 자발적으로 용맹스럽게 적군에 맞서 싸웠고 대부분이 사살되었다.

서울과 제물포에 있는 일본군대는 점잖게 행동했으나 세인의 시야에서 좀 더 벗어난 북쪽에서는 군기가 그리 엄격하지 않았다. 일본군은 민간인으로부터 음식 모양을 하고 있는 건 닥치는 대로 몰수했다. 사람들이 일본 공사관에 가서 보상을 요구하자 암소나 황소보다 적은 건 보상할 의향이 없다고 하며 실제로 보상하지도 않았다. 물론 돈을 지불한 경우도 있었지만 대부분의 양식과 곡물은 무상 몰수되었다. 평양 대동강 건너편에 몰려다니던 일본군 한 무리는 민가에 들어가 아내와 딸을 지키려는 가장의 코를 베어버렸다.

일본인 관리들은 미국인들이 미국인 관련 문제를 의논하러 갔을 때 매우 정중했다. 그들은 미국을 크게 존중했다.

우린 1904년 3월 27일 아침 평양을 떠났다. 사랑하는 기독교인들이 집을 등지고 온 나라에 뿔뿔이 흩어져 있는데 이렇게 떠나야만 한다는 사실에, 사방엔 전쟁과 전쟁의 소문이고 몇 사람만 우리가 떠나는 걸 알고 와서 작별을 나누었다는 사실에, 가슴이 미어졌다. 우리의 가장 훌륭한 설교자 중 한 사람인 이운성 목사는 고열로 몸져누워 있었다. 이 목사 아내와 아이들은 내지로 피난 갔다. 몇이나 살아서 다시 만날 수 있을까. 퇴각하는 군사들이 곧 우리 집을 노략질하지는 않을까. 다시 이 사랑하는 사역지로 돌아올 수 있을까. 이런 의문들이 우리 마음을 괴롭혔다. 아더는 증기선까지 우릴 바래다준 후 평양으로 돌아가고, 돌아가는 길에 내지의 많은 선교기지를 방문할 것이다. 그는 북쪽에 한 달 이상 머무르며 현지인 목회자들과 클래스 리더들을 돕고 흩어진 사람들을 어떻게 다시 규합할지, 이 수난기에 어떻게 나라의 복음화를 진전시킬지 그 방도를 지도할 것이다. 아더가 나 없이 혼자 평양으로 돌아간다는 생각이 가슴을 무겁게 짓눌렀다.

대부분의 여성들은 가마꾼이 끄는 나무로 짠 가마를 탔다. 루스와 알덴은 번갈아 당나귀와 덮개 가마를 탔다. 아더는 걸어가며 우리 온 일행을 돌보았다(장로교 선교사들과 금광촌의 부인 한 명은 그 전날 떠났다). 평양에서 진남포로 가는 육로는 약 50마일(80킬로미터) 거리이다. 우린 조선 여관에서 하룻밤 묵어야 했다. 우리가 머문 마을에 꽉 차지 않은 여관은 딱 한 군데밖에 없었다. 우리가 간 여관은 낮은 천정의 방 2칸 가옥이었다. 방 하나는 8×8 피트, 다른 방은 16×8 피트였다(8피트는 약 2.4미터). 더 큰 방은 일본인 군인들이 차지하고 있었다. 우리 일행은 아이들 모두 합쳐 약 15명이었다. 아더와 노렌 부인은 아직 도착하지 않은 상태였다. 우린 일본인들에게 방을 바꿔줄 수 없겠냐고 물었다가 거절당했다. 그래서 부인들과 아이들은 이 자그마한 방에서 쉬려고 들어갔다. 일행 모두 들어갈 수조차 없었다. 방 한 켠엔 세 개의 큰 토기 항아리가 있었는데, 1.2미터의 항아리엔 조선 약주를 담가놓았다. 다른 쪽엔 깨어진 술 항아리가 있었고 깨진 조각 위로 암탉이 둥지를 틀고 옹기종기 작은 병아리들을 품고 있었다. 우린 방문을 열어두어야 했다. 그것이 유일한 환기수단이었고 술 익는 냄새가 코를 찔렀기 때문이다.

그날 오후에는 다른 여관에서 점심을 먹었다. 난 평양 사역과 사람들을 남겨두고 떠난다는 사실에 낙담했고, 모든 상황에 상심한 데다 오전에 아기를 안고 오래 가마를 타서 여관에 다다랐을 땐 너무 아파 똑바로 앉거나 먹을 기운조차 없었다. 마침내 빵 조각과 연하게 탄 차 한 잔이라도 들려고 맘먹고 몸을 추슬렀다. 그러나 막 빵을 먹으려는 순간 등 뒤 창밖에서 기이한 외국인들을 훔쳐보던 어린 사내아이들이 빵에 침을 퇴 뱉었다. 그때 존슨 부인이 내 위로 몸을 수그리며 이런 말을 했다. "당신들 선교사들이 조선인들을 이렇게 사랑하는지 몰랐어요." 존슨 부인은 너무 선량하고 다정한 사람이다. 여행 내내 일행 모두 남을 배려하며 인내심을 발휘했다.

밤 1시경 우릴 찾는 사람들이 있어 잠을 깼다. 문가로 가자 두 명의 조선인 부인과 남자와 아기가 서 있었다. 바로 살로메와 남편 김씨와 아기, 그리고 강서에서 온 다른 부인이었다. 강서는 여기서 16킬로미터 정도 떨어진 마을이다. 우린 그 전날 저녁 강서에서 몇 킬로미터 떨어진 길을 지나쳤다. 강서에 사는 이들을 보고 싶은 마음은 강했지만 밤에 여장을 풀 장소까지 강행군해야 했다. 살로메는 우리가 지나가는 길목에 나오려 했으나 그때 아기가 너무 아팠다고 했다. 저녁에 아기가 괜찮아지자 아기를 등에 들쳐 메고 우리가 떠나기 전 보러 내려온 것이다. 조선인들은 사랑이 많고 사랑하는 사람들을 위해선 큰일도 감수한다.

우린 잠시 이야기를 나눈 후 다시 모두 잠자리에 들었다. 우리 손님들은 옆집에 처소를 마련했다. 3월 29일 월요일 오전 4시, 우린 다시 부산스럽게 아침을 먹었다. 그리고 우릴 보려고 이 먼 거리를 걸어온 정겨운 객들에게 작별을 고하곤 진남포로의 여정에 올랐다. 진남포엔 11시 조금 전에 도착했다. 사방에 일본군 천지였다. 일본군은 새 부두를 건축하고 근처 수풀에 군영을 마련했다. 오전에 가마타고 이동하던 중에 군인 한 연대를 지나쳤다. 길이 좁고 어떤 곳은 논두렁길이라 우리 일행과 군사들과 말이

동시에 지나갈 순 없을 게 뻔했다. 그래서 군사들을 보자 가마꾼들에게 가마를 밭으로 내리라고 하고선 연대가 행군하는 옆에서 앉거나 서서 지켜보았다. 소년들 가운데는 아주 앳되어 보이는 얼굴이 많이 눈에 띄었다. 유난히 어리고 진지해 보이는 소년들이 지나갈 때 우리 일행 중 어떤 이들이 말했다. "니뽄 반자이"[일본 만세] 군인들은 얼굴에 화색이 돌며 경례를 하고 지나쳤다.

마침내 아더에게 작별을 고할 때가 왔다. 작별은 내가 이제껏 한 일 중 가장 어려운 일이었다. 우리의 순양함은 항구에서 증기를 내뿜으며 출항했다. 훌륭한 배였지만 여객선으로 만들어진 배는 아니었다. 장교 두 명이 자기 선실을 미설브스 일행에게 내어주고 선장은 특실을 큰 무리에 양보해야 했다. 물론 선실엔 침대가 하나씩 밖에 없었다. 우린 모두 선장의 개인 응접실과 식당 바닥에 면 매트리스를 깔아놓고 자야 했다. 겨우 먹을 수 있을 땐 선장 식탁에서 모두 함께 식사했다. 우린 거의 다 제물포까지 가는 내내 뱃멀미에 시달렸다. 선장실에 있는 사람은 아무도 선상에 있는 사람과 교제할 기회가 없었다. 그러나 다른 일행은 항해 처음부터 끝까지 장교들의 접대를 받았다. 우리 아이들은 해병들의 큰 주목을 받았다. 한 인상 좋은 미국 해병대 소년은(이 순양함엔 미국인밖에 없다) 아이의 목소리를 들은 건 18개월 만에 처음이라고 했다. 18개월 내내 한 번도 땅을 밟은 적이 없던 것이다. 우린 항구에서 해병들을 대상으로 적극적인 사역을 할 필요가 있음을 느꼈고 해병대의 안녕에 관심을 기울이게 되었다. 난 큼지막하고 기이한 모양의 악기인 조선 무당의 북을 넣어왔다. 북에 아기 옷을 잔뜩 넣은 채로 끈으로 동여맸고, 서울에 다다르면 옷가지를 다른 어딘가에 옮겨 넣을 요량이었다. 북은 부서져 분해되었는데 해병들은 도대체 이게 무슨 물건인지 의아해했다. 내가 용도를 설명하자 흥미로워했고 너무 친절하게도 북을 재조립하는 것을 도와주었다.

우린 순양함을 떠나 땅에 발을 딛게 되어 기뻤다. 짐을 챙긴 후 서울로 가는 열차를 탔다. 한 달간 아이들과 난 맥길 씨 집에 살며 아더가 오기를 기다렸다. 그 시간 동안 두 번의 회동에 참석했다. 미국 교민사회에서 미국군과 영국군을 위해 YMCA 회관에서 베푼 자리였다. 회관실은 매일 저녁 군인들에게 개방되었다.

 1904년 3월 15일. "신시내티 호"에서 보낸 편지

고국에 있는 친지들에게,

이 편지는 도라 앞으로 보냅니다. 도라가 다른 모든 사람들에게 우리가 안전함을 전해주길 바래요. 아더의 어머니에게도 우리가 잘 있다고 엽서 한 장만 부쳐 주세요. 전쟁 소문이 밖으로 새 나가길 원치 않는 사람들이 전쟁 소식을 전한 우리 다른 편지들을 혹 압류할까 봐요. 이 편지는 신시내티 호 우편함에 넣을 것이고 그럼 확실히 배달되지요. 알렌 박사는 우릴 위해 군함을 보내며 여자는 모두 가도 되고 남자는 모두 머물러도 된다는 전문을 보냈어요. 그러나 우릴 위한 마지막 배편이라기에 아이들과 난 신시내티 군함을 타고 제물포로 가서 서울로 올라가려 해요. 고국에 가기엔 너무 일러 서울의 맥길 씨 집에 머무르며 아더가 올 때까지 기다리려고 해요. 아더는 한 달 안에 뒷정리를 마치고 평양을 떠날 게고 육로로 서울에 오면 이변이 없는 한 우리는 미국으로 떠날 겁니다. 우리의 출국 시점에 관한 모든 상황이 매우 불확실합니다. 스크랜턴 박사는 다시 조선으로 나올 것 같아요. 선교회에서 전쟁을 이유로 박사를 붙잡지 않는다면, 박사는 연륜 있는 선교사이며 상황을 이해하기에 조선에서 감리사를 맡을 거예요. 그럼 우린 마음 놓고 떠날 수 있을 것 같아요. 기독교인들은 전쟁 때문에 집을 등지고 나라 곳곳으로 뿔뿔이 흩어졌습니다. 우리는 미국 금광의 여자와 어린이들과 함께 평양에서 진남포로 육로로 여행했습니다. 이틀반 동안 가마와 나귀와 도보로 이동했습니다. 아기와 난 내내 가마를 탔고요. 알덴과 루스는 나귀와 가마를 번갈아 탔어요. 아더는 우리를 남포까지 걸어서 동행했습니다. 이런 시국에 우리 사람들과 1년간 헤어지고 아더와는 한달간 떨어져야 하는 건 너무 힘겨운 일입니다. 비록 아더의 건강은 완벽하지만요. 평양의 다른 부인들은 현재로서는 그리고 앞으로 얼마간은 상황이 괜찮을 거고 또 우리 희망대로 일본이 이기면 상황이 호전될 것이기에 떠나지 않았습니다.

_ (편지에 서명 없음)

1904년 3월 31일. 끔찍한 광경들

오늘밤 닥터 맥길이 공주에서 우리 집에 왔다. 박사는 공주에서 보고 들은 처참한 이야기와 정황을 전해주었다. 하나는 이것이다. 박사와 그의 조사가 함께 여행하는 도중 큰 무리의 소년들이 모여 있는 것을 보고 무슨 일인가 보려고 길을 건너갔다. 무리의 가운데엔 여덟 명의 거지 소년들이 설익힌 개고기를 찢어 먹고 있었다. 소년들은 죽은 개를 찾아 짚단과 막대기로 모닥불을 피워 대충 익힌 후 나눠 먹고 있었다. 다른 소년들은 구경하고 있었다. 이 어린 거지 소년들은 따뜻한 곳을 찾아 남의 집 아궁이에서 자다가 불에 데기도 한다. 옷은 새까맣고 더러웠다. 고아인 아이도 있었고 엄마가 재가한 아이도 있었고 부모가 버린 아이도 있었다. 소년들은 구걸하는 데 익숙해져 일하려고 하지 않는다.

공주 인근 숲에 언뜻 보면 우상 같이 보이는 작은 꾸러미들이 주렁주렁 매달린 나무들이 있다. 조사해보니 아이들의 주검이었다. 공주에선 아이들을 매장하지 않고 나무에 매단다. 숲은 해골 천지다. 성인남자만한 한 나무엔 여덟 구의 시신이 매달려 있었다고 한다. 성인의 시신은 썩을 때까지 보관했다가 뼈는 내던져버리거나 얕은 땅에 파묻는다. 이 숲에는 도둑과 살인자와 같은 범죄자들도 매다는데, 박사는 범죄자 시신 몇 구를 숲에서 보았다고 했다. 어떤 남자는 머리를 올가미에 넣은 채였고, 시신들은 새끼줄로 매달아 놓았다. 어떤 남자는 밧줄을 세 번이나 끊고 떨어져, 죽이려면 밧줄을 좀 튼튼하게 만들어달라고 사정했단다. 이들은 도둑과 살인자들이었다.

닥터 맥길은 감옥을 방문하여 간수가 제사 지내는 방을 보았다. 언제 제사 지내냐고 묻자 간수는 답했다. 죄수가 적으면 더 많은 죄수를 보내달라고 혼령들에게 제물을 바친다고. 죄수들은 자신들의 식사를 스스로 해결해야 하므로 간수는 밥을 공급하거나 팔아서 돈을 번다. 죄수가 친지도 돈도 없으면 굶어야 한다. 일전에 우린 두 농부가 나졸들에게 체포된 걸 보았다. 그들의 손은 밧줄로 결박되었고 밧줄은 말고삐와 이어져 있었다. 사람들 말로는 시내에서 말을 타지 말라는 명령을 어기고 말을 타서 붙잡혔다고 한다.

기독교와 관련된 사건

서울에서 먼 거리의 산촌에 아주 아픈 기독교인 남자가 있었다. 그는 항상 곁에 자기 성경책을 놔두고 찬송가는 손에 쥐고 있거나 몸 위에 얹어놓았다. 친구들이 오면 애지중지하는 책들을 읽어달라고 청했다. 어느 날 아침 친구들이 문병 오자 그는 찬송가를 입에 얹어놓은 채 숨져 있었다. 아마 숨지면서 읽고 있던 찬송가가 입 위에 떨어졌던 것 같다. 그 사람의 예수와 구원의 찬송가에 대한 사랑에 관한 아름다운 증거이다.

남쪽 공주 근처엔 맥길 박사가 최근에 발견한 신흥종교가 있다. 1904년 〈코리아 리뷰〉의 4월호에 묘사되어 있다.

1904년 4월 3일. 부활절 예배

 오늘 정동교회에서 조선인 부활절 예배를 드렸다. 장로교의 게일이 우리 교인들에게 아름다운 부활절 설교를 했다. 예배에 참석한 사람들은 맥길 박사, 샤프 씨, 휴 밀러 씨, 츄(Chew) 씨였다. 샤프 씨는 조선에 온 지 1년, 츄 씨는 몇 달밖에 안 되었고, 밀러 씨는 감리교인이 아니며 맥길 박사는 설교자가 아니다. 난 감리교 선교회에는 부활절 설교를 할 사람이 없다는 사실이 너무 서글펐다. 그나마 게일 씨가 여기 있다는 것이 감사했다. 아펜젤러(Henry Appenzeller)와 닥터 스크랜턴(William Scranton) 박사[39]와 떠난 다른 사람들을 생각했다. 고국의 감리교회는 이곳 상황을 이해하지 못함이 분명하다. 아니면 사람들을 파송하여 사역을 감당하도록 준비시켰을 것이다.

 1904년 4월 6일. 사찰 나들이

 어제 아이들을 데리고 동대문으로 점심식사를 하러 갔다. 점심 후에 언스버거 박사와 구타펠 양이 동대문 밖으로 날 데리고 가 새로 지은 불교 사찰 몇 곳과 임금이 성묘하러 가는 왕릉이라고 부르는 묘소가 있는 사찰을 보여주었다. 불교와 관련된 7개 정도의 사찰 건물이 있었다. 이 안엔 48개의 우상이 있었고 상상 속의 혼령과 악귀의 그림이 허다하다. 벽을 뒤덮은 큰 그림들은 최후의 심판을 상징했다. 재판관이 법정에 서 있고 범죄자들이 있으며 각 죄인에게 가해지는 각종 형벌이 풍성하게 형상화됐

1903년 조선에서 사역하던 선교사들. 윌리엄 아더 노블은 왼쪽에서 두 번째 앉아 있다.
—앉은 이름 : W. B. 맥길, M. D, 윌리엄 아더 노블, 데이비드 무어 주교, 윌버 스웨어러, E. M. 케이블, S. A. 벡
—선 이름 : 존 무어, D. A. 방커, 칼 크리쳇(Critchett), G. H. 존스, C. D 모리스, A. L. 벡커, R. A. 샤프

다. 어떤 이들은 목에 칼을 차고 있었고 잔혹하게 맞아 죽어가며 불에 타거나 목매임을 당하는 자들도 있었다. 이 모든 것을 빙 둘러싸고 서서 춤추는 것은 섬뜩한 악귀들이었다. 그리고 극락의 문지기가 있었다. 그는 손에 몽둥이를 들고 있었고 들어갈 자격이 안 되는 사람은 모두 몽둥이질하며 쫓아냈다. 어떤 우상들은 기다란 단상 또는 무대 위에 세워져 있었으며 높은 의자 위에 앉혀진 우상도 있었다. 언스버거 박사는 우상들을 사찰로 옮겨가는 걸 보았다고 했다. 큰 행렬이 있었으며 우상들은 가마꾼들의 등에 멘 가마 위에 당당히 실려갔다. 우상은 흰 종이로 감쌌지만 형체는 볼 수 있었으며 섬뜩한 얼굴이 조금씩 보이기도 했다. 꼭 송장 같았다. 왕의 조상 위패 중 세 개가 한 건물 안에 보관되어 있다. 위패 앞에는 커다랗고 노란 새틴 휘장이 방을 거의 다 가로지르고 있다. 승려들은 이 건물의 열쇠가 없었고 창호지 문 구멍 사이로 엿볼 따름이었다. 또한 생존하는 왕족의 일원들을 기념한 위패를 보관하는 건물도 있었다. 여기서도 연중 여러 번 제사를 드린다. 특히 왕족의 생일날에는 혼령으로부터 축복을 구하기 위한 소망으로 제사를 드린다.

한 사찰은 고대 왕들을 기리기 위한 것이었다. 상중인 사람은 출입이 금지된다. 고로 우리와 함께 간 조선인 남자는 의무적으로 고(故) 대왕대비를 기리는 상중이었으므로 문지기의 집에서 모자를 빌리거나 가져와야 들어갈 수 있었다. 우리가 거기 있는 동안 한 여인이 거대한 우상에게 절하고 도움을 청하기 위해 왔다. 기생들도 우리를 보려고 왔다. 안쪽 방은 매우 어두웠고 습하며 향냄새가 진동했다. 마치 무덤 안으로 들어온 듯했다. 문지기는 고대 왕들의 형상 앞에 촛불을 켜고 문을 열어 바람과 빛을 들어오게 했다. 그래도 방의 구석구석은 꽤 어둑어둑했다. 이 절들의 구내에 들어서면 항상 흥미로운 옆 건물이 본건물로 이어져 있다. 언스버거 박사의 특정 건물이 무슨 용도냐고 물어서 난 대답했다. "존경을 표하는 사이드 쇼우" 박사는 그 표현에 흡족해하는 듯했다.

안구스 해밀턴 씨는 조선에 관한 그의 책에서 금강산을 묘사한 부분에서 모든 불교사찰들을 훌륭하게 묘사했다. 우린 해밀턴 씨가 그가 오류가 있으며 진실이 아닌 것들을 많이 말하며 미국인과 선교사들을 비난한다고 얘기했다.

1904년 4월 15일. 대궐에 불이 나다

서울의 닥터 맥길의 집에 있다. 어젯밤엔 10시 넘어 잠자리에 들었다. 막 잠이 들려는데 모리스 씨가 창가에서 '대궐에 불이 났다'고 외치는 소리에 깨어났다. 대궐은 감리교 부지에서 한 블록도 안 되는 지척이었다. 이화학당과 배재학당에서 보면 궁궐 안뜰이 보일 정도다. 아더는 선교회 건물을 살피러 서둘러 나갔고 난 창밖을 내다보았다. 불길이 어찌나 치솟든지 루스도 보라고 깨웠다. 맥길 부부와 루스와 난 이화학당으로 올라가 불길을 지켜보았다. 난 우리 요리사 농긴이에게 문가에 서서 집을 지키라고 했다. 그리고 수시로 내려와 모든 게 괜찮은지 확인했다.

닥터 맥길은 베란다와 밖에 나와 있는 장작 조각에 죄다 물을 끼얹었다. 우리 근처 사람들도 다 물을 끼얹었다. 화염의 열기가 여기까지 느껴졌고 불꽃과 재가 사방에 흩날렸다. 닥터 커틀러(Mary Cutler)는 병원에도 불이 옮겨 붙을까봐 늦기 전에 미리 환자들을 병원 위 이화학당으로 피신시켰다. 궁궐 영내의 건물 몇 채가 화염에 휩싸였다. 국왕 알현실이 폭삭 무너져 내리자 불꽃과 재가 구름기둥이 되어 올라갔고 순간 대기는 불바다가 된 듯했다. 임금은 처소에서 나와 다른 건물에서 조금 동떨어진 서가로 피신했다. 미국공사 닥터 알렌과 프랑스 공사가 대궐에 가서 임금과 함께 불길을 지켜보았다. 우린 선교회 부지가 위험으로부터 벗어날 때까지 밤을 지샜다. 사망자가 있었는지 여부는 전해 들은 바가 없다. 화재는 궁궐 영내의 높은 담벼락을 넘지 못했다. 사람들은 타워하우스(tower house)가 화약으로 가득 차 있었다고 했다. 미국 군사들이 화약을 안전한 곳으로 옮겼고 화재를 대비하여 타워하우스에 물을 뿌렸다.

1904년 4월 16일

서울을 떠나 제물포로 내려왔다. 케이블(E. M. Cable) 씨 집에 있다. 아더는 4월 19일 남지방회에 소속된 시골로 가 샤프 씨와 함께 2주간 순회여행을 한 후 4월 30일 집에 돌아왔다. 아더의 말로는 그 지역의 사역이 급성장세이며 목양의 손길은 너무 적다고 했다.

제물포에 내려온 이래 두 차례 여성들을 위한 금요 오전 기도회를 가졌다. 여성들이 결신자반과 세례준비를 위한 학습인반과 여자 정교인 예비반을 시작하는 일을 도왔다. 제물포 교회의 부인들은 매우 친근하며 마음이 열려 있다.

1904년 7월 2일. 하와이의 조선인

마침내 아더가 왔다. 우린 일본으로 가는 증기선편을 구하려 했으나 언제 갈지는 매우 불확실하다. 대부분의 증기선들이 운송 서비스로 편입되었기 때문이다. 우린 서울을 떠나 제물포의 케이블 씨 댁으로 가서 꼬박 한 달을 조선에서 일본으로 가는 증기여객선을 기다렸다. 배에 타자 그제야 아메리카로 가는 길에 오른 느낌이었다. 장로교의 로스 부인과 두 아이들, 마가렛 베스트 양, 에바 필드 박사, 남장로교의 마티 인골드 박사, 로렌스와 레라 애비슨 남매(16살, 14살)[40], 헬렌 헐버트(13살)[41]가 같은 증기선을 타고 미국까지 간다. 아이들은 학교에 진학하러 미국에 간다. 제물포에서 본 부모와 아이들이 헤어지는 광경은 더할 나위 없이 슬펐다. 던컨 부부와 아기는 고베까지만 동승했다. 제물포에서 고베까지는 5일 걸렸다. 부산에서 조선 남해에 있는 일본까지는 하룻밤이 걸린다.

승객 대부분이 아래층으로 내려간 후 아더는 갑판 위를 거닐었다. 그 때 바다에 떠 있는 거대한 물체가 눈에 들어왔다. 섬 같기도 하고 어떤 종류의 함대 같기도 했다. 아더는 군함이라는 의혹이 들어 선장에게 저 물체들이 무엇이냐고, 섬이냐고 물었다. 선장은 힐끗 보고 잠시 생각하더니 '맞아요, 섬이에요' 했다. 아더가 섬이라고 믿는 기색이자 선장은 안도하는 듯했다. 조금 후 혼자 있을 때 아더는 그 물체들을 유심히 살폈다. 작은 불빛 몇 개가 바다 표면에 깜박이고 있었다. 아더는 그때 그 물체들이 우리 배를 북쪽에서 러시아 함대가 덮칠까봐 바다 건너 일본까지 호위하는 일본 군함인 것을 알았다.

고베에 정박하자 우린 10일 정도만 기다리면 코리아 호가 입항하여 항해할 줄 알았다. 그러나 코리아 호가 입항하고 모두 짐을 싸서 승선하려는데, 배에서 페스트 환자가 발생했으며 환자가 죽었다는 소식을 들었다. 환자는 중국인이었다. 증기선은 10일간 격리되어야 했다. 입항일까지 쳐서 11일 후 소독과 내부손질을 마치고 다시 바다로 나갈 수 있었다. 코리아 호 승객들은 긴 시간을 대기해야 했고 시간은 둔중하게 흘러갔다. 승객 중엔 스콧 씨라는 펜실베니아 플리머스 출신의 연로한 신사가 있었다. 그의 딸은 대구 장로교 선교사인 해리 브루엔(Harry Bruen)의 아내로, 그는 딸과 함께 1년간 지내다가 돌아가는 길이었다.

고베에서 보낸 3주간은 유쾌했다. 점포들이 얼마나 근사해 보이든지(소규모로 기성 여성양장을 파는 집이 몇 군데 있었다). 시장도 굉장했다. 우린 기성제품을 파는 상점을 접한 지가 근 8년이 넘었다. 자연의 아름다움이 아닌 물건의 아름다움도 경험한 지 오래되었다. 강한 구매욕이 일었다. 고베에서 얼마나 쇼핑을 만끽했는지. 그러나 호놀룰루에 오자 모든 게 훨씬 더 근사했다. 후에 샌프란시스코에 오자 처음 보는 휘황찬란한 상점들이 즐비했다. 왜 일본에서 물건을 샀을까, 왜 그리 쉽게 만족했을까, 후회할 정도였다.

달빛이 비치던 그 밤을 우린 결코 잊지 못할 것이다. 필리핀에서 온 선교사 한 명이 사람들을 부추겨 수족관과 시내 끝 시장에 가자고 했다. 15개의 인력거가 문전에 왔고 비탈길을 내려가 조명이 환한 길을 지나갔다. 종이 등이 즐비했고 여기저기 가게엔 더 환한 조명이 있었다. 우린 너무 오랫동안 이렇게 환한 거리를 걸어본 적이 없어 눈이 휘둥그레졌다. 달리는 인력거꾼 머리 위로 비치는 달빛. 비좁은 거리들. 기이한 가게들. 길 양쪽의 인파. 거리를 뚫고가는 우리 마차의 덜컹거림.

우린 고베 이민기지에 있는 조선인들을 방문했다. 조선인들은 하와이 사탕수수 농장으로 가는 중기선을 기다리고 있었다.

우린 호놀룰루에 6월 24일 오후 4시 30분에 도착했다. 피어슨 박사의 아들인 클라렌스와 조선인 한 명이 부두에 우릴 마중 나왔다. 저녁 늦게 서울 출신 문경호, 송도 출신 운씨, 동달의 오빠, 안씨가 우릴 보러 왔다. 우린 바나나, 오렌지, 코코아넛, 파인애플을 사서 배로 가져갔다. 다음날 아더는 이화 사탕수수 농장에 갔다. 아이들과 난 나머지 조선인 일행과 함께 탈리호[Tallyho, 대형 4륜마차]를 타고 호놀룰루 곳곳을 돌아다녔다. 수족관과 박물관도 갔다. 여학교를 지나쳤는데, 운동장이 이렇게 널찍하고 좋은 학교는 처음 보았다. 오전 10시 30분부터 오후 3시까지 라이드를 하고 점심까지 먹는 데 한 사람당 1달러가 들었다. 탈리호엔 좌석 5개와 운전석이 있고 잘생긴 말 네 필이 몬다.

오후 4시에 그 전날 저녁 방문한 우리 조선인 친구들이 왔다. 문경호의 아내 그레이스와 문(김)도라, 윌라 김, 도라의 남편 문씨, 함청 출신 이교담도 왔다. 도라는 문씨와 결혼한 지 한 달 되었다. 남자들은 모두 미국 양복을 입었다. 조선 여자들은 보통 한복을 입지만 도라와 딸 윌라는 미국 의상을 입고 있었다. 예쁜 흰 드레스와 큰 모자 차림이 도라에게 잘 어울렸다. 도라 내외는 딸 윌라가 일본어와 영어를 다 잘한다고 했다. 난 도라를 보며 서글펐다. 조선인들은 꽤 잘 지내는 듯했지만 여기서 겪은 난관을 이야기하며 얼마나 다시 조선으로 돌아가려고 애썼는지 말했다. 도라는 여기 온 후로 줄곧 두통에 시달렸다고 했다. 이교담은 많은 기독교인들이 식었다면서, 조선보다 하와이에 유혹이 훨씬 더 많다고 말했다. 이교담은 김덕수에게 하와이에 오지 말라는 답장을 보냈다고 했다. 대부분의 조선인들은 풀이 죽었고 타향살이도 힘들고 생활도 조선에 비해 나을 바가 없다고 했다.

9장

문도라의 이야기

Journals of Mattie Wilcox Noble

 1897년 10월 17일. 도라의 곤경

우리 교회에서 내가 제일 아끼는 부인 중 하나가 기독교인이라는 사실로 인해 곤경에 처했다. 부인의 세례명은 도라다. 조선에선 시부모가 며느리에게 큰 권력을 가지고 있다. 시아버지가 시골 여행 도중 병에 걸리자 가족 모두에게 전갈을 보냈다. 온가족이 모여 무당을 부르고 장구 치며 이교도의 갖은 예식을 다해 굿을 하라는 것이었다. 시어머니는 도라를 불렀고 도라의 친정 부모도 어서 가라고 재촉했다. 모두 그녀가 순종하지 않는다고 크게 으름장을 놓았다. 순응하지 않으면 이웃과 그를 아는 모든 사람들이 조롱하고 모욕할 것이라고 했다. 어제 도라는 날 찾아와서 울먹이며 이야기 했고 조언을 구했다. 도라는 죽는 한이 있더라도 주님을 섬기겠다고 했다.

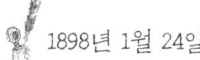
1898년 1월 24일

새해 전날, 도라를 심방 갔다. 그녀는 친정어머니 집에 있었다. 어머니가 교회 가는 걸 허락지 않아 도라는 힘겨운 시간을 보내고 있었다. 하지만 도라의 속사람은 강건했다. 어머니가 방에서 나가자 도라는 내가 자기를 구해줘야만 한다고 자신은 할 수 없다고 했다. 함께 간 엘리자베스[전도부인]가 어머니에게 신앙에 대해 설득력 있게 전했지만 어머니는 완강히 거부했다. 그녀는 엘리자베스에게 예수 믿고 가정생활이 더 나아졌냐고 질문했다. 엘리자베스는 남편이 이전엔 고약한 주정뱅이였으나 이젠 정결한 남자가 되어 가정에 큰 평안이 있다고 했다.

1901년 3월 3일

수요일 아침 우린 모두 서울 연회에 참석하기 위해 평양을 떠났다. 우린 이틀간 강을 타고 가 진남포에서 증기선을 탔다. 진남포에 오전 내내 그리고 오후 3시까지 머물렀으므로 난 우리 현지인 교회에 가서 황막달라를 방문한 후 김도라와 그녀의 어머니와 딸을 만나러 갔다. 도라네 가족은 이 곳 새 집에 이사온 지 3주밖에 안 되었다. 그들은 새 집과 사역에 매우 만족한 것 같았다. 무어 감독은 도라에 관한 글을 써 달라고 해서 내가 써서 그에게 건넸다. 우린 모두 도라를 너무 좋아한다. 현재 도라는 나의 감독 하에 있다.

1932년 1월

평양에서 옛날 내 전도부인이었고 진남포 제일여학교의 과학교사였던 문도라가 1932년 1월 15일 하와이 호놀룰루에서 보낸 편지다. 그녀는 1903년 하와이로 이민을 갔다.[42]

사랑하는 나의 두 스승 노블 박사 부부께.

새해 만수무강하시길 빌며 안부를 전합니다. 경외감과 깊은 감사의 마음으로 전 두 분의 크리스마스 카드를, 두 분의 사랑이 담뿍 담긴 성탄절 안부 인사를 받았습니다.

베들레헴이 상징하는 모든 것을 기억하며 크리스마스를 기념할 때마다 우리 마음은 본능적으로 작고 낡은 제일감리교회[평양 남산현교회]의 축하행사로 돌아갑니다. 평양 남산 고개에 있는 그 교회당. 처음엔 L자였다가 나중엔 T자로 변한 기와지붕 교회당 말입니다. 호놀룰루의 우리 조선인 감리교회의 축하행사에서 여느 때처럼 제 생각은 평양시절로 흘러갑니다. 매일 아침 일찍 거룩한 예배가 드려졌던 때를 생각합니다. 전 예배를 너무 사모하여 랜턴을 들고 고갯길을 올라 교회로 갔지요. 날씨는 추웠죠. 평상시처럼 추웠던 그날 아침, 실내는 서리로 하얗게 덮여 있었습니다. 철판 난로에 불을 붙이면 연기가 실내를 가득 채웠지요. 그래도 진지한 기독교 형제자매들은 모여서 풍성한 은혜와 자비의 축복을 받았습니다.

그 일요일 아침, 전 우리 아기 윌라를 등에 업고 교회 문에 들어셨습니다. 교인들이 아직 많이 도착하진 않았지요. 그러나 연기 자욱한 방에 나의 스승인 두 분께서 모임을 시작하고 찬송을 부르고 계셨습니다. 바로 이 찬송이었지요. "만 입이 내게 있으면 그 입 다 가지고 내 구주 주신 은총을 늘 찬송하겠네." 전 그 찬송을 들으며 찬송 부르는 이들을 보았습니다. 자욱한 연기가 구름처럼 보이고 찬송하는 이들이 천사처럼 보였습니다. 그 장면은 제 머릿속에 그렇게 각인되었습니다. 지금도 그 찬송을 들을 때마다 그 장면을 떠올립니다. 제가 기억하는 그 시절의 모든 인상 깊은 일들을 다 적으려면 끝이 없을 것입니다. 당신은 그렇게 수고하고 애쓰셨지요. 당신의 수고의 열매는 허다한 조선인에게 구원의 길을 열었고, 은혜로 많은 이를 훈련시켜 훌륭한 기독교인의 인격으로 만드셨지요.

이 모든 걸 생각하면 두 분을 우리의 스승으로 부르는 게 도리어 미흡하다는 느낌입니다. 그래서 두 분을 우리 조선 민족의 아버지와 어머니로 부르고 싶습니다. 아브라함이 모든 민족에게 영적 아비가 되었듯이 두 분도 우리 조선의 영적 부모가 되었다고 믿습니다. 이것을 인하여 우리 아버지 하나님께 감사드립니다.

하와이에서 일어난 중요한 일에 대해 쓰고 싶지만 너무 오래 걸릴 것입니다. 게다가 신문에도 기사들이 실렸으니까요.

우리 감리교회는 몇 년째 힘겹게 가다가 프리츠 편(Fritz Pyeon) 박사님이 담임목사로 부임하신 후론 사역이 성장하고 있습니다. 재미있는 건 불신자조차 우리 교인들의 열심을 주목하고 있다는 겁니다. 우린 매우 행복하고 편 목사님이 우리 곁에 오래오래 계셨으면 합니다. 그는 주님의 집의 보배이며 '주인이 쓰시기에 합당한 병기'로 성장하고 있으며 그릇의 용량도 점점 커지고 있습니다. 우린 그를 위해 열심히 기도하며 당신도 그를 위해 기도해 주시길 부탁드립니다.

우리 가정은 3개월째 아픈 사람이 있었습니다. 식구 모두가 독감에 걸렸고 윌라는 독감뿐 아니라 유양돌기 절제수술을 했고 눈에 질환이 있습니다. 수술한 지 한 달이 지났지만 아직 침실에 있어야 합니다.

민장이 목사와 홍지봉 사모가 독립교회 사역에서 사퇴하고 세탁업을 시작하셨습니다. 많이 고생하시는 것 같아 보입니다.

전 조선에 돌아가 교회 사역을 보길 종종 갈망합니다. 로제타 홀 박사를 보시면 제 안부를 꼭 전해주십시오.

제가 결코 잊을 수 없는 나의 친구 두 분의 건강을 위해 기도합니다. 두 분이 늘 주님과 동행함을 확신하며 그 변함없는 믿음 안에 전 행복합니다.

 1934년. "조선 초기 기독교인의 추억"[43]

도라의 남편은 당시의 관습에 따라 첩을 두고 있었다. 남편은 그녀에게 기독교를 포기하라고, 말을 듣지 않으면 집에서 쫓아내겠다고 하였다. 그녀는 남편이 회개하기를 기도하였다. 어느 날 오후였다. 그녀가 아이를 데리고 우리 집에 왔고 우리는 여성 성경반을 열었다. 수업을 마쳤을 때 한 무리의 여성들이 우리 집 마당에 들어서더니 한 구석에 모여섰다. 남편이 그 여성들을 불러 모아 당시 남자가 자기 아내와 이혼할 때 거쳐야 하는 통상적인 관례를 행해줄 것을 부탁하였던 것이다.

한 여성이 그녀에게 다가서더니 긴 고름이 달린 저고리의 한쪽 귀퉁이를 잘랐고 그것을 집에 있는 남편에게 갖다 주었다. 그렇게 아내는 법적으로 이혼 당하였다. 남편은 여자들에게 아이를 데려오라고 하였으나 도라는 아이를 내주지 않았다. 도라와 아이가 하와이로 떠날 때까지 수년간 그녀는 아이를 곁에 두고 한시도 눈을 떼지 않았다. 그 아이가 아들이었다면 그럼에도 불구하고 데려갔을 것이다.

어머니가 하와이에서 행한 풍부한 기독교 사업! 그녀는 재혼하였다. 그녀의 첫 아이와 이후 태어난 문씨 집의 어린 자식들은 하와이에서 성장하였다. 모두 성공하였고 자신들의 어머니가 축복받았음을 의심하지 않았다. 그들 다수는 미국에서 대학 교육을 받고 있다. 어린 시절 어머니가 뺏기지 않고 지켜준 그 축복받은 소녀의 아름다운 딸은 지금 특별음악 교육과정을 밟고 있다.

10장
다시 격변의 나라로

Journals of Mattie Wilcox Noble

 1905년 12월. 아더의 소설 탈고

포레스트 레이크를 떠나기 전에 노블의 어머니는 연회를 베풀어 옛 이웃과 친구들을 죄다 초청했다. 아주 유쾌한 시간이었다. 손님들이 집에 가기 전 틸덴 장로님이 아름다운 기도를 드렸고 많은 이가 눈시울을 적시었다.

대륙을 횡단하는 길에 다시 캔자스 위치토(Wichita)에 사는 사무엘과 룰루를 방문했다. 유쾌한 시간을 보냈고 여성해외선교지원기구와 주일학교는 우리를 위해 송별회를 열어 주었다. 주일학교에선 조선에 실업학교와 기술학교를 설립하자는 제안에 응하여 25,000달러를 모금하기로 약정했다. 이들은 아더에게 각별한 관심을 보였다.

12월에 아더는 '이화'(梨花)란 제목으로 소설 쓰기를 착수했다. 미국으로 출국하기 한참 전에, 그리고 여행을 하면서 난 아더에게 고국에 있는 동안 소설을 쓰라고 독려했었다. 아더가 이 작업에 착수하니 매우 흐뭇하다. 아더의 모든 여가시간이 소설 쓰기로 채워졌다. 도란스턴을 떠나기 전에 탈고하여 위치토에서 원고를 조금 수정하기만 하면 된다. 소설이 완성되어 존스 박사에게 보내 출판사들에 선보이게 되어 너무 기쁘다. 이 소설이 가치를 인정받았으면 좋겠다. 이 책은 우리가 고국에 있는 1년간 가장 중요한 일이었다.

 1905년 12월 9일. 청년회와의 마찰

곧장 닥터 로제타 홀과 로빈스 양과 함께 해외여자선교회의 집으로 가 며칠 기거했다. 지체 없이 우리 집 수리에 들어갔는데, 엄청난 일이었다. 아더는 집에 돌아온 지 채 일주일도 안 되어 내지로 떠났고, 그 후 3주에 2주꼴로 집을 비웠다. 우리의 개인 소지품은 거의 다 궤짝에 넣어 전쟁으로 긴급사태 발생 시 수송할 수 있도록 못질까지 해 놓았다. 물건들은 눅눅하고 곰팡이가 핀데다 좀먹고 녹슨 상태였다. 드디어 집안 정비가 다 끝나고 이제 일은 착착 진행되고 있다. 우린 옛날 요리사 농긴이와 리디아 부인을 다시 오도록 했다. 아더는 농긴이를 바깥 일로 계속 내보냈으므로 리디아는 루스와 나의 도움만으로 일을 해내야 하는 부담을 느꼈다. 임금이 부쩍 올라 여기서 '뽀이'(boy)라고 부르는 심부름꾼 소년은 쓰지 않기로 했다.

조선은 항상 격동기이며 우린 늘 소용돌이에 휩싸여 있다. 청년회는 큰 문제를 빚고 있다. 이교도들 가운데도 엡워스 청년회나 YMCA(기독청년연합회)의 이름을 따 정치적인 목적의 회합을 결성하는 이들이 있었다. 교회계통 청년회에서도 일부는 정치권력을 획득하려고 노력하는 과정에서 숱한 문제를 일으켰다. 그래서 모든 청년회가 한동안 해산되었다. 이로 인해 큰 술렁임이 있었다.

해리스 감독과 노블 선교사. 1903년 12월 12일, 조선 송도에서 찍은 사진이다.

최근 신창에서 문제가 생겼다. 군수는 엡워스 청년회에 큰 정부건물을 주고 종교집회용도로 쓰게 했다. 엡워스 청년회를 시기한 일진회에서 사람들을 부추겨 이 건물의 반환을 요구하게 했다. 이 건물은 또한 악령숭배를 하던 장소이기도 했던 모양이다. 사람들은 돌과 몽둥이를 들고 몰려와 기독교인을 치려 했다. 영변에서 온 모리스 부부가 마침 지방회 회의 참석차 내려가던 길이었고 이 사건에 대해 전갈을 보냈다. 그래서 베커 씨가 군중을 대면하러 갔다. 모리스 부부와 베커 씨는 군중이 몰려왔을 때 다들 그 자리에 있었다. 사람 몇이 베커 씨를 돌로 치려 하자 그가 주머니에서 피스톨 총을 꺼내 겁을 주자 다들 흩어졌다. 이 일이 있기 전 교회는 건물 양도증서를 일진회 지도자들에게 넘겨주었고, 목회자들은 모든 사태가 진정되었다고 생각했다. 그러나 어제 들려온 소식은 군중들이 다시 들고 일어나 기독교인 가택 한 군데를 파손하고 그 집을 다 털어갔다는 것이다. 교인들은 도망쳤고 강 목사 사모와 아이들도 함께 피신했다. 아더는 오늘 신창 도지사에게 무슨 조치를 취할지 알아보러 갔다. 만일 도지사가 조치를 안 취하면 일본인들에게 호소해야 된다. 일본인들이 조선에 온 목적은 조선 보호니까.

다음날 해리스 감독[44]이 서울에서 올라왔다. 감독은 평양에서 열린 북부 지방회 회의에 참석코자 일본에서 왔다. 회의는 대성공이었다. 해리스 감독은 평양 사역에 지대한 관심을 가진 듯하다. 감독은 어젯밤 회의석상에서 어느 나라에서 참석한 회의보다 더 흥미로웠다고 했다. 조선인은 일본인보다 신앙생활과 사역에서 더 많이 희생하고 더 열성적이라고도 했다.

사람들은 모두 해리스 감독을 참 좋아한다. 감독은 자신의 확대사진을 교회에 주었다. 감독은 일본 영사와 시장을 만났고 많은 수의 유력한 일본 인사들이 감독을 찾아왔다. 난 손님들을 위해 매일 오후 케익과 차를 준비시켜 놓아야 했다. 어젠 일본 최고 갑부로 꼽히는 실크 제조업자가 찾아왔다. 제15기마대의 육군중장과 제15보병대의 육군중장 등도 왔다. 아더는 일주일 동안 아침과 밤낮으로 감독을 위해 통역했다. 워낙에 감기가 심했던 터라 목이 많이 쉬었다.

어젯밤 우린 감독의 주재로 성찬식을 가졌다. 좋은 모임이었다. 성찬식 후에 난 세 명의 안수목사, 김창식, 이운성, 강인걸에게 들어와서 감독과 차 한 잔 마시라고 청했다. 우리 선교사 몇 명도 집으로 와서 함께 좋은 시간을 보냈다.

일본인들은 어젯밤 조선 북쪽에서 첫 기도모임을 아더의 사무실에서 가졌다. 기하라 목사가 일본인들을 초청해 모임을 인도했다. 모임엔 아주 교육을 많이 받은 사람들도 있었다. 두 명은 우리 앞문에 와서 발을 문지르며 서 있었다. 내가 문가로 가자 일본인들은 신발 솔이 필요하다며 못 들어오겠다고 했다. 난 잠깐만 기다리라고, 솔을 구해오겠다고 하고선, 가서 검정 구두약과 솔을 가져다주었다. 이로 인해 한바탕 웃음꽃이 피었다. 일본인들은 단지 매트에 신발을 털고 들어가겠다는 뜻이었는데 영어로 어찌 표현할 줄을 몰랐던 것이다.

박원백과 강인걸. 노블 집 앞에서 찍은 사진

 1905년 12월 26일. 즐거운 크리스마스

우린 아주 즐거운 크리스마스를 보냈다. 그러나 고국에서 온 편지는 단 한 통, 자네트 오스본이 선물과 자기 사진을 동봉하여 부친 것뿐이었다. 아이들은 산타가 양말을 채워주어 기뻐하고 있다. 아이들은 어제 동트기 전 눈을 떴다. 선교사들과 아이들이 보낸 선물이 오전 내내 왔고 10시에 조선인 예배에 갈 때까지 속속 도착했다. 교회엔 2,000명을 웃도는 수가 있었다. 공연은 훌륭했고 교회는 아름답게 단장했지만 몰려들어온 구경꾼의 무리가 너무 웅성거리는 바람에 교회의 중간좌석 뒷부분은 무대 소리가 파묻혔다. 부인 쪽 자리엔 가장자리와 뒤에 사람들이 줄지어 서 있었다. 문가에도 들어가지 못한 무리가 있었다. 공연은 저녁에 재연되었고 복음주의적 설교가 이루어졌다. 2천이 넘는 청중에게. '대단하다, 대단하다' 란 소리가 사방에서 들렸다.

아더는 나에게 조선 금가락지와 보석 넣는 금고를 크리스마스 선물로 주었다.

여기 온 지 한 달 후, 나의 친지로부터 첫 번째 편지들을 받았다. 편지 속엔 내 자매 툴라와 아빠가 세상을 떠났다는 소식도 있었다. 3주도 안 되는 기간에 둘 다 숨을 거두었다고 한다. 난 아빠와 툴라가 이 땅에서 보낸 마지막 해에 집에 있었음이 너무 감사했다. 조선인의 위로가 매우 위안이 되었다.

1905년 12월 27일. 오석형 목사의 죽음

아침식사를 하다 오석형 씨[45]가 간밤에 숨진 걸 알았다. 아이들이 아침에 깨어보니 오석형이 죽어 있었다고 했다. 사랑하는 성자 오석형. 조선 최고의 설교자 중 한 사람이었으며 현지인과 외국인이 가장 사랑하는 사람 중 하나였다.

1906년 1월 29일. 부흥집회

어젠 우리 교회에 영광스런 날이었다. 현재 우리 자매교회들은 부흥집회 기간 중에 있다. 기독교인들은 주중에 가가호호 방문하며 각 가정마다 소책자를 나눠주고 주님께 나오라고 권면하며 예배로 초청한다. 일요일 오전엔 41명이 제단에 나왔다. 그들은 신앙을 가지고 우상숭배물을 부서버리며 안식일을 지키고 예수의 이름으로 하나님께 기도하길 원한다고 고백하였다. 현지인 부목사 이운성 씨는 설교 후 사람들에게 이 예배가 끝나고 주일학교가 시작되기 전까지 점심을 들지 말고 금식하며 나가서 사람 낚는 어부가 되라고 했다. 그 수고의 결과로 주일학교 때 새로 사람들이 몇 명 인도되어 왔고 20명이 제단 앞으로 나왔다.

저녁 예배에도 역시 하나님의 영이 사람들을 감동시킨 예배였다. 44명이 예수를 찾아 나왔고 하루 동안 106명이 하나님의 이름으로 한 교회 도시[평양]에서 학습인이 되었다. 우린 허다한 무리가 제단으로 나올 것을 소망하며 기도한다. 이 어린아이 같은 믿음들을 의의 길로 훈련하는 데 도우심과 인도하심을 위해 기도한다. 부흥회 결과 2주간 400명이 제단 앞으로 나왔다.

1906년 2월 21일

오늘 아침 작은 땅 한 뙈기(하서문 내부의 정원)의 땅문서를 건네받았다. 1,800냥 또는 175엔 34센 또는 $87.67을 지불하였다. 고국의 여러 사람들이 내게 보내준 돈으로 샀다.

제물포의 김귀범 씨는 조선에서 최초로 안수 받은 두 사역자 중 하나이다. 김씨는 8개월간 아팠고 우린 그를 평양에 데리고

와 건강회복을 위한 방도를 모색했다. 김씨는 불안중으로 몰골이 말이 아니었고 신경쇠약 초기 단계에다 심장에도 문제가 있었다. 아이들은 그가 얼마나 심각한지도, 정신이상의 위험에 처한 상태인지도 몰랐으나, 김씨가 식기도를 하지 않고 쉴새없이 투덜거리는 것을 보고서 아저씨의 정신이 이상하다고 말했다.

1906년 4월 30일. 일본군의 횡포

일본인들은 자국 군인들에게 집을 제공하려고 이곳 사람들에게 큰 불편을 초래하고 있다. 수개월간 날마다 어떠한 보상조치도 없이 집을 잃은 가정이 생겨났으며 일본인들은 계속 조선인에게 오만하게 굴고 있다. 게다가 모든 뉴스가 조선 밖으로 새나가지 못하게 통제되어 조선 밖 세상에서 온 여행자들은 이곳 상황을 알지 못한다.

일본은 (집이 있는) 값나가는 큰 땅덩어리들을 군사용이라는 명목으로 조선인에게서 빼앗아갔다. 어떤 땅은 전쟁[러일전쟁] 중에, 어떤 땅은 전쟁 후에 빼앗겼고 거의 1년간 평화가 지속되는 현재까지도 빼앗기고 있다. 어떤 곳에선 부지 가치의 극히 일부분만 돈으로 받기도 하고 아무 것도 못 받고 그냥 철거된 곳도 많다. 공의에 호소하면 일본 관리들은 이렇게 말한다. 조선 전체가 일본 소유이므로 그들 집은 그들 소유가 아니며 조선인은 친지들과 아무데서나 살 수 있지만 군사들은 그럴 수 없다고 말이다.

평양주재 일본 상무관(Resident)은 (나의 전도부인의) 가난한 일곱 식구가 살 집을 마련하는 데 도움을 줄 수 없겠냐는 요청을 받자 이렇게 말했다. 미국인들은 개인을 돌아보지만 일본 제국은 개인을 고려하지 않고 국가만 생각한다. 또한 일본인들은 조선 조정과 합의를 하고 민간인 중에 군인들을 주재시키도록 왕에게 일정액을 지불했다는 것이다. 적은 액수의 돈이 지불되었을지는 모르지만 백성들이 그걸 받으려고 하지 않는다는 걸 일본은 알고 있었다. 군사들은 사람들의 집과 가재도구를 강탈하며 조선인이 사서 쓰는 물조차 빼앗아가는 일이 비재하다.

1906년*

9월에 한 여성이 광혜부인병원을 찾아왔다. 상태가 너무 심각해 수술을 하지 않으면 생명을 오래 유지하지 못할 상황이었다. 큰 종양이 있는 듯해 검사해 보니 이전에 아팠을 때 복부 안에 여러 개의 침 바늘을 찔러 넣어 거기서 이상한 종양이 발생한 것으로 드러났다. 한의사는 18개의 구리 침바늘을 배에 찔러 넣고 특별처방으로 바늘 몇 개는 배 안에서 분질렀다. 닥터 팔웰은 종양 안에서 두 개의 부러진 침 바늘을 찾아내어 끄집어냈다. 2주 후 홀맨(Hallman) 양이 상처를 소독하는 중 환자가 숨을 쉴 때마다 뭔가 들어갔다 나왔다 하는 것을 발견했다. 작은 핀셋으로 꺼내보니 손가락 3분의 2정도 길이의 부러진 침 바늘이었다.

---

*날짜 없음

1906년 8월 16일. 조선인이 당하는 시련과 불의

우리 가족은 대동강 북쪽 지류에서 배를 타며 뱃놀이를 하고 있다. 거의 2주째 휴가로 대동강에 나와 있다. 곧 집에 돌아갈 것이다. 날씨는 쾌청했다. 하루에 한 번, 두 번, 세 번까지 수영했다. 아이들은 신나게 놀고 있다. 아더가 잠시나마 일로부터 자유를 얻어 기쁘다. 아더는 기술학교(School of Technology)46를 짓느라 격무에 시달렸고 피곤에 절어 있었다. 시공업자들과 많은 문제가 있어 작업현장을 세심히 살펴야 했고 허물고 다시 짓기를 여러 번 거듭했다. 기초공사는 우리가 휴가를 떠나기 전 마무리되었다. 일본인들은 공사부지에 대한 우리의 소유권에 이의를 제기하여 많은 문제를 야기하였다. 수차례 땅문서를 보여 달라고 찾아왔고 우리가 서울 본부[감리교 선교본부]에 두 차례 사람을 보낸 후에야 우릴 가만히 내버려두었다. 그 후 개인 신분인 한 일본인이 우리 선교회 부지의 정문 안쪽 넓은 터에 땅을 점유하려는 목적으로 땅 고르기 작업을 했다. 아더는 이 문제로 일본 상무관을 찾아가야 했다. 잘 지켜보지 않으면 자고 일어나면 일본인들이 우리 땅을 차지하고 집을 지을 판이었다. 굉장히 신경을 곤두세운 탓에 아더는 일을 시작하기도 전에 나가떨어질 지경이었다. 가엾은 조선인들은 늘 이런 식으로 당하고 어디 하소연할 데도 없다.

일본인 군인 몇 명이 장로교 구내 근처의 조선인 가옥들을 숙소로 삼았다. 물론 조선인들은 집에서 쫓겨났다. 일본인들은 맥퀸(McKune) 씨 소유 텃밭에서 감자를 훔치기 시작했다. 일본 상무관에게 항의하자 상무관은 훔친 군인의 뒤를 따라가 숙소 책임자 이름을 적어오라고 조언했다. 맥퀸 부부는 누군가 감자 캐는 걸 발견했고 조용히 그 숙소로 따라 들어갔다. 맥퀸 씨가 이 집의 책임자 이름을 가르쳐달라고 하자 군인들은 분개하였다. 만약 맥퀸 씨가 조금이라도 저항할 기세였다면 그에게 싸움을 걸었을 것이다. 실제로 군인들은 그를 살짝 쳤다. 스왈렌 씨가 동행하였는데 맥퀸 씨가 아내를 데리고 나가는 동안 군인들은 스왈렌을 공격하였다.

나중에 저녁때 즈음 맥퀸 부부가 집에 돌아가려고 보니 일본인 몇이 소란을 피우려고 집에 대기하고 있다는 것을 알게 되었다. 부부는 이 문제를 상의하기 위해 베어드(Baird) 씨 집으로 갔고 여러 남자들이 함께 맥퀸 씨 집으로 갔을 땐 일본군 한 명만 빼고는 모두 떠난 후였다. 그러나 그 한 명은 끝까지 나가길 거부했다. 맥퀸 부부는 웰즈 씨 집에 가서 자려고 갔고 그 일본인은 자정 넘을 때까지 맥퀸 씨 집을 점거했다. 아마도 맥퀸 씨 혼자 돌아올 때를 기다렸던 것 같다. 이 군인들이 받은 유일한 처벌은 마을에서 전근조치된 것이었다. 대장은 부하들이 어떤 해를 끼칠 의도가 있었다고 보긴 어렵다고 했다.

의성에선 추수가 임박할 무렵 일본인들이 와 농부들의 경작지를 써야겠다면서 농작물을 베어서 내던져 버렸다. 농부들에겐 한 푼도 지급되지 않았다.

기독교인들은 일본인들을 사랑하려고 안간힘을 쓰고 있다.

군인들이 강탈한 집들 중엔 소정의 임대료가 지불된 경우가 있다. 일본인들은 집주인이 안 받아도 그만일 정도의 작은 임대료를 억지로 받게 했다. 명목상으론 임대료를 지급했다고 남기려는 것이다. 여러 경우 주인들은 이런 새 발의 피 같은 돈을 받기를 거부하며 노략질이 그 본질 그대로 남도록 했다.

최근 조선을 잠깐 방문한 야마카(Yamaka) 목사가 우리 집에 하루 묵었다. 전국 방방곡곡에서 일본인의 조선인 압제를 목격한 그는 이집트의 모세와 이스라엘 백성의 삶이 생생히 재연되는 것 같다고 했다. 야마카 목사는 일본의 위대한 목회자 중 한 사람이다.

우리가 아끼는 해리스 감독은 일본인에 대한 믿음이 지나친 나머지, 또 일본인이 모든 일을 제대로 할 것이라는 확신이 강한 나머지, 조선인이 당하는 시련과 불의를 입에 올리기조차 잊어버린 것 같다.

1906년 9월 21일

최근 해리스 감독을 만난 한 남감리교 감독은 해리스 감독이 일본인에 관해 도가 지나친 것 같다고 말했다.

1908년 2월 15일. 감시

일본 헌병과 형사가 존스 박사를 감시하고 있다. 그래서 엉겁결에 우리 집도 그저께부터 감시대상이 되었다. 그들은 본부에서 내려온 지시를 따라 존스 박사에게 외출할 때는 반드시 자신들에게 알리라고 했다. 존스 박사는 어제 아침 감독을 배웅하러 기독교인 무리와 함께 무단으로 외출했다. 형사가 찾아와서 만일 무슨 일이 생기면 자신들이 책임추궁을 당한다고 그러면 안 된다고 했다.

1908년 2월. 협박편지

저녁에 아더가 부흥집회에 간 동안 예고 없이 서울에서 벡 씨가 왔다. 기독교인이 처한 위험한 상황에 대해 선교사들과 상의하러 왔다고 했다. 오랫동안 의병들은 일본인을 약탈하고 죽일 뿐 아니라 자기들에게 돈을 주거나 도움을 줄 만한 동포들과 친일파라고 의심되는 내륙의 남녀 동포도 살해했다. 최근 조정에서는 의병과 평화 협정을 맺어 살상을 멈추려는 계획을 추진했다. 왕은 기독교인 몇 명에게 특사로 가 달라고 부탁하였다. 정동 교회의 현지인 최 목사가 그 중 하나이다. 내가 알기론 장로교 지도자들은 이 일에 어떤 방식으로든 관여하길 거부했다. 최 목사는 정치 관여가 아닌 인도주의적인 조치일 뿐이라며 존스 박사(G. H. Jones)의 동의를 청했다. 존스 박사는 목회자의 정치개입불가란 이유로 동의하지 않았다. 최씨는 1월에 휴가계를 냈으며 존스 박사는 그건 허락할 수 있다며 휴가를 주었다. 그런데 현지 신문에 최씨의 행방에 관한 기사와 논평이 크게 실렸다. 한 장로교 목사는 기독교인을 파송한 발상과 조선 내각에 대해 혹독하게 비난하는 글을 신문에 기고하기도 했다.

며칠 전 존스 박사는 타자기로 친 익명의 서툰 영어 편지를 받았다. 편지엔 최씨를 열흘 안에 불러들이지 않으면 열흘 후 생명을 해하겠으며 존스 박사로부터 시작해 기독교인과 선교사 가정에 방화하겠다는 협박이 있었다. 그 편지엔 '애국자들의 지도자'라는 서명이 있었다. 편지엔 의병들이 북쪽에서 남쪽으로, 동쪽에서 서쪽으로 이동하는 중 기독교인은 보호했었는데 존스 박사가 이걸 뒤집고 싶은지를 물었다. 존스 박사는 해리스 감독과 상의하고 이런 익명의 편지는 아마도 비겁한 자의 소행이며 무반응이 최선이라고 판단했다. 게일(James Gale) 박사 역시 최씨를 소환하라는 존스 박사가 받은 편지와 거의 똑같은 (사본) 편지를 받았다.

해리스 감독과 남자 선교사들은 10시에 저녁 예배 후 여러 차례 모여 의논했다. 그리고 최씨를 소환하는 게 최선이며 새먼스(Sammons) 영사에게 편지를 써서 게일 박사는 최씨와 아무 관계가 없다는 내용을 밝히기로 결정했다.

기독교 교회에게 조선의 상황은 매우 위중하고 위태하다. 모두들 조심스럽게 행보해야 하며 그렇지 않으면 심각한 결과를 초래할 수 있다. 여기 사는 동안 여러 번 생명의 위협을 받았다. 이제 이번 사건으로 인한 우리의 신변에 대한 염려는 사그러들었다. 그러나 내륙에 사는 우리 기독교인들이 악의적인 공격을 받을 때 얼마나 무력할지 우린 알고 있다.

1908년 6월 16일. 우리 집에서 조선인을 공격한 일본군인

 오전 10시경 일본인 기마병이 교회 마당 정문을 열라고 두들겼다. 교회 사찰이 정문을 열어 제치자 군인은 정문 안쪽 어린 묘목에 말을 매었다. 사찰이 그러면 안 된다고 하자 군인은 화를 내며 사찰에게 사정없이 발길질 했다. 사찰도 한번 발길질을 하자 군인은 단검을 뽑아들고 내리칠 기세로 달려왔고 사찰은 우리 집 안으로 줄행랑 쳤다. 그는 복도를 지나 식당을 통과하여 계단을 올라가 이층의 유일한 방인 손님방으로 들어갔다. 군인은 단숨에 따라왔다. 현관에서 우리 아이는 그 군인을 범인을 추적 중인 경찰로 오해했고, 안으로 들어가라고 손짓하였다. 군인은 순간 멈칫하더니 이내 쏜살같이 달려 들어갔다. 군인은 복도를 통과하고 식당을 지나 계단을 올라갔다. 알덴은 창고 방에 있는 내게 와 일러주었다. 우리가 식당으로 가자 머리 위에서 사람 치는 소리가 들렸다. 위층에서 군인은 사찰 당씨의 이마 위를 칼로 베어 약 1인치 길이의 상처를 냈고 칼은 뼈까지 파고들었다. 순식간에 둘 다 계단으로 달음질해 내려왔다. 당씨의 머리엔 피가 흐르고 있었고 옷은 피에 젖었고 핏방울이 여기저기 떨어졌다. 난 식당에서 그들을 마주하고 무슨 일이냐고 물었다. 군인은 내가 알아듣지 못하는 일본말로 뭐라고 했다. 난 그에게 기다리라고 손짓하고 당씨의 말을 듣겠다고 했다. 당씨가 설명하기 시작하자 격노한 군인은 당의 어깨를 세게 내리쳤다. 난 그에게 그만하라고 명했다. 군인은 크고 무거운 군화발로 두세 번 당을 발길질했다(군화 뒤엔 쇠 징이 박혀 있었다). 난 조선말로 "아서라!"(그만두

라는 뜻의 속어)하고 호통쳤다. 그리고는 가만히 내 옆에 있던 조선인에게 일본 경찰을 불러오라고 했다. 군인은 내 말을 못 들었으나 다소 진정하였다. 당씨는 이야기를 계속했다. 군인은 자리를 박차고 교회 마당을 가로질러 말을 가지러 갔다.

이때 즈음 조선인들이 떼지어 모여들었다. 난 집에서 달려 나가 대문가로 가 군인의 계급장에 적힌 소속부대 번호를 확인하려 했으나 볼 수 없었다. 난 그에게 경찰을 불렀으니 돌아와 여기 있으라고 외쳤다. 그는 고개를 가로젓더니 말을 타고 휭 하니 가 버렸다. 그가 들어간 부대는 우리 집에서 말을 몰아 몇 초 안 되는 거리였다. 조선인들은 그가 들어간 부대 문이 어딘지 보려고 달려갔다. 난 닥터 팔웰에게 전화해 이리 올라와 경찰이 도착하면 같이 있어달라고 했다. 닥터 팔웰은 군인이 담장 넘어가는 걸 보았고 중대번호와 부대로 들어갈 때 통과한 정문의 위치와 통과 시간을 확인하고자 달려갔다. 그 동안 당씨는 수치감을 무릅쓰고 망건을 풀어 이층과 식당 바닥에 떨어진 피를 닦았다. 식당에서도 군인은 당을 내리치고 발길질하였고 거기 서 있는 동안도 피가 떨어졌다. 난 그만 닦으라고 했다. 그래서 이층에서부터 식당까지 핏자국이 이어져 있었고 헌병인 경찰서장이 와서 조사했다. 서장은 바닥의 핏자국과 상처의 길이를 재고 많은 질문을 했다. 그리고 자리를 뜨기 전 동족인 일본인이 행패를 부려 매우 죄송하다고 했다. 아더의 조수인 옥성빈은 순사를 위해 통역해 주었다(옥씨는 영어, 일본어, 중국어, 한문고전과 한글을 한다). 곧 헌병순사가 떠나자 다른 경찰이 와서 다시금 이야기를 처음부터 죄다 듣고자 했다. 큰 무리의 조선인들이 왔고 루퍼스 부부와 베커(A. L. Becker) 부인도 웬 소동인가 보러 왔다.

오후 5시 30분경 다른 일본인 관리가 조선인 통역관을 대동하고 당씨를 집에 데리고 왔다. 당씨는 일본인들에게 오후 내내 붙잡혀 있었다. 일본 관리는 그 군인은 계급이 없는 일반 군인이며 무식한 자라는 해명으로 이 사건에 대해 유감을 표했다. 그는 상해를 가한 대목에 대해 장황하게 설명했다. 닥터 팔웰과 난 가택침입을 큰 잘못으로 간주한다는 사실을 전달하려 했다.

관리가 자리를 뜨자마자 일본인 형사가 와서 도와줄 일이 있냐고 물었다. 다음날 아더가 오후 4시 30분에 일본에서 온 침례교 선교사 두 명을 손님으로 데리고 집에 왔다. 그날 저녁 10시 15분경 하사관이 대위를 대신하여 와서 그 군인은 군법재판에 회부되어 서울로 호송되었다고 보고했다. 군법재판소는 서울에만 있다.

6월 18일 오늘 평양의 일본 상무관 기구치 씨와 코메요 대위가 방문했다. 기구치 씨는 이 사건에 대한 유감을 표했으며 대위는 자기 책임 하에 있는 사람이 이런 누를 끼쳐 죄송하다고 했다. 그들은 억수같은 비를 뚫고 왔다. 우린 차를 대접하며 와 줘서 고맙다고 했다. 닥터 팔웰은 당씨가 4~5일 지나면 괜찮아질 거라고 했다. 닥터 팔웰은 그의 머리 상처를 꿰매고 몸의 상처를 치료했다.

알덴과 해럴드는 이 일로 매우 불안해했다. 해럴드는 밤에 쉽게 잠들었으나 알덴은 몇 시간이고 잠들지 못했다. 난 어둠 속에서 한참 이야기하고 위안이 될 만한 어린이 기도문을 천천히 달래는 어조로 낭송하였다. 그제야 해럴드는 예수님이 자기를 안고 있으며 이젠 잠이 올 것 같다고 했다. 아침 햇살을 받으며 깨어난 알덴은 쑥스러워하며 말했다. "엄마, 어젠 금방 잠들었어요."

사람들은 올드 블랙 죠우(당씨)가 내 칭찬을 쏟아놓는다고 하지만 난 아무것도 한 일이 없다. 사실 할 수 있는 일이 아무 것도 없었다.

1909년 가을.

일본은 자기들 언론을 통해 일본인과 조선인의 결혼을 권장하고 있다. 이것은 일본인들이 조선 민족이 자기들 수준을 끌어내리리라 생각하지 않는다는 증거이다. 물론 이건 사실이다. 조선인은 일본인보다 뛰어난 도덕성을 가진 민족이니까.

내가 조선에서 한일합방 후 들은 두 번째 설교는 이운성 목사의 설교였다. 본문은 이사야 49장 8절과 고린도후서 6장 2절. 이 목사는 이사야 49장 전체를 읽었다. 모두 이 불쌍하고 곤고한 사람들의 관심을 끌 만한 내용으로 가득했다. 특히 7절이 좋았다. 예배 내내 하나님을 향한 사모함이 방안 공기를 가득 채웠다. 억눌린 느낌도 있었다. 신앙 외에는 배출구가 없으나 종교 예배에조차 첩자들이 와서 일본에 불충한 언사가 있는지 살핀다.

지난 겨울 마가복음을 대량 배포한 것을 두고 많은 일본인들은 이것을 정치적 행위로 간주하고 또 일본 신문에선 그렇게 보도했다. 선교사와 현지 전도사들이 사람들을 선동할 만한 정치적인 팜플렛을 나눠줬다는 것이다. 그렇다. 하나님의 말씀이 어떤 사람이든 선동한다는 건 확실하다.

 1910년 10월 8일. 콜레라 창궐

지난 2주간 평양엔 콜레라가 창궐했다. 우리는 모두 눈코 뜰 새 없이 바빴다. 격리가 되어 사람들의 출입이 금지된 지역도 있었는데 그곳엔 다수의 기독교인이 살았다. 그래서 난 어찌할까 고심에 고심을 거듭한 끝에 지원계획을 추진하였다.

루퍼스(W. C. Rufus) 씨가 담당 부처에 가서 논의하였고 청년 몇이 붉은 완장을 팔에 차면 격리구역 안으로 들어갈 수 있다는 허락을 받았다. 나는 붉은 완장을 만들었고 홀맨(Sarah Hallman) 양의 제안에 따라 완장에 가느다란 흰 줄을 붙여 적십자사 관리들같이 보이게 했다. 세 명의 청년이 뽑혔고 우리는 병원에 가서 개인 보호를 위한 세심한 지침을 듣고 소독약 등을 받았다. 닥터 팔웰의 병원에 방 하나를 얻어 그들이 오갈 때 탈의실로 쓰도록 했다. 콜레라는 그리 많이 퍼지진 않았다. 그래도 150명 넘는 사람이 걸렸고 내가 보기엔 사망자는 100명이 넘는 것 같다. 거의 모든 사람이 걸리면 죽었다. 감리교인들은 장로교인과 합심하여 닥터 웰즈(J. H. Wells)의 병원에 하나의 고립병동을 마련하였다. 우리는 기독교인들에게 기독교인이란 표식을 하도록 표를 나눠줬고 그걸 가진 기독교인만 병원에 들어오도록 했다. 다른 모든 환자들은 일반 고립병동으로 가야 했다. 닥터 웰즈의 환자들은 회복율이 좋았지만 일본 격리소에선 거의 대부분이 죽었다. 그들은 환자들에게 난방을 전혀 공급하지 않았다.

콜레라로 인해 눈물겨운 상황이 많이 발생했다. 아픈 이들이 일본 병동으로 실려 가면 병원측에선 바깥 친지들에게 환자의 상태나 생사여부에 대해 알리질 않았다. 사람이 죽어도 알리지 않고 시신을 밖으로 실어가 매장했으므로 사람들은 노심초사했다. 또한 집을 소독하고 (매우 드물지만) 소각하는 것을 두려워한 나머지 많은 사람들이 환자를 숨겼고 야밤에 시신을 몰래 실어냈다. 당국에선 이 사실을 알고 벌금을 물렸다. 그러자 벌금을 안 내려고 더 비밀스럽게 일을 처리하기 시작했다. 발병 후 한두 시간 만에 사망하는 환자도 있다. 어떤 부인은 아이가 급작스럽게 죽자 없는 돈에 벌금 내기가 두려워 마치 산 아이처럼 등에 업고 시외로 나가 일꾼들을 불러 매장시켰다. 어떤 곳에선 네 식구 중 셋이 콜레라로 죽고 살아남은 여자만 격리되었다. 이웃에게 음식을 반입시키라고 했으나 충분한 음식을 가져오지 않았다. 절박해진 여자는 격리소를 뚫고 도망쳤다. 그 결과 감염지역으로 향하는 도로는 차량통행이 전면 통제되었다. 연료와 양식을 구하는 게 어려워지자 다수의 멀쩡한 사람들도 큰 고초를 겪게 되었다. 그래서 사람들은 격리선으로 몰려와 나가게 해 달라고 요구했고 허락을 받아내고 말았다.

콜레라로 인하여 많은 가슴 아픈 이야기들이 들려온다. 우리 구주로부터 안정과 평안을 얻기까지 도시는 큰 혼란 상태에 놓여 있다.

오늘 결혼식이 열렸다. 혼인 서약자들은 우리 교회에서 식을 올리길 원했지만 지난 일요일부터 모든 공공집회와 학교가 폐쇄되어 우리 사무실에서 식을 올려야 했다. 난 결혼식 30분 전에야 이 사실을 듣고 큰 탁자를 치우고 방을 정돈한 후 라임 주스와 크래커를 다과로 준비하고 유리잔과 접시를 모두 시간 내에 차려놓았다. 우린 허둥지둥 뛰어다녀야 했다.

우리가 새로 기도실을 개설한 시골 지역이 몇 군데 된다. 난 몇몇 청년들을 불러 이곳에서 내일 교회예배를 인도해 달라고 청했다. 오늘 두 번 선교사 심방을 했고 낮엔 방문자들을 받았다. 고로 매일매일이 주님을 위한 여러 가지 일로 채워진다.

11장

나의 죄를 씻기는

Journals of Mattie Wilcox Noble

1907년 1월 2일. 성령의 나타나심

성령이 강한 권능으로 평양 교회들과 여러 다른 지역에 임하였다. 그 결과 지난 겨울 웨일즈 지방의 대부흥47에 관해 읽은 내용과 흡사한, 위대하고 영광스런 흥분상태가 나타났다. 사람들은 죄에 대해 통회하고 죄를 자백하였으며, 암흑의 이교도 가운데 행해진 인간의 연약함이 유례없이 그 실상을 드러내고 있다. 십계명의 각 계명에 대한 자백이 있었다.

우리 감리교 사람들은 초막기도회를 평양 전역에서 성황리에 열고 있다. 장로교인들은 여성특별집회를 연다. 장로교에선 이렇게 죄가 밝히 드러나는 역사가 남성도들 가운데 먼저 시작되었다. 감리교와 장로교 기독교인들은 수개월간 성령을 부어주시길 기도하고 있었다.

우리 선교사들은 하루 한 번씩 모여 사역과, 이 민족과, 우리 자신이 성령충만하여 주님이 원하시는 대로 쓰임 받을 수 있도록 기도했다. 집회들은 놀라웠고 어릴 적 와이오밍 캠프장에서 부흥사 엘리사 해리스(Elisha Harris)가 "할렐루야!" "영광!"이라고 외치던 집회를 연상시켰다. 장로교 집회에선 죄로 인해 뒤로 자빠지는 사람도 있었다. 어떤 이들은 죄에 대한 애통으로 신음하며 성도들에게 죄를 고백하기도 하고 주님에게 자비를 구하고 죄 사함과 평안을 받았다.

오늘밤 우리 선교사 기도모임엔 큰 즐거움과 찬양의 외침과 기쁨의 흐느낌이 있었다. 오! 멋진 일이다. 조선에 있는 일본인을 대상으로 사역하는 일본인 감리교 선교사 무라토 씨는 우리 외국인 모임에 참석한다. 그는 성령으로 충만하여 말한다. 이전에 설교할 땐 죄를 물리치려 했지만 이젠 하나님과 사람에 대한 사랑으로 충만해 마음엔 사랑만이 있고 청중에 대한 사랑이 커서 온화한 애틋함으로 가슴이 녹고 성령께서 무엇을 말할지 보여주신다는 것이다. 이 방법이 훨씬 효과적이었다. 무라토 씨는 자신에게서 행복이 넘쳐날 때 자신의 '행복'을 다른 이에게 줄 수 있으며, 이것이 기쁘다고 했다.

12월에 150명의 감리교 남성도들이 하나님의 사역으로 부르심을 받았다고 간증했다. 이 150명은 2월에 다시 모여 우리 목회자들과 함께 한 달간 신학코스를 밟게 된다.

올 겨울 구세군의 레일튼(Railton) 부장이 평양을 들른 길에 며칠 우리 집에 머물다 갔다. 레일튼 부장은 구세군에서 윌리엄 부스(William Booth) 대장 바로 아래 계급이다. 레일튼 씨는 심성이 참 따뜻한 사람이다. 일본인 오바(Oba) 씨가 일본에서 레일튼 씨와 함께 왔다. 오바 씨의 유일한 방문 목적은 그리스도 종교의 비밀을 찾아내는 것이다. 오바 씨는 일본에서 도지사를 지낸 바 있고 1905년 명성황후 시해 이후 조선황제의 고문관으로 일했다. 그는 아직 그리스도의 신성(神性)을 인정하지는 않지만 레일튼 부장의 능력의 비밀을 깨달을 때까지 그를 따라다니겠다고 했다. 그는 불교와 유교를 통해 평안을 찾고자 했지만 실패했다. 한 불교사찰에서 승려의 조언에 따라 4일간 앉아서 자신의 복부(腹部)를 묵상한 적도 있다. 하지만 자신을 초월하는 평안을 맛보진 못하고 여전이 악한 생각이 그를 괴롭혔다.

그가 온전히 그리스도를 영접하면 레일튼 부장이 우리에게 귀띔해 줄 것이다.

1907년 1월 24일. 어느 기독교인의 죽음

오늘 우리 교회 이운성 목사가 이교도 가정에서 장례 예배를 드렸다. 소천한 이는 28세 된 젊은 여인이었고 교회엔 한 달 전 딱 한 번 나왔다. 그러나 이 여인이 신앙을 가졌음은 가정에서의 간증으로 입증된다. 질병은 이 집에 순식간에 들어왔고 이내 여인의 아이가 죽었다. 여인도 곧 병에 걸렸고 처음부터 회복할 가망이 없음을 직감한 듯했다. 여인은 주위 가족에게 믿으라고 애원하다가 병에 걸린 지 10일 만에 숨을 거두었다. 마지막 오후,

여인은 계속 복된 나라로 간다고 말했고 식구들에게 빨리 예수를 영접하라고 강권했다. "시간이 없어요. 시간이 없어요." 여인은 말했다. 그리고 한 번도 찬송가를 배운 적이 없었는데 "예수의 피밖에 없네."를 거듭거듭 반복했다. 여인의 시아버지가 기독교 목회자를 불러와 기독교 장례를 지내라고 했다. 며느리가 기쁨에 차 증거하고 시아버지에게 급박하게 애원하자 시아버지도 어쩔 수 없이 예수를 찾는 결신자로 이름을 올렸다.

 1907년 2월 11일. 죄의 참상

어제 아침 우리 교회에서 죄의 큰 자백이 시작되었다. 장로교회에선 이 현상이 몇 주 전에 시작되었다. 사람들은 신앙적인 가르침에 점점 민감해졌고 죄로 심령이 쪼개지는 경험을 했다. 만일 기회가 허락되었다면 죄의 자백은 2주나 10일 전에 시작되었을 것이다. 그러나 우리의 현지인 목사는 장로교회에 나타난 이 현상이 감당하기에 벅차다고 생각했다. 그리고 어떤 부분은 과연 성령의 역사하심인지 의문을 가졌다. 그러나 목사도, 교인들도 더 이상 버티지 못할 시점에 이르렀다.

주님은 아더가 여비가 바닥나 해주에서 클래스를 가르치려는 마음을 접고 집으로 일찍 돌아오게 하셨다. 아더는 돌아왔고 이곳에 임한 성령의 권능을 느꼈다. 그가 주일오전 예배를 열자마자 사람들은 죄를 자백하고 주님께로 돌아오기 시작했다. 즉각적으로 우린 부흥의 불길의 와중에 놓이게 되었다. 죄로 인한 흐느낌과 탄식이 많은 이들로부터 터져 나왔다. 죄를 자백하여 죄를 결박한 사람들도 있었다. 오후 주일학교도 같은 성격의 집회로 이어졌다. 감리사는 사람들이 차분하게 공과공부에 집중하기엔 너무도 생생하게 죄를 자각하고 있다고 느꼈다. 다시 죄에 대한 통회의 체험이 밀려왔다. 저녁예배에도 같은 일이 일어났다. 보통은 자백이 이루어지자마자 용서하심의 평안을 체험하였다. 하지만 평안을 받아들이는 데 시간이 걸리는 이들도 있었다. 꼭 마귀에 붙들렸던 성경 속 인물들 같았고 마귀는 그들을 갈기갈기 찢어놓아 사람들로 하여금 끊임없이 심판의 날을 생각케 했다. 죄인들이 고통스러워하며 의로운 심판관 앞에 서고 "울부짖고 이를 갊이 있으리라" 했던 그 심판날 말이다. 많은 사람들이 자백한 죄는 극악무도한 범죄였고 성경에 불과 유황으로 멸망 받은 고대 죄악의 도시들을 연상케 했다. 소돔과 고모라에서 열거된 모든 악(惡)이 지금 이 이교도의 땅에도 있는 것 같았다. 모세의 율법이 하나님을 알지 못하는 백성들에게 도덕의 기준을 세워주기 위해 필요했음을 깨닫는다.

물론 교회 내엔 이전에 진정으로 회심했으며 기독교인이 된 이래 순전하고 선한 삶을 살아온 사람이 많다. 그러나 우리는 대다수는 머리의 회심이었지 가슴의 회심은 아니었다는 서글픈 인식에 도달했다. 이제 사람들은 가슴의 회심을 하며 가슴의 회심을 한 사람은 성령세례를 받고 있었다.

조혼제도는 숱한 범죄와 부도덕의 온상이 되었으며 어린 아들이 어머니 위에 군림하는 악습을 낳았다.

오늘부터 여성들은 오전 10시에 시작하는 집회에 참석하고 남자들은 저녁에 집회를 가진다. 초등학교도 부흥의 불길에 사로잡혔다. 중고등학교와 대학교에는 불길이 아직 계속되고 있다.[48]

사디의 고백

사디는 자신의 죄에 대한 애통함으로 몸부림치며 흐느끼고 바닥을 손바닥으로 내리쳤다. 집회에서 마음의 짐을 털어놓기 전까진 사디는 스스로를 주체하질 못했다. 하나의 죄는 사랑 부족이었다. 교회에서 여자 성도가 숨질 때마다 사람들은 으레 사디가 염을 하겠거니 생각했고, 사디는 이것이 섭섭했다. 사디는 이 의식을 행할 때 사랑 없이 했고 한번은 가기를 거절한 적도 있었다. 다른 죄는 목사에 관해 험담한 것이다. 그리고 다른 사람들이 끔찍한 죄를 고백할 때 바리새인 같은 태도를 취했음을 자백하며 북받치는 마음을 억제하느라 힘겨워 했다. 사디는 또한 믿기 전에 삶 가운데 있던 어두운 행위를 털어놓으며 자기 잘못으로 어머니가 일찍 돌아가신 것 같다고 했다.

사연은 이렇다. 사디가 19살 때 어린 소년 신랑이 죽었다. 곧 친모가 와서 사디를 친정으로 데리고 갔다. 가는 길에 한 마을에 들렀는데, 남자 사촌이 한 무리의 장정들이 옆 마을에서 사디를 보쌈하려고 기다리고 있다고 허위사실을 전하고는 자기 집에 와 숨으라고 했다. 어머니는 그 무리가 두려워 사촌이 시키는 대로 했다. 사촌은 사악한 사람이었고 사디를 억지로 아내 삼았다. 사디는 강제로 사촌과 3개월간 살았다. 후에 사촌이 살인죄로 옥에 갇히자 도망쳤다. 평양까지 길을 찾아왔고 사디를 아끼고 딸처럼 대해주었던 나이든 과부의 집으로 갔다. 3~6개월 후 과부는 사디를 홀아비와 결혼시켰다. 홀아비는 사디를 마음에 들어 했고 곁에 있으라 했다. 그러나 사촌 남편이 몇 달 만에 옥에서 풀려나와 사디의 행방을 알아내 아내를 내놓으라고 했다. 사촌으로 인해 두 내외의 삶은 너무 고달파졌다. 새 남편은 사디에게 떠나라고, 더는 핍박을 못 견디겠다고 했다. 사디는 그 집을 떠났지만 사촌으로부터 벗어나려고 재판소에 갔다. 재판소는 돈 있는 사촌의 말을 들었고 사디는 다시 사촌에게 끌려가게 되었다. 재판소는 사디를 보내주기 전 태형 50대를 때렸다. 수개월 후 사촌은 죽었고, 사디는 다시 자유를 찾아 사랑하는 남편 곁으로 돌아갈 수 있게 되었다. 사디는 너무 마음이 미어진 나머지 이야기를 맺지 못했다. 사디가 느끼기에 그녀의 큰 죄는 노모를 학대하며 백발 할멈이라고 불렀던 것이다. 사디의 어머니는 자신만큼이나 사디에게 임한 불행 앞에 속수무책이었음을 알면서도 말이다.

강신화

강신화[49]는 숭실고등학교를 다니는 청년이다. 교회에서 반나절은 일종의 조수로 일하고 오후엔 학교에 다닌다. 그는 아더의 사무실에서 오래 일했으며 나를 위해 종종 비서 일을 해 주었다. 우린 그를 매우 높이 평가한다. 숭실학당 예배당에서 학생들을 위한 일주일 특별집회가 열렸다. 매일 밤마다 통곡하고 죄를 자

전도부인 사디 김(평양, 1922). 매티 노블에게 11년간 전도부인 훈련을 받은 사디 김이 전도부인 사역 25주년을 기념하여 촬영한 사진이다.

백했고 많은 이가 승리의 함성을 지르고 평안으로 마음이 상쾌해졌다. 그러나 강신화는 내내 잠잠했다. 예배 후 난 신화와 악수를 하며 우리가 그를 얼마나 신뢰하는지를 말하고 마음에 평안이 있냐고 물었다. 강신화는 물에 빠진 사람처럼 내 손을 꽉 움켜잡더니 쉰 목소리로 말했다. "저 괜찮지 않아요." 난 그에게 기도하라고 하며 내가 위해서 기도해주겠다고 했다. 그리고 그가 집에 간 줄 알았는데 조금 있다가 누군가 예배당 바닥 모퉁이에 웅크리고 앉아 애통하며 탄식하는 걸 들었다. 남자들과 학생들이 강신화 주위에 몰려들었고 다시 방 여러 곳에 흩어져 기도했다. 다른 학생들과 청년들도 바닥에 꿇어앉아 그들의 마음을 하나님께 쏟아 부었다.

후에 신화는 약간의 승리를 얻었고 방을 돌아다니며 어떤 사람들에게 악감을 품었음을 고백하고, 성령을 밀어냄으로 성령을 근심케 했던 것을 회개했다. 신화는 나에게 와서 완전히 항복한 자세로 머리를 내 무릎에 파묻고는, 자신이 판매한 주일학교 소책자 부수를 속여서 보고했다면서 나의 용서를 구했다. 그가 자리를 뜨자 우린 모두 집으로 갔다. 아침에 강신화와 그 외 5명이 우리가 자리를 떴던 밤 11시부터 새벽 6시까지 기도했음을 알았다. 그들은 큰 기쁨을 누렸고 남들을 위해 기도하려고 남아 특정 학교와 특정인이 승리를 얻을 때까지 기도하기로 모임을 결성했다. 이 그룹은 이제 너무 즐거워하며 주님의 나라를 위해 특별한 열심을 낸다.

최근 이곳에서 본 중보기도의 권능은 내가 이제껏 목도한 어떤 것보다 경이롭다. 우리는 경이로운 시대를 살고 있다.

1907년 2월 24일

현재까지 경이로운 집회들이 우리 도시의 교회에서 일어났다. 금요일까지 오전엔 특별여성집회를 열었고 오후엔 남성집회를 가졌다. 지난주엔 남성저녁집회만 가졌다. 그러나 이번 주엔 남녀합동으로 저녁집회를 열었다. 매일 각 집회엔 통곡과 죄의 고백이 있었고 죄를 애통하여 흐느끼는 사람들을 목격할 수 있었다. 많은 사람들은 죄에 대한 통회로 뒤로 자빠졌다. 오수잔나(Susanna O)[50]는 여성집회에서 자기 가슴을 두들기며 털썩 주저앉았다. 일어날 힘을 되찾자 수잔나는 팔웰 부인 발치에 엎드려 악감을 품었음을 용서해 달라고 했다. 그리고는 이운성 목사 발치에 납작 엎드렸다. 이 목사는 수잔나를 일으키려 했다. 내가 수잔나를 부축하러 갔지만 내 팔 위로 뻣뻣이 굳은 채로 뒤로 자빠졌다. 그는 재빨리 회복되어 죄 사함을 위해 기도했다. 수잔나는 죄 사함의 평온을 누린 후 기쁨이 넘치는 기독교인이 되었고 다른 여성들을 큰 권능으로 가르쳤다.

3일 전 여학생 집회를 가졌고 많은 소녀들이 죄를 자백하며 엎어졌다. 주님의 영은 우리 학교 여학생들 가운데 경이롭게 역사하고 계시다. 내일은 여학생 집회 마지막 날이다.

정결케 하는 힘이 우리 남학교 전체를 휩쓸었다.

신학반은 금요일에 개강한다. 약 200명의 남자가 출석하며 이들 대부분은 내지에서 온 사람들이다. 깨끗케 하고 충만케 하는 동일한 영이 신학반 학생들 가운데서도 역사하고 있다. 하나님께서 조선에 정금 같은 교회를 만들기 위해 불로 연단하시며 이런 기초들을 마련하고 계심이 얼마나 놀라운지.

물 가지고 날 씻든지, 불 가지고 태우든지,
내 안과 밖 다 닦으사 내 모든 죄 멸하소서

닥터 에스더 박은 이 집회들 가운데 놀랍게도 줄곧 자리를 지키며 너무나도 힘있게 기도한다. 그녀는 엊그제 폐에 내출혈이 있었다.

우리 외국인 사회는 모두 성령 충만의 열매로 새롭고 풍성한 축복을 받았다. 서로 간에 화기애애한 분위기와 온화한 사랑이 있다. 우리 외국인은 조선인들에게 더 가까이 끌리며 그들을 더 잘 이해하게 되었고 조선인은 어느 때보다 우리를 잘 이해하게 되었다.

우리는 수렁 안을 들여다보며 잃어버린 영혼들의 탄식과 신음 소리를 들었다. 그러나 감사하게도 영혼들이 구주를 발견했을 때 승리와 기쁨의 함성 소리가 퍼졌다.

존스 박사는 아시아에서 가장 경이로운 사역이 지금 여기서 진행되고 있다고 했다.

벡 씨가 서울에서 올라와 지난 주 일요일에 우리 집에 묵었다. 벡 씨는 다른 건 안 보고 외국인 기도회만 봐도 평양 사역에 성령이 강림했음을 확신할 거라고 했다. 외국인 기도회는 그에게 깊은 인상을 남겼다. 그는 서울 선교사들도 함께 모여 서로를 위해 기도하고 죄를 고백해야 하며, 그래서 성령께서 서울에도 강한 권능으로 임하는 데 선교사들이 쓰임 받도록 준비되어야 한다고 했다. 일요일 저녁 조선인 예배 후에 벡 씨는 자신을 위해 기도해 달라고 했다. 우린 복된 기도의 시간을 가졌다.

'불이야'

그러나 항상 놀랄 만한 부흥이 일어날 땐 사탄도 자기 왕국을 세우고자 안간힘을 쓴다.

2월 20일 수요일 저녁예배엔 많은 구경꾼이 있었다. 교회는 가득 차고 회중들은 수가 많고 새로 온 사람이 많음에도 불구하고 놀랄 만치 조용했다. 난 갑자기 부인 몇이 후다닥 뒷문을 향해 달리는 걸 보았다. 난 복도로 걸어가 부인들이 자리를 뜨지 못하게 했다. 그러나 이미 큰 무리의 부인들이 우르르 몰려나오며 두 문짝을 밀어대는 바람에 잠긴 문짝이 무너져 내렸다.

아내가 교회에 온 것을 마땅찮게 여긴 한 남자가 밖에서 '불이야' 하고 외쳤던 것이다. 남편은 어떤 방법을 쓰든 아내를 끄집어내야겠다고 생각했던 것이다. 부인들을 제지할 방법은 아무것도 없었다. 남자들이나 지도자들이 미처 사태파악을 하기도 전에 몇 명이 부상당했고 예닐곱 명은 까무러쳤다. 남자 쪽에서 도움의 손길을 뻗쳐 인파를 제치고 부상당한 사람들을 구조하여 교회로 데리고 들어왔고 소생시켰다. 심각한 부상은 없었다. 하지만 얼마간 4명의 아이들과 5~6명의 부인들이 죽은 듯이 교회 바닥에 쓰러져 있었다. 난 감사하게도 한 부인을 군중으로부터 끄집어내 정신을 되찾을 때까지 안고 있었다. 부인의 친척 한 명이 부인을 등에 업고 집으로 데리고 갔다. 교회 안에는 한 부인이 아이가 죽었다고 생각하고 아이를 안은 채 주저앉아 있었다. 난 도우러 갔고 인파로부터 떨어진 곳으로 아이를 데리고 가 물을 달라고 하고 옆 창문을 열었다. 그리고 아이가 소생했다고 느낄 때까지 오랫동안 안고 있었다. 마침내 아이가 신음하더니 울기 시작했다. 그때엔 의사 선생님이 와서 아이가 괜찮을 거라고 했다. 아이 엄마에게 아이를 집에 데려가라고 했으나 엄마는 '전 못 살리고 당신은 살릴 수 있으니 완전히 나을 때까지 안아달라' 고 애원했다. 오! 너무나도 딱한 상황이었다. 이 사건은 우리 교인들에게도 큰 충격이었다. 기독교인들은 대부분 자리를 지키고 있었으며 후에 예배를 마저 드리고 쓰러진 자들의 생명을 구해주신 하나님께 뜨겁게 감사했다.

이 사건이 후에 우리 예배에 어떤 영향을 미칠지 궁금했다. 그러나 하나님께선 이 일도 이김으로 바꾸셨고 예배 출석엔 큰 감소가 없었다. 많은 이가 죽었다는 유언비어가 급속도로 시내에 퍼졌다. 다음날 아침 우리 클래스 리더들이 사망자는 없으며 다친 소수도 회복되었다는 공지문을 붙이고 다녔다.

사건 다음날 아침 난 우리 전도부인 사디와 함께 부상당한 몇 가정을 심방했다. 내가 안아주었던 어린아이는 뛰놀고 있었으며 다른 이들은 회복 중이었다. 가는 곳마다 교회를 비난하지 않고 살려주신 하나님께 감사를 돌렸고 부상자들과 가족들은 이제부터 예수를 믿고 섬기겠다고 말했다.

한 젊은 여인이 팔과 다리와 가슴에 멍이 들었다. 여인은 아기를 안고 있다가 쓰러지면서 정신을 잃었다고 했다. 누군가 일어나라고 부르는 소리가 들렸다. 땅에서 일어나 위로 위로 올라가자 평안과 기쁨이 가득한 영광된 장소가 보였다. 여인은 문득 아기 생각이 들어 아이가 어디 있는지 알고자 했다. 그러나 어떤 큰 존재가 말했다. '아이 일로 두려워하지 말라. 누군가 아이를 받아서 괜찮다. 좀 더 높이 올라와 더 보아라.' 여인은 계속 올라갔고 갈수록 더 환해졌다. 그리고선 이젠 돌아가야 한다는 이야기를 들었다. 눈을 뜨자 교회 안이었고 사람들이 자기를 돌보고 있었다. 여인은 아이에 대해 물었고 즉각 아이를 건네받았다. 여인의 남편은 교회와 기독교인들을 저주할 수도 있었지만 처자식이 멀쩡하다는 사실에 오히려 감사를 돌렸다. 여인은 이젠 예수를 믿지 않을 수 없다고 했다. 그날 아침은 내 일생 최고로 행복한 날이었다. 이런 끔찍한 일 후에, 가는 곳마다 내가 마주친 건 이교도의 입술에서 나온 하나님의 살려주심에 대한 찬양과 기쁨이었다. 확실히 하나님은 모든 일을 자신의 영광을 위해 이김으로 바꾸실 수 있다.

 1907년 2월 28일. 일본군 장교

일본 군대 장교가 그저께 밤 우리 큰 집회에 한번 참석했다. 일본 장교는 조선말을 몰랐지만 성령충만을 받았다. 장교는 수년간 신앙생활을 중단한 상태였다. 장교는 일요일에 조선교회에서 아더에게 세례 받기를 원했다. 무라타 씨가 통역할 것이다. 하나님은 조선과 일본의 기독교인들을 영적 형제로 연합시키고 계신다.

 1907년 3월 22일. 제물포의 대부흥

이운성 목사가 제물포 교회의 요청에 의해 대부흥의 발원지인 평양에 띄운 편지이다.

1907년 3월 22일 밤 적습니다.
오늘밤은 정말 오순절 같습니다. 교회의 남자들은 죄에 대한 슬픔과 애통함을 느낄 뿐 아니라 죄에 대한 승리도 얻었습니다. 그리고 확실히 성령은 집회 중에 계셨고 많은 증인들이 있었습니다. 오늘밤 거듭난 사람들이 너무 많아 제 기쁨은 한이 없습니다. 우리는 기쁨이 차고 넘쳐 벅찬 마음으로 많은 찬양을 불렀습니다.
청일전쟁 전에 남편에 대해 은밀하게 죄를 저지르고 이제껏 숨겨온 여인이 죄를 자백했습니다. 다른 이들도 죄 가운데 남에게 취한 것을 되돌려주었습니다. 이 사람들은 성령을 받았고 다른 많은 사람들은 성령으로 충만했습니다.
당신이 우리를 위해 기도한다는 사실이 너무 감사합니다. 여기 교회 전체를 위해 기도해주시고 이 세 남자들을 위해 기도해 주시고 이 부흥을 인도하려고 애쓰는 우리 두 사람을 위해 더욱 더 많이 기도해 주십시오.
오늘밤은 진실로 축복의 밤이었습니다. 평양의 교인들에게 이 교회와 우리를 위해 기도해 달라고 해주십시오.

_이 운성 또는 운성 이 (공주)

1907년 4월 22일. 공주의 대부흥

1907년 대부흥 시기에 공주에서 강신화와 고종철이 보낸 편지다. 공주의 외국인 선교사들은 부흥의 산실인 평양에서 직접 지원을 해줄 것을 청한 바 있어, 두 사람은 공주 교회를 지원하기 위해 파견되었다.

사랑하는 목사 및 관할 장로님 노블 목사님께,

첫째, 안부를 전합니다.
둘째, 이곳 상황에 대해 적습니다.
성삼위일체를 통해 은혜를 받고 계십니까? 돌아가는 뱃길은 평안하셨습니까? 사역에 큰 축복을 누리고 계십니까?
당신의 아우들인 우리 고종철과 강신화는 하나님의 은혜로 평안히 도착했습니다. 이곳엔 큰 기쁨이 있고 주요 사건들을 적습니다.
당신께 작별인사를 한 후 서울에서 일요일을 보냈습니다. 오전에 정동[제일]교회에서 존스(G. H. Jones) 박사님을 만났고 정동의 많은 크리스천들에게 공주 사역을 위해 기도해 달라고 부탁했습니다. 그리고 일요일 밤 상동교회에서 스크랜턴 박사님께 예배 중에 성도들에게 공주를 위해 기도부탁해 주십사 청했습니다. 그날 밤 우리는 상동교회에서 설교했고 사람들은 큰 관심을 보였습니다.

월요일에 기차를 타고 공주로 떠났지만 당일에 도착하진 못했고 다음날에야 도보로 여행을 마칠 수 있었습니다.

당신께서 말씀하신 그대로였습니다. 그곳에서의 첫 번째 예배를 드리는데 많은 양반층이 있었고 스웨어러(W.C. Swearer) 씨는 수주간 집회를 열었지만 부흥이 아니라 늘어진 모임들이었으며 참석자의 열정에 불을 지피려고 노력 중이라고 했습니다. 그 후 제물포에서 온 안창호 형제가 우리에게 와서 공주에서 이미 부흥회를 가졌다고 말했습니다. 우리는 그 보고에 대해 석연치 않은 구석이 있었지만 모든 노력을 다 기울였습니다. 며칠 동안 밤낮으로 쉼 없이 하나님의 권능이 이 궁핍한 도시에 임하기를 기도했습니다. 매일 하루 세 번 기도회를 가졌고 영(靈)이 인도하시는 대로 열심히 권면했습니다.

우린 이틀간 설교를 하면서, 사람들의 마음이 강퍅하며 죄를 애통해하지 않음을 느꼈습니다. 마음이 높은 양반들은 이틀 이상 버티지 못했고 강퍅한 마음들이 죄를 자복했습니다. 이곳 교회의 권면자들과 지도자들은 서로 질투하며 증오하는 듯했고 교회는 부패해 가고 있어 보는 이에게 안타까움을 주었습니다. 우리는 모두 성령이 그들의 마음을 꿰뚫기를 기도했고 그들이 죄의 처참한 실상을 보길 원했습니다. 죄의 실상은 강력하게 드러났습니다. 평양에서보다 더 큰 회복이 있었습니다. 그들은 모든 증오와 미움을 내려놓고 여러 방식으로 회복을 도모했기 때문입니다. 서로서로 죄를 자백했고 남에게 사기 친 사람은 사기 당한 자에게 돈을 물어주었고 도둑질한 사람은 훔친 모든 물건에 상응하는 가치를 지불했으며 진실치 못했던 모든 행사를 주님 앞에 올렸습니다.

그들은 남녀 간에 존재했던 악을 주님 앞에 발가벗겼습니다. 어떤 여자들은 저속한 죄를 자복하여 남편의 용서를 얻었고, 어떤 남자들은 불의한 죄를 고백하여 아내들의 용서를 얻었습니다. 세상에 알려지지 않았으나 사람과 하나님 앞에 파헤쳐진 그 모든 죄의 깊음. 용서를 간구하며 밤낮없이 드려진 그 기도들. 5일간 고단하고 두렵고 힘겨운 길을 통과했으며 죄가 사해지는 기쁨을 목격하는 체험을 했습니다. 모두 지극한 기쁨 속에 있습니다.

그 교회의 모든 지도자들은 평안과 기쁨을 얻었고 그들의 모든 부족함과 죄는 사람들 앞에 자백되었습니다. 이제 형제들 간에는 사랑뿐이며 모든 재물을 똑같이 나누던 사도시대를 떠올리게 합니다. 우리가 낙심한 사람들을 주님과 기쁨 앞으로 되찾아오는 특권을 누린 것을 큰 축복으로 여깁니다.

모든 크리스천들은 우리가 여기 온 것과 하나님의 은혜로 이 대부흥으로 그들을 인도한 것에 대해 감사한 마음이 가득합니다.

우리가 이곳을 떠나기 4일 전 스웨어러 씨는 공주 남쪽 마을 사람들에게 전도하러 떠났고 윌리엄즈 씨는 앓고 있는 아내를 보러 제물포로 떠났습니다.

이 부흥회에서 거듭난 사람들의 수는 매우 많습니다.

이 부흥 전에 공부하러 지방회 전역에서 모여든 성경반 리더들은 계속 남아 큰 축복을 받았으며 부흥회 막바지에 지방회 전역에 불을 지피고자 열정적으로 출발했습니다. 부흥의 역사가 압도적이었으며 극복하지 못한 문제가 없음을 인해 하나님을 찬양합니다. 오늘밤 우리는 마지막 집회를 가질 것이며 찬양예배로 드릴 것입니다.

금번에 우리와 이 사람들에게 임한 경이로운 은혜에 대해 다 적진 못하지만 성령을 통해 이루어진 사역 몇 가지만 적었습니다. 이것 외엔 드릴 말씀이 없습니다. 낡은 공주가 새 공주가 되었으며 우리는 거듭하여 감사를 하나님께 돌립니다.

김[창식]목사님과 이[운성]목사님이 아직 상해에 같이 계시다면 이 편지의 중요한 부분을 전달해주십시오. 이 좋은 소식에 관심이 있을 만한 다른 사람들에게도요.

이곳에서 이용주 리더는 스웨어러 씨에 대한 죄와 다른 많은 죄를 고백했으나 용서를 얻고 새 사람이 되었습니다. 다른 권면자들 역시 깊이 애통하며 죄를 고백하고 그리스도 예수 안에서 새 피조물이 되었습니다.

초등학교와 중등학교도 새롭게 되었습니다.

성령이 우리의 소중한 평양에 머무르시길, 우리 아버지께서 늘 당신을 보호하시고 상해에서 평안 가운데 돌아오시길 기도합니다. 아멘. 상해에 편지를 더 보내진 못할 것 같으나 곧 뵐 수 있으리라 믿습니다.

1907년 4월 22일 공주에서
_당신의 형제 (서명) 강신화, (서명) 고종철

1907년 5월 5일. 어떤 편견

 올 봄 우리 집엔 평양에 잠시 들리는 손님들이 아주 많이 왔다. 그 중 한 부부가 예일대 심리학과 교수인 래드(G. T. Ladd) 박사51와 그의 아내이다. 레드 박사는 일본의 초대를 받아 게스트로 여행 중이며 미국 출국 이래 일체의 여행경비는 일본에서 지급한다. 일정 중에 그는 이토 총독의 초청을 받아 두어 달간 조선에 머물며 자주 강연을 한다. 그는 교육과 도덕성 함양 목적으로 내한했다고 한다! 부부는 얼마나 일본과 일본인에 흠뻑 빠져 있는지 일본인들이 바라는 대로 일본인의 모든 편견을 다 수용할 정도이다. 일본인들이 조선에서 자행한 큰 불의에 대해 가볍게 한마디 했는데, 래드 부인은 이렇게 대꾸했다. "제 진심을 말씀 드리자면, 전 그 이야기를 믿지 않아요." 그게 조선에 있는 동안 그들의 일관된 자세였고 지금도 변함없다.

 아더는 상하이 연례회의에 참석하느라 집에 없다. 그는 변화와 휴식을 절실히 필요로 하는 상태였으므로 우린 그가 상하이에 가게 되어 매우 기뻤다. 회의들은 대단하고 그 도시는 서양 도시와 매우 흡사하다. 아더는 동행한 이운성 목사의 여행경비 절반을, 김창식 목사의 경비 3분의 1을 부담했다. 두 현지인 목회자들은 해외에 나가기는 이번이 처음이라 우린 모두 상하이 여행이 이들에게 감화를 끼칠 뿐 아니라 교육적인 효과도 있으리라 생각했다. 로제타 홀 박사는 김창식 목사도 보내길 원했고 김 목사가 3분의 1을 자비부담하고 노블 씨가 3분의 1을 부담하면 자신이 3분의 1을 내겠다고 했다. 이운성 목사는 경비의 절반을 자비로 부담하도록 했다.

매일 열리는 우리 외국인 기도회는 아직 계속되고 있으며 참석자들에게 큰 축복이 되고 있다. 난 매일 가진 못하나 며칠에 한 번씩 간다.

12장

안으로는 다툼이요

Journals of Mattie Wilcox Noble

 1907년 7월 8일. 교회 내 큰 소동, 그리고 분열

7월 28일 아이들과 나는 연회(年會)에서 아더보다 하루 일찍 집으로 돌아왔다. 집에 손님 몇 분이 오셔서 미리 집안 정리를 해야 했기 때문이었다. 아더와 함께 온 윌슨 감독과 조선 남감리교회 총무 램버스(W. R. Lambouth) 박사는 우리 집 손님이었고, 혼다 감독은 팔웰 박사네 손님이었으며, 저다인(J. L. Gerdine) 씨와 윤치호[52] 씨는 무어 씨 손님이었다. 일요일 아침 모든 손님들은 이제까지 우리를 통해 눈부신 보고를 들었던 우리 교회에 방문했다. 내빈들에게 우리 교인들을 보여주는 건 기쁨이었다.

그러나 예배가 시작되자마자 남자 좌석 쪽에서 소란이 일어났다. 남녀 분리막 저편에서 고함, 흐느낌, 윽박지르는 소리가 났다. 우리 여자들은 처음엔 미친 남자가 있겠거니 했지만 소란은 계속되고 중단되질 않았다. 아더는 찬양을 하며 예배를 이어가려 했고 우리는 미친 사람보다 더 심각한 일이 일어났다고 판단했다. 남자 몇 명이 예배를 중단시키며 아더에게 닥터 팔웰이 악한 사람이라고 공개 선언하라고 요구하는 걸 알았다. 그들은 공공연한 소요로 닥터 팔웰에 대한 판결을 얻어내려 했다. 아더는 이에 대해 사전에 들은 바가 전혀 없었으나 신뢰하는 조수들을 통해 점차로 사태를 파악했다.

닥터 팔웰은 담장 너머로 땅 한 뙈기를 소유하고 있었다. 소위 기독교인이라는 조선인이 닥터 팔웰의 소유지 옆에 땅을 샀다. 그는 진흙집을 짓기 시작했고 닥터의 땅을 넘어 들어오더니 큰 부분을 차지해버렸다. 닥터 팔웰은 자기 땅에 집을 짓지 말라고 했고 이 사람이 말썽을 일으킬 것 같자 그 땅을 산 값의 1.5배로 매입하겠다고 제의했다. 그는 합의하지 않았다. 그는 닥터가 서울에 간 사이에 닥터의 땅 위에 집 기초를 닦아버렸다. 닥터는 군수에게 가서 누구의 땅인지 결정해 주고 자기 땅이라면 침범하지 못하게 해 달라고 요청했다. 우리 교회엔 형제가 다른 형제에게 문제가 있으면 교회 위원회에 회부해야지 법적 소송을 하면 안 된다는 법규가 있다. 사람들은 닥터 팔웰에게 불리한 건수를 잡았다고 느꼈고 그가 한 일을 과장하였다. 그리고 관할 장로에게 조용히 문제를 가지고 가 교회 재판을 요청하지 않고 교회에서 민란을 일으키는 방법을 택했다.

성도들이 찬송하러 일어섰을 때 분쟁당사자의 형제가 여자 자리로 달려왔다. 그는 교회에 죄악이 있고 예배하기 전에 죄악을 제거해야 한다면서 "찬송 그만해요, 예배 그만해요." 하고 고함을 질렀다. 그의 손짓과 고함에 놀란 부인과 소녀들은 문 쪽으로 달음질쳤다. 여자들은 아직도 그가 미친 사람이라 생각하고 두려워했던 것이다. 부인 지도자들과 우리 외국인 부인들은 여자들을 다시 착석시키고 조용히 시켰다. 아더가 간절하고 수려한 청원 기도를 드리는 동안 남자들 몇이 다시 일어나 문제가 있다고 소리 지르며 예배를 중단하라고 소동을 부렸다.

난 남자 쪽으로 살짝 빠져나가 그들이 앞에 가서 무릎 꿇도록 했지만 모두 소용없었다. 난폭해지기 시작한 사람 하나를 현지인 클래스 리더들이 조용히 시켰으며 모두들 큰 인내심을 발휘하며 일을 처리하였다. 윤치호가 램버스 박사 통역을 하기 위해 거기 있었다. 그는 아더에게 발언권을 요청했다. 윤치호는 그들에게 부끄러운 줄 알라며 진정시켰다. 다시 예배가 시작되었고 조용히 진행되었다. [예배 후] 여자들은 친근히 인사했지만 남자들이 논의하도록 여자들을 서둘러 내보내야 했다. 리더들만 남도록 청했지만 어떤 사람들이 문을 걸고 남자들을 모두 안에 남아 있게 했다. 윤치호는 다시 그들에게 탁월한 메시지를 전했고, 자신도 그들과 같이 미천한 조선인인데 이제 다시금 그들이 세계에 조선 민족성을 존중하지 못할 사건을 보여주었다고 했다. (윤치호는 많은 조선인처럼 어디에 내놔도 가장 고고한 인품을 가진 사람일 것이다.)

그 남자들은 아더에게 팔웰을 즉각 정죄하라고 요구했다. 아더는 문제를 먼저 검토해봐야겠다고 했다. 오후에 그들은 아더에게 사람을 보내 남자 주일학교에 오라고 했다. 아더는 갔지만 사건을 신중히 검토할 기회는 갖지 못했다. 아더가 즉각 판단을 내리지 않고 기다리라고 하자 다수파였던 이들은 나가서 따로 교회를 세우겠으며 조선인 민간인 소유였던 숭실중학교 건물에서 바로 일요일 저녁부터 시작하겠다고 했다. 많은 수가 그곳으로 갔지만 우리에겐 아직도 신실한 성도들이 꽤 많이 있었다. 윤치호는 그들에게 훌륭한 설교를 했다.

일요일 아침 그 야단법석 후에 한 남자가 앞으로 나와 결신자로 이름을 올렸다.

그 다음 주는 먹구름이 가득하였고 우리 마음은 매우 무거웠다. 그래도 하나님의 사랑의 햇살에 시선을 두며 '그가 모든 일을 제대로 하심'과 '하나님을 사랑하는 자에게는 모든 것이 합력하여 선을 이루는 것'을 신뢰하였다.

불평하는 그룹은 이운성 목사가 그들과 동조하리라 믿었다. 이 목사는 아직 서울에서 돌아오지 않았다. 우리는 그가 돌아오기를 애타게 기다렸다. 그러나 그가 과연 교회와 선교사들에게 진실되게 행할지 의심하는 이들도 있었다.

월요일 아침 닥터 팔웰은 처음부터 교회 재판을 하지 않은 점에서 자신이 잘못을 저질렀으며 반대편에서 위원회를 선임하길 바란다고 했다. 아더는 그들에게 와서 진상조사를 하지 않겠냐고 물었으나 그들은 아무 일도 하지 않을 것이며 용서의 시효는 이미 지나버렸다고 했다. 닥터 팔웰은 집을 지은 사람의 형제가 법석을 떨고 교회에서 소란을 주동했으므로 그 형제를 찾아가 둘의 용서를 구했으나 그들은 들으려고도 하지 않았다.

이운성 목사는 화요일 밤에 왔다. 양측에서 많은 사람들이 그를 만나러 갔고 불만을 토로하였다. 이 목사는 사람들이 자유롭기를 원하지만 수년간 성서 번역자나 훌륭한 학자들을 접할 수 없을 것이라는 점 등을 들며 사랑하는 선교사들을 떠날 근거가 없음을 강조했다. 그는 말했다. "나는 근 10년간 노블 씨와 함께했고 배웠으며, 앞으로도 그의 곁에 있을 것이다." 우리는 모두 기뻐했다. 그는 믿었던 대로 신실했고 의리를 지켰다.

수요일 밤 이운성 목사가 기도 모임을 인도했다. 평소 출석인원의 절반이 왔지만 그들은 진실한 크리스천들이었다. 교회 편에 선 사람들은 다른 편에서 심한 욕설과 박해를 받았다. 심방하며 가르치고 기도하며 마음을 예수께 돌리려고 해도 전혀 들으려 하질 않았다. 나의 신실한 전도부인 사디와 우리 조수 강신화는 돈을 받는다고 조롱거리가 되었다. 사람들은 이렇게 비아냥댔다. "물론 당신들은 외국인들한테 월급을 받으니 우리 독립을 위해 우리 편에 서지 않겠지. 돈 받는 하수인들이나 그들 편이지. 당신들은 우리 편에 오라고 부르지도 않겠소."

실상은 다수의 충성되고 사랑 많은 크리스천들이 우리에게 와서 위로하고 예배에 참석하였다. 주중 매일 오후 3시에 작은 기도모임을 가지고 성령께서 그의 사람들에게 임하기를 간구했다.

수년간 매우 신실하게 신앙생활을 한 조선 부인 해리엇이 어느 날 우리 집 앞을 지나갔다. 나는 그녀가 우리를 떠났지만 그녀와 이야기하길 원했고 그를 계속 사랑함을 확증시켜주고자 했다. 그리고 떠난 이유를 듣고 해명하여 마음을 되돌리려 했다. 나는 그녀에게 들어오라고 했고 우린 흉금 없이 이야기를 나눴다. 나는 그녀에게 내 마음을 보여주었고 함께 기도했다. 그녀가 댄 모든 이유에 대해 진실과 사랑으로 답했고 그녀는 내가 각 사람과 이야기를 나누면 모두들 다시 돌아올 것이나 혼자서는 돌아올 용기가 없다고 했다. 그녀는 곧바로 집으로 갔고 이번 교회 분열의 리더였던 자기 아들들에게 가서 내가 완전히 변심했으며 그들을 더 이상 사랑하지 않는다고, 없는 말을 전했다. 나는 그 자리에 있었던 신실한 사람으로부터 이 이야기를 들었다. 사단은 주인으로부터 떨어져 쉬고 있는 무리를 발견하고 그 속에 들어가 자신의 생각으로 채워 넣은 듯하다.

우리 교회가 확고하며 번창할 것을 안다. 그러나 우리 사람들 중 한 무리가 고매한 수준에서 떨어져 분노, 증오, 용서하지 않는 마음의 깔때기가 된 것을 지켜보는 건 매우 힘겨운 일이다.

 1907년 7월 9일. 위로와 격려

일요일엔 하루 종일 비가 내렸다. 비 내리는 일요일 치고는 출석률이 좋았다. 신실한 사람들은 나오려고 특별히 더 애를 썼다. 제단엔 4명의 결신자가 나왔다.

램버스 박사는 자기 생각엔 이런 일이 없이 수년간 지내왔다는 것이 놀랍다고 했다. 그는 중국과 일본에서 교회가 둘로 쪼개지는 것을 여러 번 보았고 우리의 성장이 경이롭다고 했다.

우리는 프리맨 판사님과 부인에게 이런 일을 보여드려 송구스럽다고 했다. 그들은 아니라며 선교사들이 감내할 일이 어떤 건지 더 잘 '알게' 되었다고 했다. 그리고 이것이 여기에서 이루어진 탄탄한 영적 사역과 전혀 모순되지 않는다고 했다.

난 오늘 15명 정도가 다시는 우리 교회에 나오지 않겠다고 맹세를 했으며 그 사실을 혈서(血書)로 남겼다는 사실을 알았다. 그러나 이 목사와 다른 이들은 다수는 모두 돌아올 것이라고 했다. 우리도 그럴 것이라 믿는다.

1907년 7월 13일. 사랑이 끝내 이기다

이 가엾은 사람들은 아직도 팔웰 박사에 대해 말하고 있으나 한동안 진노는 아더에게로 분출되는 듯했다. 아더는 조선인들이 책임을 맡을 정도로 실력을 겸비하도록 노력했고 현지인의 손에 점점 더 많은 권한을 이양한다는 스크랜턴 박사의 모델을 따르려고 많이 애썼다. 그러나 믿었던 현지 목사는 신뢰에 못 미침이 드러났고 이제 그들은 아더가 자의적이며 팔웰 박사 편을 든다고 한다. 그러나 아더는 진상을 조사하자마자 그들에게 사실을 밝혔다. 현실 인식을 못하는 이 불쌍한 사람들은 자유를 원했다. 그들이 내동댕이친 사람들이 가장 가까운 친구들이며 그들의 친혈육보다 더 그들이 잘 되는 데 관심을 갖고 있는 이들임을 알지 못한 채 말이다.

그저께 이운성 목사가 와서 정황에 대해, 아니 그보다 사람들의 심적 상태에 대해 이야기했다. 그 자신이 우리 기도모임 예배 후에 숭실학당 모임으로 가서 그들 입장의 4가지 오류에 대해 지적했다. 후에 그들은 이 목사를 공격했다. 이 목사도 문제가 있어서 교회 재판을 열어야 할 처지이므로 그의 눈에 비친 세상은 꽤 암담할 것이다. 목사는 우리와 교회에 의리를 지켜 남아 있는 사람들이 나간 사람보다 더 나쁘다고 했다. 그들의 속내는 나간 이들과 같으나 표현할 용기가 없어 우리에겐 이 얼굴, 조선인에겐 저 얼굴, 두 얼굴을 보이는 것이라고 했다. 우리와 교회 곁을 충성스럽게 지키는 사람들이 수백 명이지만, 그들 중엔 불만세력의 판단에 휩쓸리는 이들이 있었다. 실제로 그 영향은 모든 사람들에게 미치는 전염성 불안증 같다. 어떤 이들에겐 영향이 너무 커 그들을 험악하고 추하게 만들고, 문자 그대로 사단에게 붙들린 것처럼 변한 이들도 있다.

많은 이가 떼 지어 교회 주일 오전예배에 가서 선교사를 추방하고 교회를 접수하겠다고 공언했다. 이 목적을 달성하기 위해 폭력도 불사하겠다는 자도 있었다. 우리는 이 모든 소문을 듣고 더 열심히 기도했다. 그들은 팔웰 박사가 물러나고 자신의 행위에 대해 공개 사과를 한다면 모두 돌아오겠다고 했다. 며칠 후 팔웰 박사가 혼자 와서 될 일이 아니고 관할 장로인 아더가 와야 한다고 했다. 이건 단지 주동자들이 너무 일찍 항복하기 싫어 뭔가 무모한 일을 하려는 것에 불과했다. 13일 토요일에 그들 리더 중 한 무리가 이운성 목사 서재에 와서 억지로 그를 끌고 자신들의 리더에게로 데려 가려 했다. 이 목사는 완강히 거절했다. 그들은 김덕수에게 선교사들 옹호하는 일을 그만두라고 으름장을 놓았다. 나의 전도부인은 와서 말했다. "아이고, 부인. 문제를 해결할 방법을 찾을 수 없겠습니까. 더는 못 견디겠어요." 더는 못 견디겠다는 건 우리도 동감이었다. 우리 크리스천들이 예수에 대해 말하고 다니면 사람들은 말한다. "무슨 일이 있어요? 다 얼굴이 지쳐서 쑥 빠졌네. 작년 겨울에 죄를 자백할 때 얼굴들 같아요." 그렇다. 우린 음침한 골짜기를 지나고 있었고 우리가 오랫동안 사랑한 친구들이 우리를 떠나고 있으며 우리의 기쁨이었던 큰 교회가 뒤흔들리고 다수가 흩어졌다. 만일 돌파구가 빨리 보이지 않는다면 절반의 숫자로 다시 시작해야만 했다.

　토요일 저녁이 될 무렵 우리가 신임하는 사람 몇이 와서 말하길, 탈당파 지도자 한 명이 그날 밤 아더가 팔웰 박사와 함께 온다면 다른 사람들과 함께 복귀하겠단다. 아더는 가기로 마음먹고 나도 그들의 교회로 함께 갔다. 나씨가 먼저 다음날 주일학교 준비를 위해 공과교육을 했고 이 목사가 사람들의 마음이 용서하고 사랑할 준비가 되도록 말씀을 전하고 "우리에게 죄 지은 자를 사하여 주옵소서"란 구절을 7번 되풀이하게 했다. 그 후 팔웰 박사가 좋은 메시지를 전하고는 그들에게 과거는 묻어두고 다시 합력하여 하나님 나라의 진전을 위해 일하자고 청했다. 아더는 사랑의 정신에 대해 말씀을 전했다. 이제껏 내가 들은 설교 중 가장 온유한 말씀 중 하나였다. 그는 서로 오해하기가 얼마나 쉬우며 특히 국적이 다를 때 더 그러하다며 예화를 들어 설명했다. 그리곤 그들이 과실임을 깨달은 듯이 번뇌하자 상대방에게 가서 다시 이야기를 나눠 보라고 간청했다.

설교 후에 그들의 지도자인 나씨가 일어나 모두들 교회로 복귀하자고 촉구하며 자기들이 어떤 잘못을 저질렀는지 말했다. 하지만 한 사람은 일어나 "저 사람들의 설교를 못 들어서 우리가 돌아간다고 생각합니까?"라며 나씨에게 항의했다. 팔웰 박사는 일어나서 그 사람에게 용서하고 잊어버리라고 간청했으나 그는 다툼을 원했다. 이운성 목사와 아더는 얘기를 나눈 후 자리를 뜨는 게 좋겠다고 했다. 팔웰, 아더, 나는 방에서 나왔다. 나중에 들은 바에 의하면 풍랑 같은 시간을 보냈고 한동안은 사역의 모든 좋은 영향력들은 죽어버린 것 같아 보였지만 사랑이 끝내 이겼다. 손씨가 이야기하며 돌아오라고 촉구하며 선교사들에 대해 선한 말을 하자 그들은 입 닥치라고 했다. 그러나 적어도 이성은 되찾고 함께 기도했고 하나님의 영이 마음을 움직여 더 이상 버티지 못하게 되었다.

7월 14일 일요일. 방황하던 양들이 집에 돌아왔다. 이 길고 고문 같은 2주 후 우리 교회는 이전처럼 꽉 차보였다. 가장 아름답고 또 지속될 열매는 그들이 잘못을 깨달았다는 것이다. 아더는 교회의 법규와 규례에 관해 가르치는 데 더 많은 시간을 할애하겠다고 했다. 우리는 사람들 마음에 더 다가갈 방법과 수단을 강구해야 했다. 하나님께서는 모든 문제를 이기시고 우리와 사람들을 위한 선(善)을 이루셨다.

3명만 빼고 모두 돌아왔다. 세 명은 일요일 밤 장로교회로 갔다.

1907년 7월 15일. 피할 길을 버신 하나님

교회 사람들은 전체적으로 평안 가운데 있으며 서로 가까워지려고 다시 애쓰고 있다. 그러나 우리는 다시 일촉즉발의 심리적인 화산에서 끔찍한 시간을 보내야 했다. 바로 우리 두 설교자들 간의 문제였고, 이건 더 개인적인 차원의 문제였다. 한 사람이 사역을 포기하고 우리를 떠나며 다른 사역자를 망가뜨리려 했다. 그러나 역시 하나님의 영이 지배하셔서 우리가 사랑하는 설교자를 제지하시고 그 괴로운 마음에 평안이 임하도록 허락하셨다.

사단은 안간힘을 써서 최후의 발악을 하는 듯하다. 모든 사소한 일까지 다 이용하여 파란을 일으키려 했으나 하나님께서 시험과 함께 피할 길도 내셨다.

 1907년 7월 16일. 소요의 원인

아더가 해리스 감독에게 보낸 보고서에 의하면 소요의 원인은 다음과 같다.

우선 이운성 목사와 김창식 목사는 수년간 서로를 질시했으며 지방회에서 사람들의 감정이 나뉘는 결과를 낳았다. 이것이 아마도 이번 사태의 배경이 되었을 것이다.

둘째, 외국인의 지배로 정치, 사회생활에서 겪는 좌절감이 우리에게 화살이 되어 돌아왔다. 우리는 선교사로서 교회는 정치 조직이 될 수 없음을 견지한다.

셋째, 우리 교회의 헌법과 규례에 대해 완전히 숙지하지 못한 큰 무리의 사람들이 유입되었기 때문이다.

넷째, 닥터 팔웰이 토지 분쟁에서 과실을 범했으나 이에 대해서는 충분한 수습조치를 취했다.

다섯째, 혼다 감독의 친구인 도지사(아마 누구인지 아실 거라 생각됩니다)가 조선 북부에서 미국인의 영향력을 약화시키려고 기독교인들을 부추겨 교회 분열 공작을 펴겠다고 공언했다. 도지사와 군수는 이 일에 합세했다.

여섯째, 일본인들은 불만세력을 찾아와 행동하라고 부추겼다. 현지 일본 신문은 이 사건을 열심히 기사화했고 사람들을 자극하려고 단편적인 보도를 했다.

1907년. 이운성 씨의 어린시절

어젯밤 이운성 씨를 저녁식사에 초대하였다. 그의 접시 밑엔 큰 액수의 수표가 놓여 있었다. 우리 선교회의 모든 남녀가 이곳에서 7년간 섬긴 것에 대한 감사의 표시로 준비한 이별 선물이었다. 이 목사는 가슴 깊이 우러나오는, 웃음보다는 눈물에 더 가까운 감사를 표했다.

저녁식사 때 이 목사는 어린 시절 자신의 집안 이야기를 들려주며 할머니 이야기부터 꺼냈다. 이 집안은 양반 계층이었다. 할머니의 목소리는 따뜻하고 나지막했으며 접하는 사람 누구에게나 선한 영향력을 많이 끼쳤다. 할머니는 다스리는 데도 큰 은사가 있었다. 집안사람들은 할머니에 대한 사랑과 그 능력에 대한 깊은 존경심에서 할머니의 뜻을 따랐다. 할머니는 가난한 사람들에게 많은 선물을 베풀었다. 할머니의 후덕함은 널리 알려진 바라 시골을 누비는 도적떼들도 그 마을과 할머니 집안사람은 괴롭힌 적이 없었다. 한번은 이운성 씨가 18살 때 즈음 도적떼에게 붙들린 일이 있었다. 도적들은 이씨를 넘어뜨리고 칼로 팔을 베었다. 노략물을 뒤지면서 어디서 왔냐고 묻길래 마을 이름을 말하자 도적들은 이씨의 이름을 물었다. 이씨가 답하자 도둑들은 놀라는 눈치로 아버지의 이름을 물었고 이씨의 할머니가 누구인줄 알게 되자 즉각 풀어주었다. 그리곤 돈은 필요 없고 할머니한테 속한 사람은 해할 수 없다면서 우두머리가 이씨의 팔을 결박한 채로 집에 보냈다. 그는 아직도 팔에 그때의 상처를 지니고 있다. 이씨는 할머니의 덕으로 몇 번 도움을 받았다고 했다. 가족 중 유력한 사람들이 할머니의 남다른 후덕함과 선한 영향력을 높이 평가하여 조정에 알렸고, 조정에서는 할머니에게 훈장과 작위를 하사했다. 작위명은 '존경받고 순전한 사람'이란 뜻이다. 할머니의 큰 덕으로 인해, 또 할머니를 기리기 위해, 조정에서는 남편에게 벼슬을 하사하였다.

조선의 진귀한 풍습 중 하나는 청년이나 남녀 아이가 일종의 의례를 거쳐 자신들이 매우 사랑하고 존경하는 부부의 아들과 딸로 자칭하는 것이다. 30명의 청년이 이씨 부인 또는 이씨 할머니의 아들이 되길 자청하였다. 할머니가 돌아가시자 이 30명 전부 직계가족과 함께 상복을 입었다. 수마일 떨어진 곳의 거지들도 와서 운구를 뒤따르며 할머니로부터 너무 많은 걸 받았다면서 애정의 표시로 각각 고운 잔디 한 바구니씩을 가져와 무덤에 심었다.

할아버지가 돌아가시던 당시 42명의 아들딸, 며느리, 사위, 손자손녀들이 살아 있었다. 할머니는 가족 모두에게 쓰기와 읽기를 가르쳐 남자아이들은 학교에 가 선생님의 별다른 도움 없이도 쉽게 중국 고전을 익힐 수 있었다. 집에선 큰 사발에 밥을 먹었고, 할머니의 세련된 방식을 따라 귀족적인 분위기에서 식사했다.

이씨 아버지의 형제 중 한 명에게는 재주 많고 인물 좋은 외아들이 있었다. 이 외아들이 12살에 죽자 도무지 부모를 위로할 방법이 없었다. 이씨 아버지는 이들의 슬픔을 차마 더 볼 수 없어 아들을 여읜 어머니에게 말했다. "그렇게 슬퍼하지 마시오. 자식이 없고 나이도 많이 들었습니다. 정을 쏟을 젊은 사람이 있어야지 안 그러면 죽을 때까지 슬퍼하겠소. 시댁 형제자매의 아들 중 아무나 한 명 고르시면 그 아들을 드리도록 하겠습니다." 그녀는 '운성이'를 골랐다. 아버지는 사전에 어머니와 상의하지 않고 아들을 내주었다. 어머니는 아들을 내놓는 걸 못 견뎌했으나 남편의 약속에 복종할 수밖에 없었다. 이운성은 집에서 30릿길 되는 집으로 옮겨갔다. 때때로 어머니는 걸어서 운성이가 입적된 집 대문 밖을 서성였다. 혹시 아들이 나와 보지 않을까 하면서. 어머니는 슬픔으로 몸져누웠고 다른 아들은 누구도 어머니에게 음식을 먹일 수 없었다. 어머니는 늘 운성이를 생각했다. 이운성이 어머니를 뵈러 집으로 오자 어머니는 아들의 목소리를 듣고 조금 숟가락을 들었다. 이씨는 북받쳐 오르는 감정 때문에 당시의 이야기를 더 잇질 못했다. 내가 당시 그가 몇 살이었냐고 묻자 열여섯이라고 했다. 어머니는 그때 세상을 떠났다.

여섯 아들과 세 딸 중 지금 살아남은 건 딸 하나와 이씨뿐이라고 한다. 조상이름을 받은 손자들 중에서 이씨의 어린 아들 노마만 살아있는데, 노마는 폐병에 걸릴 위험에 처해 있다.

우리 교회 사람들 모두 그 삶을 들여다보면 슬프고 비극적인 장면들이 있다.

1907년 8월 24일

교회의 회복 후에 이운성 씨가 다시 뒷걸음질 쳤고, 우린 다시 잃어버린 양으로 인해 맘고생을 했다. 우린 이씨를 포기할 수도 없고, 포기할 생각도 없었으므로 그를 위해 기도했고 그에게 애원하였다. 그리고 어느 날 주님께선 우리의 기도를 응답하셔서 이운성은 돌아왔고 구원받았다. 그러나 너무 멀리 엇나갔던 고로 이운성의 친구들이 악한 마귀에게 이용당해 이씨를 다시 끌어들이려 돌아왔다. 이씨는 3주간 교회 출석을 안했고 우리를 방문하지도 않았다. 이씨의 부유한 옛 친구 중 하나가(기독교인 행세를 했지만 비기독교적인 행태를 끊지 않아 결코 세례는 받지 못한 사람) 이운성 씨를 곤경에 빠트리고 자기 새어머니의 재산을 가로채려고 악마적인 계략을 꾸몄다.

이한당은 선량한 기독교인 남성이자 평양에서 손꼽는 갑부였다. 지난 겨울 이씨가 신앙을 가진 채 숨졌고 재산 대부분을 아내에게 남겨주었다. 아내는 원래 기생이었다가 이한당의 첩이 되었는데, 본처가 죽자 아내의 지위를 물려받았다. 두 내외는 교회에 입교했고 인망이 두터웠다. 이한당은 이운성 씨의 각별한 친구였다. 이한당은 숨지면서 아내에게 어려운 사업상의 제의는 자기가 이 목사와 상의하여 도움을 받았듯이 이 목사와 상의하라고 했다. 아들 이보현은 새어머니를 질투했고 그녀의 돈을 원했다. 아들은 어머니의 범죄가 드러나면 집에서 내쫓아 재산을 몰수할 수 있는 조선의 풍습이 있음을 알았다. 어느 날 이 목사가 교회 리더들을 심방하지 않을 때 이한당 부인은 사업상의 문제가 있으니 와서 조언을 해 달라고 전갈을 보냈다. 두 번을 가지 못하다가 어느 날 저녁 9시에 데리러 온 심부름꾼과 같이 가게 됐다. 이 목사는 심부름꾼 소년이 곁에 서 있는 채로 과부와 서서 이야기를 나누고 있었다. 이보현은 이 목사가 거기 있다는 사실을 듣고 기회를 잡았음을 알았다. 이보현은 가만히 자신의 면발 사업체에서 기숙하는 장정 15~20명을 데리고 가 새어머니와 이 목사가 있는 집 대문 안으로 들여보냈다. 그들은 이 목사를 붙잡고 매질하기 시작했다. 우리가 듣기론 밤 9시부터 새벽 2시까지 매질은 계속됐다. 그들은 이 목사에게 과부와 범죄를 저질렀다는 내용의 각서에 억지로 서명하라고 했다. 하지만 이 목사는 자신은 결백하니 그들이 죽여도 서명할 수는 없다고 했다. 다만 이번 방문은 과실을 저지른 것임을 인정하는 각서는 쓰겠다고 했다.

물론 이로부터 여러 가지 이야기가 피어올랐고 교회 재판을 열어야 했다. 우린 대동강에 뱃놀이 중이었는데 베커 씨가 아더에게 집으로 돌아오라고 전갈을 보냈다. 우린 내려갔고 아더는 현지 목회자 몇 명을 불러 진상조사를 했다. 목회자들은 이 목사와 과부가 완전 결백함을 입증했으며 이보현에 관해선 위와 같은 사실이 드러났다. 그날 밤 이보현은 이 목사를 구타하는 와중에 새어머니를 내쫓고 자신이 새로 들인 첩 한 명을 새어머니 방에 들어앉혔다. 새어머니는 두 어린 아들과 함께 친정으로 갔다.

이씨의 결백이 알려지기까지 우린 또 혹독한 시간을 보내야만 했다. 이 목사 자신은 이 사건이 공주의 부임지로 곧장, 흔쾌히 가지 않고 불순종하여 벌을 받은 거라고, 하나님의 섭리라고 했다. 이 목사는 8월 8일 저녁 기도모임에서 겸허한 간증을 하며 금지된 곁길로 멀리 엇나갔으나, 이젠 하나님께서 이렇게 자기처럼 연약하고 누추한 사람도 쓰신다면 하나님께서 두시는 어느 곳에서나 쓰임 받길 원한다고 했다. 이제 그의 부임지로 가겠냐는 물음엔 "예, 만약 하나님이 공주에서 일하도록 허락하신다면 그러겠습니다"라고 했다. 우린 이 목사에 대한 우리의 모든 시름은 끝났고 그가 기회가 허락하는 대로 공주로 떠나리라 생각하며 또 하나의 강을 건넜다고 믿었다. 이 목사는 신변을 위협하는 이들이 있어 며칠 밤 우리 집에 몸을 피해 있었다. 이 목사가 하나님으로부터 방황하던 때 아내를 버릴 생각을 하여 아내에게 결별의 편지를 썼던 적이 있다. 이 목사가 다시 사역을 맡아 올바른 길로 새출발하려는 준비가 되었을 즈음 아내가 나름의 사연을 가지고 나타났다. 고로 이 목사의 앞엔 그의 죄의 삯인 곤경이 다시 산같이 쌓였다. 일이 어떻게 귀결될지는 아직 모른다.

1907년 9월 27일

이 목사는 아내를 떠나 서울로 갔고 아내에게 나중에 서울로 올라오라고 사람을 보냈다. 그러더니 다시 아내와는 깨끗이 결별하겠다면서 자식인 노마만 데려갔다. 위원회가 결성되어 이 목사 사건을 조사한 후 그에게 목회를 내려놓을 것을 요구했고 이 목사는 순응했다. 이 커다란 실망은 참기 어려울 정도다. 이 목사는 떠나기 전 많은 위선을 부렸다. 그는 다른 데서 돈을 받아 스스로 빚을 갚을 수 있었으면서도 자신의 빚을 대신 갚아준 친구에게 그 사실을 알리지 않았다. 우린 주님께서 유다로 인해 어떤 고통을 당하셨을지 더 많은 것을 알게 되었다.

1907년. 김창식의 사연

20여 년 전 김창식 목사의 누이가 과부가 되었다. 어느 날 누이가 심부름을 하러 거리에 나갔을 때 아내 사냥꾼이 누이를 보쌈해 산으로 끌고 갔다. 가족은 누이를 찾으려고 애썼으나 소용없었다. 누이는 어려서부터 눈이 짓물러 있었다. 형제들은 수년간 눈이 짓무른 여자를 보지 못했냐고 물으며 이 마을 저 마을 찾아 다녔다. 최근 아더와 김씨가 순회여행을 하는 중 김씨의 형제가 20년 만에 누이를 찾았다고 했다. 아더와 김씨는 그 산골 마을로 갔고 아더는 김씨를 먼저 들여보냈다. 나중에 남매는 나와서 아더에게 들어오라고 했다. 아더는 그 만남을 결코 잊지 못할 것이라고 했다. 누이는 저녁밥을 먹고 가라며 당장 밥을 지으려고 했다. 그러나 이들은 선약이 있어서 가야만 했다. 누이는 애원했다. "20년 만에 만났는데 나하고 밥도 못 먹니?" 그러나 아더와 김씨는 다시 오겠다고 했다. 누나는 눈물이 그렁한 눈빛으로 먼 곳을 응시하며 그들이 시야에서 사라질 때까지 절구에 콩을 찧으며 서 있었다. 그 이야기를 들으니 내 사랑하는 자매들이 한동안 떠났다가 돌아왔을 때가 떠올랐다. 난 아무 말도 못하고 주섬주섬 손에 일거리를 잡으며 "음, 음."이라고만 했다. 일상적인 말로 담기엔 너무 진한 기쁨이었던 것이다.

 1907년. 크리스마스

올해 교회의 크리스마스 단장은 무대 앞에 세운 큰 아치로 했다. 아치엔 알록달록한 종이꽃을 붙였고 남녀 분리막 위아래에도 종이꽃들을 붙였다. 강대상 양쪽엔 소나무로 꾸몄다. 크리스마스 프로그램은 순전히 조선인들이 진행한 것이며 근사한 프로그램이었다.

크리스마스 프로그램은 다음과 같다.

1. 찬송 "기쁘다 구주 오셨네." - 성도들
2. 기도 - 베커(A. L. Becker) 씨

3. 성경 봉독 – 강씨

4. 중창 – 청년 4명 (베커 부인 지도, 화음을 넣어 찬양)

5. 인사말 – 꼬마 남자아이 두 명

6. 중창 – 약 14명의 여자 어린이들 (루퍼스 인 지도)

7. 어린 여자아이의 암송 (헤이[Hay] 양 지도)

8. 맹인 소녀가 점자로 영어책 낭독 (로제타 홀 부인 지도)

9. 인사말 – 두 명의 남자 유아

10. 7명의 소녀와 미혼 여성들 간의 대화 (노블 부인 지도, "예수를 향한 사모함"과 검정색 의상을 입고 "밤"[Night])

11. 소년 12명의 대화 – 초등학교 (노블 부인 지도)

12. 맹인 소녀 합창

13. 중고등부 소녀들의 대화 (헤인즈[Haynes] 양 지도)

14. 청년 4명 중창 (김역수[Kim Yuksu] 지도)

15. 성도들 다함께 찬양

16. 소년들의 대화 또는 연극 (대본: 노블 부인의 "지혜, 목자들과 양")

17. 성도들 찬양

18. 축도

중고등부 소녀들이 프로그램을 맡아 무대에 오른 건 지난 봄 초등학교 1기 졸업생들을 제외하곤(그게 최초였고 대성공이었다) 이번이 처음이다. 미국에서 교육받고 양장을 하는 닥터 에스더 박을 제외하곤 기혼여성들이 남녀청중 앞에서 무대에 선 건 우리 자매교회에서 처음 있는 일이다. 조선은 여러 방면에서 진정한 진보를 이루고 있다.

크리스마스 밤엔 크리스마스 발표를 몇 차례 했지만 사람을 모으려고 교회 바깥 주변에 등불을 내어달지는 않았다. 작년에 너무 많은 수가 몰려와 예배가 중단되고 모두 착석할 수 없어 이리저리 배회하는 사람들은 집으로 돌려보내야 했다. 이번엔 사람은 많았지만 미어터질 정도는 아니었다.

크리스마스 전날, 우리 외국인들은 과학관에서 축하행사를 가졌다. 선교사 자녀들 모두 프로그램에 참여했고 외국인 교민회가 함께 저녁을 먹었다. 서빙하는 사람들이 음식을 가지고 돌아다녔고 우린 무릎 위 개인접시를 올려놓고 먹었다. 루퍼스 씨가 산타클로스 할아버지였고 번하이젤 씨가 산타클로스 할머니였다. 너무 웃겼다.

우리 집엔 작은 크리스마스 트리를 설치하였다. 밤엔 아이들과 어른들이 여자방 난로 주위 의자에 각자의 스타킹을 걸어두었다. 록웰 부부와 앨리스 그리고 우리 가족이 있었다. 윈드롭 록웰 씨는 팔웰 씨 댁에 기거하였으므로 우리가 록웰 씨에게 준 선물은 트리에 놔두었다. 록웰 가족은 팔웰네 크리스마스 저녁식사에 초대되었지만 팔웰 부인이 편두통이 생겨 우리 집에 그냥 있었다. 우린 록웰 씨를 저녁에 초대하고 각자 접시에 불꽃놀이 폭죽을 놓았다. 각자 자기 자루에서 꺼낸 파티 모자를 써야 했다. 모두 메리 크리스마스를 보냈다.

아침에 조선 부인 한 명이 날 보러 왔다. 부인은 황해도 두무골 출신으로 숭실여자신학교(Women's Union Seminary) 학생이다. 평양의 크리스마스가 재밌었냐는 나의 질문에 부인은 눈물을 글썽이며 답했다. "아, 굉장했어요. 절 여기에 인도해주신 하나님께 계속 찬양을 올렸어요. 그리스도에 대한 아기들의 발표를 듣고, 쓸모없어 내다버릴 짐짝 취급했던 맹인소녀들이 사랑과 인내로 가치 있는 삶을 살고 공공연히 하나님을 찬양하다니요. 나같이 무지몽매한 사람이 이런 구경을 하는 게 감격스러웠어요. 아, 이 멋진 종교에 대해 더 많이 배우고 싶어요. 전 죄인의 괴수였어요. 너무 사악했죠. 남편을 여의고 아홉 살 난 아들 하나 키우는데 하나님께서 아들을 데려가셨어요. 전 하나님을 거역하고(당시엔 하나님을 몰랐지만) 독약을 왕창 먹고 목숨을 끊으려 했어요. 그런데 하나님의 은혜로 죽음의 문턱에서 되돌아왔고 하나님의 사랑을 보고 알게 되었어요. 그리고 여기에 와서 그분에 관해 공부하게 하셨지요. 옛날 제 악함에 대해 생각하면 몸서리가 쳐져요. 종종 제 죄로 슬퍼하고 근심하지만 하나님을 찬양하고 날 구원하심을 찬양할 거예요. 우리 고향의 불쌍하고 어두운 사람들 모두 그분을 알았으면 좋겠어요. 공부하는 게 신나요. 하지만 귀가 너무 둔해 생각들을 받아들이는 데 더뎌요. 그래도 하나님의 은혜로 공부도 쉬워지겠죠. 하나님을 찬양해요."

아, 하나님이 빛으로 인도하시는 어둠의 인생들. 그렇다. 우리의 크리스마스는 행복한 크리스마스다.

 1908년 2월 6일

오늘 아침 조선인 가정 몇 군데를 심방했다. 조선 신년 다섯 번째 날이다. 이교도 가정에서는 오늘 손님이 오면 액운이 온다고 손님을 반기지 않는다. 그리고 집에서 손님이 소변을 보면 곤란과 병마가 일년내내 들끓을 거라고 믿는다. 물론 기독교인들은 오늘도 다른 날처럼 손님을 환영한다. 사디와 난 최근 강도를 만나 손과 다리를 다친 마리아네 집을 심방했다. 그래도 마리아는 모든 재산을 숨겨놓은 비밀장소는 안 들키고 돈은 조금만 털렸다. 마리아는 그 전날 존스 박사 설교 중에 강도에 관한 매우 재밌는 예화를 들었으며 바로 그날 밤 비슷한 경험을 하고 주님께서 그녀와 함께 하셨다고 했다.

다른 곳에선 가난한 여인이 병석에 있었다. 약을 먹었냐고 묻자 지금 상태에선 약을 먹으면 안 된다고 대답했다. 그래서 난 불쌍한 여인들이 임신했을 때 각종 병을 앓으면서도 두려움 때문에 약으로 고통을 덜지 못함을 알게 되었다.

이번 주에 부흥회 집회를 열고 있다. 오늘이 다섯째 날이고 이미 100명에 가까운 결신자가 있었다.

 1908년 2월 11일. 하루 일상

오전 - 하루 가사일을 계획함. 몽고메리 워드(Ward) 회사에 가정에서 사용할 6개월치 물품 주문서를 작성. 전도부인의 방문으로 사역에 관해 논의함.

12시 - 교회에서 집사 임직식에 참석함. 루퍼스가 집사 안수를 함.
2:00~3:15 - 여성 모임을 인도함.
4:00 - 에벌린 베커의 유아세례 참석
저녁 7:00 - 교회 부흥회 예배 참석

 1908년 5월 19일. 이교도의 장례식

끔찍한 장례행렬을 구경하다 막 들어왔다. 감리교 남학교 앞을 지나 서대문을 넘어가는 길이었다. 꼬박 30분간 큰 상여를 멘 상여꾼들이 절반은 뒤로 상여를 끌어당기고 절반은 앞으로 끌어당기며 서로 실랑이를 했다. 성 밖으로 고인을 옮겨가는 불가역에 저항한다는 뜻이었다. 공중의 악령들이 시신을 빼앗으려고 옥신각신하며 어떤 악령은 시신을 놓지 않으려 하고 어떤 악령은 썩도록 내가려 한다는 것이다. 끔찍한 광경이었다. 고용된 기생들이 길게 늘어선 상여꾼 앞과 주위를 빙빙 돌며 춤을 추었다. 운구가 성문에서 뒤로 물러서면 기생들은 뒤에서 춤추고 선두의 상여꾼들이 득세하면 상여 앞에서 춤을 추었다. 한 춤추는 소년 광대가 남자어른의 어깨 위에 줄곧 서 있었다. 모든 상여꾼과 기생들은 휘황찬란한 고깔을 쓰고 있었다. 모두 광대같이 보였다. 둥둥거리는 북과 딸랑거리는 방울과 피리 소리에 취해 모두 악령에 사로잡힌 섬뜩한 모습을 하고 있었다. 남자들의 얼굴은 악마 같았다. 두 개의 작은 빈 의자가 앞장섰다. 고인의 영혼을 실어간다는 가마였다. 고인의 친척이며 대표로 곡을 하는 상복 입은 노인이 손을 관에 얹고 뒤따랐다. 그도 상여와 함께 앞서거니 뒤서거니 했다. 곡하는 사람 중 몇은 가마를 탔고 몇은 말을 탔으며 나머지는 걸어갔다.

1908년 5월 21일. 기자 묘에 가다

기자 묘는 평양에서 남동쪽으로 70릿길이다. 우리 일행은 리 부부와 마일로, 맥멀트리 부부, 스왈렌 씨와 그 집 아이들 올리베트와 윌버, 스눅 양, 스트랭 양, 루퍼스 부부, 크리첼 씨, 베커 씨, 홀맨 양, 헤인즈 양, 그리고 모펫 박사를 방문 중인 청년 하나였다. 웰즈 씨 집에 있는 해럴드와 스콧 웰즈만 빼고 우리 가족은 모두 갔다. 그레첸 존스네도 온가족이 함께 갔다. 우린 오가는 길과 기자묘에서 멋진 시간을 보냈다. 수백 피트가 되는 무덤 안으로 내려갔다. 한 곳엔 밧줄 사다리를 타고 내려갔더니 약 35피트 되는 땅 속 터널이 있었다. 각각 다른 방들이 있었는데 석순과 종유석으로 가득했다. 메아리가 멋지게 울리는 공간이 있었는데, 리 씨는 거기서 노래를 불렀다. 우린 입구의 크고 개방된 동굴에서 한밤을 야영했다. 한 동굴엔 미국 남자들, 다른 동굴엔 미국 여성들, 그리고 세 번째 동굴엔 조선인들이 들어갔다. 산등성이 등산길은 매우 가팔랐다. 스왈렌 씨는 어지러운 나머지 안대로 눈을 가리고 인도자의 손을 잡고 나머지 등반길을 올랐다. 난 정상에 다다르기 전 속이 울렁거렸다. 다음날은 비가 내렸고 우린 집으로 돌아오는 길이었다. 우린 오후 3시 동굴 이

편으로 들어가 오후 5시 30분 동굴 저편으로 나왔다. 저녁을 먹고 7시에 다시 동굴로 돌아가 밤 11시가 되서야 정상에 다다랐다. 가볼 만한 관광지이다.

13장

백만인 운동

Journals of Mattie Wilcox Noble

 1909년 11월. 평양 대부흥 운동

언더우드(H. G. Underwood) 박사[53]의 친구가 조선 복음화를 위해 거액의 돈을 희사했다. 마음 넓은 언더우드 박사는 모든 개신교회가 동참하여 대부흥 운동을 펼친다면 기부금 일부를 개신교회 전체를 위해 내놓겠다고 제의했다. 전국 방방곡곡에서 모여든 인재들이 사역하는 데 드는 비용은 사역을 보조하기 위해 세운 여러 센터에 지급되었다. 운동은 10월 1일 서울에서 발족하여 한 달간 계속되었다. 그간 서울에서만 3천 명이 넘는 영혼이 제단으로 인도되었다. 11월 1일부터는 모든 다른 큰 선교기지에서도 이 운동이 시작되며 예비준비모임이 10월 24일부터 시작되었다. 11월 16일부터는 한국의 다른 모든 교회에서도 사역이 시작될 것이며 전국적으로 지원의 손길을 파송, 교환하고 있다.

평양에서는 준비주간에 빌링스(B.W.Billings)[54] 씨가 5시 30분마다 새벽기도회를 인도했고 출석자는 매일 110~130명 정도 되었다. 저녁엔 스터디 모임을 가졌다.

본격적인 운동은 10월 31일 월요일에 출범하였다. 그날 서울에선 164명이 정동제일교회 제단 앞으로 나왔고 25명이 아펜젤러 드루 기념 예배당 제단으로 나왔다. 다음날엔 정동제일교회는 167명, 아펜젤러 예배당엔 27명이 제단에 나왔다. 오늘밤도 오후에 내린 비로 열악한 도로 사정과 차고 거친 바람에도 불구하고 많은 수가 나왔다. 오전 9시와 오후 2시에 위 교회들에서 자원봉사자 준비기도모임이 열렸다. 모임 후 전도자들은 둘씩 짝지어 가정마다 축호방문을 하려고 배정된 거리로 갔다. 매일 각 집을 두 번 방문하고, 갈 때마다 다른 색깔의 소책자를 전달하고 가르치며, 예수 믿고 교회 밤예배에 참석하라는 초청장을 준다.

4시엔 어린이 모임이 있으며 매일 500명 정도의 어린이들이 모임에 왔다. 교회와 주일학교의 어린이들은 매일 다른 아이들을 데리고 오며 아이뿐 아니라 모든 연령층을 데리고 온다. 청년학생들은 종일 전도하러 다니며 밤에는 색색의 랜턴을 들고 사람들을 교회로 강권하여 데리고 온다. 낮에 교회 오겠다고 약정한 사람들은 저녁에 청년들이 재방문하여 교회로 인도해 온다.

오늘밤 내일 축호전도를 할 사람들 전원에게 초청장이 배부되었는데 저녁 때 새로 회심한 사람들 몇 명이 손을 들어 초청장을 받아갔다. 사방에 열정이 충만하며 이 위대한 기회의 날에 위대한 사역을 돕기 위한 목적으로 많은 희생이 이루어졌다.

9살짜리 소녀는 영혼을 예수께로 인도하러 나갔다가 어느 가게 할아버지에게 권하였다. 노인은 거절하였고 아이는 손을 잡으며 "저하고 교회 가세요"라고 했다. 노인은 다시 거절했고 아이는 너무 실망한 나머지 울음을 터뜨렸다. 마음이 약해진 할아버지는 가게를 가족에게 맡겨놓고 아이와 같이 교회에 갔고 예수를 믿게 되었다.

난 중고등부 학생이나 대학생이 거리에서 믿지 않는 어른과 소년에게 팔을 두르고 예수 믿으라고 강권하며 교회로 발길을 돌리게 하는 걸 보았다. 많은 이들이 나중에 믿겠다고 하나 크리스천들의 논리는 너무 설득력이 있어 오지 않을 수가 없다. 많은 이들이 설교 듣는 게 싫으며 믿지 않겠다고 한다. 하지만 대개 권면자들의 압도적인 사랑과 부단한 노력으로 정복되고 교회로 와 그리스도의 결신자로 이름을 올린다.

부흥회 첫 주에 1,100명의 남녀성인과 어린이들이 결신자로 이름을 올렸다.

이 부흥회 기간 동안 감리교회에서만 1,100명이 넘는 사람이 결신자로 이름을 올렸다.

1909년 11월 15일. 옮겨타는 부흥의 불길

부흥회 주중인 금요일 밤 11월 4일 중국인 유과이 씨가 우리 집에 왔다. 유씨는 캔톤(Canton) 지방회 소속 감리사다. 유 감리사는 캔톤에서 사역하는 10개의 선교회에 의해 조선으로 파송되었다. 목적은 부흥을 연구하고 '백만인 구령운동'을 조사하여 거기에서 열정을 전수받아 캔톤 교회들도 부흥으로 인도하는 것이다. 우린 유 감리사를 접대하는 것을 기쁨으로 여겼으며 사역을 최대한 많이 보여주려고 했다. 그는 평양 교회 몇 군데의 부흥 예배에 참석하여 5일간 머무른 후 사람들의 기도를 받으며 떠났다. 그는 부흥이 휩쓸고 있는 조선의 다른 도시 몇 군데도 방문했다. 평양의 모든 교회에는 지난 10일간의 고된 노력으로 4천여 명의 이름이 교회명부에 결신자로 추가되었고 그 중 1,200명이 감리교도다.

3년이 넘게 지난 대부흥 때 평양의 기독교인들에게 임한 부흥의 불길이 중국 지역으로 옮겨갔고 이제 그곳에서 다시 다른 곳으로 옮겨가리라 믿는다. 우린 이런 경이로운 사역이 우리 가운데 피어나는 것을 보며 우리가 이 일을 감당할 자격이 없음을 느낀다. 부흥은 이곳 선교사들의 특별한 방법이나 특별한 효율성 때문이 아니라 주님의 놀라운 인도하심으로 일어난 사건이다. 상심한 사람들의 마음을 준비시켜 주님의 길르앗 향유를 사모하게끔 하셨기 때문이었다.

몇 주 전 13살의 한 소년이 꾀죄죄한 누더기 차림으로 등에 아기를 둘러업고 평양 어린이 주일학교에 나왔다. 눈빛은 총기로 빛났고 감리사인 난 이 아이가 각별히 돌볼 가치가 있는 보석이라고 느꼈다. 다음 주일 소년은 결석했고 난 담당 교사에게 소년 집에 심방했냐고 물었다. 젊은 교사 청년은 대답했다. "아니요.

한 번 오곤 다신 안 오는 부류예요. 그러니 수고할 필요가 없어요. 이름도 안 적었죠." 나는 실망을 드러내고 교사에게 아이를 찾아서 데리고 오라고 했다. 이제 소년은 매 주일 교회에 온다. 더 이상 지저분한 모습이 아니라 깨끗한 흰 옷을 입고, 머리를 깔끔하게 등 뒤로 땋아 내린 채로 온다. 물론 까르르 웃는 아기를 등에 업은 채로. 둘 다 주님의 귀중한 보석이다.

1910년 2월 23일. 백만인 구령운동[55]

숱한 경이로운 일들이 그칠 새 없이 일어나고 있다. 올해 최고의 사건은 백만인 구령운동이다. 작년 10월 장로교-감리교 연합공의회(General Council)에서 1910년 표어로 채택된 문구는 "백만 영혼을 예수께로"였다. 당시 조선을 방문 중이던 채프만 알렉산더 복음전도단(Chapman-Alexander Evangelistic party)의 로버트 하크니스 씨는 이 구호에 큰 감명을 받은 나머지 "백만인"이란 신명 나는 노래를 작사했다. 이 노래는 조선 전국방방곡곡에서 가르쳐졌고 불리고 있다. 난 이미 다른 세 클래스에 이 백만인 노래를 가르쳤고 학생들은 멀리, 넓게 노래를 전파하고 있다.

우리 교회들은 특별한 열심으로 '백만 영혼'을 위해 일하고 있다. 현재 남성신학반 학기 중인데 전원이 매일 밤집회를 한다. 지난 주 일요일엔 우리 제일감리교회에서만 130명의 결신자가 각종 저녁집회 중에 제단으로 나왔다. 한 집회 막바지엔 50명이 한꺼번에 제단으로 나오기도 했다. 15년 된 기독교 신자인 한 부인은 눈물을 흘리며 말했다.

"오고 있어요. 백만인이 오고 있어요. 하나님이 백만인을 보내기 시작했어요. 너무 행복해요. 이생에서 제 가장 큰 소망과 염원은 백만 성도를 목도하는 거예요."

다른 사랑스런 여인들이 여러 집회에서 나에게 다가와 손가락을 펴 보이며 말한다.

"오늘은 00명 데려왔어요."

일요일 아침 남자 결신자들 무리 가운데 잘 차려입은 중국인이 무릎을 꿇고 있었다. 예배 후에 난 그와 이야기를 나눌 기회를 가졌다. 중국인은 중국 난징에 계신 기독교인 부모님이 편지를 써서 예수 믿으라고 권면하셨다고, 그래서 우리 교회에 와 구주를 찾게 되었다고 했다. 그는 조선말을 잘했다.

백만 영혼을 예수께로*

백만 영혼을 예수께로! 주님 반드시 이루리라.
백만 영혼을 예수께로! 주님 능치 못함 없네.
그의 말씀 권능 있으니 죄인의 마음을 못 만질까?
주의 생명 말씀 전파되길 성령이 원치 않으실까?

백만 영혼을 예수께로. 죄로 어두운 이 땅에서.

---

* 1909년 10월 11일 서울에서 로버트 하크니스 씨가 작사한 "백만 영혼을 예수께로"(*A Million Souls to Jesus*)이다—저자 주

백만 영혼을 예수께로. 지금이 일할 그때라.
우리의 마음을 감동하사 주의 종 되게 하소서.
내게 성령 주사 새 힘으로 충만케 하소서.

백만 영혼을 예수께로. 진실된 구호를 외쳐라.
백만 영혼을 예수께로. 하나님이 맡기신 일일세.
조선의 외침은 권능이 있고 하나님은 더 큰 권능 있네.
어떤 악한 무리도 그의 뜻을 막지 못해.

(후렴)
백만 영혼을 예수께로! 주님 이루소서. 우리 소원을.
백만 영혼을 예수께로! 주님 지피소서. 복음의 불길을.

1910년. 에스티 양의 사경회[56]

시골에서 온 여성들은 큰 운동에 대해 들었을 때 실현 불가능한 소망 같이 느꼈다고 했다. 그러나 평양에 도착하여 하늘을 찌를 듯한 백만인 운동의 기세를 보니 믿음이 생기며 이 운동이 가능하다는 강한 확신을 가지고 집에 돌아간다고 했다. 그리고 하나님이 도우신다면 그들도 한몫을 감당하겠다고 했다.

남자 신학반이 개강하기 직전 에스티[57] 양은 북쪽에서 보통성경훈련반을 가르치려고 내려왔다. 이 훈련반의 목적은 여성 자원자들을 평양 지방회 전역으로 파송하여 성경반을 가르칠 수 있도록 훈련시키는 것이다. 평양 지방회 전역에서 온 52명의 여성이 2주간 공부했고 둘씩 짝지어 지정된 장소로 파송되었다. 파송지역에서 1주일간 성경반을 열고 가르치게 된다. 주제는 에스티 양에게 배운 것이다. 이렇게 해서 70개의 성경반이 꾸려졌다. 얼마 동안 새벽기도회가 교회에서 열렸고 평양 여성들이 파송되는 날 아침 200여 명의 신실한 성도들과 함께 출발을 앞두고 합심 기도했다. 기도회를 마치고 둘씩 짝지어 어떤 조는 도보로 목적지까지 가고, 어떤 조는 기차로 떠났다. 하지만 모두 수 마일을 걸어야만 했고 이삼 일을 걸어서 목적지에 다다른 이들도 있었다. 시골엔 도적이 출몰하며 행인들을 괴롭힌다는 소문이 끊임없이 떠돈다. 그러나 여성들은 한치의 주저함도 없었다. 여성들은 스스로를 하나님의 보호하심에 내맡기고 활짝 웃으며 주님의 대사가 됐다는 행복감으로 뿌듯해하며 출정했다. 많은 이들이 오전 기차를 타고 떠났다. 여성들을 배웅하는 기쁨은 내 차지였다. 대부분은 기차여행이 처음이었다. 목회자 한 명이 차표를 끊으러 갔고 일일이 잔돈을 챙겨주느라 꽤 시간이 지체되었다. 한 부인은 등에 아기를 업은 채 떠났다. 각 가정에서 한명, 두 명, 세 명의 식구들이 여인들을 전송하러 나왔다. 작별인사를 마치고 남은 자들은 "하나님의 자비로 평안히 갔다 오세요"라고 떠나는 이들에게 외쳤다. '하나님의 대사' 인 우리 부인들을 싣고 기차는 떠났다. 우리 작은 무리는 집으로 걸어왔다. 체구는 작으나 용감한 어머니가 떠나고, 남은 아들 둘은 집으로 돌아가 평상시하는 일에다 요리와 집안일까지 맡아야 했다. '어머니가 돌아오실 때까지' 말이다. 아내와 아기가 떠난 외로운 남자 역시 집에서 1인2역을 해야 했다. 허다한 남편, 아들, 혹은 부자(夫子)가 1인2역을 했다. 어머니나 아내가 내지에 사는 자기보다 어려운 여성들을 가르치려고 한 달간 집을 비우기 때문이다.

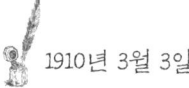
1910년 3월 3일

파송된 여성 중 일부가 기쁨이 충만하여 돌아왔다. 후미진 길목에서 도적 한 명이 두 여인의 뒤를 쫓아왔다. 여인들은 믿음을 가지고 열렬히 기도했다. 다음 길모퉁이를 돌자 세 명의 여행객이 나타나 그들을 뒤따라 안전하게 갈 수 있었다. 여인들은 하나님의 보호하심을 확신했다. 해리엇이란 여인은 어느 저녁 한적한 길을 동료와 함께 걸어가고 있었다. 그 길은 호랑이 몇 마리가 근처에 산다는 곳이었다. 여인들은 두려움이 없었고 마음을 모아 하나님께 기도했다. "호랑이는 당신의 짐승입니다. 우리와 같이 호랑이도 먹이시는 하나님, 우리를 해치지 않게 해주세요."

명화가 이제 막 돌아왔다. 명화는 예정보다 4일이나 일찍 마지막 파송지에서 돌아왔다. 마지막 장소는 산골 외딴 마을이었고 기독교 여성이 2명밖에 없었다. 기독교인들은 극빈하여 다만 며칠이라도 선생 두 명을 접대할 여유가 없었다. 그래서 명화 일행은 일찍 돌아왔다. 너무 궁핍하여 방문자를 접대할 수 없는 경우는 처음이었다. 만일 우리가 알았다면 숙박비를 보내 명화 일행이 축호 전도할 수 있게 했을 것이다.

명화는 말했다. 4명의 여교사들이 기차에서 내렸는데, 두 명은 지리를 알고 명화와 운덕 일행은 지리를 몰랐다. 등에 아기를 업고 있던 명화는 물어물어 길을 가다 엉뚱한 길로 수마일이나 접어들었고 어렵사리 첫 번째 마을에 도착했다. 운덕은 자기와 교대로 가르치기로 한 사람과 만나기로 한 장소에 갔으나 아무도 없었다. 낯선 길과 낯선 사람들 속에서 외로움과 두려움이 엄습해 울음이 나왔다. 그러나 약속장소를 향하여 씩씩하게 나섰다. 조금 있다 길에서 만나기로 한 사람을 만나 안도하고 감사했다. 명화는 또 말했다. 한 마을은 교회가 아름답게 성장했으나 인근 마을로 전도하러 나간 적은 한 번도 없었다. 명화와 동료 교사는 성경반을 마치고 매일 인근마을로 전도를 나갔다. 인근마을에서 많은 이들이 믿겠다고 했다. 예수 이름을 처음 들은 사람도 많았는데, 그들은 이렇게 말했다. "아니, 이렇게 먼 곳까지 우릴 가르치러 왔으니 다 믿어야죠." 마을의 기독교 여성들은 앞으로는 자기들도 인근 마을로 전도 나가겠다고 했다.

수잔나와 영신이 시골 성경반을 마치고 막 귀환했다. 영신은 완전히 기진맥진한 상태이고 멍투성이였다. 이렇게 장거리를 걸어본 적이 없었기 때문이었다. 수잔나는 절뚝거렸고 가파른 산을 오르내리며 발을 헛디딜 때마다 얻은 검푸른 멍이 여기저기에 보였다. 그러나 수잔나는 아름다운 이야기를 들려주었다. 수잔나는 집에 있는 것보다 이 여행길에 올라 기독교의 더 깊이 있는 진리를 배우게 되었다고 했다. 예수가 없다면 여인들은 떠나지도 못했을 것이고 역경과 박해를 견디지도 못했을 것이며 위험한 장소들을 통과하지도 못했을 것이다. 예수님은 그들을 평안 가운데 지키셨고 두려움이 없게 하셨다. 가파르고 높은 산에서 겹겹이 두른 바위병풍을 보며 하나님의 권능을 느끼지 않을 수 없었다고 했다. 한적한 산길에서 두 번이나 호랑이 덫을 발견했고 한 덫엔 살아 있는 돼지가 호랑이 미끼로 묶여 있었다. 바로 한 달 전 그곳에서 호랑이 두 마리가 잡혔다. 그러나 여인들은 하나님의 임재하심을 깨닫고 두려워하지 않았다. 성경반을 가르치기 위해 파송된 지역 중 두 곳에선 흡족한 수의 여인들이 가르침을 받았다. 그러나 많은 다른 남녀가 조롱하며 치졸하게 핍박했다. 세 번째 장소에선 한 명의 여인만 믿었으며 축호전도하도록 숙박을 허락하는 집도 없었다.

영신은 여러 번 지쳐 떨어졌고 수잔나는 타박상을 많이 입었다. 그러나 예수께서 자신들을 위해 질고를 겪으셨고, 사도 바울이 예수를 섬기기 위해 자기가 당한 숱한 고난을 아무것도 아니라고 한 것을 묵상하고 나눴다. 이들이 지나간 여러 마을은 복음을 거의 접하지 못했고 기독교인들은 배움이 너무 부족했다. 영신과 수잔나가 교회에서 기도회를 가지고 하나님의 말씀을 낭독하고 찬송하고 기도하자 마을 사람들은 목회자가 부임하여 가르쳐주길 사모하게 되었다. "아! 외국인 선교사가 우리에게 올 수만 있다면." 외국인 선교사들도 그곳에 가길 얼마나 사모하는지. 그러나 전국에 급박하고 과중한 사역이 산적해 있고 더 앞선 지역에서 리더십을 세우는 일이 긴박하기에, 숱한 지역이 외국인 선교사 얼굴 한번 보지 못한 채 지내야만 한다.

모든 여성들은 하나님의 특별하신 도우심과 축복의 간증을 가지고 돌아왔다. 그리고 하나님을 더 사랑하는 법을 배우게 되었다고 간증했다. 여성들은 시골 전역에서 일꾼들이 크게 필요함을 깊이 깨달았다. 여성들이 가르친 사람 중 많은 이들은 예수에 대해 처음 들어보았고 남아서 더 가르쳐달라고 애원했다. 어떤 곳에선 가서 외국인 선교사들을 보내달라고 간청하기도 했다.

그들의 보고는 우리의 가슴을 격동케 한다.

모동과 도명이의 어머니 - 쌀 이야기

'바전보든네' 엔 부락에 20개의 가정밖에 없는데 모든 가정이 크리스천이다.

'간우물' 엔 18개의 가정이 있는데, 모든 가정의 모든 식구가 예수를 믿는다.

'묵곳' 엔 50개의 가정이 있고 30명이 크리스천이다. 대부분이 여성이고 남성 성도는 현재 6명이다. 묵곳의 여성들은 교회 건축을 위해 돈을 모았고 스스로 기초공사를 마쳤다. 직접 진흙 이음새로 쓸 흙을 머리에 이고와 발로 짓이겼다. 클래스 리더의 아내는 쌀 한 공기를 뜰 때마다 한 숟가락씩 덜어냈다. 나중에 충분한 쌀이 모이자 내다팔아 그 돈을 높은 이자에 빌려주었다. 다른 여인들이 이 사실을 듣고 이 방법으로 돈을 모으려고 동참했다. 후에 이 선한 사역이 다른 마을로도 확산되었다. 목수와 다른 일꾼들이 교회의 윗부분을 지으려고 오자 부인들은 일꾼들이 일을 마치는 3개월간 무료로 숙박시켜 주었다. 이 정겨운 기독교 부인들은 두 여성이 와서 그들의 소중한 교회에서 가르치자 기쁨으로 들떴다. 여교사들이 떠나려하자 부인들은 울먹이며 차마 옷자락을 놓질 못했다.

신앙을 가진 후 몽롱하고 천방지축이던 11살의 아이가 깨어있고 열렬한 예수의 일꾼으로 변화되었다. 이 여자 아이는 믿은 후 얻은 기쁨과 사함 받은 죄에 대해 간증했고 부인들은 흐느꼈다. 묵곳의 부흥은 그렇게 시작되었다.

묵곳에 사는 7명의 부인들은 각각 나가서 구원받지 못한 이들에게 예수를 전파하는 데 열흘을 바치겠다고 했다. 많은 지역의 많은 기독교인들이 봉사에 헌신하겠다고 여러 날을 약정한다.

1910년 3월 10일. 한 보부상의 사연

거의 세시 반이 다 되었다. 난 지금까지 온종일 이야기를 들었다. 한 여인은 성경반을 가르치기 위해 시골에 가는 길이었고, 한 여인은 숭실여전(Union Girls' Academy)에서 거둔 결실에 관해 외국인 선교사들에게 들려주려고 돌아오는 길이었다. 그리고 오후 한 시간 반 동안 한 젊은 남자가 조언을 구하러 날 찾아와 그의 사연을 듣고 연민을 느끼며 도울 방법을 강구하였다. 그는 아더와 나 외엔 아무에게도 자신의 슬픈 사연을 말할 수 없다며 그의 관할 장로인 아더가 출타 중이므로 나를 찾아왔다.

그의 아내는 모두 13살이 안 된 어린 자식 다섯을 남편에게 맡겨두고 도망가 버렸다. 아내는 세 번 되돌아왔다. 그는 아이들 때문에 아내를 붙잡아 두려고 아내에게 부드럽게 대했으나 소용없었다. 한번은 아내가 아기를 데려가려고 왔다고 했다. 아기를 돌볼 사람이 없었으므로 그는 데려가 몇 년 키우라고 했다. 그리고는 다시 남아있으라고 사정했으나 아내는 더 이상 견디기 어렵다고 했다. 그는 그러면 아내가 아이들과 살고 자신은 얼씬하지 않으며 생활비만 대겠다고 했다. 아내는 그래도 싫다며 가버렸다. 나중에 아내가 와서 같이 살겠다고 하고는 옷가지를 다 챙긴 후 다시 떠나겠다고 했다. 그는 아내가 값나가는 건 가져가지 못하게 하며 나중에 팔아서 아이들 먹여 살리는 데 쓰겠다고 했다. 그러자 아내는 잠시, 이틀 밤을 머물더니 자기 물건 전부와 그가 가진 돈 전부인 5달러를 훔쳐 야반도주했다. 가엾은 아이들이 엄마를 찾으며 훌쩍인다는 대목에선 그의 눈에 눈물이 고였다. 그는 보부상이었으며 밤에 며칠씩 묵으며 낮엔 집에 가서 식사를 하고 아이들을 돌보길 원했다. 고로 어떤 방법이 최선일지, 집과 가까운 곳으로 평양에서 묵을 거처를 구해줄 수 있는지 알고자 했다.

다른 이와 함께 성경반을 열고 돌아온 한 여인이 찾아와서 그들의 이야기를 들려주었다. 한 고즈넉한 산골 마을에선 학생수는 몇 명밖에 안되었지만 그중 삼십 살 정도 된 남자가 있었다. 그는 명목상의 기독교인으로서 옛 습관을 하나도 벗지 못한 상태였다. 그는 이 클래스에서 큰 도움을 받고는 어느 날은 자기 옛 습관을 완전히 끊어버리고 싶다며 머리를 자르겠다며 두 부인 중 연장자에게 머리를 잘라 줄 수 있겠냐고 물었다. 그래서 여교사는 상투를 자르고 이 남자가 옛 관습을 팽개치고 새 삶을 살기를 기도했다.

 1910년 3월 30일. 무당의 회개

우린 며칠간 사경회를 열었고 풍성한 축복을 누렸다. 오늘 아침 기도모임에선 예수가 부활 후 세 번째 나타나신 본문을 읽고 주님이 제자들을 위해 불을 피우고 빵과 고기를 구우신 것에 관해 이야기했다. 그리스도의 큰 겸허함과 사랑이 성령께 놀랍게 쓰임 받았고, 난 여성도들에게 간증할 시간을 주어야 한다는 느낌을 받았다.

이 클래스에서 가장 천사 같은 부인 중 한 명이 첫 번째로 이야기했다. 그녀는 교만의 큰 죄를 지었다고 생각한다면서 지금 이 시간부터는 겸비하신 예수의 발자취를 따르도록 더 노력하겠다고 했다.

넬리 이(Nellie Yi)라는 다른 젊은 여인은 자기 믿음이 퇴보하여 자기 것이 아닌 물건을 훔친 죄에 빠졌음을 말했다. 하나님의 용서하심을 느꼈고 모두가 새 삶을 살기 위해 애쓴다는 사실을 알길 원한다고 했다.

그리고는 한 부인이 가슴이 미어지는 듯이 울음을 터뜨렸다. 부인은 죄에 대한 애통함으로 바닥에 얼굴을 닿도록 엎어졌다. 그녀는 다시 일어서더니 하나님께서 자신의 죄를 자백하길 요구하신다면서 그전에 남편이 다섯 있었는데 모두들 팽개쳤다면서 발작적으로 흐느꼈다. 우린 일제히 그녀를 위해 다시 기도했다. 다시 그녀가 일어서더니 자기는 무당이었으며 주술을 사용하여 많은 이를 미혹시켰으며 기독교 마을인 함종에선 기독교 여인들을 억지로 주문 외우는 자리에 끌어내어 그들 앞에서 춤을 추며 미신에 의지하여 40엔을 받아냈다고 했다. 그녀에겐 이 죄가 거의 용서할 수 없는 죄 같았고 자기 스스로를 어찌할 바를 몰랐다. 다시금 우린 기도했고 마침내 그녀는 차분해지는 듯했다. 나는 그녀에게 하나님께서 그녀를 용서하셨음을 믿으며 기도하라고 청했다. 그녀는 기도했고 지극히 겸허하고 훌륭한 기도를 드리며 용서받고 평안한 느낌을 시인하였다.

여인 한 명은 그 무당을 위해 기도하는 중에 말했다. "이제 저 여인이 가슴 속에 있던 모든 것을 토하여 냈으니 사랑하는 주님, 저 여인을 당신의 큰 일꾼으로 만드소서."

 1910년 3월 31일. 오, 기쁜 날!

오늘 아침 내가 인도하는 기도모임에서 용서의 기쁨과 성령충만한 삶의 기쁨에 대해 가르치려 했다. 어제만 해도 오늘 아침을 위해 다른 교훈을 준비했다. 그러나 저녁 기도모임에 어떤 이들은 죄짐에 너무 짓눌리는 듯했고, 한 젊은 남자는 기도하며 번뇌로 절규했다. 고로 밤에 로마서 8장 1절이 오늘 아침 기도회에서 하나님이 복주실 적절한 주제로 떠올랐다. "그러므로 이제 그리스도 예수님 안에 있는 자들에게는 정죄함이 없나니 그들은 육신을 따라 걷지 아니하고 성령을 따라 걷느니라"(흠정역). 난 죄짐을 다 가지고 하나님 앞에 나올 필요가 있지만 우리가 구하는 것보다 더 주길 원하시는 분임을 믿어야 하며, 용서의 기쁨과 그리스도 안에서 누리는 새 삶에 대해 더 전해야 한다고 말했다. 내가 그리스도 안에서 기쁨으로 가는 길에 대해 제시하려고 할 때 죄짐에 눌린 여성 셋이 다시 정죄의 고통에 싸였고 용서를 구하며 일어서 고백의 간증을 하려 했다. 우린 모두 기도했고 하나님의 영이 인도하셨다. 난 여성들에게 그리스도를 믿고 아무 값없이 주시는 죄사함 받기를 간청했다. 그리고 주님의 자애로운 용서하심을 믿는지, 큰 평안이 그들에게 임했는지 물었다. 우리 시간이 다 되었고, 다음 시간 선생이 와 있었다. 그러나 회개한 사람 중 하나가 일어나 기뻐서 덩실 춤추며 노래했다. 오, 기쁜 날. 눈물이 부인들 뺨을 타고 흘러내렸고 '하나님 감사합니다' 열렬한 탄성이 방 여기저기에서 터져 나왔다. 그 여인은 침술사다. 침술사란 아프거나 병 걸린 사람을 낫게 하려고 여러 사이즈의 침 바늘을 살에 찔러 넣는다. 부인은 침 바늘을 사용하며 저지른 죄도 눈물로 통회하였다. 주님은 강력하게 역사하고 계신다.

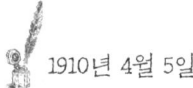
1910년 4월 5일

일요일에 늦은 예배를 마치고 교회에서 돌아오는데 어린 사내아이 둘을 만났다. 큰 애는 흥분하여 날 '부인'이나 '선생님'으로 불러야 하는 것도 잊어버리곤 말했다. "목사님, 제가 얘를 주일학교에 데리고 왔어요." 내가 참 기쁘다고 말하자 아이는 만면에 환한 웃음을 짓더니 말했다. "제 동생이에요." 주일학교가 시작하려면 아직 한 시간 반이나 남았는데 아이들은 교회로 들어가 그곳에서 기다렸다.

1910년 4월 13일. 닥터 에스더의 죽음

박(김) 에스더 박사가 1910년 4월 13일에 숨졌다. 5년간 폐결핵을 앓았고 이 기간엔 파트타임 사역을 했다. 에스더의 마지막 공적 사역은 1909년 11월 평양 부인사경회에서 가르친 것이었다. 에스더는 볼티모어 의과대학을 졸업하여 조선에서 남녀 최

주일학교 학생들과 교사들. 매티 노블은 뒷줄 오른쪽에서 세 번째.
원본의 초점이 흐려 사진이 선명하지 않다(날짜 모름).

초로 의대를 졸업한 박사이다. 에스더의 인생 이야기는 다른 선교 신문과 간행물에 나와 있다.

해럴드는 오늘 아침 노래했다. "주님의 눈은 참새를 돌보시죠. '엄마'가 날 돌보시는 걸 알아요." 그러면서 사랑이 그득한 미소를 지으며 날 올려다보았다.

1910년 9월. 전도 부인들

9월 중순경 난 팔웰 부인을 위해 전도부인을 선발하는 영광스런 일을 하였다. 팔웰 부인은 전도 부인 한 명을 위한 예산이 배정된 줄 모르다가 올해 하반기에야 알게 되었고, 시급한 곳들을 지원하고자 한 명을 파송하기로 결정했다. 이 지역들은 도시 외곽의 3~5마일 떨어진 낙후지역이며 2인 1조로 여섯 명을 파송하였고 한 명은 다른 곳에 보냈다. 3주 안에 7명의 전도부인들은 100명이 넘는 사람들을 기독교 결신자로 이름을 올리도록 인도했다. 우리는 이 사역의 결과로 기도실 2개와 후엔 예배당이 생겨날 것으로 기대한다.

또한 헤인즈 부인을 위해 세 명의 부인들을 선발하는 영광스런 일도 했다. 세 부인들은 황해도 산맥을 넘어 내륙 깊이 한 달씩 파송되었고 2차로는 두 명이 한 달씩 파송되었다.

팔웰 부인이 파송한 두 부인 도명과 인도는 돌아와 그들의 승리와 박해에 대해 간증했다. 첫 번째 마을에서는 가가호호 방문하며 몇 주간 묵을 집을 찾았다. 말씀을 전하며 다녔지만, 기독교인이 되길 원하는 이는 아무도 없었고 집에 묵게 하는 이도 없었다. 몇 시간 후 무당 집기를 만드는 집 마당에 앉았다. 안주인은 제물로 쓰려고 부치던 부침개를 문가로 가져와 거지에게 적선하듯 부인들에게 몇 장 주었다. 그때 며느리가 겁먹은 모습으로 황급히 나와 시어머니를 안으로 불러들이더니 일렀다. 기독교인을 거지 취급하면 집에 재앙이 내릴 것이니 대접하려면 제대로 하라고 했다. 이들은 크게 두려워하며 집에 들어가더니 문을 닫고 기독교인들을 내쫓았다. 전도부인들은 다른 집에 가서 생명의 말씀을 전했고 여전히 들어오란 사람이 없었다. 다음 집에 가서 마당에 앉아 그저 마당에서 잠만 자게 해달라고, 신경 쓰지 않아도 된다고 했다. 나중에 저녁이 되자 주인이 안으로 불러들였다. 집 주인은 마을에서 첫 신자가 되었고 건전한 신자가 되었다. 처음 연 집회에서 12명이 믿기 시작했고, 3주 내에 마을에는 50명의 새 결신자가 생겼다.

14장

허다한 증인들

Journals of Mattie Wilcox Noble

 1906년 9월 21일. 여러 증인들

최근 염지엄에 관한 소식을 들었다. 15년간 기독교 신앙을 간직해 온 장애인 염지엄은 작년까지만 해도 성경학원(Bible Institute)에 수강하러 걸어오곤 했다. 오랫동안 선교사들을 못 보았던 그에게 누군가 선교사들이 연례회의에 참석하려고 서울행 기차를 탄다는 소식을 전해주었다. 염지엄은 느릿느릿 고통스럽게 절뚝거리며 목발을 짚고 기차역으로 갔다. 기차역은 염지엄의 집에서 16킬로미터나 떨어진 거리였다. 팔웰 가족이 그날 기차를 탄다는 소리를 듣고는 모든 선교사가 일제히 출발한다고 넘겨짚은 것이다. 기차는 항상 근처 역에서 얼마간 머물렀으므로 염씨는 기차를 보러 갔다. 그런데 마침 그날은 기차가 잠깐만 정차했다. 염지엄은 창가에 서서 안을 들여다보았지만 안으로 들어갈 시간은 없었다. 팔웰 가족은 염씨를 못 보았고 염씨는 슬픈 마음으로 절뚝거리며 돌아섰다. 그가 생각하기엔 이것이 자신과 조선인에게 구원의 길을 알려주고자 이 나라에 온 선교사들을 만날 마지막 기회였기 때문이다.

90세 최씨 부인

최근 심방한 두 가정 중에 흥미로운 사례가 있었다. 최씨라는 90세 노부인은 좁은 자기 집 밖으로 한 발짝도 나가질 못했고 집 안에서도 벽에 기대서만 걸을 수 있었다. 고로 교회엔 전혀 갈 수 없었고 결신자 카드에 이름을 올릴 수도 없었다. 다른 식구들은 모두 교회 교인이었다. 내가 최씨 부인에게 믿음이 있냐고 묻자 그는 대답했다. "예, 하루에 여러 번 기도하고 식기도도 합니다. 이렇게 기도하죠. '오, 하늘에 계신 아버지, 이 최씨를 90년 넘게 돌보아주시니 감사합니다! 하늘에 계신 아버지, 이 90살이 다 된 최씨의 주린 배를 채우시고 옷을 입혀 주시니 감사합니다. 참, 예수님, 이 90살 먹은 최씨가 90년간 지은 모든 죄를 사해 주셔서 감사합니다!'" 내가 이름을 가르쳐주면 교회에 교인으로 등록시켜 주겠다고 하자 최씨는 그렇게 할 수 있다는 사실에 기뻐했다.

축호방문에 관한 일화들

최근 교회에서 몇 명 죽은 사람이 있었다. 내가 심방한 한 가정에선 남편과 별세한 아내가 말했다. "당신들이 이 어두움 가운데 있는 민족을 가르치러 조선에 오셔서 얼마나 감사한지 모릅니다. 당신이 아니었다면 제 남편은 죄 가운데 죽었을 것이고 전 소망도 없이 비탄에 빠졌을 겁니다."

최근 노모(老母)가 세상을 떠난 가정에서 식구들이 노모의 아름다운 간증을 들려주었다. 노모는 임종 마지막 순간까지 예수가 자기 곁에 있다고 말했다. 노모는 새벽 첫 종이 울리면 일어나 교회로 나갔으며 교회의 마지막 종이 울리면 항상 예배당 앞 줄 어딘가에 앉아 있었다. 숨을 거둔 날은 안식일이었고 예수와 함께 천국으로 올리운 순간은 교회의 마지막 종이 울릴 때였다.

광명

우리 교회 식구 중엔 혹독한 시련을 겪고 있는 가정이 있었다. '환한 빛'을 뜻하는 광명이란 세례명의 어머니는 15년 전 소녀시절 홀아비라고 믿었던 사람에게 시집갔다. 모든 혼례는 부모님의 주관 하에 이루어졌다. 부부는 세 자녀를 낳았다. 가운데 딸은 애가 없는 유복한 친척 집에 주었고, 맏딸은 우리 주간학교에 다니고, 네 살 아기는 예쁘장한 여자아이다. 지난 겨울 한 여인이 열여섯 살 아들을 데리고 조선반도 동편에서 왔다. 여인은 자신의 아들을 아버지의 집으로 데리고 온 것이며, 아버지가 아들을 위해 신부를 얻을 돈과 제반 혼례비용을 부담하라고 했다. 여인은 이제부터 그 집에서 같이 살겠다고 했다. 남편은 광명을 데리고 가 자초지종을 말했다. 그 여인은 남편의 전처였고 그래서 같이 살아야 한다는 것이었다. 남편은 며느리를 맞을 비용을 지불하였고 며느리와 아들이 그 집에 함께 살게 했다. 물론 광명은 기독교인인지라 더 이상 남아 있을 수도 없고 있으려고 하지도 않았다. 그래서 광명과 두 어린 딸은 집을 나가 작은 오두막집에서 따로 살았다. 환난이 있었지만 크리스천인 광명의 믿음은 진정한 빛을 발하고 있다.

광명의 맏딸은 원래 '시끄러운 난리'란 뜻의 이름으로 불렸다. 아기가 너무 울었기 때문이다. 그러나 엄마가 기독교인이 되자 딸 이름을 '난리'라고 부르는 게 부끄러워졌다. 그래서 '모란'이라고 부르기 시작했다. 지난 겨울 모란은 세례 받고 평생 간직할 세례명을 받았다.

닥터 팔웰이 얼마 전 병원에 온 환자 이야기를 해 주었다. 꼬마 여자아이가 무릎 아래를 뱀한테 물렸다. 부모는 밧줄을 가져다가 무릎 바로 밑을 꽉 동여매고 며칠간 그렇게 내버려두었다. 병원으로 아이를 데려왔을 땐 꽉 묶은 밧줄 밑으로 살이 다 썩어 있었고, 박사는 어제 그 다리를 절단했다. 인체에 대한 사람들의 커다란 무지는 큰 고통과 비참함의 원인이 된다.

1906년 10월 29일. 한 기독교 여성의 체험

기독교인이 된 한 젊은이에게 첩이 있었다. 젊은이는 첩에게 헤어져야 한다고 말했다. 첩은 살 거처를 마련해주면 나가겠다고 했다. 젊은이는 그녀에게 집을 한 채 지어주고 헤어졌다. 젊은이의 아내에겐 친정어머니가 준 어린 몸종이 있었다. 두 내외는 이 몸종을 입양하여 교회로 인도했다. 어린 여종은 결신자 명부에 그 부자 청년의 딸로 등록되었다.

김 헬레나(Kim Helena)가 방금 날 보고 갔다. 헬레나는 목회자 지원을 위한 월회비를 내러 온 참이었다. 난 헬레나에게 이번 주 목사님이 인도한 클래스 리더 모임이 어땠냐고 물었다. 헬레나가 말하길 목사님이 성령 받길 원하는 사람과 성령 충만을 구하는 사람은 앞으로 나오라고 했단다. 자리에 있던 사람은 모두 성령을 받았기에 헬레나는 이렇게 말했다. "우리의 변화된 삶과 마음을 보세요. 그게 성령이 내주하시는 증거입니다."

그녀는 믿기 시작한 후의 자기 체험에 대해 말하기 시작했다. 그의 가족은 여러 번 극도의 가난에 몰렸고 숱한 질고를 겪었다. "그럴 때마다 우린 복된 주님이 30년 넘게 날 위해 이 세상의 질고를 참으신 걸 생각합니다." 주님의 수난을 떠올리며 그는 울먹였다. 처음 몇 년은 교회에 가끔씩만 출석하였다. 그 후 학습인으로 등록하고 6개월 후 세례를 받았다. 세례는 성실한 예배 출석의 결과였지 내적변화는 없었다. 그러다 나중에 병에 걸려 3개월간 병상에 누워 있게 되었다. 가족 중 유일한 기독교인이었던 김씨는 식구들이 무당을 부르거나 혼령제사 지내는 건 허락하지 않았다. 하지만 하나님께 기도도 하지 않았다. 생사의 기로에 놓이고 며칠밖에 더 못 산다는 소리를 들었다. 그제야 자신이 얼마나 주님을 외면했는지 깨달았다. 불현듯 교회의 선교사와 목사님이 손을 높이 들고 세 번 "회개하라" 말하는, 꿈인지 환상인지를 보았다. 몸에 기운이 하나도 없는 가운데 납작 엎드려 용서하심을 구했고, 살든지 죽든지 하나님 앞에 바른 사람이 되고 싶다고 기도했다. 그리곤 병이 낫겠다는 느낌이 들어 남편에게 약을 더 구해오라고 했다. 남편은 아내의 정신이 오락가락한다고 생각하여 아무 약도 소용없을 거라고 했다. 그러나 아내가 끈덕지게 졸라대자 남편은 가서 약을 더 사왔다. 김씨는 기도하던 순간부터 감각이 되살아나며 정신이 또렷해지는 걸 느꼈으며 3일 안에 회복 되었다. 몇 년 후 남편도 믿기 시작했다. 김씨는 남편을 위해 오랜 시간 기도했다. 한 번은 모리스 부인의 클래스 모임 중에 김씨가 간증을 하다 남편이 믿지 않는다고 말하는 대목에서 울먹이며 클래스의 중보를 청했다. 모두들 남편을 위해 기도했고 곧 남편은 하나님께 완전 항복하였다. 이전엔 김씨가 식기도를 하려고 조용히 고개 숙이거나 하면 남편은 그런 모습을 사람들에게 보이는 게 얼마나 망신스러운지 모른다며 욕을 하였다. 그렇게 밥을 앞에 두고 겉치레를 해야겠냐고도 했다. 그러나 이젠 두 내외가 함께 기도하며 그녀의 마음엔 끊임없는 기쁨이 있다.

두 내외는 아직도 가난하다. 이전엔 불평하고 내일과 미래를 염려했지만 이젠 주님이 일용할 양식을 주실 것이며 굶어죽게 내버려 두지 않으실 것임을 안다. 고로 김씨는 이 세상의 것들을 위하여 기도하지 않고 다만 주님께서 마음에 평안을 달라고 기도할 뿐이다. 김씨의 이웃들은 몇 년 전과 너무 달라진 그를 보며 말한다. 예전엔 항상 불평하며 다그치더니 이젠 항상 '햇빛' 같다고.

강서군의 군수는 기독교인이다. 군수는 군에 있는 악귀의 제단을 모두 없애버렸고 무당들은 폐업시켰다. 물론 이교도 백성들은 이 조처를 탐탁지 않게 여겼고 병에 걸리거나 문제만 생기면 악귀를 달래지 않아 그렇다고 했다. 강서군의 경계선 너머에 있는 정산군에서 한 여자가 난폭해지며 정신이 이상해졌다. 사람들은 무당들을 불러와 악귀들(또는 가상의 악귀들)에게 왜, 어디서 왔냐고 물었다. 악귀들은 이렇게 대답했다고 한다. "우린 강서군에 살았는데 군수가 쉴 곳을 놔두질 않아 군경계선을 넘어 왔다."

바로 그 이우영 군수가 이제 새 평양 도지사가 부임할 때까지 임시 대리 도지사가 되었다. 도지사로서 그가 처음 한 일은 무당을 불법화하고 법을 어긴 무당 한 명을 감옥에 가둔 것이다.

남쪽의 귀엄 지방에선 기독교인들이 박해를 당하고 있다. 기독교인과 비기독교인 집 몇 군데에 불이 나 폭싹 무너진 집이 더러 있었다. 이교도 백성들은 재앙이 온 것은 기독교인이 너무 많아 '악귀가 노해서'라며 이 지역에서 교인들을 쫓아내려고 한다.

1907년 12월 8일. 록웰 가족

11월 15일 록웰(Rockwell) 부부가 26세 아들 윈드롭(Winthrop)과 13살 딸 앨리스(Alice)와 함께 평양에 왔다. 록웰[58] 씨는 수년간 조선에 가 말씀을 전하라는 부르심을 느꼈고 3년간 주님께서 길을 열어주시길 기다렸다. 그러다 인도하심을 느꼈고 하나님의 방향제시를 기다리며 언어를 익히고자 일가족을 데리고 왔다.

록웰 부인은 앨리스의 학교 때문에 봄에 본국으로 가야 할 것 같다. 아들은 건강상의 이유로 왔으며 1년 안에 귀국할 의향이라고 했다.

아더는 미국에서 그들 집을 방문한 후 편지를 주고받았다. 2년 전 우리는 우리 집에 와 겨울 몇 달간 지내며 이곳 생활이 맞는지, 기후를 견딜 수 있는지 알아보라고 초청했다. 그들은 때가 되자 왔고 서울에 며칠만 머무르고 곧바로 우리에게 왔다. 우리 집엔 록웰 씨가 쓸 방이 없었기 때문에 그는 팔웰 씨 집에서 잤다. 이곳에 영주할 생각이라면 루퍼스(Rufus)네 방 하나를 개조하거나 우리나 루퍼스 가족과 함께 하숙할 수 있다고 록웰 가족에게 얘기했다. 그들은 미국의 호화로운 집을 두고 왔다. 남편이 인도하신다고 느끼는 대로 따르는 록웰 부인이 참 사랑스럽다. 부인의 건강은 매우 안 좋으며 앨리스도 튼튼하지 않다. 록웰 씨는 주님이 여기 불렀으니 가족에 관해서도 갈 바를 보이실 거라고 믿는다. 록웰 씨는 최선이라고 판단하는 대로 가족을 본국에 보내거나 불러들일 수 있으며 원할 때마다 본국을 방문할 수 있는 여력이 있다. 앨리스는 조선어를 매우 좋아하며 언어를 배우는 데 열심이다. 그레첸 존스(Gretchen Jones), 앨리스, 루스는 루스의 방인 가운데 침실에서 각각 하얀 싱글 베드 위에서 잔다. 난 이 방을 여학생 기숙사라고 부른다. 여자아이들은 즐거워한다.

여기 머무른 지 일주일이 되자 그레첸은 급성이질로 며칠 앓았으나 일주일 안에 완쾌됐다. 록웰 부인 역시 일주일 가까이 아팠다. 그리고는 며칠 뒤엔 그레첸이 이하선염을 약하게 앓기 시작했다. 집에선 다른 아이들과 같이 지내지만 학교엔 전염시킬까봐 못 보낸다. 앨리스는 늑막염에 걸려 종일 아팠다. 록웰 씨는 우리 집이 병동이 된 것 같다고 한다. 정말 그런 것 같다. 하인들은 이젠 적응했지만 한동안은 뾰로통하여 말을 안 들었다. 당시 난 11월 4일에 개강한 여자성경학원(Women's Bible Institute)에서 가르치느라 오전과 오후 나가야했다. 집안에 어려움이 많았지만 이젠 주방일이 좀 더 부드럽게 돌아감을 감사한다.

닥터 웰즈(Wells)는 출타 중이다. 선천의 로스(Ross)네 아기를 왕진해 달라는 요청을 받고 갔다. 오늘 그 아기가 죽었다는 소식을 들었다. 로스 가족의 새 선교기지에서의 첫 죽음이다.

1911년 1월 6일. 록웰의 죽음

아더가 집을 떠난 지 두 달째다. 아더는 강원도에서 동해안을 따라 내려가며 길고도 고된 여행을 하였다. 날씨는 춥고, 눈보라는 몰아치고, 강물은 범람하고, 때론 허리까지 불어 오른 개울을 걸어서 건너며, 눈 내리는 날에 옥외 예배를 드리기도 했다. 외국인이나 조선인 전도자를 본 적이 없는 많은 마을에 들어갔다. 아더는 외국인 선교사를 위해 두 곳에 선교기지를 개척할 계획을 수립했으며 해리스 감독에게 강원도 지방 사역이 별도의 새 지방회로 묶이도록 건의서를 쓸 계획이다. 서울 연회에서 돌보기엔 너무 멀고 접근이 어렵기 때문이다. 여정 중에 아더의 유일한 조사인 현지 전도사가 서울의 신학강의에 참석코자 떠나겠다고 해서 허락했다. 그리고 아더는 큰 일을 마치고자 동해안에 혼자 남았다. 중차대한 문제를 처리하고 전도하기 위해 3주간 매일 1,400릿길(460마일)을 걸었다.

기진맥진한 상태로 서울에 도착하자 서해안에 어려운 문제가 발생하여 도와주러 가야 했다. 재정위원회 참석차 다시 서울에 돌아오자 아더에게 록웰 씨가 위독하다는 전문이 왔다. 아더는 즉시 그를 돌보고 있는 노튼 박사를 돕기 위해 떠날 채비를 하였다. 노튼 박사는 그 기지의 유일한 남자였고 부인들은 간호 경험이 없었기 때문이다. 가서 보니 록웰 씨는 폐렴기가 있는 급성 기관지염으로 위독했다. 록웰 씨는 아더에게 야고보서에 나온 대로 기름을 바르며 병자를 위해 기도하는 의식을 행해줄 것을 부탁했다. 아더는 크리스마스 날 이 의식을 행했다. 12월 30일 오전 록웰 씨는 숨졌고 다음날 아더가 만든 공기가 들어가지 못하게 밀봉한 쇠관에 넣어져 임시로 해주에 묻혔다. 록웰 씨의 일가족은 미국에 있다. 가족들에겐 끔찍한 비보다. 록웰 씨는 하나님의 부르심에 순종하여 조선에 왔다. 지난 3년간 놀라운 사역을 했으며 그와 마주친 모든 이에게 복의 통로가 되었으며 선교지에 온 사람 중 가장 영성이 깨어 있는 사람 중 하나였다. 난 선교사가 되려는 그의 딸 앨리스의 결심이 변치 않으리라 믿는다.

 1908년 2월 20일. 한 슬픈 사연

어제 우리 교회 교인인 젊은 여인이 여자신학교(Young Women's

Seminary)에 입학하기 위해 추천서를 받으려고 날 찾아왔다. 난 이 여인을 잘 몰랐기 때문에 오늘 다시 오라고 했다. 그동안 전도부인을 보내 여인과 가까운 주변 사람들에게 그의 인격에 대해 알아오게 했고, 그 과정에서 슬픈 사연을 들었다.

여인은 조선 나이로 이제 27세다. 14살에 9살짜리 소년과 결혼했다. 양가 부모님은 친한 친구라서 자식들을 혼인시키길 원했지만 상대방의 자식에 대해선 아무것도 아는 바가 없었다. 결혼합의는 모두 중매에 의해 이루어졌다. 나중에 보니 소년은 불구자였다. 소녀는 때때로 남편의 집을 방문하였으나 시댁 부모들은 소녀가 원하면 친정에 얼마든지 머물게 했다. 수년간 남편은 아편을 했고 집에서 돈 되는 건 샅샅이 뒤져 내다팔아 아편을 샀다. 나중엔 너무 심해져 그릇과 가재도구를 지키기 위해 부모가 아들에게 족쇄를 채워놓았고, 이제 아들은 살날이 얼마 안 남은 상태다. 아내는 친정 오빠 집에서 3년째 살고 있으며 이웃들에게 평판이 좋다. 그래서 오늘 여인은 추천서를 받게 되었다. 오빠는 이런 고난스런 체험에 대해 슬퍼하지 말고 공부하는 데 온 정신을 집중하여 장래에 하나님께서 주실 일을 위해 예비하라고 당부하였다.

1908년 4월 15일. 평양 운동회

155개의 남자 초등 및 중등학교가 평양 상인회 초청으로 암송대회와 운동회를 위해 모였다. 거리거리마다 깃발과 리본 장식이 휘날리며 도시 전체가 축제 분위기였다. 이 지방의 모든 남학교가 초청 받았다. 4천여 명의 소년들이 모였다는 이도 있었다. 학생들은 이 날을 위해 오랫동안 연습했고 친지들은 아이들을 구경하러 몰려들었다. 어떤 학교는 할아버지가 손주들을 위해 학교 깃발을 들고 다니기도 했다. 학교 깃발은 평범한 것도 있고 아름다운 비단 깃발도 있었다. 학교마다 학교 유니폼을 입었다. 우리 평양시 감리교 학생들의 유니폼은 카키복에 하얀 스타킹, 하얀 야구모자, 하얀 배낭이었다. 아주 깔끔해 보였다. 어떤 학교 유니폼은 윗옷이 환한 색이었고 어떤 학교는 바지가 환한 색이었다. 대부분의 학교는 머리를 짧게 잘랐지만 시골 이교도 학교 중엔 길게 땋은 머리를 뒤로 내려뜨린 곳도 있었다.

운동회는 옛날 군인들이 퍼레이드 하던 곳에서 치렀다. 이곳은 천연의 계단식 원형극장으로 가운데 큰 분지가 있다. 수천 명의 사람들이 언덕에 둘러앉은 모습은 장관이었다. 모인 사람 수는 약 3만여 명으로 추산된다. 특별초대 손님들은 큰 천막 아래 의자와 벤치에 앉았다. 정오엔 초대받은 손님들에게 근처 텐트에서 다과를 대접했다. 모든 학교가 참여하므로 하루 안에 다 끝낼 수 없어 오늘도 운동회는 종일 계속된다.

어떤 조선인은 운동회와 관련하여 제일 흥미로운 사실은 이전엔 군인 퍼레이드를 하느라 인파가 몰려들면 언덕에서 술판이 벌어지고 술주정과 싸움이 많았다고 한다. 그러나 이젠 복음의 누룩에 힘입어 이런 일은 찾아볼 수 없다고 했다. 게다가 예전엔 시상식이 있으면 갈등과 시샘이 많았는데 이젠 분위기가 달라졌다고 했다. 이 모든 게 평양 기독교에서 그 원인을 찾을 수 있을 것이다.

 1910년.* 안식일에 일어난 시험

황해도에 새로 개척된 마을에 소수의 믿는 사람들이 주님을 따르려 노력하고 있었다. 핍박이 시작되었지만 믿는 자들은 굳건했다. 도로에서 노역을 하라는 명령이 하달되자 믿는 사람들은 자기 몫은 성실히 하다가 일요일이 되면 이 '못 배운 초신자' 일부는 사람을 사서 자기 자리를 대신하게 했다. 그러나 한 신자는 사람을 사지도 않고 근로현장에 나가지도 않았다. 불신자들은 그에게 나오라고 했지만 그는 안식일이니 갈 수 없고 자기에게 할당된 일을 남겨두면 주중에 하겠다고 했다. 불신자들은 폭언을 하며 거리로 그를 끌고나왔다. 그는 맞서기엔 역부족임을 느끼고 일하기 시작했다. 일한 지 얼마 되지 않아 불신자들이 일손을 멈추고 그에게 다가와 말했다. '일요일에 일하는 넌 도대체 어떻게 되먹은 기독교인이냐?' 그러면서 무자비한 구타가 뒤따랐다. 이 사람은 뭔가를 깨달았고 이젠 아주 신실하여 무슨 일이 있든 신앙의 절조를 지킬 각오가 되어 있다.

핍박이 무성한 곳이 있었다. 한 남자가 그곳에서 소수의 신자를 위해 작은 예배당을 지었다고 두들겨 맞은 사건이 최근 있었

---

*날짜 없음.

다. 다른 곳에선 마을에서 영향력 있는 한 사람이 한 명만 더 신앙을 가지면 일가친척 집을 모두 봉쇄해버리겠다고 협박했다. 그는 자기 일가에 기독교인을 용납하지 못하겠다고 하였다. 어떤 곳에선 핍박이 만연했으나 기독교인들은 신실하게 사랑하고 용서하는 그리스도의 정신을 보여주었다. 박해자들은 자기들이 한 짓을 후회하며 이 새 종교에 대한 무지 때문이었다고 했다.

평양의 젊은 과부는 3년 전 남편이 죽은 후 시부모님으로부터 시댁 문지방을 넘는 것을 금지 당했다. 그녀가 기독교인이기 때문이었다. 시댁은 부유한 집안이었으며 여인의 남편은 가족에게 매달 지급할 돈을 시부모님께 맡겨놓았다. 시부모는 돈을 지급할 의무가 있었지만 돈을 보내지 않았다. 고로 며느리가 매달 돈을 타러 가야 했다. 두 어린 자식은 출입을 환영했지만 며느리는 신앙으로 인해 비난을 감내해야 했다. 그래도 그녀는 확고하고 진실되다.

1910년 9월 27일. 고학생 이씨의 사연

오늘 아침 고학(苦學)하길 원하는 젊은 여자가 날 보러 와 긴 대화를 나눴다. 그는 반나절은 학교에 가고 반나절은 일을 하여 학교를 마치길 간절히 원했다. 나는 이 부인을 서울의 성경학원[59]에 보내기로 했다. 앨버슨 양이 장학금을 받으므로 우리에겐 학생 한 명의 생활비 절반을 댈 여유가 있었다. 나머지 생활비 절반은 학교에서 장학금으로 처리할 수 있다. 전액 장학금으로 입학하는 이도 더러 있기는 하나 이씨는 내가 보조하지 않는 한 학교 갈 돈이 없으므로 내가 내기로 약속했다.

이씨의 사연이다. 나이는 28살이고 17살에 결혼했다. 결혼한 지 몇 년 만에 남편이 죽어 스무살에 홀아비와 재혼했다. 시어머니는 잔인했고 매사에 꼬투리를 잡으며 몇 번 매질도 하였다. 그녀 보고 밉상이고 미운 짓만 골라 한다고 했다. 스물한 살 때 쌍둥이를 낳았다. 한 아이는 생후 3일째 죽고 한 아이는 생후 4개월째 죽었다. 결혼 후 8년간 남편은 집에 5명의 첩을 데려왔다. 매번 첩이 떠나면 새 첩을 데려오는 식이었다. 기생을 데려온 적도 있었다. 가로 8피트(약 2.4미터), 세로 10피트(약 3미터)의 방이 유일한 살림방인지라 아내, 시어머니, 남편, 첩이 함께 살고 함께 잤다.

이씨의 생애는 매우 고달팠다. 5년 전, 두 전도부인이 그 집을 방문하여 예수에 대해 전했고 교회에 나와 믿음을 가지라고 권했다. 그녀는 가고 싶은 마음에 밤중에 몰래 빠져나와 동네 젊은 아낙과 함께 갔다. 가는 길에 남편을 만났고 어디 가냐고 묻길래 교회 간다고 했다. 남편은 냉큼 갔다 오라고 호령했다. 집에 돌아와서는 남편과 시어머니로부터 극도의 학대를 받았다. 이 일이 있기 전 시어머니에게 쫓겨났다가 다시 돌아온 일이 있었다. 이제 삶은 점점 견디기 어려워졌다. 몇 달간 두문불출했고 기독교 부인이 재심방하여 믿으라고 강권했다. 이번엔 교회에 가 결신자로 이름을 올렸다. 부인은 남편 집에서 나와 3년째 따로 살고 있었다. 그들은 이씨가 기독교인이란 사실을 참질 못했고 이

328 매티 노블의 조선회상

젠 그곳에서의 삶이 불가능하게 여겨졌다.

부인은 삯바느질을 하며 친정어머니나 기독교인 가정에 묵었다. 젊은 여자로서 받아야 하는 수모 때문에 이방인 가정엔 가지 않았다. 지난 봄 그녀가 일반성경반(Normal Class)을 수강하는 중에 친정 오빠가 죽었다. 그러나 그녀가 기독교인이고 장례를 거들지 않을 것을 알기에 친정에서는 기별조차 보내지 않았다. 가족들은 친정 부모가 죽어도 알리지 않을 것이며 고인에게 제사지내지 않는 딸은 없는 셈 치겠다고 했다. 그녀는 젊고 아리따운 여성이며 독실한 기독교인이다. 성경학교(Bible School)를 마치면 사역에 큰 보탬이 될 것이다.

1910년 11월. 시간의 십일조

구타펠 양에게 25주년 기념운동에 관해 보낸 편지이다.

시간의 십일조를 드려 무보수로 내륙지방에 들어가 사경회를 여는 것은 조선인들이 복음을 전파하는 여러 멋진 방법 중 하나입니다. 이 시간의 십일조 봉사자들을 위한 준비반이 조선 여러 지역에서 열리고 있습니다. 작년에 1년의 십일조를 드린 많은 여성들이 있었습니다. 지금도 에스티 양이 평양에서 가르치는 클래스엔 1년의 5분의 1을 드려 사경회를 준비하고 가르치는 데 쓰는 여성들이 있습니다. 2~3일을 꼬박 걸어 약정한 장소로 가는 사람도 있습니다.

오래 걷는 데 익숙하지 못한 한 젊은 여성은 어머니와 함께 이틀간 40마일(64킬로미터)을 걸어서 평양 숭실여전에 다다랐습니다. 평양에 도착했을 때 발은 붓고 살집은 터져 있었으며 기진맥진한 상태였습니다. 그러나 콜레라로 시내 학교들이 무기한 휴교된 걸 알았습니다. 한 학기 수업료밖에 모아둔 돈이 없었던지라 다음날 집으로 고통스런 걸음을 돌려야 했습니다. 약 3주 후 어떤 장애에도 굴하지 않고 모녀는 돌아왔으며 이제 학생이 되어 열심히 공부하고 있습니다.

최근 대부흥 기간 동안 남성, 여성, 아이들 중엔 한 사람이 8명, 9명, 10명씩 제단으로 인도해 이들이 있습니다.

1910년 12월 5일. 인애가 학교에 가다

우리 문지기 아내는 숭실여전을 다닌다. 두 내외는 너무 가난해 아내의 학비를 댈 수 없었고 딱히 입학시키려고 안달하지도 않았다. 그러나 아내는 공부하겠다는 확고한 의지가 있었고 우릴 위해 과외의 일을 했다. 아내가 모은 돈은 거의 일 년치 학자금은 되었으나 책과 기타비용은 댈 수 없었다. 남편은 아내의 입학을 원했으나 시어머니는 반대했다. 하지만 그녀는 입학했고 성적도 우수했다. 그리고 공부에 어찌나 열성인지 결국 시어머니까지 그 열의에 감동되었다. 어느 정도냐면 며느리 인애의 쌈짓돈이 바닥나자 시어머니가 도울 방법을 찾아볼 정도였다. 바로 이 방법이다.

우리에겐 소 한 마리가 있었고 봄이면 소년을 한 명 고용해 매일 소를 성 밖으로 몰고 가 방목하게 했다. 급료는 4엔이다. 시어머니는 인애가 학업을 지속하도록 자기가 이 일을 하겠다며 2엔을 선불로 달라고 했다. 며느리는 평양에서 여자가 그런 일을 하는 법은 없다며 사람들의 비웃음거리가 될 거라고 했다. 시어머니는 중국에 소몰이 소년이 학교에 갔는데 매일 풀 뜯는 소를 보며 책을 꺼내 공부해 훌륭한 선생이 되었다는 이야기를 들었다고 했다. 그리고 이젠 그녀가 소를 치고 며느리가 공부할 거라고 했다. 물론 난 시어머니를 고용했고 2엔을 선불로 지급했다. 인애가 학업을 중단하지 않도록 말이다.

1911년 1월 10일. 한 주일학교 학생의 장례

 유년주일학교 학생 한 명이 죽어 오늘 아침 안장된다는 소식을 듣고 나의 전도부인 사디와 함께 장례식에 갔다. 막 출발하려는데 홀맨 양이 와서 함께 갔다. 이 여덟 살 여자아이의 부모님은 이교도였지만 아이는 끊임없이 부모님께 교회 가 예수 믿으라고 졸랐고 주일학교 자랑을 많이 했다. 아이는 학교엔 안 다녔다. 몇 주 전 아이의 엄마가 믿기 시작하여 아펜젤러드루기념교회에 나가기 시작했다. 아빠의 마음도 신앙으로 기울기 시작했다. 아이는 빙판에서 넘어져 어딘가 부상을 입었다. 그들은 병원에 가지 않고 돌팔이 한의사에게 갔고 그는 아이 옆구리에 침을 놓았다. 아이가 침 중독으로 죽었는지 벌레로 죽었는지는 분간

하기 어렵지만 많은 사람이 이 오래되고 소독하지 않은 침 중독으로 죽는다. 그들이 아이의 얼굴을 덮은 천을 벗기고 수의를 입히는 동안 우린 기다렸다(장례식 시간에 맞춰 갔다고 생각했으나 아직 수의를 입히지도, 입관하지도 않은 상태였다). 우리는 아이의 입술 사이에 벌레 한 마리가 있는 걸 보았다. 주위 사람들은 별로 개의치 않는 듯했고 벌레를 그냥 놔두려고 했다. 그러나 난 너무 마음이 불편해 벌레를 치우고 수의를 덮으라고 했다. 그들은 "왜 치웁니까?" 반문했지만 결국 내 말대로 했다. 살림방은 너무 비좁아 12명이 들어가니 꽉 찼다. 홀맨 양과 나는 비좁아 딱 붙어 앉았다.

우리가 가련한 부모를 위로하자 부모는 7명의 아이들이 있었고 죽은 아이가 6번째 아이라고 했다. 유일하게 생존한 아이는 시집 간 시골에 산다고 했다. 부모 둘 다 신앙을 가지고 아이를 따라 천국에 가겠다고 했다.

홀맨 양은 선교함에서 꺼낸 인형들을 아펜젤러드루기념교회 어린이들에게 나눠준 적이 있었다. 그런데 아낙들과 사람들이 한꺼번에 달려들어 인형을 낚아채는 바람에 크게 낙심했다. 그러나 홀맨 양은 이 수고가 주님의 영광을 위해 쓰이도록 기도했다. 그 집 선반엔 그때 나눠준 인형 하나가 있었고 그 인형이 아이의 마지막 나날을 조금이나마 밝혀 줬을 것이다. 딱하기 짝이 없는 가정. 사람을 비천하게 만드는 이교도의 모든 상황들. 두터운 무지에 에워싸이고 젖어 있는 가정. 가장 간단한 건강수칙조차 모르는 가정. 그러나 주님의 왕관을 위한 작은 보석 하나가 이 가정에서 올라감으로써 부모를 예수께로 인도했다. 주님은 불결하고 비천하게 살던 아이를 들어올리셔서 영광 중에 그와 함께 있게 하셨다.

1911년 4월 24일. 황해도 봉산

3월에 빌링스 씨가 [황해도] 봉산에서 주일을 보내고 오전에 '드림'(giving)에 대해 설교했다. 저녁예배엔 새 교회건물과 선교회와 교회 남학교를 위한 헌금순서가 있었다. 교인들은 궁핍한 가운데서 넘치도록 드렸다. 여성들은 끼고 있던 혼인 반지, 수중에 있거나 가지길 원했던 집안대대로 내려온 장신구들을 드렸다. 결혼 가락지 14개, 그리고 은장도가 케이스와 함께 드려졌고, 기이한 모양의 은잔 하나와 예물로 받은 장신구들이 헌금함에 있었다. 빌링스 부부는 은 장신구와 보석의 헌물을 본국으로 돌아가는 25주년 기념행사단의 프랭크 브라운 씨 편으로 보냈다. 이 헌물들은 조선을 위한 기금을 조성하는 데 쓰일 것이다. 난 은장도 하나를 달라고 했다. 그 대신 물건 값어치의 두 배를 교회에 지불했다. 난 봉산에 가 여학교와 전도부인 사역을 시작한 최초의 백인이다. 이 사역은 해리 러글스 씨의 후원금으로 이루어졌다.

황터루와 솔골에서의 사역(전도부인 사디)

최근 전도부인 사디는 황터루와 솔골을 방문하여 사경회를 열었고 사역 중 일어난 일화들을 가지고 왔다. 황터루엔 42세 된 여자가 있었는데 8년간 명목상의 신앙생활을 했으나 기독교에 대해 잘 모르고 성경공부도 안 하고 교회에도 드물게 출석했다. 부인은 옛날 신령님께 빌던 방식대로 가끔 하나님께 기도했다. 부인의 아들은 가출해 행방이 묘연했다. 그래서 사디가 오기 전 두 달간 여인은 매일 밤 방바닥에 하얀 쌀밥 한 공기를 정갈하게 놓고 며느리를 부엌으로 내보낸 후 부인이 믿는 기독교 하나님에게 제사를 드렸다. 아무래도 이게 아닌 듯싶어 며느리는 들여다보지 못하게 했다. 밤에 며느리가 잘 때 어머니는 몇 시간씩 무릎 꿇고 엎드려 그녀가 아는 유일한 방식으로 도움을 구했다. 무릎이 붓고 여기저기 살집이 터질 때까지 말이다. 부인은 사디의 집회에 쑥스러움을 무릅쓰고 나왔다. 사디가 기도하는 법을 가르쳐주고 그리스도를 위해 간증하라고 하자 여럿이 간증을 했다. 후에 사디는 누군가 자기 뒤에서 절을 하고 있는 걸 발견했다. 그 어머니는 여섯 번이나 조용히 밖으로 나가 자신을 정결케 하려고 매번 얼굴과 손을 씻어 그리스도를 위한 간증 전 정결예식을 했다. 사디는 하나님이 형식으로 깨끗케 하시는 게 아니라 예수의 피를 통한 권능으로 하심을 가르쳤고 기도와 예배드리는 법을 가르쳤다. 그러자 그 가엾은 여인은 주저앉아 자신의 죄와 무지를 놓고 흐느꼈고 마치 걸음마를 떼는 아이처럼 한 걸음씩 올바른 방식을 배우기 시작했다.

또 다른 모임에서 사디는 요한일서 3장을 놓고 용서하고 마음에 미움이 없어야 함을 가르쳤다. 그리고 아낙들에게 없애길 원하는 마음의 미움이 있냐고 물었다. 한 부인은 원수 한 명을 너무 미워해 그녀를 죽이고 싶다는 생각을 종종 했다면서 울먹이며 기도했고 마침내 평안과 사랑이 그녀에게 임했다. 사디가 '죄'에 대해 가르칠 동안 1년간 서로 말을 섞지 않던 두 아낙이 그 자리에서 화해하여 집에 돌아갔다.

솔골에 사는 한 부인은 남편과 남편의 첩이 너무 못살게 굴어 더 이상 못 견딜 것 같았다. 부인은 가혹한 매질을 당하기 일쑤였다. 후에 부인은 기독교인이 되었고 3년째 신앙을 지켰다. 그에겐 세 자녀가 있었는데 아들 하나는 장가갔다. 첩도 역시 세 자녀가 있었다. 지난 8월 평상시보다 훨씬 잔인한 구타 후에 부인은 자신에게 가해지는 끔찍한 고통에서 벗어나기 위해 집과 자식들과 남편에게서 도망쳐 나왔다. 부인은 평양의 사디를 찾아왔고 주일에 교회에 갔다. 그 주일 그녀의 남편이 솔골에서 사디의 집에 찾아왔다. 남편은 아내의 행방을 물었고 아내를 찾으면 죽여 버리겠다고 했다. 사디는 섣부른 일은 하지 않겠다고 약속하면 아내를 데리고 와 사디의 집에서 만나게 해주겠다고 했다. 아내는 왔고 그녀의 사랑스런 기독교 정신이 남자의 마음을 녹여 남편도 신앙을 가지게 되었다. 부부는 함께 자식들에게 돌아갔다.

부인들은 솔골 사경회에 매우 열성적으로 참석했다. 마을에서 3마일(약 5킬로미터) 떨어진 산골 벽촌에 사는 어떤 부인들은 매일 밤 인적 없는 산길을 뚫고 모임에 왔다. 호랑이가 출몰한다는 길이었는데, 여자들은 긴 솔가지에 불을 붙여 길에서 만날 들짐승을 얼씬 못하게 했다. 하나님의 말씀을 공부하려는 그들의 열심이 모든 난관을 극복케 했다.

전혀 기도라곤 해 본 적이 없는 이들이 기도했고 간증한 적이 없는 이들이 간증했다.

영변에선 애경이란 여학교 선생이 훌륭한 신앙 간증을 했다. 남편이 믿기 전 먼저 신앙을 가졌던 애경은 예수의 이름으로 남편에게 심한 핍박을 받았다. 어느 날 애경이 교회에 가려고 나서자 남편은 아내를 때리고 손과 발을 결박하여 방에 가두어 두었다. 어린 딸이 와서 말했다.

"어머니, 제가 끈을 끊어 풀어 드릴께요."

그러나 애경은 대답했다.

"네 아버지가 묶었으니 네가 풀면 아버지한테 혼날 거다. 내가 죽으면 죽는 거고, 죽어도 네 아버지 손에 죽을 꺼다. 내가 풀려놔도 네 아버지 손으로 풀어줘야 한다."

애경의 말은 남편의 마음을 움직였다. 남편은 들어가 아내를 풀어주고 기독교인이 되었다.

이적 중의 이적, 황해도에서 떠돈 가장 기이한 이야기. 사디는 변선에서 이 이야기를 들었다고 하였다.

"조선을 사랑하는 부인이 미국에 성경강습회와 주일학교를 위한 방들이 갖춰진 멋진 2층 벽돌 건물을 지었다. 그리고 이 건물을 완공시켜 4월에 비행기에 실어 보낸다고 했다. 경이롭다!

너무 좋아 생시인가? 꿈인가? 정말 그런 것 같다. 세상은 급변하고 미국인들은 늘 새로운 걸 발명하니 황해도 사람들이 시대를 따라잡기란 어려운 일 아닌가. 그렇다. 정말 건물은 오고 있다. 많은 사람들이 비행기를 타고 오는 건물을 보러 갈 것이다."

이 이야기의 자초지종은 이렇다. 한 여인이 평양에 와 제일감리교회에서 예배를 드리던 중 성경강습학교 건물 신축을 위한 애니 스키어 양의 헌금 발표를 들었다. 이내 성도들이 일제히 하나님과 스키어 양에게 감사하며 '아멘' 하는 것도 들었다. 여인은 발표된 내용을 분명히 못 알아들은 채 다른 사람과 이야기를 했고, 이야기는 점점 살이 붙어 고향에 돌아가 목사님께 전할 땐 위의 형태가 되었다. 목사는 부인이 평양 교회에서 직접 들은 이야기라 그 말을 믿었다.

글쎄, 비행물체를 타고 오지 않아도 헌금은 그 자체로 대단한 일이다.

나귀를 드린 남자

강신화 또는 신화 강은 수년간 우리의 비서로 일했으며 이제 연안에 전도사로 있다. 몇 주 전 그가 와서 사역에서 큰 믿음을 보여주는 흥미로운 일화 몇 가지를 들려주었다. 강신화는 새 교회를 짓기 위한 큰 헌금에 관한 이야기를 하며 한 남자가 200엔을 헌금했고 다른 남자는 당나귀를 드렸고 많은 이들이 거의 가진 것 전부를 드렸다고 했다.

50세쯤 된 과부는 40년간 껴온 혼인 가락지를 드렸다. 그것은 부인의 소년 남편이 준 것이었다.

한 여인은 8엔을 헌금했다. 강 신화가 아직 필요한 액수가 채워지지 않았다고 하자 여인은 은비녀를 빼고 서울 여자들처럼 머리를 풀어 내렸다. 비녀가 없었기에 머리를 땋아서 시골 여자들이 하듯 머리 위에 얹어야 했고 무명 터반을 둘러 고정시켰다.

신도 중 한 남자는 물건을 나귀 등에 싣고 다니는 행상이었다. 교회 신축을 위해 뭔가를 드리고 싶은데 가진 건 나귀밖에 없으니 나귀를 바치려고 일어섰다. 아내도 훌륭한 기독교인 여성이었고 남편이 주님께 전부를 바치는 걸 기뻐했다. 남편이 나귀를 바치겠다고 말하는 소리를 듣자 아내는 슬그머니 교회를 빠져나가 집으로 갔다. 그리곤 나뭇가지로 나귀를 장식하고 머리에 화관을 씌워 교회로 몰고 왔다. 그 행상인은 이젠 등짐을 지고 다니지만 마음만은 그지없이 가볍다. 그는 할 수 있는 일을 했다. 이 경이로운 장면이 펼쳐지는 동안 교회에 있는 사람들은 모두 눈가를 적셨다. 기쁨이 눈물 사이로 반짝였다.

예배 막바지에 5~6명의 기독교인이 강 전도사의 손을 잡으려고 기다렸다가 감사의 눈물을 흘리며 말했다. "연안에 이런 좋은 일이 생길 줄은 몰랐습니다." 이 지역은 척박한 곳인지라 그들은 항상 교회를 위해 드릴 것이 아무것도 없다고 생각했던 터였다. 이제 좋은 남학교와 여학교가 생겼고 헌금은 학교 지원에 적잖게 기여했다. 주님의 영은 그들의 마음을 만지셨다.

연안에 사는 한 젊은 아낙은 17살밖에 안 되었지만 예수의 사랑에 대한 이야기를 전해야겠다고 생각했다. 남편과 오빠는 그리스도를 증거하는 여인을 핍박했다. 오빠는 남편에게 신앙 때문에 그러니 아내를 패라고 했다. 여인은 구타를 피하려고 그날 밤은 다른 기독교인 가정에 머물러야 했다. 그러나 다음날 집에 돌아오자 어김없이 매를 맞았다. 아내는 가가호호 축호전도를 한다고 두들겨 맞기도 했지만 믿음은 굳건했다. 아내는 남편을 위해 늘 기도했다. 아무리 때려도 신앙과 열성을 없애진 못한다는 걸 깨달은 남편은 성경을 한 권 사서 공부하고 있다.

연안에서 20릿길 되는 곳에 정신이 이상한 여인이 살았다. 이 여인이 연안에 오자 기독교인들은 한 달 반 동안 여인과 함께 중보기도했다. 여인은 제정신을 찾고 이제 강건한 기독교인이 되었다.

 1911년 5월 14일. 조선의 중국파송 선교사 손정도

조선 최초의 중국 선교사인 손정도60 목사가 귀국 후 행한 첫 설교의 요지는 이렇다. 그는 1900년 평양 제일감리교회에서 중국 기독교 순교자들에 대해 듣고 신앙을 가졌었다.

"모두 다시 만나 반갑습니다. 중국에서 저의 삶과 그곳 상황에 대해 듣길 원하심을 압니다. 저는 산해관에서 학교에 입학했습니다. 무슨 학교냐? 바로 고난의 학교입니다. 무슨 고난이냐? 동포가 한 명도 없다는 것과 3개월간 대화상대가 없었다는 것입니다. 자주 창밖을 내다보며 조선 개라도 한 마리 눈에 띄면 좋겠

다고 생각했습니다. 음식도 달랐습니다. 하인들은 저의 말을 알아듣지 못했습니다. 중국인 하인에게 쌀을 사오라고 했더니 무슨 종류의 쌀이냐고 물어서 어떤 종류를 말했는데 사오고 보니 수수였습니다! 수수가 익어가는 솥 안을 들여다보자니 배도 고프고 외롭기도 해서 뜨거운 눈물이 솥 위로 떨어졌습니다. 중국 옷을 샀는데 입어 보니 우스꽝스럽게 보인다고 사람들이 비웃었습니다.

구약과 신약의 위인들이 다가오는 것 같았습니다. 이집트에서 요셉이 와서 그걸 시련이냐면서, 그가 견뎌야했던 거짓 모함, 구덩이, 형제들의 배신, 감옥, 배은망덕 등을 말했습니다. 나의 시련은 아무 것도 아님을 알았습니다.

중국에서 가장 안타까웠던 점은 비참한 가난이 창궐한다는 것과 그리스도 없는 서글픈 삶이었습니다. 전족을 한 여성들이 작은 아이들 손을 잡고 그들을 의지하여 걷는 모습 또한 안타까웠습니다.

제가 얻은 가장 큰 교훈은 전 세계적으로 본래의 상태는 비참함밖에 없다는 것입니다. 그러나 그리스도의 사랑이 마음에 들어가면 평안이 있습니다. 중국인의 우상숭배를 보며 그리스도에 대해 가르치길 열망했습니다.

그곳에서 조선이 중국의 첫 번째 선생이 아니라 중국이 첫 번째 선교사를 조선에 보냈음을 알게 되었습니다. 약 30년 전에 미국인과 중국인이 의주로 건너와서 조선인에게 복음을 전하다가 무시무시한 핍박을 당했고 그 중국인은 순교했습니다. 고로 이젠 우리 조선인이 나가서 중국의 필요를 위해서라면 우리의 목숨을 내려놓을 차례입니다.

중국엔 100년간 사역이 진행되었고 교회에는 100년 전부터 말씀이 전파되었습니다. 그러나 주일 오전예배 출석이 10명이 안 되는 곳도 있습니다. 그러나 이후 100년 안에 경이로운 변화가 일어나리라 봅니다. 큰 발전이 없던 이유는 교회 내 기독교인들이 개인 사역을 안 하기 때문입니다. 그곳 그리스도인들은 개인 사역은 목회자의 전유물이라고 생각하는 듯했습니다."

조 켈러(Joe Keeler) 박사는 중국에 있는 우리 손정도 선교사에게 송금한 돈을 친절하게 받아주어 요청대로 손 선교사에게 전달했다. 조우 박사는 연회(年會) 얼마 전 아더에게 아래와 같이 편지를 썼다.

"전 우리의 부흥과 관련하여 손 선교사의 도움을 청했는데 그는 연례회의에 참석코자 조선에 돌아간다고 했습니다. 손 선교사는 좋은 사람입니다. 얼마 전 그를 만나 중국과 산해관에 관해 이야기를 나눌 기회가 있었습니다. 손은 산해관에서 보낸 수개월간 단 한 명도 전도하지 못했다고 크게 낙심한 듯했습니다. 난 마음이 뭉클했고 우리 사람들에게 이 이야기를 전했습니다. 간접적이나마 손 선교사의 번뇌와 눈물은 현재 장리에서 일어나는 부흥의 원인이 되었습니다. 중국인들은 모두 손 선교사를 아주 좋아합니다. 다만 다른 사람이 언어는 훨씬 더 잘할 거라고 합니다. 손 선교사가 연례회의 이후 중국으로 돌아오길 바랍니다."

1909년 5월 12일. 이경순의 사연

이경순(Gentle)으로 개명한 이씨의 사연이다.

김씨(헬레나)는 시골에서 돌아와 여행 중 있었던 일을 얘기해 주었다. 여행 중 4명의 부인들을 예수께로 인도했으며 많은 마을을 방문했다. 세 마을에는 집집마다 믿는 사람이 한 명 이상 있었다고 한다. 그녀는 염징골이란 새로운 마을에서 거둔 승리를 회고하며 기쁨의 눈물을 흘렸다. 그곳엔 나이가 30세, 47세인 두 과부 자매가 있었다. 30세의 이씨는 유복한 가정에서 자랐고, 조선에선 매우 드물게 18살까지 시집가지 않도록 집안에서 허락했다. 신랑은 13살 소년이었고 신랑 부모는 아들을 조혼시킬 만큼 경제적 여유가 있었다. 조선식으로 나이를 계산한 것이니 신부와 신랑은 실제론 17살과 12살이었을 게다. 그런데 어린 신랑은 혼인날 죽어 이씨는 그날 이후 과부로 남게 되었다.

자매에겐 35살 오빠가 있었다. 그는 공맹을 숭상하는 유교의 전형적인 인간형으로 교만하며 완고하며 잔인했다. 이씨는 늘 삶에서 영적인 능력에 갈급했다. 집안엔 혼령숭배물이 가득했고 많은 영들이 사람을 위협한다고 믿는 분위기였다. 이씨는 악귀들이 삶을 더 낫게 하지 못함을 깨달았다. 오빠는 유교가 배출할 수 있는 최상의 인간인 듯했다. 그녀는 무언가 다른 걸 원했다.

마을엔 성경 교사가 온 적이 없었고 기독교 서적에 대해 들어본 적도 없었다. 하지만 새 종교의 소문과 기독교 찬송에 대해선 들어본 적이 있었다. 이씨는 이 종교가 유일신을 믿는 종교라고 들었으며 여기에 대해 더 알아보리라 마음먹었다. 집에서 5마일 떨어진 마을에 감리교 전도사가 성장세의 사역을 하고 있었다. 그래서 기독교인들이 인근 많은 마을을 방문했지만 이씨의 마을엔 아직 온 사람이 없었다. 이씨는 가서 이 새 종교에 대해 알아보기로 작정했다. 그러나 유복한 가정에서 자란 젊은 여자라 집 밖으로 멀리 나가본 적이 없었다. 언니에게 속내를 털어놓자 언니는 혼자는 안 되고 같이 두무골 장터의 전도사 집에 가서 알아보자고 했다.

자매는 그렇게 했고 전도사가 예수에 대해 가르쳐주자 믿고 행복했다. 예수가 이제껏 찾았던 분임을 깨닫고 기쁘게 영접하였다. 전도사는 신약 이야기를 읽어주었고 함께 찬송가를 불렀고 여자들은 기쁨의 눈물을 흘렸다. 신약성경과 찬송가를 들고 돌아오는 길에 있는 사촌 집에서 하룻밤 묵었다. 사촌은 마음씨가 후한 사람인지라 그 다음날 일요일에 마음대로 하루를 보내게 해주리라 생각했던 것이다. 첫 안식일에 작은 예배를 드리고 사촌의 아들 하나가 동참하여 믿게 되었다. 나중에 어떻게 기도했냐는 질문을 받자 전도사의 집에서 하루 배운 것 외엔 다른 가르침이 없었던지라 하나님께서 가르쳐 주셨다고 했다. 자매는 성경 말씀을 읽으면서 기쁨이 극에 달했다.

집에 돌아와 조용히 혼령숭배나 액땜에 쓰이던 물건 일체를 불살라 버렸다. 올케와 어머니는 한 집에 살고 있었고, 오빠는 이 땅의 구습대로 첩의 집에 살고 있었다. 본가에 방문한 오빠는 누이들이 기독교인이 된 걸 알고 분개하며 죽여버리겠다고 협박하며 욕설을 퍼부었다. 매질도 뒤따랐다. 그러나 자매의 믿음은 더 빛을 발했다. 4개월 반 동안 이씨는 언니가 혼자 성경을 공부하도록 읽기를 가르쳤다. 그 동안 두무골 전도사가 몇 번 심방 왔으나 오빠가 못살게 구는 바람에 방문은 지속되지 못했다. 전도부인 헬레나가 두무골에 도착하자 전도사는 이 두 자매를 심방해 달라고 부탁했다. 헬레나는 그렇게 했고, 자매들은 기독교 여인이 자기들에게 성서를 가르치러 왔다는 사실에 감격하여 기쁨의 눈물을 흘렸다. 오빠는 다시 와서 헬레나도 파렴치하게 괴롭혔으며 극도로 잔인한 말을 해댔다. 그러나 헬레나는 예수를 가르칠 수 있는 특권에 비하면 이쯤이야 아무것도 아니라고 여겼으며 오빠를 위해 자매와 함께 기도했다.

후에 이 마을에 믿는 자가 한 무리 생겼다. 이씨는 자신이 먼저 교육을 받고 돌아가 고향 사람들을 가르치길 원했다. 이 문제를 놓고 두무골 사역자와 상의하자 그는 평양의 노블 부인을 찾아가면 방도를 말해줄 것이라고 했다. 이씨의 친구들은 기독교인이 아니기 때문에 재정적인 도움을 줄 수 없었다. 그래서 우리는 그녀에게 반나절씩 고학하며 중등학교 과정을 밟고 숭실여전 가을학기 입학을 준비하도록 했다. 그녀는 늘 즐거워했다. 언니는 지방 성경반(Country Bible Class)에서 가르치는데 3주를 헌납하겠다고 자원하여 평양에 와 에스티 양의 일반성경반을 수강하였다. 언니는 여러 곳에 파송되었는데, 그 중 하나가 고향 마을이었다.

(1911년.) 최근 이경순으로부터 받은 편지다. 그는 2년간 우리 집에서 반나절씩 일을 하며 고학으로 숭실여전을 마친 후 나의 주선으로 서울의 간호사 수련학교에 입학하였다.

너무 사랑하는 노블 부인에게,

며칠이 흘렀는데 당신과 당신의 가족은 모두 평안하십니까? 그리고 기독교인들도 다 평안합니까?
전 여기서 하나님의 은혜로 잘 지냅니다. 커틀러(Mary Cutler) 박사와 다른 간호사들도 잘 지냅니다. 우리가 잘 지낼 수 있는 건 당신이 배려하고 하나님께 기도한 덕분임을 압니다.
당신이 서울을 떠나 평양으로 갔다는 소식을 들었습니다. 그래서 당신을 다시 못 뵈었지요. 실망으로 괴로워할 때 당신의 편지가 왔고 당신이 건강하며 아기가 병이 나았다는 소식을 듣고 뛸 듯이 반가웠습니다. 그러나 나중에 두 아기가 아프고 노블 씨를 부르러 사람을 보냈다는 소식을 들었습니다. 우린 정말 염려가 되었습니다.
이화학당 학생들에게 평양에서 안부를 전해 달라고 하셨지요. 그렇게 했습니다. 홀리 하트, 캐럴라인, 노마가 당신에게 안부를 전합니다.

제가 한심하게 행동할 때 당신이 날 아직 사랑한다는 사실을 생각하면 큰 위안이 됐습니다. 첫째로 전 하나님께 감사하며 다음엔 당신께 감사합니다. 전 낙심했고 훈련된 간호사가 되려는 공부를 중도하차해야 한다고 생각했습니다. 그런데 커틀러 박사가 제가 포기하면 당신이 얼마나 슬퍼하겠냐고 했습니다. 전 정신이 퍼뜩 들어 다시 정진하기로 결심했습니다. 당신이 날 여기에 보내고 도와줬는데 이제 그만 두면 당신뿐 아니라 하나님과의 계약을 파기한 것과 같을 것입니다. 전 온전한 여인이 되어야 합니다. 그래서 어떤 일이 닥쳐도 하나님의 도우심으로 모든 난관을 극복하고 죽기를 무릅쓰고 끝까지 인내하기로 결심했습니다.

당신이 계속 잘 지내시길 수만 번도 더 기원합니다.

할 말이 많지만 이젠 맺어야 할 것 같습니다.

1914년 9월 9일. 시골교회의 성장

이경순은 휴가를 보낸 이야기를 들려주러 우리 집에 들렀다. 경순은 1914년 봄, 서울 동대문의 간호사 수련학교를 졸업했다.

경순은 고향과 이웃마을 능리에 새 신자가 몇 명 있음을 발견했다. 능리에선 경순에게 와서 교회 세우는 걸 도와달라고 했다. 그녀가 능리에 갔을 땐 신자가 10명밖에 없었으나 떠나기 전엔 교회 출석인원이 50~60명이었다. 경순은 25명의 여학생을 데리고 여학교를 시작했다. 그 전엔 여학교가 없었으며 학교 건물도 없었다. 여학교는 기독교 가정에서 모였지만 장소가 협소하고 비위생적이었다. 기독교인들은 경순이 항상 있어주길 원했으나 병원근무로 복귀해야만 했다. 그러나 그녀는 근 3개월간을 능리에서 보내고 담당의사와 수간호사에겐 능리 교회를 세우기 위한 급박한 필요에 대해 설명했다. 능리 사람들은 1~2개월 후에 다시 돌아와야 한다면서, 사람들 신앙이 약하니까 대부분 떨어져 나갈 것이라고 했다. 그래서 경순은 남게 되었다.

능리 사람들은 교회와 여학교를 위한 새 건물을 구입했다. 마을 사람들이 가진 전부를 드려 약 80엔을 모금했고, 옛 교회 건물을 1,400엔에 팔고, 평양 성경반에 다니는 지방회 소속 남자 지도자들이 35엔을 송금해서 내려 보냈고, 다른 지인들의 모금이 있었다. 나도 도란스턴의 친구들이 보낸 6.50달러(13엔)를 보냈다. 그렇게 해서 약 2,020엔이 소요되는 새 교회 비용이 거의 지불되었다.

경순의 조카 엘리자베스는 능리로 내려와 학교에서 가르쳤고 엘리자베스의 남편도 농사일을 그만두고 양을 목양하러 내려왔다. 두 부부 모두 쥐꼬리만 한 보수만 받고 일했다. 교회는 너무 가난해 상근 목회자나 교사를 둘 만한 여력이 없었다. 엘리자베스는 서울의 성경훈련학교에서 장학금 제의를 받았으나 능리 교회를 위해 올해 성경학교에서 공부할 큰 기쁨을 포기했다.

주님의 포도원에서 자기를 희생하며 유익을 끼치는 아름다운 이야기다.

1911년 6월. 원대신의 이야기

황해도 서안의 여학교 선생인 원대신이 일반성경반에 들어왔다. 원대신의 남편은 짐을 들어주려고 함께 길을 떠났다. 대신이 공부할 동안 아기를 돌보기 위해 시어머니도 함께 떠났다. 아기는 대신의 등에 업혀 있었다. 거의 이틀간의 여행 후 남편과 아기는 콜레라 모르버스균 같은 것으로 앓기 시작했다. 도중에 의사가 없었으므로 대신은 아기만 업고 의사를 찾아 나섰고 남편 약을 가지고 돌아가려 했다. 그러나 다시 길을 떠나기엔 너무 기운이 없어 우리가 사람을 남편에게 보냈다. 그런데 여관에 도착해 보니 남편은 이미 숨을 거둔 후였다. 여관주인은 이교도의 구습을 따라 시신이 집을 부정하게 한다며 거액의 숙박료를 요구했다. 이런 경우 때론 집값에 상응하는 돈을 받아내기도 한다. 이 주인은 3개월 월세에 해당하는 5엔을 요구했다. 심부름 보낸 사람이 돌아와서 이 소식을 전하자 난 신뢰할 만한 사람을 보내 빚을 갚되 그런 터무니없는 요구엔 응하지 말라고 했다. 그러나 그가 도착하기 전 인근 마을의 현지인 목사와 기독교인 몇 명이 그 액수를 지불하고 남자를 매장했다고 한다.

1926년 3월 12일. 장씨의 금비녀

서울 정동제일교회 교인 중에 장씨란 여인이 있다. 장씨는 시골에 사는 어느 정도 재력 있는 불신자의 아내였다. 물론 남편은 교회의 필요를 위해 헌금하는 법이 없었다. 최근 이 선한 여인이 숨겼다. 죽기 불과 몇 달 전 여인은 기쁨의 빛으로 환한 얼굴로 어머니를 똑바로 마주보며 속삭였다. "어머니, 제 머리에서 금비녀를 빼내 목사님에게 드리세요. 이걸 팔아 우리 교회를 구하는 데 소용되게 해 주세요." 이 금비녀는 100엔 상당의 가치가 있었다.

황율례(27세)의 사연

황해도 수안군의 사래당 마을에 황율례란 사람이 산다. 그가 회심한 이야기와 기독교적 체험은 이렇다.

황율례는 인근 마을에서 죄인을 위해 죽으신 예수에 관해 듣고 신자로 등록하여 회심하였다. 한번은 자기 방에 있는데 하나님의 영이 성경을 읽는 그에게 역사하였다. 그는 생소한 내용인 그리스도의 부활에 관해 읽고 있었다. 그는 말했다. '이것이 기독교인이 믿는 것이다. 난 주님이 날 위해 죽으셨음을 배웠고 주님을 알고 주님을 따르고 싶다. 이제 주님이 죽은 자 가운데서 일어나심을 배웠으니 그가 살면 나도 살 수 있을 것이다. 하나님을 찬양하라.' 그는 아내에게 같이 믿자고 했으나 거절당했다. 옆 마을의 예배에 참석하려 하자 아내는 말했다. "교회 가는 거지요, 그렇지요? 교회 가면 안 됩니다. 기독교인 되면 안 됩니다." 아내는 남편이 입고 가려는 옷이 있는 방에 들어가 바지와 윗도리 둘 다 찢어버렸다. 갈 채비를 하려고 들어간 남편은 어쩔 줄 모르다가 겨우 걸칠 수 있을 정도로 끈으로 동여맸다. 그리곤 위에 긴 윗옷을 걸치고는 교회에 가려 나섰다. 한번은 그가 나가려고 하자 아내가 따라와서 상투를 잡고 머리를 뒤로 끌어당기며 기독교인이 되면 안 된다고 했다. 남편은 얼마간 혼자 살더라도 교인이 되는 건 어쩔 수 없다며 아내에게 믿으라고 종용했다. 남편은 집으로 들어가 당나귀에 짐을 싣고 아내가 맘을 달리 먹을 때까지 집을 떠나 있겠다고 했다. 그는 기독교 최고의 미덕은 인내임을 기억했고, 아내에게 매우 인내심을 가지고 대했으며 이전처럼 아내를 꾸짖거나 때리진 않았다. 아내는 길가 우물로 가더니 빠져죽겠다고 협박했고 어찌나 소란을 피우던지 이웃들이 다 모여들었다. 황율례는 아내에게 애걸하며 말렸고 함께 평양에 가 기독교에 대해 더 배우자고 했다. 고로 부부는 평양에 와서 단기간 여관에 투숙하며 조용히 기독교에 대해 배우며 교회에 출석했다.

정 부인은 회심하였고 평양을 떠날 땐 꽤 많은 기독교 서적을 샀다. 아내는 다른 짐은 당나귀에 싣고 성경책과 기독교 서적은 자기 머리에 이고 가겠다고 우겼다. 그리고 얼마 후 아내와 함께 살던 장모가 둘 다 장티푸스 열병을 심하게 앓았다. 이 병을 크게 두려워한 이웃은 아무도 도우러 오지 않았다. 황율례는 밤낮으로 두 환자 사이에 앉아 시중을 들며 간호를 하며 환자실에서 하는 모든 일을 했다. 그러자 마을의 남자들이 와서 기독교인이 되면 이런 엄청난 허드렛일을 해야 한다며 그를 핍박했다. 장모는 숨졌고 황율례는 옆 마을에 사는 작은 기독교인 무리의 리더에게 그의 환난 중에 와 달라고 했다. 그러나 클래스 리더는 출타 중이어서 올 수 없었다. 큰 절망이 황율례에게 엄습하였다.

신앙도 무용지물인양 여겨졌다. 기독교인이 되면 축복이 임할 줄 알았는데 돌아온 건 와서 도와줄 위로자 하나 없는 곤고한 상황이었다. 아내가 누워 있는 방 바로 밖에서 절망으로 포기하려 할 때 아내가 부르는 소리가 들렸다. 가보자 아내는 눈을 감고 꼭 최면에 걸린 사람처럼 크리체트 씨가 여기 다녀갔으며 고린도전서 15장을 읽어주고 막 갔다고 했다. 까막눈인 아내의 머리맡엔 신약성경 고린도전서 15장이 펼쳐져 있었다. 황율례는 믿음을 회복했다. 하나님께서 아내에게 말씀하시며 아내를 통해 자기에게 말씀하시는 것 같았다. 그는 넙죽 엎드려 다시 하나님께 자신을 헌신했다. 성경에 이해 안 되는 부분이 많이 있지만 아무 선생 없이 성령님이 그를 가르치셨다. 그는 예수가 자신을 구원하시고자 죽으셨으며 부활이 사실이며 시련 중의 인내가 예수의 큰 가르침 중 하나임을 안다고 말한다. 그는 이 진리 위에 살고 있다.

15장
개척자들의 이름

Journals of Mattie Wilcox Noble

 1911년 1월 6일. 크리스마스 공연

정동제일교회 어린이 주일학교는 존스 부인에 의해 시작되었고, 영아부는 매티 윌콕스 노블에 의해 시작되었다.

미국 어린이들은 공연 시간에 크리스마스 그린스(Christmas Greens) 칸타타를 멋들어지게 해냈다. 조선 어린이들의 칸타타도 수려했다.

알덴, 해럴드, 베네딕트 양은 월요일 밤 일본감리교회 축하행사에 갔다. 그 행사도 매우 근사했다. 일본인들은 조선 어린이들의 수화노래 공연을 보고 이들을 초청하였다. 함께 초대받은 청년들과 어린이들은 멋진 공연으로 찬탄을 자아냈다.

1911년 1월 11일. 시상식

고학(苦學)하는 소년 하나가 휴일에 일을 구하러 날 찾아왔다. 줄 일감이 없어서 그냥 마주앉아 코바늘 뜨개질을 가르치기 시작했다. 소년은 이제 날 위해 털 베레모를 짜고 있다. 난 필요 없지만 그는 일감이 필요하다.

오늘 오후 일 년 개근한 주일학교 어린이들, 새 친구를 가장 많이 인도해 온 어린이들, 성경 구절을 가장 많이 암송한 어린이들을 위한 파티를 열었다. 아이들은 당나귀 꼬리에 핀을 붙이고[61], 여러 발표를 하고, 카드를 받고, 간식을 먹었다.

 ___년 4월 12일. 모범학교

장로교 신학대학 건물에서 감리교와 장로교의 600여 명의 선발된 주일학교 교사들을 대상으로 모범적인 어린이주일학교 공과 시범을 보였다. 청중은 모두 반응이 좋았고 조선에 이렇게 잘 운영되는 주일학교가 존재한다는 사실에 감탄했다.

미국 브룩클린의 부쉬위치 애비뉴 주일학교와 세계주일학교 협회 소속의 프랭크 브라운(Frank Brown) 씨가 주일학교 사역을 위해 조선에 왔다. 그는 지난 주일 어린이 주일학교를 방문하여 우리 주일학교가 동방을 여행하며 본 것 중 최고라고 말해 날 놀라게 했다. 그는 일요일까지 우리 집에 묵다가 나머지 며칠간은 홀드크로프트 씨네 집에 있을 것이다.

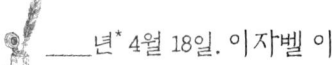___년* 4월 18일. 이자벨 이

오늘 아침 교인 한 명에게 술장사를 시작하지 말라고 권면하러 갔다. 그녀는 술장사를 시작하려는 아들을 말려보려고 갖은 애를 썼지만 소용없었다고 했다. 우리가 그 가정을 위해 기도하자 어머니는 흐느꼈다.

그 다음 우린 한 여인의 환갑잔치에 갔다. 수나 잠봉의 어머니의 환갑잔치다. 큰 잔치를 베풀었고 공연 프로그램도 있었다. 기생이 와 노래하고 조선 전통악단이 연주하고 춤음기도 있었다. 공연 중간에 이자벨(Isabelle E.)이 우리 기독교인은 어딜 가든 그리스도를 알리는 것이 우리 임무라며 찬송가 몇 곡 불러도 되겠냐고 물었다. 주최측 한 사람이 승낙했고 다만 노래를 잘 하는 사람 몇 명만 부르라고 했다. 이자벨은 '천국 종을 울려라'를 선곡했고 우린 함께 불렀다. 그리고는 주최측 남자의 제안으로 내가 한 곡 더 불렀다. 그가 너무 원한다고 해서 '날 정결케 하소서'를 한 곡 더 불렀다. 찬송하는 동안 기생들과 특히 남성들의 얼굴을 살폈다. 모든 사람들이 내내 완벽히 침묵했다. 이자벨이 어머님과 할머니와 증조할머니에게 하나님의 축복이 임하도록 우리가 함께 기도해도 되겠냐고 묻고는 기도를 드렸다. 거의 모든 사람들이 조용했고 기생들만 좀 부스럭거렸다. 조선인은 때를 얻든지 못 얻든지 전도한다.

---

*원문에서 년도를 알 수 없음.

전도부인 이자벨 이

1911년 7월 13일. 전도부인 살로메 노

우리가 서울로 발령받았다는, 그러니까 평양을 떠난다는 소식을 듣고 삼화에 사는 살로메 노가 보낸 편지이다. 그녀가 교사로 있던 삼화의 새 학교는 1911년 여름 여학생 한 명을 졸업생으로 배출했다. 살로메는 연회(年會) 때 [황해도] 봉산으로 파송되어 1911년 9월 남편과 함께 봉산으로 이사 갔다.

삼화에서 1911년 7월 13일,

"사랑하는 선생님, 노블 부인에게,

15장 개척자들의 이름 · 357

당신께서 서울로 가신다는 소식을 들은 후 지금까지 슬픔을 가눌 길 없습니다. 얼마 전 보내주신 편지 감사합니다. 당신과 당신의 가족과 기독교인들이 평안하다니 하나님께 감사합니다. 이곳의 기독교인들도 하나님의 은혜로 평안하며 교회는 성장하고 있습니다.

전 당신이 평양에서 떠난다는 생각에 슬픔이 북받쳐 마치 아주 소중한 무언가를 잃어버리는 느낌이며 눈물이 하염없이 흐릅니다. 부인이 평양에 있으면 일 년에 여러 번 찾아뵐 수 있을 거고 당신이 우리를 보러 이 시골로 올 수도 있겠죠. 그러나 서울로 이사 가시면 제가 너무 사랑하는 얼굴을 언제 뵙겠습니까? 그리고 언제 당신의 가르침이 귓전을 울리겠습니까?

이런 생각을 하니 마음이 불편하고 서글픈 것이 한두 가지가 아닙니다. 당신은 제 가족 같으며 제겐 친가족과 아무 차이가 없습니다. 당신이 떠나면 제 피난처는 사라집니다. 산처럼 높고 바다처럼 깊은 당신의 은혜를 어찌 잊을 수 있겠습니까?

제가 봉산으로 간다면 누가 당신처럼 나의 사역을 계획해 줄지 모르겠습니다. 흑판과 지도를 들고 봉산으로 갈런지요.

당신이 서울로 가신다면 누가 봉산 사역을 책임지겠습니까? 당신이 서울에 사신다고 해도 가끔이나마 뵐 수 있으면 좋겠습니다. 제가 여학교에서 가르치는 동안이나마 당신과 동역하길 바랍니다.

_ 살로메 노

전도부인 김자광

자광의 보고서를 요약한 것이다. 자광은 우리의 옛 교회 교인으로 몇 차례에 걸쳐 내지(內地) 전도여행길에 파송되었다. 무어 부인(J. H. Moore)은 자광을 정화 학당에서 몇 년간 임시교사로 고용했다. 이번 여행은 내 추천으로 헤인즈 양이 자광을 황해도 재부령 근처의 지역으로 2달 반 동안 파송한 것이었다.

"1911년 5월, 6월, 7월 보름, 2달 반 동안 사역하러 나가 있었습니다. 밭에서 쉬는 사람들에게 때를 얻든지 못 얻든지 전도하여 200명에게 복음을 전했습니다. 많은 사람이 믿겠다고 했습니다.
재부령에 한 달간 머물렀고 재부령 외곽의 8군데 마을과 부락을 방문했습니다. 7명의 퇴보자의 믿음을 회복하도록 도와주었고, 18명이 결신자가 되었으며 모두 20개의 마을을 방문했습니다.
한찬에서 교회에 다니다 믿음이 퇴보하여 무당이 된 사람을 만났습니다. 성령의 인도하심으로 그녀를 찾아갔고 무당은 날 물리치지 않았습니다. 다음날은 주일이라 20명의 구경꾼들이 전도부인이 예배에 참석한다는 얘기를 듣고 구경 왔습니다. 예배를 인도할 사람은 저와 무당밖에 없었으므로 둘이 번갈아 예배를 인도했습니다. 그날 아침 한 여인이 기독교인이 되었고 다른 5명이 나중에 믿겠다고 했습니다."

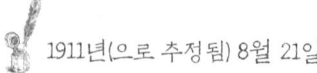
1911년(으로 추정됨) 8월 21일. 배매장

 배매장에서 40릿길 되는 강가에 있다. 다시 강 하류 모래사장으로 내려가려 한다. 19일 밤에 이곳에 도착했다. 매년 여기 올 때마다 배매장에 들르고 싶었지만 여의치 않았다. 올해엔 상황이 허락하여 19일 저녁에 사공을 인근 고을로 보내 가마 두 대와 가마꾼을 데려오라고 했다. 베네딕트 양이 자기도 가고 싶다고 해서 내일 아침 일찍 이 가마들을 타고 가려 한다. 우리는 가마꾼들에게 아침 일찍 식사를 제공하고 우리도 아침을 먹었다. 배는 오전 7시에 출발했다. 배를 타고 강을 건넜고 16마일(약 25킬로미터) 길을 가마로 이동했다. 우리의 가마꾼들은 8개의 개울을 건넜다. 물은 무릎 높이까지 오거나 더 깊었고 개울 폭이 꽤 넓었다. 가마꾼들은 우리를 수면 위로 메고 건넜다. 이 지역은 여름 홍수에도 불구하고 작황이 매우 좋다. 우리가 지나친 들녘은 벼, 기장, 옥수수, 수수, 면화, 메밀, 콩, 아주까리, 담배 밭이었다.

 최근 미국 콜로라도를 떠나 조선의 홀골 금광에 일하러 온 릭크라는 젊은 남자가 우리 곁으로 다가왔다. 말에 탄 채 이 긴 여행길에 처음 백인을 만나 얼마나 반가운지 모른다며 말을 걸어왔다. 그리고 어딜 가야 마실 물을 구할 수 있냐고 물었다. 우리는 각자 물 한 병씩 가지고 있었고 여정은 이제 거의 막바지였다. 난 릭크 씨에게 내 물병을 건네주고 마부에게 산에서 샘을 발견하면 릭크 씨에게 일러주라고 조선말로 당부했다. 외국인들은 조선의 마을 근처에서는 물 마실 엄두조차 내지 못한다.

 10년 전 로저 아너 씨가 여학교 건물로 쓸 돈을 보내주어 우린 배매장에 건물을 샀다. 이 학교는 아너 씨의 별세한 아내를 기리기 위하여 '로라 아너의 집'이라고 이름 지었다. 작은 초가지붕 건물은 교회 예배당 겸 여학교 겸 학교 선생님 주방 겸 살림방이 되었다. 여학교와 교회는 같은 방을 썼다. 그곳에 평방 6피트의 작지만 깔끔하게 관리되는 휴게실이 있어 선교사들이 오가는 길에 쓸 수 있게 했다. 후에 교인 수가 너무 늘어 교회 방이 비좁아지자 건물을 팔아버렸다. 기독교인들이 헌금을 더 해 고개 위에 더 큰 건물을 구입했고 위의 모든 용도로 사용되었다. 새 부지엔 목사 사택으로 쓸 별채도 있었다. 나중에 기독교인들은 여학교로 쓸 별도의 건물을 구입했고 몇 년째 학교 겸 어느 전도부인 사택으로 사용되고 있다. 고개 중턱엔 남자 어린이를 위한 괜찮은 학교가 있고 교회 신축을 위한 새 부지가 선정되었으며 신축 교회를 위한 목재를 자르고 있다.

우리는 마을을 둘러보고 이 모든 건물들을 살펴보았다. 여학교에선 복숭아로 우리를 대접했다. 건물들을 다 돌아보고 반가운 마음에 우리를 보려고 나온 기독교인들을 만나기를 마쳤을 즈음 송 목사가 교회 종을 울렸다. 60여 명의 작은 교인 무리가 모였다. 내가 예배를 인도했다. 예배 후 우리는 배를 타러 떠났다. 송 목사의 어린 아들이 열흘 전 미친 개에 물렸다. 아이에게 아무 탈이 없기를 바란다. 송 목사는 팔웰 의사를 보러 평양으로 올라간다고 했다.

몇 년 전 매각한 첫 학교 건물은 무너지기 일보직전이며 이교도 한 가정이 살고 있었다. 문 위에는 그림이 그려진 종이쪽지들이 붙어 있었다. 이 부적은 가족이 병에 걸리자 병마를 보낸 악귀를 달래려고 붙인 것이었다. 서까래 아래엔 행운의 신에게 바친 또 다른 부적들이 있었다. 우린 그 집 여자들과 얘기를 하고 그리스도를 믿고 부적을 버리라고 권면했다.

1911년 10월 2일. 침 바늘

9월에 한 여성이 광혜부인병원에 찾아왔다. 상태가 너무 심각해 수술을 하지 않으면 생명을 오래 유지하지 못할 상황이었다. 큰 종양이 있는 듯해 검사해 보니 이전에 아팠을 때 복부 안에 여러 개의 침 바늘을 찔러 넣어 거기서 이상한 종양이 발생한 것으로 드러났다.

부인은 22살이었고 한의사는 18개의 구리 침바늘을 배에 찔러 넣고 특별처방으로 바늘 몇 개는 배 안에서 분질렀다.

팔웰 박사는 종양 안에서 두 개의 부러진 침 바늘을 찾았고 끄집어냈다. 2주 후 홀맨 양이 상처를 소독하는 중 환자가 숨을 쉴 때마다 뭔가 들어갔다 나왔다 하는 것을 발견했다. 작은 핀셋으로 꺼내보니 손가락 3분의 2정도 길이의 부러진 침 바늘이었다.

1911년 10월 10일. 선교사 환영회

감리교 부인들은 최근 돌아온 선교사들을 기리기 위한 환영회를 우리 집에서 외국인들을 대상으로 열었다. 베커 부부, 로제타 홀 박사, 루퍼스가 주인공이었다. 우리는 아주 흥미진진한 프로그램을 준비했다. 돌아온 선교사 한 사람씩 안식년에 대해 짤막하게 이야기했다. 베커 부인은 독창을 했고 악기를 독주했다. 팔웰 박사는 바이올린 독주를 했다. 베어드 부인과 나는 내가 작사하고 베어드 부인이 배열을 다듬어 준 독창적인 환송가를 2중창으로 불렀다.

1912년 1월 20일. 평양 분기회의

훌륭한 보고들이 있었다. 황해도 삼일 출신의 한 남자는 지난 분기회의 이후로 그의 교회가 29명에서 43명으로 성장했으며 그는 매일 새벽 5시에 새 교회건물을 달라고 기도하고 있다고 했다.

1912년 1월. 성경공부반

한 여인이 시골에서 성경공부반을 원하는 편지를 나의 전도부인인 사디 김에게 보냈다.

"당신의 안부를 오랫동안 듣지 못해 편칠 않았습니다. 그래도 주님께선 나를 평안 가운데 지켜주셨고 당신도 어느 때보다도 하나님 나라에서 더할나위 없는 기쁨을 누리고 계시리라 믿습니다. 당신의 기도를 특별히 요청하는 건 아니지만 그래도 당신이 날 당신의 마음과 기도 속에 품어주시리라 믿습니다.
당신이 이곳에 파송되어 십일조보통성경반을 마친 후 올해 이
곳에서 성경공부반을 가질 수 있길 하나님께 구합니다."
_ 서명 / 이 경주

 1912년 2월 2일. 조선에도 예수의 정신이 있다

어제 황해도 출신의 김 수잔나란 여인이 왔다. 내가 고향의 교회 상태에 대해 묻자 남자 두 명만 빼놓고는 모두 낙심하여 교회를 떠났다고 했다. 그 작은 마을에 12명의 남자성도가 있었으며 그곳의 사역은 수잔나를 통해 시작되었다. 난 이유를 물었고 수잔나는 남자들이 여성도들이 교회에 더 기여하고 더 열심이 있기 때문에 질투해서라고 답했다.

삼화에선 작년에 교회에 30엔의 헌금이 드려졌고 올해엔 72엔이 약정되었다.

수잔 노(Susan No)가 며칠 전 저녁 사역에 관해 상의하고자 왔다. 대화 도중 수잔은 모든 미국부인의 마음에 숨겨진 비밀을 배우고자 미국에 가고 싶다고 했다. 모두들 사랑스런 친절과 다른 사람의 유익을 위해 자신을 낮추는 정신을 동일하게 가졌다고 했다. 부인들이 재능도 각기 다르고 어떤 이는 타고난 달란트가 더 많기도 하지만 재능을 대수롭지 않은 듯 의식하지도 않는 듯 하다고, 그러나 모두 다 자애롭고 친절하다고 했다. 난 수잔에게 그녀가 부러워하는 사랑의 정신은 미국뿐 아니라 조선이나 다른

어떤 땅에서도 찾을 수 있다고, 그 이유는 이 정신은 예수의 발치 아래에서만 배울 수 있기 때문이라고 했다. 그러나 수잔은 조선, 일본, 중국 여성 중에선 그런 정신을 찾을 수 없으며 모두 더 높은 곳에 가려고만 버둥거린다고 했다. 그녀 자신도 자기희생 정신의 소유자가 아니며 고로 현지 시골 여성 가운데서 그 정신을 쉽게 분별할 수 없었다. 그러나 그 정신은 조선에 있다.

수잔은 교회사역에 지치고 포기하고 싶을 때면 서울의 초창기 목회자였던 아버지가 자신을 나무랄 것이라는 생각이 들고 아버지의 딸로서 분발하여 지속해야 함을 느낀다고 했다. 우린 기도의 때를 가졌다.

1912년 3월. 타이타닉 호의 침몰을 피하다

1912년 3월 19일 오전 2시 30분 우린 평양을 떠났다. 50명이 넘는 기독교인들이 자정인데도 불구하고 배웅하러 역에 나왔다. 시베리아와 유럽을 횡단하였다. 동행한 프레이(L. E. Frey) 양이 중국 묵덴(Mukden, 현재의 만주 선양)에서 트렁크를 잃어버렸고, 그 트렁크는 우리가 미국에 도착하고도 2개월이 지나서야 되찾을 수 있었다. 런던에서 트렁크 소식을 기다리느라 수요일로 예정되었던 항해가 토요일까지 지체되었다. 고로 타이타닉 호를 못 타고 모레타니아 호를 타게 되었다. 타이타닉 호는 목요일 밤에 침몰했다.

해럴드가 기관지염에 걸려 모스크바에 24시간 머물러야 했으나 아이는 금세 회복되었다. 모스크바에서는 한 나라를 살 수 있는 부(富)를 축적한 크렘린 대성당과 4만 명의 고아가 있는 고아원 등 웅장한 광경을 많이 보았다.

런던에선 11일간 머물렀다. 관광은 너무 좋았다. 수난절 금요일 저녁엔 크리스탈 궁에서 열린 메시야 콘서트를 보러 갔고, 오전엔 웨슬리 예배당에 가 설교를 들었다. 부활절 주일 오전엔 캠벨의 설교를 들었고 오후엔 성야고보 성당에 갔다. 저녁엔 웨스트민스터 사원, 의사당 건물들, 성바울 성당을 둘러보았다. 바울 성당에선 '속삭이는 갤러리'(Whispering Gallery)에 들어갔다. 성야고보 공원과 궁전 등도 보았다.

1914년.* 쾌활한 선교사 (미국 위치토)

우리 세 아들과 함께 아더 할머님의 작은 집에서 토요일 하루를 보냈다. 난 할머님이 우리 저녁상 차리는 걸 도왔다. 유쾌한 시간을 보냈고 할머님은 자작시를 몇 편 낭송해주셨다. 꽤 좋은 시였다.

오늘 위치토의 퍼스트 교회(First Church) 주일학교에서 메시지를 전했다. 쌍둥이들은 조선 의상을 입고 갔다. 주일학교 후에 백여 명의 여성들이 주일학교 감리사 집에 모였다. 조선에 관한 메시지에 크게 감동한 사람들이 많은 것 같다. 한 여성은 조선을 방문하겠다고 했다. 한 여성은 돈을 충분히 모으면 전도부인을

---

*날짜 없음.

위한 헌금으로 보내겠다고 했다.

벨 플레인에서 목사님이 주최한 환영회에 참석했다. 앨리스가 날 소개하자 목사님이 날 쳐다보시며 머릿속에서 그린 선교사 이미지와는 다르다고 했다. 그러니까 내가 뚱뚱하고 명랑하다는 것이다. 위치토 사람들도 내가 이제껏 알았던 선교사들과는 다르다고 했다. 난 벨 플레인 목사님처럼 내가 뚱뚱하고 명랑해서 그러냐고 반문했다. 그러자 그게 아니라면서 내가 더 활기차고 쾌활하며 다른 선교사도 나 같으면 선교회에 더 유익할 거라고 했다. 난 선교사들을 많이 접하지 못해서 그런 거라고, 많이 접한다면 내가 독특하다고 생각지 않을 거라고 답했다.

킨스턴과 도란스턴과 윌크스배리의 친지들은 지난 한 달간 고국에 머무르는 동안 우리에게 극진한 정성을 베풀었다. 이렇게 많고 귀한 크리스마스 선물을 받긴 처음이었다.

 1914년 1월. 하와이의 자녀들

하와이 부둣가에 조선인 친구 한 무리와 와드먼(Wadman) 박사가 마중 나왔다. 그들은 우리를 이 박사(이승만)가 교장으로 있는 조선미션스쿨로 인도했다. 우리와 배에 동승한 사람들도 몇 명 따라왔다. 쉬츠(F. T. Sheets) 박사 부부와 조카 에스더 월트 양, 워커 박사 부부, 해럴드와 동갑으로 보이는 워커네 아들 찰스다.

쉬츠 박사는 영어로, 나는 조선어로 메시지를 전했다. 사람들이 너무 열렬히 환호했고 배에서 내린 일행은 이제껏 본 것 중

제일 좋은 구경이었다면서 멀미한 보람이 있다고 했다.

우리 일행은 둘로 나뉘어 해럴드와 다른 일행은 차를 타고 오후 관광을 했고 항해가 시작되기 전 배에서 만나기로 했다. 조선인들은 나와 쌍둥이들을 맡아서 먼저 홍지봉 씨의 집으로 데려갔다. 임정수 씨, 메이블, 홍지봉 씨, 우리 가족이 함께 갔다. 그 집엔 홍씨의 부모님, 새댁과 아기가 있었다. 그리고 김(문)도라와 도라의 딸 월라도 둘 다 아기들을 데리고 왔다. 좋은 방문을 마치고 저녁 먹으러 식당에 갔다. 거기서 자동차를 타고 팔리(Pali)로 올라갔다. 바람이 세차게 불었다. 전망을 보러 절벽 끝으로 가는데 바람이 거세어 발걸음 떼기도 힘겨웠다. 멋진 시간이었다. 그 후엔 날 보기도 하고 내 메시지도 들을 겸 많은 남녀가 모인 곳으로 갔다. 난 그들에게 조선말로 메시지를 전했다. 나의 방문을 얼마나 즐거워하는지 보니 큰 위안이 되었다.

워드먼 박사는 보트 일행에게 이 섬에 수십 명의 우리 자녀들이 있으며, 손주까지 있다고 말했다. 몇 명이 우리에게 다가와 자신들을 우리의 자녀들이라고 소개했.

부둣가로 출발하자 절친한 친구들이 따라와 부두에서 선물을 주며 생화와 조화로 만든 꽃목걸이와 긴 구슬 목걸이를 잔뜩 걸어주었다. 다 걸고 나니 모두 17개의 목걸이가 무릎까지 치렁치렁 걸려있었다. 갑판에서 다시 만난 해럴드도 꽃목걸이를 걸고 있었다. 쉬츠 박사가 와서 우리 조선인 친구들과 함께 서서 사진을 찍었다.

우린 1914년 2월 14일 토요일에 서울에 도착했다.

1914년 3월 14일. 언더우드 박사 부부의 결혼 25주년

어제 3월 13일 호레이스 언더우드(Horace G. Underwood) 박사 부부가 결혼 25주년을 맞아 성대한 축하연을 베풀었다. 오전에 250명의 조선인과 일본인이 특별초대 손님으로 왔다. 오후 4~6시 사이엔 200명의 미국인, 유럽인, 일본인, 조선인, 중국 외교관들과 사회적 명망이 높은 사람들이 왔다. 젊은 미혼여성 선교사들과 조선인 남자 몇이 다과를 서빙했다. 각각 지름이 45센티미터 정도 되는 웨딩케익과 들러리케익도 있었다. 하나는 짙은 후르츠 케익이었고 다른 하나는 에인젤(Angel's Food, 카스테라의 일종) 케익이었다. 두 케익을 근사하게 꾸민 큰 단 위에 2층으로 세팅해놓았다. 그 외에도 다른 케익 두 종류와 2가지 종류의 샌드위치(피망과 치즈)와 차도 있었다. 서재엔 큰 대접에 후르츠펀치가 있었고 옆에 유리잔이 있어 손님들이 직접 덜어 먹게 했다. 서재 테이블 위엔 은공예 제품과 다른 선물들이 있었다. 서울에서 사역하는 최고령 여선교사 세 명이 언더우드 부인62 옆에 서서 손님을 맞았다. 서울 악단이 위층 방에서 훌륭한 음악을 선사했다. 전체적으로 행사는 대성공이었다.

 1914년 4월 26일. 평양 여행

안식년을 마치고 2월 14일 서울에 정착한 후 처음 평양을 방문했다. 쌍둥이들을 데려갔고 4월 30일에 집에 왔다. 토요일 저녁에 평양에 도착했다. 큰 무리의 부인과 남자들, 초등학교 여학생

등이 역에 마중 나왔다. 가슴 벅찬 환영을 받았다. 막달라와 어떤 이들은 기뻐 눈물을 흘렸다.

모리스 부인은 그날 4시 30분에 감리교 여성들을 초대해 티타임을 가졌다. 그날 밤은 사경회의 마지막 수업이 있었고, 난 메시지를 전했다.

일요일엔 8군데 예배에 전체 혹은 부분적으로 참석했다. 왕실 딸들의 예배(오전 9시), 구골 교회(오전 1부), 남산현교회(오전 2부), 리문골 교회(저녁 1부), 신선새골 교회(저녁 2부), 어린이 주일학교(오후 3시), 여성주일학교(오후 1시 30분). 남산현교회와 구골 교회만 빼곤 다 메시지를 전했다. 네 교회에서 만날 수 있는 사람은 다 만나고 싶었다.

모리스 부인은 토요일에 우리가 처음 평양에 부임했을 때 함께 했고 아직 평양에 사는 기독교인 여성들을 저녁식사에 초대했다. 오수잔나, 오몽성(수잔나의 어머니), 아비가일 조 등이 왔다.

사디도 가장 초창기 시절의 기독교인 중 한 명이다. 사디는 우리 부부가 부임한 후 믿기 시작했다. 아비가일 조는 이들 중 유일하게 신실함을 잃어버렸으나 아직 교회 소속은 유지하며 가끔 출석한다. 일선사역에 종사하지 않으므로 저녁식사엔 초대되지 않았다. 몽성은 89세로 매우 연로하여 지팡이를 의지하여 걷는다. 딸 수잔나의 말로는 몽성은 항상 사람들에게 내가 청결에 대해 가르친 것을 말하며 지난 17년간 깨끗한 옷을 입고 얼굴과 목과 손을 날마다 씻고 토요일마다 스폰지 목욕을 하며 일주일에 두 번씩 발을 씻는단다.

사람들은 우리가 타이타닉 호를 타고 익사한 줄 알고 놀랐던 이야기를 하며 타이타닉 탑승을 간발의 차이로 피하게 된 이야기를 하고 또 해 달라고 졸랐다. 수요일 저녁기도회에서도 그 이야기를 해 달라고 했다. 수잔나는 자기 클래스의 한 여성은 조선이 그렇게 필요로 하는 선교사 가족을 죽게 버려두는 하나님은 신뢰할 수 없다며 실족하였다고 한다. 같은 이유로 실족하여 교회를 떠난 이도 있었다고 한다.

우리가 처음 평양 집을 건축했을 때 그곳엔 나무 한 그루, 화초 한 포기 없었다. 그러나 이젠 수목이 무성하다. 부인들은 나무들을 볼 때마다 우리와 수년간의 우리의 섬김을 생각했다는 이야기를 숱하게 했다. 부인들은 다시 내가 그들 곁에 있으니 천국에 온 것 같고 예수를 만난 것 같다고 거듭 말했다.

막달리아는 다른 이들과 함께 역에 날 마중 나왔다. 막달리아는 나중에 따로 모리스 부인 집으로 와서 쌍둥이들을 보고 싶어 했다. 날 보자 뛸듯이 기쁜 나머지 눈물을 억제할 수 없었다고 했으며 아이들은 못 보아서 왔다고 했다.

다른 지방에서 온 친구들도 모리스 부인 집에서 만났고 난 그들이 서로 인사하는 방식을 주목했다. 항상 상대방 가족의 신앙 상태에 대해 먼저 안부를 묻고 상대편은 이렇게 대답한다. "둘째 아들만 빼고 다 믿지요. 둘째의 믿음이 약해서 가족들이 기도하고 있어요."

의를 위해 핍박받은 남자들 몇을 만났다. 그들은 누명을 뒤집어쓰고 옥살이를 하고 망명길에 올랐었다.[63]

수요일 오후엔 부인들이 남산교회[정동제일교회]에서 날 위해 리셉션을 베풀고 지도자격 남자들도 몇 명 초대했다. 리셉션 장소는 주일학교 교육관이었고 다과를 대접받았다. 그들은 손으로 조각한 은장도와 케이스, 은 바늘함(모두 수공예품)을 나에게 선사하고 쌍둥이들에겐 작은 장식용 종을 선물했다. 리셉션 프로그램은 다음과 같다(유니스 황이 위원장이었다).

찬송 –– 모두 함께

기도

중창 –– 부인 7명

초기 교회 역사 –– 아비가일 조가 나를 기념하여 한 찬사들

노블 선교사의 평양 자택

찬송 -- 모두 함께

기도 -- 사디

    수요일 저녁 기도모임엔 430명이 왔다. 목요일 저녁 역으로 출발할 때 부인들이 인력거꾼에게 차비를 내며 날 역으로 데려다주라고 했다. 쌍둥이와 다른 사람들은 모두 푸쉬맨차(전차)를 타고 갔다.

    화요일 저녁 주일학교 집사와 교사들을 위한 친교의 자리가 모리스 부인 집에서 마련되었다. 교회 4군데에서 왔다. 월요일 오후엔 모리스 부인 댁에서 장로교 여성들과 오후 티타임을 가졌다.

    주일학교 친교의 자리에서 주일학교 상황에 대해 알게 되었다. 모든 평양의 감리교회는 주1회 교사들이 공과를 준비하러 모인다. 여름엔 남산현 교회에 모이며 겨울엔 신선새골 교회에 모인다. 월1회 각 교회는 따로 자체적인 문제와 보고를 위해 월례회를 가진다. 주일학교 학생 수는 구골교회가 200명, 신선새골 교회가 190명, 리문골 교회가 150명, 남산현 교회가 350명으로 총 890명이다. 교사는 총 38명이다. 남산현(제일)교회 영아부 명부엔 550명의 이름이 등록되어 있다.

    미국과 하와이에서 만난 친구들이 보낸 안부를 전하는 도중 스타일즈(Stiles) 교수를 아냐고 물었다. 38명의 주일학교 교사들은 처음엔 기억이 안 난다고 했으나, 나중에 스타일즈 씨가 평양에 1년 거주하며 가르쳤던 것을 내가 언급하자 이렇게 대답했다.

"아, 굿모닝 전도사요."

그가 거리에서 아이들에게 하도 다정하고 인정스러워 평양사람들은 다 안다고 했다. 그는 주머니에 사탕을 넣고 동대문에서 서대문까지 다니며 나눠주었고 마주치는 사람들에겐 "굿모닝"이라고 인사했다.

난 광성학교(Light Spreading School)를 방문했다. 이 학교 건물은 애니 스키어 양의 헌금으로 지어진 것이다. 부지는 평양에서 우리의 첫 집터였다. 학교엔 240명의 남학생이 있고 91명은 고등학생이다. 고등학생 중 50명은 도시 출신이고 41명은 시골출신이다. 학교엔 수도관이 있으며 매년 식목일을 준수한다. 학교 주변 큰 길과 성벽으로 이어지는 부지를 구입할 필요가 있으며 교내 화장실도 필요하다.

1914년 6월 11일. 연회 기간

루이스 감독 부부가 5월 9일에 왔다가 5월 10일에 갔다. 서울에 있는 동안은 우리 집에 묵었다. 루이스 감독은 하나님께서 조선인 속에 특별한 영적 감수성을 두셨다는 사실에 감동 받았으며, 조선인이 동방에서 깊이 있는 영성의 전수자가 될 것을 믿는다고 거듭 말했다.

감독은 우리의 수도관과 화장실 설비를 보고 매우 흐뭇해했다. 리문골의 현지인들이 리문골 교회를 수놓은 그림을 에밀리 패커(Emily Packer) 양에게 선사하였는데, 이걸 본 감독은 화장실

매티 노블이 조선에서 탔던 인력거

도 수놓아서 패커 양에게 보내야 한다고 했다. 수도관 설치비용은 패커 양의 헌금으로 충당되었다.

루이스 감독은 조선인과 조선의 거리가 중국 거리보다 훨씬 깨끗하다고 했다.

 1914년 8월 8일. 주일학교 방법론 개발

난 6월 하반기에 어린이 주일학교 직분자들과 미팅을 가지고 9월 초에 또 다른 미팅을 소집하겠다고 했다. 올겨울 도회지 주일학교의 올바른 발전을 위한 주일학교 방법론을 가지고 사람들에게 도움을 제공하고자 한다. 평양보다 서울이 문제의 본질에 접근하기 더 어렵고, 전도부인이 없으니 어려움은 가중된다.

미국에서 돌아온 후 고향 월크스배리의 위코프 부인으로부터 받은 편지에서 인용한다. 42세의 부인이 받기엔 좀 벅찬 내용이다! "당신을 보고 이야기를 나누는 게 얼마나 좋던지요. 꼭 제 친딸 같았어요. 어쩜 그리 소녀같이 다정한 성격과 훌륭한 외모와 밝고 젊은 명랑함을 유지했는지 신기하네요."

1914년 9월 6일. 아더의 시골여행

여러 주일학교를 한 달씩 돌아가며 감리직을 보게 되었다. 내가 평양에서 계발한 방법론이 정착될 때까지 하기로 했다. 오늘 정동 어린이 주일학교에서 시작했다.

밤 11시, 12시, 2시까지 깨어서 세례와 정식 입교를 위한 문답을 한다. 한 곳에선 밀물을 기다리는데 세례자들이 (시계가 없으므로) 시간에 맞춰 오질 않았다. 밀물은 들어왔고 아더는 배를 타고 더 큰 지역으로 떠나야 했다. 그가 다시 올 때까지 또 몇 개월을 기약 없이 기다려야 하는 많은 세례지원자를 뒤로 한 채. 한 곳에선 저녁 먹을 짬도 없이 저녁 9시까지 내리 일한다. 다른 곳에선 7시경 점심과 저녁을 몰아서 함께 먹는다. 그리고선 아더는 왜 이리 피곤한지 모르겠다고 한다. 어느 날 밤은 새벽 2시에 잠자리에 들고 다음날 새벽 5시에 일어나 다음 사역지로 이동했다.

1915년 5월 3일

연회(年會)에서 이상재 씨가 소개되었다. 그는 고령에도 불구하고 YMCA 회장을 맡고 있다. 이상재 씨가 말했다. "YMCA가 천국이라고 합니다. 맞습니다. 한번 들어가면 만년청춘이니까요."

6년간 미국에서 25명의 남자가 2,260개의 주일학교를 시작했다.

오후에 평양 지방회의 남자들을 평양 목회자 동문회 명목으로 초청해 차를 대접했다. 온 사람들은 다음과 같다. 김창호, 김창식, 김조차, 김훼양, 박원백, 강신화, 안경록, 이동식, 최기황, 송익제, 이영경.64 모두 평양시와 평양 지방회에 소속되어 있던 사람들이다.

가우처(John F. Gaucher) 박사는 이렇게 설교했다. "조선은 중국, 러시아, 일본에 의해 파괴당하고 예속 당했습니다. 제가 보기엔 하나님은 그의 자비로우심으로 조선을 일본 치하에 묶어 두셨습니다. 일본은 조선의 예술과 도자기 공예와 종교를 전수받았습니다. 고로 일본은 조선이 일본의 큰 자산이라고 여깁니다. 그리스가 로마에 문화적 책임을 지속적으로 졌듯이 조선도 일본과 중국을 기독교화 할 고유한 책임을 지고 있습니다."

조선인 목회자인 공주의 오씨는 말했다. "거듭난 것은 해산하는 여자와 같습니다. 번뇌와 큰 소리가 있어야 하지만 나중에 거듭나 성령을 받으면 조용합니다." 그는 신앙을 가지기 시작한 후 연이어 성령을 받지 못하면 여전히 엄마 등에 업혀다니며 구박 받는 9살 미발달아동 같다고 했다. 성경학교 한 클래스에서 우리 아버지의 사랑에 관한 나의 생각을 말할 기회가 있었다. "어리고 모자란 어린이가 아버지를 위해 꽃이 아니라 나무막대기를 주워왔습니다. 아버지는 아이가 비록 발달이 더디더라도 이 애정 표시에 얼마나 기뻐했는지 모릅니다."

 1915년 크리스마스, 758구절을 암송한 소녀

정동제일교회에서 성경구절을 가장 많이 암송하여 1등상을 탄 소녀가 암송한 구절 수는 758구절이다. 황심리에서 어린이 주일학교를 시작했을 때 학생 수는 여학생 20명, 남학생 20명이었다. 애오개 주일학교에서 50명의 새 친구를 데려온 소년이 있다. 그 다음으로 많이 데려온 학생은 30명이었다.

 1917년, 박영효 대신 집을 방문하다

9월 감리교 선교사 매튜스 양과 시카고에 사는 그녀의 조카가 여름 내내 운산 광산의 친구들을 방문하고 돌아가는 길에 며칠간 우리 집에 머물렀다. 매튜스 양은 감리교 본국선교회 소속으로 앨리스 섬(Ellis Island, 미국 이민국의 소재지였음)에 도착한 이민자들을 대상으로 21년간 본국에서 선교사로 일했다. 우리는 매튜스 선교사에게 우리의 선교사역과 조선인의 가정생활을 보여주려고 했다. 나의 전도부인 헤스터는 우리가 잘 사는 가정을 보여주길 원하는 줄 알고 박영효[65] 대신 집을 구경하라는 초청을 얻어냈다.

박 대신의 조카는 기독교인이었고 혼담이야기가 나오자 조카는 기독교인 남편을 원한다고 했다. 지인들 중에 신랑감을 찾다가 걸맞는 신분의 기독교인이 없어 한 단계 낮춰 전(前) 군수의 아들에게 시집보냈다. 사돈인 군수와 아내는 좋은 가문 출신이었고 온가족이 기독교인이었으며 우리와 오랜 친분이 있었다. 이런 경위로 박 대신 집에서 우리를 초대하게 된 것이다.

이 대갓집 규수(princess)는 기품 있게 우리를 맞아주었고 근사한 찻집에서 차를 대접했다. 우린 어여쁜 정원을 거닐었고 박 대신이 특별한 손님들을 대접하고 있어서 집안으로 들어가진 않았다. 집에 돌아온 후 박 대신은 집 안으로 청하지 못해 죄송했다는 사과의 메시지를 전했다. 박 대신은 수년 전 노블[아더]과 교분이 있었고 함께 어딘가를 여행한 적이 있었다. 박 대신은 저녁식사에 우릴 초대하고 싶다며, 오랜 세월 이민자들을 위해 선한 일을 한 매튜스 양과 일전에 방문한 부인들이 다함께 월요일(바로 다음날) 저녁식사에 와 달라고 했다. 우린 초청에 응했다. 월요일 오전에 떠나야 하는 해리슨 양을 대신하여 우리 아이들 글렌과 엘머를 데리고 갔다. 베커 양도 함께 갔다. 우리는 외국식으로 10가지 코스밀로 나온 맛있는 한정식을 먹었다. 마지막 코스 직전에 아이스크림이 나왔다. 그 다음엔 과일, 핑거 보울(finger bowl, 손가락 씻는 그릇), 커피가 차례로 나왔다. 그 다음 입을 헹구는 사발이 나왔다. 난 난생 처음보는 물건이라 모두들 아주 재미있어 했다. 사발은 세 부분으로 구성되어 있다. 맨 아래 사발은 입을 헹군 물을 뱉는 곳이고, 가운데는 입 씻는 물이 담긴 대접이고 맨 윗부분은 뚜껑이었다. 나중에 덜 유복한 가정에 방문했는데 그곳의 입 씻는 사발은 개인용이 아니라 테이블에서 돌려쓰는 것이었다.

저녁식사 후 우린 새 신부의 혼수를 구경해도 되겠냐고 물었다. 그러나 이미 신랑 집으로 보내졌다고 했다. 하지만 이 대갓집의 젊은 규수는 자신의 멋진 물건들을 죄다 보여주었다. 이 집의 둘째는 생후 3주밖에 되지 않았다.

나중에 박 대신의 부인과 맏며느리가 우리 집을 방문해 쌍둥이들에게 은수저 한 벌씩을 선물했다.

 1917년 9월 18일. 내한 25주년

노블 감리사 25주년 기념가*

1.
아세아주 동반도에 돌출한 내 반도
이십오 년 전의 형편 암매함 한없다
안으로는 학문도덕 쇠퇴부패하였고
밖으로는 외국인과 절무상통[67]하였네

2.
굳게닫은 반도문을 열고 들어와서
사망그늘 아래있어 장몽을 미각한
조선민족 우리게 경종이 되신 이는

---

* 1917년 9월 18일, 윌리엄 아더 노블과 매티 윌콕스 노블 선교사의 서울 도착 25주년을 축하하는 시. 박인덕[66] 작사, 이화학당 여학생 노래, '애니 로리' 원곡―저자 주

이십오년 전에 오신 노불량위 시로다

3.
주예수의 크신 사랑 마음에 품고서
정든 강산 이별하고 창해를 건너와
만리원방 심한 객고[68] 개의치 않으며
일심정력 다 들여서 우리 위한 일했네

4.
이십오년 노심초사 그 결과 장하다
소망중에 있는 우리생명 길 찾았네
만세만세만만세 노불량위 만만세
영혼육신 건강하심주셔 축사합니다.

 1917년 10월 2일. 아더의 25주년 축하편지

친애하는 노블 부인께,
당신들은 이미 주님께 축복을 받았으니 축복을 달라고 주님께 간구할 필요는 없겠지요. 그러나 노블 감리사는 조선에서 25년간 일했고 아래의 이유로 축하하고 싶어서 잠잠할 수 없습니다. 이유는 다음과 같습니다.

1. 조선에 온 첫 날부터 지금까지 큰 재앙을 당하신 적이

없습니다.
2. 첫 날부터 지금까지 실패는 한 번도 없었습니다.
3. 당신의 사역의 결과는 다른 선교사들보다 월등하다고 자신 있게 말할 수 있을 겁니다.

위의 이유로 우리 교회는 아더 감리사님을 축하하고 싶습니다. 고로 축하행사를 주관하는 사람들의 명단과 행사가 열리는 교회와 일시를 저에게 알려주시면 감사하겠습니다. 전 멀리 떨어져 있어서 참석 못할 수도 있지만 이 행사를 준비하는 사람이 누군지 꼭 알고 싶습니다.
_ 당신의 사람

1917년 11월

조선 송도의 리드(W. T. Reid) 부인이 지은 시 몇 편이다.

향수

배가 닻과 줄다리기 하듯
파도가 모래를 끌어당기듯
낯선 이방 땅에서
내 마음은 고국을 끌어당긴다

그리움이 호흡이 되고
생각이 노래가 되어
물결이 아우성치며
내 그리움의 대상을 부른다

선교사

당신의 마음을 철갑으로 무장하세요, 부서지면 안 되니까
당신의 걸음을 연단의 길로 향하세요, 소중한 한 분을 위해
무기도 없이 인생의 정글을 뚫다가
엇갈리는 미로에서 헤매기도 하겠죠
그러나 당신에겐 비전이 있잖아요, 빛바래지 않는 비전
당신은 모든 걸 뛰어넘는 한 음성을 듣잖아요 "두려워 말라"
종종 홀로 걷겠지요, 아무도 이해하지 못하는 길을
동정이 아니라 꾸짖는 손가락을 느끼기도 하겠지요
당신이 매우 인간적이라도 우린 당신을 바라보지요
은혜와 온전함과 용기, 고결하고 진실한 모든 것을 얻기 위해
고결한 영혼이여, 우리가 당신에게 잘못했다면 이제 용서하세요
당신의 미간에 남아 있는 충분한 번뇌의 흔적
당신이 그곳에서 죄와 압제와 어둠과 절망과
쓰라린 싸움을 하며 고투할 때
도움과 격려를 구하는 당신의 요청에 귀 막는 일이 없길
사랑하는 당신에게 무언가를 기꺼이 내놓을 수 있길

오, 당신처럼 주인의 나팔 소리를 또렷이 들을 수 있길
"이 땅에서 모든 걸 버리면 천국에서 모든 걸 얻으리라."

서울에 사는 프랭크 헤론 스미스(Frank Heron Smith) 목사가 1917년 우리의 내한(1892년 10월 18일) 25주년을 기념하여 작사하고 부른 영어 노래다.

조선의 노후한 개척 사역자들의 이름
결코 도망자였던 적 없는 이들의 이름
숱한 역사책을 채우고도 남을 조선의 이름
오늘밤 몇 명만 거명하겠네.
김치와 떡 냄새가 배어있는 이름
마늘과 생선 냄새가 배어있는 이름
감 껍질이 달라 붙어있는 이름
세상 어디에서 이런 이름들을 찾으리

(합창)
아펜젤러, 언더우드, 벙커, 알렌
게일, 존스, 프레이, 커틀러, 홀
헐버트, 왐볼드, 밀러, 힐맨
하디, 애비슨, 다 헤아릴 수 없도다
레이놀즈, 모리스, 벡, 케이블, 에스터
벤하셀, 베어드, 모두 이 땅에 진실했던 이름

그리고 우리의 이웃, 위대한 감리교의 이웃
우리의 노블 박사와 그의 아내 매티
이십오 년 전 이곳 풍토를 처음 접했지
이십오 년 오, 참으로 기나긴 세월이어라
이십오 년간 조선인을 사랑했도다
이십오 년 그러나 아직 인생의 절정기
부디 오래 살아 모든 이를 맞아주길
부디 오래 살아 밥과 별미 국수를 즐기길
부디 오래 살아 조선의 인생들을 축복하길
그리고 오래된 옛 친구들을 기억해 주길

1917-18년 겨울

추위는 오래 계속되었고 혹독하였다. 약 27명이 얼어 죽었다. 허다한 이가 고통당하는 것을 보고 각성한 선교사들은 구호단을 조직하여 음식이나 쌀을 살 돈을 모금하고 의류 등을 무상으로 지급하였다. 구호본부는 YMCA이고 많은 사람이 동참하였다. 방문을 받고 자격심사에 통과한 사람들만 지원을 받았다. 난 극빈계층을 방문할 기회를 얻어 그들에게 구호물자를 보냈다. 이 극빈가정에서 이제 교회예배에 정규 출석하는 이들이 생겨나고 있다. 많은 가정이 작은 셋방에 살 형편도 못 되어 공터 땅에 토굴을 파고 들어가 짚단이엉으로 지붕을 덮고 겨울을 난다. 유일한 난방은 주전자를 올려놓거나 간단한 요리를 하는 '화로'라는 것뿐이다. 한 토굴은 가로, 세로 9피트(2.7미터)였는데, 남자, 아내, 할머니, 네 자식이 살았다. 밤에 덮을 거라곤 넝마가 고작이었다. 다른 토굴엔 두 남자와 두 어린 사내아이가 살았다. 어머니는 병균감염으로 몇 주 전 숨졌다. 남자들은 매일 거리에 나가 헛되이 일자리를 찾아 헤맨다.

16장

3·1운동

Journals of Mattie Wilcox Noble

 1919년 3월 1일. 해방을 경축하는 거사

오늘은 조선에 있어서 위대한 날이다. 이들의 기쁨이 얼마나 지속될지 누가 말할 수 있을까? 오후 2시에 상급학년, 그러니까 중등학교 이상 모든 학교가 일본의 조선통치에 반하여 휴교했다. 그리고 일제히 거리로 나와 행진을 하며 팔을 제치며 모자를 던지며 '만세'(조선의 만세수를 빈다는 뜻)를 외쳤다. 거리의 행인들도 합류했다. 온 도시에 기쁨의 함성이 울려 퍼졌다. 난 창밖으로 대궐 담벼락 모퉁이까지 길게 한 줄로 이어진 행렬을 볼 수 있었다. 공립여학교들(Government Schools for Girls)도 행렬에 동참했고, 남학생 한 무리가 이화학당을 지나가는 길에 교내로 들어와 여학생들에게 나오라고 했다. 여학생들은 몰려나갔으나 기모노를 입은 월터(A. J. Walter, 이화학당 교사) 양이 달려 내려가 정문을 걸고 여학생들을 저지했다. 테일러(Corwin Tayler) 씨와 아펜젤러(Henry Appenzeller, 배재학당 교장을 지낸 아펜젤러 2세) 씨는 월터 양을 도우러 갔고 여학생들을 제어하는 데 성공했다. 여학생들은 울부짖고 일부 남학생들은 거의 이성을 잃었지만 여학생들을 그냥 내버려 두고 가던 길을 가야만 했다.

오늘 오전 전단지가 도심 거리 곳곳에 흩뿌려졌다. 전단지는 조선의 전(前) 황제가 일본 정부 앞잡이들에 의해 살해되었고, 살해 목적은 황제가 평화회의에 조선이 일본 통치에 불만을 품고 있다는 메시지를 보내는 걸 막기 위함이라고 했다. 2시에 거리는 '조선은 오늘 2시부터 자유다'란 알림문이 쏟아졌고 사람들은 이걸 믿고 행복해했다.

2시에 교회 목회자들은 정부 내에서 조선인과 일본인의 동등한 권리행사를 요청하는 청원서[독립선언문]69를 제출하였다. 우리가 듣기론 오늘 시위는 만국평화회의 이전에 독립선언을 알리려는 계획의 일부라고 한다. 오늘 거사는 조선, 하와이, 미국에서 평화회의로 파견된 사람들에게 통보되었다. 온 나라가 평화회의 특사들과 하나가 되어 평화회의에 앞서 메시지를 반포함으로써 연합국의 (정부로부터 권위를 부여받은) 대표단들에게 조선의 특사들이 전할 말에 힘을 실어주려는 분위기였다.

전(前) 황제의 장례행렬에서 운구는 440명의 남자들이 메고 갔다. 장식용 밧줄은 사방으로 늘어져 남자들이 잡고 가도록 하며 분위기도 내는 효과가 있다. 행렬은 2마일가량 되었다. 거대한 목각 말이 수레에 실려 갔고 각종 옛날식의 운구와 기막히게 큰 가발을 쓴 남자들이 있었다. 이 가발들은 아마도 악귀를 쫓는 용도일 것이다. 학교와 공공기관들은 장례행렬이 지나가는 거리에 지정장소에 서 있게 된다. 조선식 불교의례뿐 아니라 일본식 신도의례도 거행될 것이다. 행렬은 얼마간은 일본의상을 입고 진행되다가 과거에 군인 훈련소였던 운동장에 이르면 거기서부터는 조선의 전통의상으로 바뀐다. 누구도 운구보다 높은 지대에 서 있는 것은 허용되지 않는다. 운구를 내려다보는 것은 무엄한 일로 간주된다.

1919년 3월 2일. 33명의 민족대표

조선이 일본과 동등한 대표권을 가져야 한다는 독립청원서에 서명한 목회자들은 다른 거사엔 참여하지 않았다. 이 목회자들은 조용히, 기품 있게 자신의 몫을 했다. 30명의 남자 대표가 서명을 했다. 장로교, 감리교, 회중교회 목사들, 불교와 천도교 대표들로 모두 33명이다. 대표자 전원이 어제 구속되었고 '만세'를 외치며 시위를 주도한 소년들도 구속되었다. 가엾은 사람들. 이들은 자신들의 조선을 향한 애국심을 세계의 뇌리에 각인시키길 그리도 원했던 것이다.

전(前) 황제는 3월 2일 저녁 약 9마일 떨어진 새 왕릉에 묻혔다.

매일 전단지가 길바닥을 덮는다. 가장 처음에 나온 전단지엔 폭력은 전혀 계획되지 않았으며 모든 민간단체들이 일체의 폭력을 삼갈 것, 그렇지 않으면 조선의 해방을 지체시키는 결과를 가져온다고 했다.

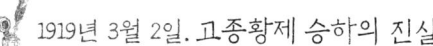
1919년 3월 2일. 고종황제 승하의 진실

"오, 우리의 고(故) 황제는 상심하여 숨졌고,
우린 황제가 어찌 숨졌는지 알 도리 없구나.
허나 이제 우리 이백만의 충성되고 사랑하는 조선 형제들에게
황제가 어찌 돌아가셨는지 알리고자 한다."

최근 평화회의에서 13개의 조항이 채택되었으며 세계 민족들의 자유가 비중 있게 숙고되었다. 이제 평화회의에선 민족의 선택의 자유가 지켜져야 할 권리로 제시되었다. 일본과 조선이 합방된 상태가 더 나으며 옛 조선은 분리를 원하지 않는다는 아래 문서의 서명들은 거의 강압적으로 이루어진 것이다. 전(前) 황제는 분개하여 서명을 거부했고, 억지로 서명하도록 황제에게 다가간 사람들은 장래의 후과가 두려워 황제를 독살하고 시녀들을 죽였다. 바로 윤덕영(윤치호의 숙부-편집자)과 호상학(Hau Sang Hak, 내시-편집자)이다.

한일 두 나라 간의 관계에 대한 발표문에 서명한 사람들은 아래와 같다.

1. 귀국대표 이완용
2. 사회대표 조중응
3. 유림대표 김임식과 송병준
4. 황실대표 임태영
5. 교육계 및 종교계 대표 신흥우

위 내용의 전단지가 작성되어 거리거리마다 뿌려졌다. 난 서둘러 집에 돌아와 위의 내용을 옮겨 적었다.

1919년 3월 5일. 학생들의 만세운동

오전 9시 남녀 학생이 남대문역 앞에 운집한 군중 앞에서 시위했다. 학생들은 새 민족해방 노래를 했다. 남대문역 앞에선 제지받지 않았으나 이동하여 덕수궁 앞에 오자 민간인들이 가게에서 나오고 경찰들이 잽싸게 움직이며 곤봉으로 학생들을 내리쳤다. 한 무리는 잔혹하게 맞았고 이화학당 여학생이 한 명 거기 있다가 등짝을 맞았다. 우리 비서 김봉렬이 얼른 달려가 경찰들을 밀어내려 했다. 아마도 사복경찰인 듯한 일본 민간인들이 김봉렬을 구타했고 지팡이로 머리를 내리쳤다. 지팡이는 세 동강 나고 목을 주먹으로 쳐대며 머리를 뒤로 젖혀 형무소로 끌고 갔다.

사람을 연행해 갈 땐 밧줄로 수갑을 채우고 포승줄로 여러 겹 둘러싼다.

기마경찰과 다른 경찰들은 학생들을 구타하긴 하나 민간인들처럼 잔인하게 하지는 않는다. 조선인 경찰들이 때리는 사람들을 저지하려 했으나 별 힘을 못 썼다. 일본인 경찰은 여학생의 머리채를 잡고 휘휘 돌려 바닥에 내동댕이쳤다.

우리 아들 해럴드는 위의 모든 광경을 목도했다. 이화학당 여선생들은 학생들을 못 가게 막으려고 했지만 스무 명 정도가 도망쳐서 시위하러 갔다.

1919년 3월 5일. 어디든지 예수 나를 이끌면

서울 거리에서 사람들이 부른 노래의 문자적인 번역이다. 찬송가 206장 '어디든지 예수 나를 이끌면' 곡조에 맞춰 불렀다. 시적 운율은 고려하지 않고 한 줄씩 영역하였다.

1.
조선 민족 염원을 하나님께 올리네
우리의 기도를 들으소서
이 가엾은 민족 사망의 터에서 건지소서
당신의 의로운 손으로 우릴 구하시길 기도하네
(후렴: 만세만세 조선민족 만세만세 만만세)

2.
우리는 하나님께 기도하네
우리의 마음을 당신으로 채우소서
비록 우린 연약하나 하나님의 권능으로
모든 조선인이 구원받길 기도하네

3.
모든 민족의 구세주 되신 주님
동방의 모든 나라에서 우리에게 복 주사
구주의 뜻으로 이 땅을 천국으로 만드소서
영원에서 영원까지 항상 보호하시길 기도하네

 1919년 3월 7일. 일본의 외국인 폭행

일본인 경찰이 밤 12시에 평양 외국인 거주지에 들어가 집들을 염탐하고 외국인들이 조선인 시위에 가담하였는지 물증을 찾으려 했다는 소식을 어제 접했다. 무어 부인과 트리셀(Trissel) 양은 평양 병원에 가는 길이었고 군인들은 총검의 개머리판으로 트리셀 양을 한번, 무어 부인을 세 번 내리쳤다. 선교사들은 서울에 와서 이 일을 벌골즈(Bergholz) 총영사에게 제기하였다.

 1919년 3월 9일 일요일. 시위와 관련된 흥미로운 일화

조선 여러 지역에서 시위가 일어나고 있다. 동대문에선 시민들이 만세를 외치다 헌병들에게 해산되었다. 며칠에 한 번씩 작은 인쇄물 또는 전단지가 거리에 흩뿌려진다.

오늘 온종일 조선인 상점 주인들은 해방에 대한 열망을 시위하려고 일제히 문을 닫았다. 요 며칠 전엔 숱하게 만세를 외친 전차 승객들을 연행하여 구속시켰다. 오늘은 전차가 드문드문 다닌다. 일요일이라 상점들이 문 닫는 건 괜찮다. 그리고 아마도 기독교인들이 일요일을 상점 시위일로 잡는 데 일조하지 않았을까 싶다.

오늘밤은 총독부의 우사미 씨가 다른 선교기지에서 서울에 들른 선교사 대표들과 서울주재 선교사들과 미팅을 요청했다. 미팅은 스미스(F. H. Smith) 씨 집에서 열린다.

빌링스 부인은 남대문로를 걸어가다 한 십여 명의 꼬마들이 손에 막대기를 들고 가는 걸 보았다. 양반인 한 노인신사가 길을 가는데, 꼬마들이 노인에게 다가가 말을 걸며 만세를 하라고 했다. 노인은 "놔두라"는 식의 답변을 했다. 그러자 아이들은 막대로 그를 때리며 만세를 외치라고 했고 노인이 만세를 할 때까지 계속 성화였다.

북쪽의 경찰서에선 조선인 경찰이 들어와 숨가쁘게 제복 윗도리와 바지를 벗고 거기 있던 일본 경찰에게 던지며 말했다. "월급 7엔은 당신들이 가지시오." 조선인은 자신의 제복을 내버리고 속옷바람으로 나갔다. 조선인 경찰이 받는 급료는 일본인 경찰 급료의 3분의 1 수준이다.

시위 기간에 사람들은 전차 차량을 들어 올리며 승객들에게 만세를 시켰다. 그러면 차장과 운전사도 팔을 올리며 만세를 외쳐야 했다. 일본인들은 반자이라고 하게 했다.

학생들이 거리에서 시위를 하는데 한 무리가 닥터 한(Hahn)에게 다가와 닥터의 모자를 낚아채더니 공중으로 던져 올렸다. 다른 학생은 닥터의 손을 들어 올리며 깔깔대며 닥터를 대신하여 만세를 외쳤다. 마치 닥터 자신이 그렇게 하는 것처럼 보였다.

며칠 전엔 조선인 초등학교의 졸업식 예행연습에서 한 소년이 연설을 하러 일어섰다. 소년은 교장과 선생님들께 베풀어주신 은혜에 감사한다는 간단하고 좋은 내용의 평범한 연설을 했다. 그리고는 조선의 독립을 가장 감사한다면서 태극기를 꺼내고 '조선독립만세' 하고 외쳤다. 나머지 학생 모두 태극기를 꺼내

흥겹게 외쳤다. 고학년 학생들도 기껏해야 13살이다.

1919년 3월 14일. 전도부인들의 구금

나의 전도부인인 헤스터 이와 브리스길라 인이 오늘 아침 왔다. 헤스터는 지난 주 수요일 구금된 이야기를 들려주었다.

사복을 입은 조선인 두 사람과 일본인 두 사람이 헤스터의 집을 수색하러 왔다. 바깥 방을 뒤지더니 여자들 방인 안채에 들어왔다. 모든 걸 헤집고 책장과 개어놓은 옷까지 들추며 뒤졌다. 일본인들은 그와 어머니와 며느리가 너무 담담한 걸 보고 분개했다. 그들은 헤스터가 시위당일 거리에서 주워온 작은 전단지들을 찾아냈다. 그리고 누군가 끄적거려 놓은 옛 조선 국기를 들고 만세하는 학생의 그림을 발견했다. 그들은 헤스터를 연행해 종로 경찰서로 데려갔다. 취조실엔 일본 순사가 탁자 너머 앉아 있었고 그녀는 다른 편에 앉혔다. 순사는 질문을 하기 시작했고 미처 대답할 시간도 주지 않고 긴 막대기로 여러 번 귀와 머리를 때렸다. 다시 질문하고 또 매질하려 해서 헤스터는 자기 이야기를 들어보라고, 전단지는 집에서 만든 게 아니며 어디서 제작되었는지 모른다고 말했다. 순사는 그녀 곁으로 오더니 막대기가 세 동강 날 때까지 머리를 내리쳤다. 그리고 주머니에서 밧줄을 꺼내더니 물어볼 때 자백하지 않으면 이걸로 혹독하게 채찍질하겠다고 했다. 또 여기 2천 명이 투옥되어 있으며 그들 중 많은 사람이 헤스터로부터 선동적인 유인물을 배포 받았다고도 했다.

헤스터는 그런 사람이 있으면 데려와 증거를 보이라고 하자 머리와 얼굴을 손찌검했다. 그녀는 초라한 감방으로 끌려갔고 그들은 헤스터를 겁먹게 하려고 지하 감방에 감금시키겠다고 했다. 헤스터는 다른 여러 방에서 매 맞는 소리를 듣고 그들도 고초 받는 걸 알았다. 다시 처음 시작했던 취조실로 데리고 와 감옥에 가두겠다고 하자, 매질로 인한 심한 통증과 피로감으로 좀 눕고 싶은 나머지 그녀는 그럼 빨리 데려가 달라고 했다. 그들은 헤스터가 나라를 위해 순교자가 되려고 투옥되길 자청한다는 생각으로 격노했다. 그러나 더 이상 증거를 찾아낼 수 없어 이번 시위나 소요에 관련된 유인물이 있으면 취조실로 가지고 오라며 풀어주었다. 그녀가 이런 처우로 인한 후유증에서 회복하는 데는 며칠이 걸렸다.

해리스 감독이 만국평화회의에 참석하여 조선인은 일본인 통치를 만족해하며 이 상태가 그들에게 훨씬 더 낫다는 내용의 문서를 제출할 것이라고 한다. 또 영향력 있는 조선인들이 이 문서에 서명했다고 한다. 우리가 사랑하는 노장 해리스 감독은 실제로 이 민족이 일본 통치 하에서 행복하다고 믿는다. 그는 일본인들이 내세우는 모든 말들을 믿으며 그 믿음에서 벗어난 적이 없다. 그가 다시 조선에 돌아오기는 매우 어려울 것이라는 소문이 들려온다.

배재학당의 유능한 교장 휴 신[Hugh Cynn, 신흥우]이 위 문서에 서명했다고 많은 사람들이 공분하고 있다. 그는 극구 부인하나 큰 곤경에 처한 것 같다. 그는 사역을 위해서는 침묵을 지키고 어느 편을 위해서도 일하지 않는 게 최상이라고 생각했을 것이다. 그런데 이제 양편 모두가 그를 증오하는 것 같다. 언젠가 다 잘 풀릴 수도 있겠지.

1919년 3월 10일. 불매운동

조선인 전차 운전사들과 차표를 받는 차장들이 파업하여 오늘 운행하지 않는 전차들이 많다. 조선인들은 일본 상인에 대한 불매운동을 펼쳤다. 오늘 아무도 일본인 상품을 구매하지 않았다.

1919년 3월 15일. 상인들의 보이콧

옛날 우리 집에서 심부름일을 하던 인영길이 오전에 왔다. 인영길은 최근 다른 친구와 동업하여 항아리 가게를 시작했다. 하지만 현사태가 끝날 때까지 기다리지 않고 일찍 개업한 것이 매우 운이 안 좋았다고 한다. 가게들 대부분이 현 정부에 대한 거부의사 표시로 문을 닫았다. 한 상인은 경찰서에 끌려가 왜 가게 문을 닫았는지 심문 당했다. 상인은 일 안 해도 한동안 먹고 살 수 있어 문을 닫았다고 했다. 경찰은 문을 열라고 명했지만 상인은 다른 가게가 문 열면 자기도 열겠다고, 일 안해도 한 달은 먹고 살 게 있다고 했다. 경찰은 상인을 방면할 수밖에 없었다. 경찰이 상점마다 다니며 문 열라고 호령하지만 점원들은 잠시 문을 열었다가 다시 닫곤 한다.

인영길은 파리평화회의에 파견된 대표단으로부터 전문이 왔으며, 내용인즉슨 대표단이 3월 20일 파리에 도착할 것이고 왕자 중 한 명이 광복시위행렬을 지휘하면 모든 조선인은 왕자를 따르라고 종용했다고 한다. 난 나이어린 전(前) 황태자는 이미 일본으로 돌아갔으며 나이 든 왕자는 별 역할이 없다고 말했다.

1919년 3월 23일. 연합기독대의 휴교사태

어제 기차역 주변을 돌며 근로자들이 시위를 했다. 그들은 한일 근로자 간에 동일한 시간의 동일한 노동에 대해 동등한 임금과 권리를 부여할 새 정부를 원했다.

연합기독대학(Union Christian College, 현재의 숭실대학교―편집자) 교무처에선 올해 수업년도의 남은 기간 동안 불가피하게 휴교했으므로 출옥한 졸업예정자들을 졸업식 예정일에 소집하여 교수진들과 조용히 만나 총장이 졸업장을 주기로 했다. 상당히 좋은 생각 같았으나, 남학생들은 이 제안을 듣고 매우 고맙지만 나라와 감옥의 동지들이 고통 받는 동안은 모두 일치단결하여 희락이나 유익을 누리지 않기로 했고, 또 그들이 모든 걸 무릅쓰고 이루려는 변화가 아직 정부에 보이지 않기 때문에 받을 수 없다고 했다.

1919년 3월 24일. 여러 고난들

어제(일요일) 저녁 서울 서부의 몇몇 동네와 종로에서 동대문까지 이어지는 서울 거리에서 수백 명이 조선독립을 외치며 시위를 벌였다. 경찰과 헌병에 의해 다수가 부상당하고 칼에 베었다. 사망자도 몇 명 된다. 토요일 오전엔 약 5명이 숨졌다.

토요일엔 약 105명의 학생들이 구치소에서 훈방되었다. 내가 듣기론 학교로 복귀하여 다시는 시위에 일체 관여하지 않겠다는 약조를 하라는 요구를 받았다.

프레이 양은 오늘 와서 이화학생 한 명을 데리고 가라는 통보를 받았다.

국제 특파원 가일즈(Giles) 씨가 서울에 와 있다. 오늘 웰쉬 감독 집에 외국인의 대표격인 사람들을 초대하여 가일즈 씨와 미팅을 가졌다. 가일즈 특파원은 중국 묵덴에서 곧장 오는 길이었다. 묵덴에 도착하자 어떤 사람이 강제로 그의 트렁크를 열어 대부분은 신문 스크랩이었던 기사 일부를 압수해갔다. 경찰서에선 일본인 경찰이 와서 뺨을 때렸다. 그는 일본 영사관에 가 이 사건을 보고했다. 영사는 이걸 기사화하지 말아달라고 부탁했다. 그는 기사화하진 않겠지만 사람들에게 전하긴 하겠다고 했다. 그리고 자기를 때린 경찰관을 경찰서에서 쫓아내고 파직시켜 동일한 일이 다른 외국인들에게 일어나지 않도록 하라고 조언했다. 가일즈 씨는 영국인이다.

며칠 전 동양선교회(Oriental Holiness Mission)의 토마스(J. H. Thomas) 목사가 그가 신임하는 조선인 조사와 함께 시골 선교기지에 갔을 때였다. 교회 부지에서 신축할 교회 택지를 표시하고 있는데, 경찰관 몇이 오더니 목사를 미국인이라 부르며 괴롭혔다. 경찰들은 목사의 머리통을 내리쳤고 조사와 곁에 있던 남자 하나도 때렸다. 목사는 여권과 여행증을 꺼내 제시하였으나 경찰은 그것들을 땅바닥에 내동댕이치더니 목사의 얼굴을 휘갈겨 의치를 부러뜨렸다. 멍한 상태에서 토마스 목사는 여권과 여행증을 집어서 다시금 확인해 보고 자기가 영국인임을 보라고 촉구했다. 경찰들은 서류들을 챙기고 토마스 씨와 그의 조사를 경찰서로 데리고 갔다. 신상 확인을 한 후 몇 시간 후 풀어주었다. 토마스 씨는 그 길로 서울행 열차에 올라 영국 영사를 찾아가 이야기를 했다. 영국 영사, 즉 로이즈(Roids) 대리영사는 토마스 씨를 데리고 히사미쑤 외무부 장관에게 가서 이야기를 전했다. 그 후 어찌 되었는지는 더 듣지 못했다.

토마스 씨가 미국인이었다면 상황은 더 악화되었을 것이다. 일본인들은 미국인들이 현 사태를 주동한다고 믿기 때문이다.

토요일 우리 해럴드는 세브란스 병원에서 에드워드 애비슨과 함께 소(小)서대문 너머 담벼락 바깥의 새로 생긴 길을 따라 집에 오고 있었다. 대화중인 일본인 남녀 쪽으로 다가가는데, 술에 취한 남자는 성난 목소리로 남자아이들에게 소리를 질렀다. 에드워드가 앞장서 달아났다. 남자는 해럴드를 붙잡아 미국인과 조선인에 대해 무언가 일본어로 악을 썼다. 해럴드는 일본어로 "못 알아들어요"라고 하고선 남자의 악의를 눈치 채고 몸을 빼내어 줄행랑쳤다. 남자는 손에 들고 있던 양배추 피클 한 사발을 내던졌다.

심장 때문에 억지로 누워 있어야 하던 때에 나는 소설 「폴리아나」(Pollyanna)를 번역하기 시작해 3분의 1 정도 마쳤다. 우리 비서 봉갑이 번역 사본을 검토하고 교정하려고 가지고 갔다. 불행히도 봉갑은 페이지 번호를 안 매겨 놓았다. 다른 사람이 만지지 않으면 문제될 일이 없었지만 봉갑이 구속된 후 일본 경찰이 하숙방을 수색하여, 아니 뒤져내 번역원고를 찾아냈다. 일본 경찰은 곧장 페이지를 뒤섞어놓고 내용을 파악할 수 없게 되자 원고를 경찰서로 가지고 가 더 뒤죽박죽으로 만들어놓고 반역죄를 찾아내려 했다. 마침내 원고를 가지고 와 젊은 목회자였던 봉갑의 룸메이트에게 건네주었고, 룸메이트가 와서 내게 이 이야기를 전해주었다.

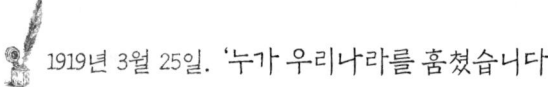 1919년 3월 25일. '누가 우리나라를 훔쳤습니다'

방화사건이 있었다. 학생들이 감금된 동안은 휴업한다는 계획에 불복한 부유한 조선 상점 몇 군데와 수업과 오락을 금하는 전반적인 계획에 반하여 학업을 계속한 국립학교 몇 군데가 그 대상이었다. 자신들의 노선을 뒤따르지 않으면 일을 당할 것임을 보여주는 위협 조치였다. 방화 당시 주변에 사람이 있어 화재는 곧 진압되었고 큰 피해는 없었다. 그러나 일본인이 사창가에 인가를 내준 것에 대한 조선인의 환멸감의 표시로 공창가 건물 하나에 불을 질렀다. 내가 알기론 화재가 진압되기 전 그곳의 집 3채가 내

려앉았고, 아마 더 될는지도 모른다.

오늘부터 일본 정부는 조선인들을 시켜 가두연설을 하게 했다. 연사들은 특정 시간에 특정 장소로 가서 현 궐기의 광적인 면을 드러내는, 정부가 원하는 내용의 연설을 한다. 이런 연사들은 헌병의 보호를 받는다. 이들은 이른바 '자제하는 조선사회'를 만드는 게 목적이란다. 오늘 첫 번째 가두연설이 이루어졌다.

오늘 끔찍한 자동차 사고가 일어났다. 피해자는 모두 장로교 선교회 소속이었다. 유진 벨 목사와 그의 부인, 크레인 목사, 녹스 목사가 벨 목사의 새 승용차를 타고 서울을 떠나 귀가하는 길에 사고가 일어났다. 시골 철도(건널목)에서 어떤 차가 다가와 들이받아 벨 부인과 크레인 씨가 숨졌고 녹스 씨는 중상이다. 애비슨 박사에게 전신을 부쳐 박사가 자기 차를 타고 내려가 녹스 씨를 병원으로 데려갔다. 오늘밤 벨 씨가 시신 두 구를 싣고 기차를 타고 올 것이다. 벨 씨는 운전을 잘하며 옛 차를 1년이나 운전했다.

어제 우리 조선 기독교인 한 명이 조선 소녀의 경이로운 행동에 대해 들려주었다. 소녀는 경찰서에 가 담담하게 물었다.

"여기가 무언가 분실하거나 절도당하면 찾아주는 곳입니까?"

경찰들이 그렇다고 하며 물었다.

"누가 당신 물건을 훔쳤소?"

소녀는 대답했다.

"누가 우리나라를 훔쳐서 찾으러 왔습니다."

1919년 3월 26일 밤 8:45. 독립을 외치는 용감한 소리

창밖 너머 거리에서 큰 무리가 '조선독립만세!' 하고 외치는 그 애끓는, 절절한, 용감한 소리가 들려온다. 아, 이런! 이 거리에서 저 거리로 소리는 거의 반시간 째 이어진다. 그리고 여기저기에서 침묵이 흐른다. 침묵은 경찰과 헌병과 일본 민간인의 추적이 시작되었다는 뜻이다. 여기 저기 주동자들을 때리고 총 개머리판으로 구타하고 총검으로 휘갈긴다. 날마다 반복되는 일상이다. 병원엔 끔찍하게 뭉그러진 부상자들이 온다.

평양의 우리 선교회 병원에선 소방차 후크에 맞아 살점이 떨어져나간 환자들이 있다. 남자들은 이로 인해 절단치료를 받았다. 한 남자는 다리를 허벅지 윗부분부터 절단했고 한 사람은 어깨관절부터 팔을 절단했다.

 1919년 3월 27일. 새벽까지 계속된 만세 시위

어제 저녁 일기엔 고함 소리를 30분 들었다고 했다. 맞다, 그러나 고함 소리는 다시 시작되어 새벽 2시까지 계속되었다. 함성은 시내와 외곽의 야산 곳곳에서 울려 퍼졌다. 어젯밤 조선인 친구 하나가 만세시위 계획을 전혀 모른 채 거리에 나갔다. 죄 없이 두 번이나 감옥에 갇힌 적이 있는 그는 친구 집에 들어가 안전하게 귀가할 수 있을 때까지 여러 시간 머물러야 했다. 어젯밤엔 허다한 헌병 외에도 기마경찰 50명과 보병 경찰 200명이 시위를 진압하려고 출동했다. 경찰과 헌병은 맨손인 사람들을

창검으로 내리쳤다.

1919년 3월 28일. 비열한 억압행위들

우리 기독교인 부인 몇이 오전에 날 보러왔다. 부인들은 집을 나서면 교회나 어딜 가든 집에 돌아오는 순간까지 뒤를 밟는 사람이 있다고 했다. 어떤 부인은 한 23세 정도 된 가까운 이웃 청년의 이야기를 했다. 그 청년이 조용히 밤에 귀가하는데 마침 시위가 있었다. 경찰이 칼로 이마를 베어 움푹 팬 상처가 남았고 총 개머리판으로 두들겨 맞았다. 경찰은 고함소리를 찾다가 거리에 걸어가는 행인을 발견하면 아무나 두들겨 팬다.

다른 부인은 동네 소녀 하나가 손이 잘려나갔다고 했다.

한 이웃은 남편이 감옥에 끌려갔는데, 이내 부인까지 잡으러 왔다. 생후 3주된 갓난아기가 있었지만 놔두고 경찰을 따라오라고 했다. 나중에 어느 기독교인 부인이 감옥에 가서 아기가 젖을 먹도록 엄마에게 들여보내 달라고 했으나 거절당했다. 그래서 부인 몇이 돈을 조금 모아 아기에게 젖먹일 사람을 구해 맡기려고 한단다.

강화도에선 한 남자가 궐기의 주동자로 의심받아 경찰이 그를 잡으러 집에 왔다. 남자를 못 찾자 경찰은 아내를 대신 잡아 감옥으로 끌고 갔다. 그곳에서 아내는 잔인하게 매 맞고 뱃속의 아기는 유산됐다.

평양의 홀기념병원(Hall Memorial Hospital)과 서울의 세브란스 성인 병동에는 처참하게 난도질당한 환자들이 매일 실려 온다. 세브란스 병원에선 옆 교회건물을 임시병동으로 쓰려고 한다. 현재 병원의 복도와 병실은 부상자로 북새통이다. 어제 세브란스에서 60개의 침대시트와 다량의 붕대가 필요하다는 긴급요청이 있었다. 우리 적십자사 부인들은 고결하게 대처했다. 의사 루드로우(Ludlow)는 응급환자를 보러 황급히 호출되었다. 그 남자는 인디언이 도끼질하던 시대를 연상시키는 칼자국이 눈썹 위 이마를 가로질러 나 있었다. 몸에도 여러 군데 난도질당한 상처가 있었다. 물론 그는 사망했다. 이들이 한 일이라곤 모두 맨손으로 "자유, 자유를 달라!"고 타국어로 외친 것뿐이었다.

최근 제물포의 일본 신문은 선교회 자동차 사고를 보도하면서 ('벨 부인과 크레인 씨 사망, 녹스 씨 중상, 벨씨 경상') "그 미국인 불한당들은 당해도 싸다"라고 논평했다. 만주의 일본 신문은 모든 조선의 소란은 "비속하고 무지한 미국 선교사들"의 사주와 비호에 의한 것이라고 했다. 많은 일본 신문들이 미국인을 비방하는 글을 자주 싣고 있다.

학식 있는 기독교인 조선 남자가 엊그제 내게 해준 이야기다. 조선인들은 미국인들이 수년 전에 한 것처럼 독립전쟁을 시작했고, 이 전쟁은 8년이 걸릴지도 모르며 비록 맨손이지만 승리가 올 때까지 계속할 것이라고 한다.

사무엘 모펫 박사는 북쪽에서 경찰인지 형사인지가 시골 교회에 들어가 교회 종을 친 이야기를 해 주었다. 특별예배가 있는가 하고 교회에 나온 사람들은 경찰서로 압송되어 감금당했다.

일본 신문들은 계속해서 미국인들이 이 3·1 운동의 사주자라며 미국인에 대해 매우 추한 험담을 한다.

어젯밤 일본인 관리와 중견 인사들의 요청으로 선교사 대표들이 다시 조선 호텔에 모였다. 그들은 미국인 선교사들로부터 시위 진압에 협조한다는 확약을 얻어내려 했다. 감리교 감독이 미국인 선교사들을 대표하여 답변했다. 영국과 캐나다인들은 자신들의 답도 미국 측과 동일하다고 했다. 감독은 미 국무장관이 우리에게 정치불간섭을 요구했고 총영사도 동일한 요구를 했으며 우린 종교사역자라 이런 일은 우리 영역 밖의 일로 간주한다고 했다. 그리고 다른 이유를 하나 더 들었는데 그건 기억이 안 난다.

일본인들은 평북 선천의 어떤 선교사가 베이징 신문에 일본 경찰의 잔학무도한 행위를 고발하는 글을 기고했다 한다. 그걸 보면 꼭 일본인이 야만스런 흉노족 같은 인상을 받는다고 했다. 그 때 모펫 박사는 두 눈으로 직접 목격한 일본인의 흉노족 같은 잔학행위 몇 가지를 언급하였다. 그는 논평은 안 하고 다만 사실만 열거했다.

한 무리의 꼬마들이 거리에 모여 '조선독립만세'를 외치며 뚜벅뚜벅 걸어 다녔다. 모두 8살 아래였다. 경찰은 아이들에게 다가가 누가 시켰냐고 물었다. 아이들은 아무도 안 시켰고 스스로 하고 싶어서 하는 거라고 했다.

수감되었던 미션스쿨 여학생들이 목사와 선교사들 앞에서 한 진술이다.

경찰 취조실에서 경찰은 여학생들에게 수치심을 주려고 몸수색을 해야 하니 옷을 벗으라고 명했다. 1초라도 머뭇거리면 매질을 당했고 그 자리엔 네다섯 명의 남자가 있었다. 그 중엔 금색 작대기 세 개를 계급장으로 단 사람도 있었다. 감옥에서도 감방에서 실오라기 하나 남기지 않고 다 벗으라고 했다. 그 뒤 알몸으로 복도를 통과해 장교 사무실에 가라고 했다. 그곳에서 벗은 채로 심문 당하고 매 맞은 후 다시 감방으로 알몸으로 가라고 했다.

이 소녀들 중 두 명은 아직도 감옥에 있으며 고문을 당했다(출소한 소녀들이 목격하였다). 한 소녀는 양 엄지를 하나로 묶어 엄지로 매달려 있었다. 다른 소녀는 이화학당에서 손꼽힐 정도로 총명하고 아름다운 박인덕이다. 이 소녀는 내가 설립한 진남포 최초의 여학교 출신이다. 박인덕 또한 알몸상태와 가혹한 채찍질을 견뎌야 했다. 그 외에도 무릎 꿇고 머리에 무거운 의자를 드는 고문을 당했다. 몸이 후들거려 손을 내릴라치면 팔 윗부분을 매질했다. 출소한 여학생 하나는 두 손과 팔을 쭉 뻗어 무거운 판자를 느낌상 한 시간 정도 들고 있었다. 더 이상 지탱할 수 없어서 기우뚱거리면 팔에 매질을 했다.

이 고문은 시위 가담자와 우두머리가 누구이며 어느 학교 소속인지를 알아내기 위한 목적으로 행해졌다. 고문을 통해 자백을 받으려고 했던 것이다. 여학생 일부는 학생 광복시위에 학생들과 참여하던 날 경찰에 의해 붙잡혔다. 모두 맨손이었으며 단지 '조선독립만세' 만을 외치거나 부르고 있었다. 다수는 다른 사람을 위한 증인 자격으로 학교에 있다가 붙잡혀갔다. 박인덕은 후자의 경우다. 프레이 양은 인덕과 함께 경찰서에 가 경찰서에서 밤을 보내야 하는 사태를 피하기 위해 갖은 애를 쓰며 자신이 대신 있겠다고까지 했다. 그러나 경찰은 그들이 원하는 건 인덕이지 프레이 양이 아니라고 했다. 그게 몇 주 전 일이었다. 인덕은 그로부터 며칠 후 경찰 재판소에서 서대문 밖 옛 독립문 근처 형무소로 이감되었다.

독립문 이야기가 나왔으니 말하자면, 독립문은 수년 전 스스로를 독립당이라고 부르는 진보적 조선 청년들에 의해 지어졌다. 요즘엔 이 독립문을 둘러싸고 미신이 생겨났다. 어떤 이가 밤에 독립문에 기어올라 조선독립에 관한 글을 붉은 페인트로 써놓았다. 다음날 초자연적인 힘이 이 글씨를 썼다는 소문이 나돌았다. 경찰 재판소가 바로 코앞에 있고 경찰이 밤낮으로 지키는데 인간으로선 글을 쓰는 건 불가능하다는 주장이었다. 그날 경찰은 사다리를 타고 올라가 붉은 문구를 지웠다. 하지만 다음날에도 같은 일이 일어났다. 사람들은 구경하러 떼로 모여들었고 인파를 해산하려고 군인들이 독립문에 배치되었다.

1919년 4월 2일. 체재를 유지하는 방법

3월 31일 저녁, 기차를 타고 지방에서 집으로 귀경한 조선인 남자가 남대문 역에서 내려 집으로 걸어가고 있었다. 정부에 의해 고용된 이른바 일본인 예비군(순전히 불한당들)이 남자를 세우고 구타했다. 어떤 구실도 없었다. 그저 전반적인 공포체제의 일환일 뿐이었다. 그는 너무 심하게 맞은 나머지 그날 밤 숨졌다. 이것은 이례적인, 특수한 사례가 아니다. 많은 유사한 사례가 있으며 증거도 충분하다.

며칠 전 전차에 돌팔매질한 남자들은 조선인 차림을 한 일본인이라는 증거가 있다. 그 목적은 조선인이 폭력을 사용한다는 소문을 퍼뜨리기 위해서이다.

더 나쁜 건 조선말을 하는 일본인 예비군들에게 조선인 복장을 입혀 미국인들을 가격, 살해한다는 계략을 일본 경찰부처에서 꾸미고 있다는 것이다. 이 계략은 미국인으로 하여금 조선인에 대한 동정심을 거두게 하려는 데 있다. 이에 대한 보고가 벌골즈 미국 총영사에게 올라왔다. 총영사는 즉각 레이몬드 커티스 부영사를 통해 히사미쭈(Hisamizu) 외무부 장관에게 미국인 생명이 위험하며, 일본 입장은 재한 미국인을 보호하는 것인지 48시간 내 답변하라고 했다. 일본 측은 경찰병력을 추가 배치하여 미국인을 보호하겠다고 답했다.

일본 정부는 이 악(惡)을 미연에 방지하기 위해 신문에 기사를 게재해야 한다. 평북 선천의 로버츠 부인은 오늘 오전 〈서울 프레스〉에 '선교사들이 할 수 없는 일'이란 훌륭한 글을 기고했다. 이 기고문에 관한 사설은 일본인들이 자신의 목적을 위해서라면 무엇이든 조작하고 있다는 걸 분명히 보여준다.

며칠 전 노준택 씨가 베커(Becker)[70] 씨를 길에서 만나 몇 분간 선 채로 대화했다. 베커 씨가 지나가자 가까운 경찰서에서 경찰이 나왔다. 경찰은 노씨에게 저 미국인에게 무슨 이야기를 했는지 묻고는 노발대발하며 극한 험담을 해댔다. 경찰은 또한 노씨에게 직업이 뭐냐고 물었다. 노씨는 자신이 몇 년째 협성기독대학 총무로 일했으며 베커 씨는 그 대학 학장으로 몇 년간 같이 일해 나눌 이야기가 많다고 했다. 결국 경찰은 노씨를 보내주었다. 이전에도 그는 시위에 전혀 가담하지 않았지만 집에서 연행된 일이 있었다. 결국 협성기독대학의 일본인 크리스천 교수 이치자 씨와 노씨의 좋은 친구들의 탄원으로 풀려날 수 있었다. 이치자 씨는 최초의 시위가 벌어진 날 노씨가 조용히 베커 씨 집에 있음을 목격했다. 다른 이의 증언이라면 채택되지 않았겠지만 이치자 씨는 경찰 고위직에 친구가 많았다.

이젠 외국인이나 현지인이 밤거리에 나다니는 게 안전하지 않다. 평양 출신의 16세 학생이 며칠 전 밤에 밤거리를 혼자 다니다 일본인 여섯 명이 덤벼들어 얼굴을 때리고 발길질하며 총 개머리판으로 구타하였다. 팔이 부러졌고 아직도 앓고 있다.

세브란스 병원에 온 어떤 환자는 칼로 40군데를 베였다.

우리 교회 교인인 한 청년이 끔찍한 칼부림을 당하고 그 상처로 숨졌다. 정부 부처에서 청년의 노(老)부모를 호출하였다. 그러나 연로한 아버지는 아들을 죽인 것처럼 나도 죽이려면 내 집에 와 죽이라며 출두를 거부했다. 그러자 정부는 얼마간의 돈을 받을 수도 있다고 아버지에게 귀띔했다. 아버지는 아들의 살인자로부터 돈을 받겠냐며 아내에겐 이렇게 말했다고 한다. "이렇게 장한 아들을 둬서 얼마나 감사한 일이냐. 아무나 나라를 위해 죽을 수 있는 게 아니다."

다른 가정에선 기독교인 딸을 경찰이 구속시키려고 수배 중이었다. 아버지는 말했다. "기독교인들은 정말 용감하다. 고난을 당해도 신앙으로 여전히 행복하다. 우리 모두 기독교인이 되어야 한다." 이런 숱한 간증이 계속 들려온다.

경찰이 거리의 행인을 세워놓고 심문하면 항상 묻는 질문은 기독교인이냐는 것이다. 만일 기독교인이면 거의 어김없이 죄인취급하며 경찰서로 잡아간다. 시골에선 경찰이 독립운동 가담자들에 대한 증거를 확보하려고 가택수색을 할 경우, 성경이나 찬송가를 발견하면 더 이상 수색하지 않고 감옥으로 끌고 간다는 소리가 거듭거듭 들려온다.

1919년 4월 5일. 모우리 목사

미국 장로교 선교사인 평양의 모우리(E. M. Mowry)[71] 목사가 현재 소요사태의 조선인 주동자들을 은닉시켜준 혐의로 연행되었다. 사무엘 모펫(Samuel Moffet) 박사와 _____(원문에 공란으로 있음—편집자)와 모우리 박사가 함께 경찰서로 불려갔다. 그러나 밤 8시부터 자정까지 계속된 심문 후에 나머지는 풀려났고 모우리 씨만 작은 방에 갇혔다. 다행이 독방이었고 집에서 하루 두 끼 음식이 차입되었다. 모우리 씨는 성경과 신앙 간행물 한 권을 소지할 수 있었다. 〈서울 프레스〉 기사엔 모우리 씨가 '선량하고 순종적이었다'라고 했다.

4월 15일 모우리 씨 사건이 평양 법정에서 공판에 회부되었다. 모우리 씨는 경찰서에서 재판소까지 여느 죄수들처럼 새장 같은 바구니를 머리에 쓰고 호송되었다. 공판에 대한 통보는 공판 당일 오전 일본인 관리가 기홀병원에 찾아와 수석간호사 베시 김에게 모펫 박사에게 전언을 부탁하는 형식이었다. 모펫과 _____은 재판소에 갔으나 모우리 씨는 변호사나 어떤 도움도 받을 기회가 없었다. 검사는 6개월 노역을 동반한 구금을 구형했다. 형은 4월 19일에 선고될 것이나 모우리 씨는 '무죄'를 호소하며 상급법원에 항소할 것이다.

4월 20일 형이 선고되었다. 노역을 동반한 6개월 구금형이었다. 그러나 누군가 보석을 내어 모우리 씨는 다음 재판까지 집에 있다.

 1919년 5월 10일. 모우리의 항소공판

모우리 씨의 항소공판은 평양에서 열렸다. 이번엔 두 명의 일본인 기독 변호사들이 있으며 우리 부영사도 수많은 사람과 함께 참석했다.

배심원 평결이 무효화되었다. 모우리 씨의 변호사들은 무죄를 입증했다. 즉 모우리 씨는 네 남자가 경찰에 추적당하는 줄 몰랐다는 것과, 네 남자는 모우리 씨의 도로변 사무실들에 있었을 뿐이지 은닉시켜준 건 아니었음을 입증했다. 검사는 이 대목에 대한 증거가 없다고 반박했다.

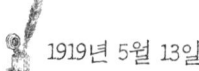
1919년 5월 13일

  서울의 기독교계 학교와 미션스쿨에 다니는 장로교 여학생 네 명이 모두 각기 다른 방에서, 이런 질문을 받으리라는 사전지식이 없는 상태에서 감옥에서의 처우에 대한 진술서를 작성했다. 이 진술서 중 한 장은 이화학생의 것이며 진위여부를 판명한 후 몇 개는 〈고베 크로니클〉(*Kobe Chronicle*)에 게재되었다. 진술서는 상당히 유사했고 모두 끔찍한 처우와 고문에 대해, 그리고 남자들 앞에서 발가벗겨지고 알몸으로 복도 등을 행렬해야 했음을 언급했다. 다음의 기사는 조선의 정부신문인 〈서울 프레스〉에 실린 진술서에 관한 기사이다.

"조선에서 전해오는 허구"(Fictions from Korea)
〈고베 크로니클〉은 한 조선주재 특파원이 보낸 이야기들, 가없고 온순한 양 같은 조선인들에게 사악한 일본인이 저지른 공포 행위에 대한 생생한 묘사를 담은 이야기들을 계속 게재하고 있다. 진실을 말한다는 이 신문이 전한 최근의 '뉴스'는 일부 조선 여성들에 대한 처참한 처우에 대한 기록이다. 이 여성들은 '어떤 특정 장소'에서 어떤 일본인들에 의해 이런 처우를 받았다고 말한다. 이 이야기는 진실임에 틀림없다. 왜냐하면 그 특파원에 의하면 관련된 여성들이 서약 후 진술한 증언이기 때문이다. 물론 이 천사 같은 여성들의 정직성을 의심하는 것은 죄가 될 것이다. 우리가 듣기론 일본인은 이 여성들에게 수갑을 채우고 발길질하고 잠도 안 재우고 발가벗기고 매질하고 공적 심문 중에 한 공무원 앞에서 알몸으로 서있게 했다고 한다. 이야기로선 멋지지만, 이들은 그 말도 안 되는 처우를 겪었음에도 불구하고 상한 곳 하나 없이 마침내 풀려났다. 기이한 점은 특파원이 10년 전 조선이 계몽되고 문명화된 정부 아래에서 독립 상태였을 당시 조선 감옥에선 이런 말도 안 되는 처사가 목격된 적이 없었다는 걸 왜 덧붙이지 않았을까 하는 것이다.

1919년 5월. 김귀선

배재학당 남학생인 김귀선이 2개월간 투옥된 후 풀려났다. 첫 달은 감옥 음식만 먹어 비쩍 말랐다. 다음 달은 배재 교사들이 하루 두 끼 사식을 넣어 보냈다. 서대문 형무소로 호송되기 전 2주간은 종로경찰서에 있었다. 종로경찰서에선 매일 밤낮으로 네 번씩 다른 이들과 함께 무릎 꿇고 앉아 있어야 했다. 허벅지와 종아리 사이엔 기다란 판자를 끼워 넣었고, 두 주먹을 모아 머리 위 무언가에 팔을 대롱대롱 매달았다. 그 상태로 뒤에서 매질을 가했다. 김귀선은 바지에 피가 흥건할 때까지 맞았다.

1919년 5월 25일

한국인의 청원이 파리에서 청종되었고, 23일 밤 다른 만세시위가 일어나 또 많은 사람이 새롭게 연행되었다는 뉴스가 들려온다. 매일 수십 명이 붙잡혀간다. 어제 원산 출신 목회자 아내가 남편에게 차입하는 음식 안에 만세시위에 관한 메시지를 넣어 보냈다. 그 결과 어젯밤 거의 밤새 서대문 형무소의 죄수들은 만세를 외쳤으며 이 일로 많이들 두들겨 맞았다고 한다.

네 살 정도 된 영국 영사의 어린 딸이 영국 영사관 정문 앞으로 나와 계속 만세를 외쳤다. 경찰은 어리둥절했고 행인들은 즐거워했다.

한 일주일 전 배재학당 졸업생인 최봉진이 방문했다. 최봉진은 3월 5일에 구속되었다. 그는 전 황제의 장례식에 참석하러 왔다가 서대문 형무소에 한 달간 수감된 후 풀려났다. 출소 후 3일 만에 장티푸스 열병에 걸려 한 달간 앓았다. 최봉진은 15명과 함께 9×12 감방(2.7 × 3.6미터)에 투옥되었다. 한 소년이 고열로 위독하여 4일간 먹지 못했다. 아픈 이가 있으면 통보하라는 공지문이 벽에 붙어 있었다. 죄수들은 오가는 보초마다 붙잡고 아픈 사실을 누차 고했으나 보초들은 죄수들에게 성질만 낼 뿐이었다. 왜 의사를 안 불러 주냐고 묻자 보고하고 법석 떠는 게 우리 임무가 아니라 보고하고 손 떼는 게 우리 직무라고 대꾸했다. 그리고 보고가 어떻게 되었는지는 죄수들이 관여할 바가 아니라고 했다. 마침내 소년은 너무 위독해져서 의사를 불러오게 됐다. 의사는 감방 문에서 얼마 거리를 두고 서서 환자에게 나오라고 했고, 제대로 서 있지도 못하는 환자는 엉금엉금 기어 나갔다. 소년은 약을 얼마 받고 다시 밥을 먹으라는 권고를 받았다. 다행히 소년은 회복되었다.

죄수들은 목욕시간이 있으나 비누는 없고 온수로 깨끗이 닦을 시간도 없이 목욕실에서 내몰림을 당한다. 이 '후다닥' 목욕 시간은 1,2주에 한번 주어진다.

1919년 7월. 포터에게 보낸 메시지

주(駐)이태리 미국대사를 지낸 포터 씨와 도쿄의 미국 대사관의 군사 수행원인 볼드윈 대령이 6월 19일 서울에 도착했다. 며칠 후인 6월 21일 아더와 난 레이먼드 커티스 부영사 사택에서 이들과 식사하도록 초대 받았다. 감리교의 조선인 사역자 윤선열 목사가 우리가 저명한 미국인들을 만난다는 애길 듣고는 그들에게 전할 메시지를 주었다. 식사 도중 난 포터 씨에게 조선 사람의 마음을 대표하여 보낸 윤 목사의 메시지를 전달했다. 포터 대사는 매우 엄숙한 자세로 메시지를 받고 답변하였다. 메시지와 답은 다음과 같다.

> 윤 목사 : 그분들에게 전해주시오. 조선인들은 하나님의 전지전능하심을 아는 고로 하나님께서 우리를 도우시며 우리의 환난으로부터 건져주실 줄 믿고 있습니다. 그러나 하나님께서는 그의 뜻을 이루기 위해 인간을 통로로 삼아 일하심 또한 알고 있습니다. 우린 하나님께서 어떤 통로로 일하실지 찾아보았습니다. 우리 눈엔 미국밖에 보이지 않으며 우리 신뢰의 대상은 미국입니다.

포터 : 미스터 윤에게 전해 주시오. 우린 조선 사람으로부터 온 그의 메시지를 공손히, 숙고하며 받았으며 그 메시지를 미국인에게 전달할 것입니다.

각종 일본 일간지에 실린 미국인에 대한 논평이다.
- "미국군은 러시아인과 연합하여 일본군에 대적하며 비밀리에 러시아에 무기와 총탄을 판매하여 우리 일본인에 대항하여 사용하도록 하며 볼셰비즘을 사주하고 있다." (6월자)
- "미국인은 일본인을 경멸감을 가지고 대한다." "미국인은 일본인을 멸시한다." "미국은 세계를 평화가 아닌 파멸로 인도한다." (4월 11일자)
- "미국인은 양(洋) 머리를 간판에 그려놓고 실상 안에서는 개고기를 파는 양고기 장수 같다. 윌슨 대통령부터 그 아래 국민들까지 모두 똑같다. 이런 류의 사람들이니 어찌 세상을 바로 잡고 발전시키겠는가?" (4월 21일자)

헌병 대장 코사카는 스코필드 박사에게 1919년 5월인가 6월에 이렇게 말했다. "제겐 눈이 두 개 있습니다. 이 눈은 사랑이고 이 눈은 친절입니다. 제겐 귀가 두 개 있습니다. 이 귀는 사랑이며 이 귀는 친절입니다. 조선인들이 외국인을 해치러 뛰쳐나오는 것은 매우 비외교적이므로 난 그들을 보호하러 파송되었습니다." (헌병들이 그런 잔학무도를 자행하는 동안 이 언사를 했다.)

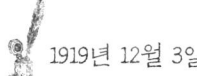
1919년 12월 3일

중국 푸조우에서 일본인이 보도한 바에 의하면 푸조우에 평온이 지배하는 유일한 이유는 일본 군함 사가 호의 존재 때문이며 만일 사가 호가 철수한다면 문제가 더 폭력적으로 재발할 것이며 일본인 주민들은 아직 불안에 사로잡혀 있다.

1919년 12월 8일

〈재팬 크로니클〉(Japan Chronicle) 12월 5일자는 조선엔 귀족계층이 60가정밖에 없다고 했다.

다음은 1919년 12월 4일자 〈재팬 크로니클〉에서 스크랩한 기사이다. 중국 푸조우 사태에 관한 기사에서 요로쭈는 아래와 같이 선교사들을 비난했다.

> "푸조우 사태에 관련된 보고들은 서로 모순되므로 우린 아직 사건의 진상을 파악할 단계가 아니다. 그러나 이제까지 들어온 보고에 의하면 중국인의 도가 지나친 행위의 배후에는 외국인 선교사들이 있었던 것으로 추정해도 무리가 없다. 푸조우 만행의 원인제공자는 푸조우 YMCA 회원이라고 밝힌 한 학생 집단이다. 푸조우 YMCA는 외국인 선교사의 비호 아래 발전한 단체이다. 우린 동양에서 일하는 외국인 선교사 대부분이 그들이 정착하는 지역에서 선행은 전혀 안하고 관행처럼 문제를 일으키는 걸 목도한다. 젊은 학생들을 하나님의 길로

인도하기보다는 악마의 길로 이끌고 있는 것이다. 선교사들은 종교사역자로서 본분은 거의 망각한 채 늘 급진적인 활동을 도모한다. 그들은 세계평화를 위한 진지한 노력을 기울이기보다는 평화를 해치고 반란을 사주하는 걸 업으로 삼는다. 조선에서도 이런 바람직하지 못한 요소들이 많이 눈에 띈다. 중국 각처에서 이 악마의 사도들과 마주치면서 실상 중국은 이들로부터 발원된 악행들로 오랫동안 고통 받았다."

1919년 봄. 어느 특별하고 용감한 청원서

1919년 봄에 85세 김윤식 자작과 65세 이용직 자작이 조선총독에게 제출한 청원서[72]이다.

> 자고로 일을 도모하는 방법은 그 시대에 맞아야 성공합니다. 그리고 정부는 백성들을 기쁘게 해야만 성공할 수 있는 법입니다. 시대착오적인 방법은 온전한 방법이 아니며 정부가 백성을 기쁘게 못하면 좋은 정부가 아닙니다.
> 조선이 일본에 합병된 지 이제 10년이 되었습니다. 합병 결과 학정이 근절되어 백성들에게 적잖은 유익이 있었으나 합병이 백성을 기쁘게 했다곤 말할 수 없습니다.
> 거리에서 낭독된 독립을 위한 청원에 수만 명의 목소리가 화답하였습니다. 그 후 열흘도 안 되어 온 나라에 그 메아리가 울려 퍼지며 아낙과 아이들도 앞다퉈 만세에 참여합니다. 앞사

람이 쓰러지면 뒷사람이 죽음도 아랑곳하지 않고 그 자리를 메웁니다. 왜 이런 사태가 유발되었습니까? 우리 견해로는 고통을 참고 억울함을 누르다가 결국 더 억제할 수 없어 마침내 표현의 출구를 찾아 터져버린 것입니다. 장호강(江)이 흘러넘치고 물결이 모든 경계를 허물어버린 것처럼 한 번 터진 물꼬의 위력은 되돌림을 용납지 않습니다. 우린 이 사태를 백성의 마음의 표현이라고 부르지만 사실 하나님 자신의 마음이라고 하는 게 더 맞지 않겠습니까?

오늘날의 상황을 다루는 데 두 가지 방법이 있을 것입니다. 하나는 온건한 방법이고 다른 하나는 억압입니다. 자유주의자라면 온건히 말하고, 달래고, 위로하여 두려움과 의심을 없애려 할 것입니다. 그러나 이 경우엔 시위는 끝이 없을 것입니다. 한편 무력의 사용은 베어내고, 뿌리 뽑고, 쪼개고, 소멸시켜 더 사태를 부추기지만 그 정신은 결코 정복하지 못할 것입니다. 원인을 해결하지 않는다면 결코 사태를 진정시키지 못할 것입니다.

이제 격앙되어 행동을 취하려는 백성들은 종살이의 수치를 벗어버리고 이전에 누렸던 것을 되찾길 소망합니다. 그들이 가진 거라곤 맨손에다 그들이 느끼는 분노를 표현할 혀밖에 없다는 사실은 백성들이 악한 이면의 동기가 없다는 뜻입니다.

선하고 탁월한 사람은 이런 백성을 불쌍히 여기며 용서할 것이며 자애로운 연민으로 바라볼 것입니다. 그러나 우리가 듣기론 정부는 감옥이 미터질 때까지 백성을 좌우로 연행하고 있습니다. 감옥에서 백성은 채찍질 당하고 고문당하다 폭력으로 숨집니다. 정부는 또한 죽은 이가 줄줄이 널릴 때까지 무기를 씁니다. 우리 귀에 들려오는 이 끔찍한 이야기들은 이젠 견딜 수 없는 지경입니다.

그럼에도 불구하고 온 나라는 더 격동합니다. 진압하기 위해 더 큰 무력을 사용할수록 더 많은 소요가 일어납니다. 문제의 원인은 들여다보지 않고 문제의 현상만 무력으로 근절하려 함은 어찜입니까? 당신이 도처에서 일어나는 사람들을 베어 죽여서 문제의 외양은 바꿀 수 있을지 모르지만 본질은 결코 못 바꿀 것입니다. 각 사람의 심비엔 독립이란 말이 새겨져 있습니다. 그리고 방에서 은밀히 독립을 외치는 사람은 셀 수 없습니다. 이들을 모두 붙잡아 죽이겠습니까? 사람의 생명은 들에 자라는 풀과 같이 다루어선 안 됩니다. 옛날 맹자는 조나라 순제에게 말하길 "연 나라를 취함으로써 나라의 백성을 기쁘게 할 수 있다면 나라를 취하십시오. 그러나 나라를 취함으로써 백성을 비참하게 할 거라면 취하지 마십시오"라고 조언했습니다.

왕은 맹자의 조언을 개의치 않았고 그 결과 큰 수욕을 당하는 처지에 놓이고 말았습니다. 이것은 반추할 가치가 있는 역사의 거울입니다. 성인이라도 그가 사는 시대를 거스를 순 없습니다. 우린 사람들의 태도에서 하나님의 마음을 읽습니다. 사람들이 기쁘지 않다면 그 땅을 점유할 방법이 없음을 역사는 말해 줍니다.

당신의 종인 우리들은 이 위험과 곤란의 시대까지 왔습니다.

우리는 늙어 몰염치하여 우리나라가 합병되었을 때 귀족의 작위를 받았고 관직을 누렸고 수치 가운데 살았습니다. 그러다 급기야 죄 없는 우리 백성이 물과 불에 뛰어든 것을 보고 더 이상은 이 광경을 견딜 수 없게 되었습니다. 고로 우리도 다른 이와 같이 은밀한 골방에서 독립을 외쳤습니다. 우리가 주제넘지 않나 우려하며 각하께서도 같은 의견이시길 바라는 마음으로 우리의 마음을 직고하였습니다. 각하께서 천황폐하에게 알려 내각이 이 문제를 상고하여 원인을 바로잡길 바랍니다. 단지 말이나 무력으로서가 아니라, 위에서 말씀드린 기회와 백성들이 말하는 소원과 일치하는 방향으로 말입니다. 고로 일본이 조선에 독립을 주고 일본의 조약체결국을 포함한 세계만방에 일본의 공의를 떨칠 수 있길 바랍니다. 그러면 모든 나라가 긍정적으로 반응할 것은 의심할 여지가 없습니다. 일식과 월식처럼 일본은 또다시 광명과 영광의 반열에 오를 것입니다. 누가 당신의 이런 행위에 자부심을 가지고 칭송하지 않겠습니까?

은밀한 골방에서 당신의 종인 우리들, 병약하고 세상의 마음을 알지 못하는 우리들이 나라에 불쌍한 초부(初付)의 조언을 올립니다. 당신이 이에 동의하신다면 셀 수 없는 사람들이 기뻐할 것입니다. 그러나 당신이 거절한다면 우리 두 청원자만 고통당할 것입니다. 우린 생명의 경계선에 다다랐고 고로 우리 백성의 희생양으로 우리를 바칩니다. 우리가 이 청원으로 죽는다 해도 할 말이 없습니다. 숱한 세월의 무게로 병약한 우리들은 설득력 있게 말할 줄 모릅니다. 우린 각하께서 이 청원을 아량 있게 상고하시길 기도합니다. 한 마디로 이것이 우리의 마음이 말하려는 바입니다.

17장

제암리

Journals of Mattie Wilcox Noble

 이 일의 대략은 이러하다

최근 일본 정부는 그들이 '폭도'라고 부르는 이들을 진압하기 위해 그들 말로 더 강도 높은 '강경조치'를 취하기로 결정했다. 맨손으로 단지 '독립만세'를 외치는 사람들을 어찌 더 혹독하게 다룬다는 건지 우리로선 상상이 안 간다. 그러나 보병사단 둘, 포병 중대 하나, 기마중대 하나 또는 둘이 일본에서 파병되었다. 그 후 들려오는 최초의 소식은 여러 마을에 방화가 있었다는 소문이 파다하며, 불에 탄 특정 마을의 탈출자들이 서울에 와 확실한 소식을 전했다는 것이다.

지난주 수요일 레이먼드 커티스(Raymond Curtis) 미국 부영사와 호레이스 언더우드 선교사와 테일러(A. W. Taylor) 특파원이 소실된 마을 하나를 직접 확인코자 제암리에 갔다. 이 마을은 아더의 수원 지방회 소속이다. 이들이 발견한 것은 우리가 전해들은 어떤 이야기보다 훨씬 심각했다. 교회 부지엔 잿더미와 그을린 시체들만 있었고 인육이 타는 냄새로 구역질이 날 정도였다.

군인들은 집집마다 다니며 남자들을 교회로 불러들였다고 한다. 그러나 사람들이 모이자 (그 후) 교회에 불을 지르고 안에 있는 이들을 모두 불살랐다. 도망가려는 사람은 다 사살했다. 19세와 42세의 여자 둘이 남편들이 어떻게 된지 보려고 교회로 찾아왔다. 군인들은 여자들도 총으로 쏴 죽였다. 나중에 사살당한 아들의 어머니가 한 군인에게 다가가 자기도 죽여 달라고 하자 군인은 어머니도 즉각 사살했다. 커티스 일행은 방화된 마을 두 곳을 둘러보았다.

19일 토요일, 로이즈(Royds) 영국 대리영사가 방문단을 조직하여 다른 방화된 마을을 찾았다. 마을들 모두 수원 지방회의 남양 지역에 있었다. 남양은 아더가 맡은 수원 지방회 소속이었기 때문에 대리영사는 아더에게 동행을 요청했고 스미스 씨에겐 통역해 달라고 했다. 테일러 씨는 원래 그날 모우리 씨 공판에 참석하러 평양에 갈 예정이었다. 테일러 씨는 국제 뉴스 통신원이다. 벌골즈 미국 영사는 테일러 씨가 쓴 보도문을 본국 정부에 전신으로 부치려고 그에게 방문단과 같이 가 달라고 했다. 그래서 테일러 특파원은 서울에 남아 방문단에 합류했다. 케이블 박사는 자동차에 벡 씨와 빌링스 씨를 태웠다. 아더는 오토바이에 스미스 씨를 태우고 옆 사이드카는 돌아올 때 총상을 입은 사람을 실어올 경우를 대비해 비워두었다. (후에 스코필드 의사가 발견한 부상자를 싣고 올라왔다.) 사람들은 너무 겁에 질린 나머지 부상자를 불과 몇 마일 떨어진 오토바이까지도 실어주려 하질 않았다. 조금이라도 도왔다간 자신과 가족들이 사살당할까 두려웠던 것이다. 사람들이 아무 잘못했다는 혐의나 물증 없이 여기저기서 늘상 사살되는 지경이니 이상한 일도 아니다.

이 외에도 로이즈 씨와 함께 자동차에 탄 일행이 몇 명 있다. 자동차에 탄 일행은 위에 제암리에 관해 적은 것과 동일한 상황을 다른 다섯 마을에서 발견했다. 유일한 차이점은 시체들이 매장되었다는 것이다. 한 남자는 10일 전 부상을 입은 후 내내 도움을 받지 못해 처참한 몰골이었다. 사람들은 마을 외곽의 몇 집만 빼놓곤 완전히 사라져 버린 마을이 남양 지역에 16개가 된다고 했다. 그 남은 집들엔 여자 몇과 아이들이 은둔하며 근근이 목숨을 부지하고 있었다. 야산으로 도망가 야영하는 이들도 있었다. 이들은 풀뿌리를 파먹고 살고 있었다. 아더는 사살당한 우리 목회자의 아들을 발견했다. 소년은 거친 눈빛에 헝클어진 머리로 잿더미가 된 집과 시체 사이를 파헤치고 있었다. 아더는 염탐하는 군인의 감시망을 피해 기독교인 중 누가 죽임을 당했는지 알아보려고 여자들을 찾아 나섰다. 한 사람은 제암리 교회 교인 11명의 이름을 적고는 이들이 총에 맞거나 불에 타 죽었다고 했다. 아더는 고개를 넘어가 적은 무리의 여자들을 만났다. 그들은 아더가 접근하자 후다닥 도망쳤다. 아더가 그들에게 두려워하지 말라고 외치자 무리의 절반 정도가 멈춰서 기다렸다. 여인들은 아더가 누구인 줄 알아챈 후엔 크게 안도하고 기뻐했다. 그러나 주변에 군인이 없는지 초조하게 두리번거리며 아더의 방문에 대해 취조당하면 뭐라고 답해야 할지를 물었다. 아더는 아무도 자기가 여기 온 걸 보지 못했으니 걱정할 필요 없다고 했다. 그리곤 허겁지겁 그들에게 작별을 고하고 한 여인에게 10엔을 주며 마을의 불쌍한 여자들을 위해 쓰라고 했다. 나중에 남자 한 명을 만나 그에게도 아까 전해준 돈에 대해서 일러 주었다.

처음엔 군인들이 일행을 너무 바짝 쫓아다니며 대화 내용을 낱낱이 엿들으려 했다. 그래서 일행은 흩어졌고, 그 후론 각 사람을 세밀하게 관찰하기는 어려워졌다. 일행은 당일 저녁에 돌아왔다.

스코필드 의사는 홀로 나와 밤새 머물며 더 자세히 알아보려 했다. 그는 자전거를 탄 채였고 일본인 군인인지 헌병인지가 역시 자전거를 타고 그가 가는 곳마다 따라다녔다. 그는 나중에 일본인을 따돌렸던 것과 기이한 대화를 나눴던 것에 관해 흥미로운 이야기를 들려주었다. 스코필드 의사는 그저께 밤 남양 지역을 떠나 어제 아침 기차를 타고 최대한 멀리까지 간 다음 다시 자전거를 타고 집에 갔다.

미국인 1명, 영국인 1명, 프랑스인 1명, 아더, 데이비슨 씨, 플레산트(Plaisant) 씨가 오늘 아침 우사미 씨를 방문하였다. 우리 미국 적십자가 영국, 프랑스와 공동으로 이 사태(훈족주의!)의 불우한 희생자를 돕는 사역을 하도록 허락해 달라는 것이었다.

우리 정동교회의 여자교인 한 명이 남양 지역에 아버지를 뵈러 갔다. 친정집은 넓은 벌판을 내다보는 산기슭에 있었는데, 여인은 집에서 9개의 마을이 한꺼번에 불타는 걸 목격했다. 여인은 어린 아기와 15살 큰 아이와 함께 서울로 도망쳤다.

'선동자들'이 총칼에 맞아 부상 입어 사망하는 경우, 친지들이 매장허가를 받으려면 사망 원인란에 총칼로 인한 사상으로 적으면 허가가 나지 않는다. 병으로 인한 자연사라고 써야만 매장 허가를 받을 수 있다.

1919년 5월 15일. 아, 어찌하여!

아더는 일요일 밤에 불에 탄 지역인 남양군에서 돌아왔다. 화요일 오전에 다시 반하르트(Barnhart) 씨를 오토바이 사이드카에 태우고 남양군으로 갔다. 아더는 감옥에서 맞아 죽은 아버지의 유골을 받으러 감옥에 찾아간 청년의 이야기를 해 주었다. 아버지의 시체는 소각되었고 청년은 유골이나마 받아와 제대로 매장하려고 했던 것이다. 청년은 유골을 지게에 짊어지고 20마일(32킬로미터) 거리의 집으로 돌아갔다. 그러나 군인들이 뒤따라와 청년이 아직 집엔 다다르지 못하고 마을 초입에 이르렀을 때 그를 붙잡았다. 군인들은 청년을 연행해 다시 아버지의 유골을 지고 아버지가 죽임을 당한 마을 또는 그곳에서 가장 근접한 감옥까지 가도록 했다. 그리곤 아들도 감옥에 2주간 가둬두었다. 2주 후 아들은 다시 아버지의 유해를 지고 집으로 갔다. 아더는 과부가 된 청년의 가엾은 어머니의 얼굴처럼 서글픈 얼굴은 본 적이 없다고 했다.

우리 요리사는 남양지역에 있는 친척집 3곳이 불에 탔으며 장모가 군인들 총에 맞아 죽었다는 소식을 들었다. 요리사의 장인 장모와 아이들은 집이 불탄 후 인근 야산에 숨어 근근이 연명하였다. 그러던 어느 날 아침 장모가 이 산에서 저 산으로 가려다가 군인들에게 발각되어 사살되었다. 요리사는 그저께 나머지 가족을 보러 갔다.

아더, 코윈 테일러(Corwin Tayler) 씨, 프레이(L. E. Frey) 양, 마커(Jessie Marker) 양은 수원 지방회에 내려가 있다. 이들은 집이 불타버린 이재민들에게 옷, 취사도구, 식기를 분배하는 위원회 일을 맡았다. 수원의 다섯 마을에서 감리교회 5개가 기초까지 불타버렸다. 아더는 처음엔 불탄 교회가 세 곳인줄 알고 하세가와 총독과 면담했을 때 그렇게 전했다. 하세가와 총독은 교회 재건축을 위해 교회마다 500엔씩 지불하겠다고 약정하면서 아더에게 이 문제에 관해 입을 다물라고 일렀다. 내 짐작은 총독은 모든 불탄 교회에 보상하길 원하진 않는 것 같다.

정부는 불탄 집을 재건축하겠다고 했다. 그러나 실상을 보니 각 가정에 재건축경비로 단돈 50엔을 지급하였다. 가장 싼 집도 새로 지으려면 250엔이 들며 가격은 1,000엔까지 올라가기도 한다. 나의 일지 163쪽[1919년 4월 2일자]엔 제암리 교회 방화에 대해 적어놓았다. 훈시를 할 테니 교회에 나오라는 말을 들은 사람은 기독교인 남자 11명과 천도교 남자 12명이었다. 강씨라는 남자는 집에 군인들이 찾아와서 교회로 가라고 할 때 교회 뒤편 자택에서 막 식사를 시작하려던 참이었다. 강씨는 아내, 어머니, 할머니, 고모의 주요 부양자였다. 강씨는 교회 안에 있던 다른 모든 이들과 함께 사살되었고 노씨와 홍씨만 빼놓고는 모든 시체는 소각되었다. 마을이 불에 타는 동안 강씨의 아내는 불길에 싸인 집에서 이불 한 꾸러미를 꺼내 마을 쪽 경계선을 이룬 토담 뒤편으로 달려갔다. 아내는 깨끗하고 밝은 색의 치마에 환한 색 저고리를 입었으며 젊고 환해서 학생으로 보이기도 했다. 아내는 이불짐을 던져놓고 담 뒤편에서 남편이 사살될 때 부서져 생긴 틈새로 불타는 집을 보고 있었다. 갑자기 고갯길에서 군인이 그녀를 향해 한달음에 내려왔다. 아내는 돌아서서 항변하려고 입을 열었으나 군인은 칼을 빼 칼놀림 두 번 만에 아내의 목을 베었다. 이 사실은 같이 담 뒤편에 대피했으나 몇 야드 떨어져 있던 할머니가 들려준 이야기다. 군인은 다른 집에서 가져온 요와 이불로 아내의 시체를 덮고 널려있던 짚더미를 뒤덮어 모두 불살라버렸다.

홍씨는 불타는 교회에서 탈출하였으나 마을 사잇길을 타고 집으로 도망가다 사살됐다. 홍씨의 아내는 총성을 듣고서 마을로 들어가 교회로 가 보았다. 온 마을이 불길에 휩싸이자 아내는 집으로 달려갔다. 마을을 통과해 가는데 군인 하나가 총을 두 발 쏘았다. 나중에 두 아들이 어머니를 집으로 데리고 왔고 어머니는 그날 밤 숨졌다.

그날 모두 기독교인인 남자 6명이 집에서 마을 바로 외곽에 있던 부락으로 호출되어 그곳에서 사살되었다.

군인들은 제암리에서 약 20릿길인 '아찬'이란 마을에 들어가 마을을 방화했다. 인간 사냥꾼들로부터 한 여자가 달아났고 군인들은 그녀를 1마일 넘게 쫓아가 사살했다. 총탄은 목 뒤편을 관통하여 목 앞으로 나왔다. 여인은 말 한마디 못하고 즉사했다.

불탄 지역

난 기독교인이 처참하게 고통당하는 마을 몇 군데를 방문할 기회를 얻었다. 이 마을에선 교회와 집들이 불살라졌다. 지난 일지에서 난 일본 군사들이 수원 지방회에서 자행한 잔학행위에 대해 썼다. 난 남자 23명이 교회 안에 갇혀 사격당하고 시체는 교회 건물과 함께 불살라버린 제암리를 방문했다. 유일한 생존자인 노씨(노양율)는 탈출하여 증언했고 난 그 후로 여러 번 노씨와 만났다. 동양개발주식회사가 세우고 있는 집 몇 채를 보았지만 회사는 조선인에게 양도증서를 주진 않았다. 난 프레이 양과 마커 양과 함께 제암리를 내려다보는 산기슭의 텐트에서 하룻밤을 묵었다. 텐트에서 1마일 떨어진 곳에 있는 어떤 집에선 늙은 할머니가 지켜보는 가운데 세 아들과 세 손자와 며느리 한 명이 집 뒤에서 살해되었다. 할머니의 남편도 죽임을 당했을 뿐 아니라 그 외 식구 7명이 죽임을 당한 것이다.

마커 양과 함께 난 여러 집을 심방하며 집안사람들에게 이야기를 하며 복음을 가지고 그들을 위로하려고 했다. 심방한 가정 중엔 홍씨의 집도 있었다. 홍씨의 아버지는 제암리 교회의 피살자 가운데 한 명이며 남편이 어찌 되었는지 알아보려고 간 어머니도 총살당했다.

사람들의 마음을 짓누르는 질문은 "그들이 더 죽이고 불사르지 않을까?"이다.

아더와 헨리와 난 아더의 사이드카가 달린 오토바이를 타고 마커 양, 프레이 양, 네일러 씨는 테일러 씨의 사이드카가 달린 오토바이를 타고 화수리로 갔다. 화수리에서 방화된 집들의 불우한 이재민들에게 옷가지를 나눠주려고 목적이었다. 전도부인 작실이 앞서 가서 옷가지와 모든 가재도구가 다 불타버린 사람은 마을 외곽의 어느 장소로 나오도록 조치를 취해놓았다. 각 집안의 가장의 이름이 호명될 때마다 식구 수와 성별도 낭독하고 가장이 나와서 옷꾸러미를 받아야 했다. 옷가지는 프레이 양과 다른 몇몇이 종류별로 쌓아놓았다. 난 이 흥미로운 일을 잠시 지켜보다가 길 건너 덤불가에 옹기종기 모여 있던 여인들에게 가서 이야기를 나누었다. 그들 중 한 명만이 기독교인이었으며 그녀는 일본 군사들이 자신이 기독교인임을 알아낼까봐 떨고 있었다. 내 곁에 앉은 여인은 이제 막 천연두에서 회복하고 있었다.

자격요건이 되나 이름을 올리지 못한 소녀 여종을 찾아내어 옷가지를 얼마간 받도록 도왔다.

남녀를 막론하고 모두 그들에게 주어진 모든 것에 매우 감사했고 나와 남자들에게 감사를 표했다. 프레이 양은 물자를 배분하느라 너무 바빠 쏟아진 감사의 표현을 듣지 못했고 다른 지역처럼 감사하지 않는다고 말했다. 그러나 우리는 프레이 양에게 화수리의 이장이 모두를 대표하여 큰 연설을 했고 많은 아름다운 감사의 표현이 있었으며 많은 이가 예수를 믿길 원한다고 했다고 전했다.

몇 달 후에 전도부인 작실이 날 찾아와 수원지방회의 마을들과 주민들에 대해 이야기해줬다. 돗백이란 마을에선 일본 군사들이 교회를 불사르겠다고 위협하자 건물을 방화로부터 지키기 위해 허물어뜨렸다. 이전엔 100명의 교인이 출석했는데 이제 다시 75명 정도가 출석한다고 한다.

경대리에선 불탄 교회를 대체하기 위해 교회를 신축하고 있다. 불신자들도 와서 기초를 함께 놓았으며 일꾼들에게 식사를 대접했다. 여러 곳의 주민들은 다가오는 겨울 추위를 생각하며 흐느껴 운다고 한다.

남영리에선 여자 무당이 기독교인이 되었다. 그녀의 가족은 남편, 아들, 며느리였다. 며느리는 결혼하기 전 기독교인이 되었고 시어머니가 교인이 되자 이제 기쁨에 차 있다. 이젠 기독교인으로 살려고 해도 핍박받을 이유가 없어졌기 때문이다.

이 여자무당은 사단에 의해 철저하게 끊임없이 사용되었기 때문에 힘센 마귀는 그녀가 기독교인이 되면 가족 중 한 명을 죽일 거라고 무당은 말했다. "누군가 죽더라도 난 그리스도를 믿겠습니다." 무당은 모든 무복과 가족의 우상숭배물을 죄다 불살라버렸다. 그리고 신앙생활 초기에 병에 걸렸다. 무당은 마귀가 기독교 신앙을 포기하게 만들려는 것이라고 생각했지만 죽더라도 믿을 거라고 했다. 무당과 그녀의 가족은 이제 강건한 기독교인이다.

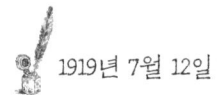 1919년 7월 12일

'아침이 날마다 이렇게 속삭이듯 느끼길.
뭔가 행복한 일이 다가오고 있으며
하나님이 당신에게 사랑을 보낸다고.'

원산 바닷가에 있다. 이전 일지에 마지막으로 기록한 후 숱한 일이 연이어 일어났다.

6월 초에 아더가 방화지역에 구호물자 배분하는 일을 도우러 내려갔을 때이다. 코윈 테일러(Corwin Tayler) 씨는 오토바이를 타고 내려갔고 같이 가기로 되어 있던 모리스 씨가 갈 수 없어서 내가 가길 원한다면 가라고 하였다. 난 20분 만에 준비를 마치고 테일러 씨와 함께 출발했다. 우리 딸 루스는 아기 마가렛과 함께 집에 있었으므로 아이들을 봐줄 사람을 찾을 필요가 없었다. 루스의 남편 헨리는 아더와 함께 방화지역에 내려가 있었다. 난 아더, 헨리, 테일러 씨와 주막에서 저녁을 먹었다. 식사 후 우린 프레이 양과 마커 양을 데리러 제암리로 갔다. 이들은 폐허가 내려다보이는 동산 기슭에 텐트를 치고 있었다. 아더와 헨리와 난 오토바이 한 대에 탔고 테일러 씨와 다른 두 아가씨들은 다른 오토바이를 탔다. 우린 여러 가옥이 불에 탄 화주리로 갔다. 전도부인이 그 전날 먼저 가서 구호물자 전달을 위한 준비를 해놓았다. 알거지가 된 사람들에게 화주리에서 조금 벗어난 야외의 한 집으로 나오게 했다. 전도부인은 각 가정의 식구 명단을 나이와 성별까지 확보했다. 고로 가장의 이름이 호명되면 앞으로 나와서 전부 옷가지인 구호물자를 받아가도록 했다. 제시 마커 양이 이름을 불렀고 룰루 프레이[73] 양과 전도부인과 다른 사람 몇이 마커 씨가 요청한 물자들을 쌓아놓았다. 그러면 수혜자는 꾸러미를 가지고 가며 다음 사람의 이름을 불렀다. 이 일이 진행되는 동안 세 명의 남자 선교사들은 외곽에 모여선 남자들에게 이야기를 건넸다. 난 살짝 빠져나가 길 건너 나무 밑 덤불가에 있는 여성 한 무리에게 다가가 옆에 앉아 이야기를 나누었다. 여인들에게 들은 바로는 화주리엔 교회가 없으며 기독교인도 한 명뿐이며 바로 나무 밑에 있던 이 여인들 중 한 명이었다. 그러나 사방에 첩자가 널려 있어 기독교인이라고 불리는 것을 무서워했다. 첩자들은 기독교인을 찾으면 다른 사람보다 더 박해를 하고 이내 감옥에 처넣었다. 모두들 내가 기독교의 메시지를 전하자 감사해하며 예수를 믿길 원하나 믿는 게 더 안전해지면 가지겠다고 했다. 여인들은 자신들을 도우러 온 선교사들에 대한 아름다운 감사의 간증을 했다. 난 여기서 가족이 죽은 사람이 있냐고 묻자 내 곁에 앉아 있던 여인이 자기 아버지가 조선해방을 외치다가 총에 맞아 죽었다고 했다. 난 그 여인을 자세히 들여다보고 여인이 천연두 회복기에 있으며 곰보자국이 딱지가 앉아 아직 얼굴과 팔에 있는 걸 발견했다.

여성들이 물자 배분을 다 마칠 즈음 난 이 여인들에게 혹시 물건을 못 받은 사람이 있냐고 물었다. 한 여인이 '그렇다'라고 대답하며 자기와 남편은 가정을 이루지 않고 주인집의 문간 별채에 사는 종들이어서 이름을 올리지 못했다고 했다. 그러나 이들의 집도 다 불에 타 버렸다. 난 여인에게 그러면 길 건너 같이 가서 난 여인과 남편을 위해 옷가지를 받아주었다. 한 어린 아이도 이름이 올라가지 않았는데 그 이유는 고아가 되어서 아무도 돌봐주질 않았던 것이다. 그러나 마을 남자 한 명이 아이를 데리고 와서 이 아이도 여벌옷을 공급받았다.

우린 다시 제암리로 돌아왔고 난 여선교사들과 함께 교회 부지로 가보았다. 교회를 불사르기 전에 21명의 남자들이 교회 안에서 군인들의 총에 맞았던 그 방화된 교회의 잔해를 목격하고 싶었기 때문이었다. 두 남자가 뒤쪽 창문으로 도망쳤고 그 중 한 명은 집으로 달려가는 길에 총에 맞아 죽었고 한 명은 숲으로 도망가 살아났다. 마커 양은 부모가 사살당한 홍씨와 도망친 노씨의 어머니와 아내를 불렀다. 우린 그 외에도 우릴 맞으러 길에 나와 감사를 표하려는 많은 여인들을 만났다. 난 영광스럽게도 홍씨의 집에서 이들에게 성경의 메시지를 얼마간 전하고 기도를 인도할 기회를 얻었다. 홍씨는 스무 살밖에 안 되었으며 어린 아내는 여자아이처럼 보였다. 홍씨 가족 중 남은 사람은 아내와 16살 된 아우밖에 없었다. 우린 불탄 교회의 잿더미를 살펴보다가 사격당한 남자들의 검게 그을린 잔뼈들을 보았다.

18장
내 주를 가까이 하게 함은

Journals of Mattie Wilcox Noble

 1919년. 이봉갑의 이야기

우리의 두 학생비서 김봉렬과 이봉갑은 3월 5일에 수감되어 지금까지 감옥에 있다. 공판이 시작되기 전엔 면회가 허용되지 않는다. 일단 공판이 시작되면 학생이 등록된 학교 학장에게 통보가 가고 교수와 학장만 참관인 입회 하에 면회가 허락된다. 대화는 매우 제한되며 참관인이 대화내용을 낱낱이 기록한다. 가끔 수감된 학생들의 옷을 받아와 빨래해 깨끗한 옷을 넣어줄 순 있으며 하루에 한 끼 사식 차입도 가능하다. 하루 세 끼도 허용이 되나 그것은 비용이 너무 많이 들고, 감옥 상태가 열악한 것을 알기에 매일 한 끼는 사식을 보내야 한다고 생각했다. 형이 확정되면 더 이상 사식은 반입되지 않는다. 책은 두 권까지만 반입할 수 있으며 감옥 간수의 허가를 받아야 한다. 지금까진 학장이 면회를 갈 수 있다. 책은 한문이나 일본어 책만 되고(영어나 한글은 안 됨) 그것도 꽤 오랜 시간이 지난 후에야 허용됐다.

원산 바닷가에 오기 전 봉갑한테서 두 번 전갈을 받았다. 그는 잘 있다며 걱정하지 말라면서 고린도후서 4장 16절, '겉사람은 후패하나 속사람은 날로 새롭도다'란 특별한 메시지도 보냈다. 물론 이 메시지는 아주 은밀한 방법으로 전해졌다. 봉갑은 내 조선인 친구 한 명에게 삶은 계란 안에 작은 납연필을 넣어 보내달라고 부탁했다. 바깥에서 누군가 어느 시간에 서울 전역에서 만세를 부르기로 했다고 수감자에게 전했고, 감옥 안 소년들이 그 시간에 일제히 만세를 불러 심한 처벌을 받은 안타까운 일이 두세 번 있었다. 순사들과 군인들은 스파이를 통해 이런 계획이 진행된다는 정보를 입수하면 먼저 외치는 사람을 죽이려고 만반의 준비를 하고 시내 각처에서 총검을 들고 지킨다. 그래서 바깥에선 계획이 실현되지 못한다. 그 결과 현재 조선은 비록 총부리와 총검 앞에서나마 비교적 조용하다.

최초의 감리교회 터인 정동교회 구내엔 목사 사택과 여러 방이 있다. 그곳엔 세 명의 안수 전도사와 2명의 미(未)안수 전도사들과 옥중성도들의 아들 몇이 산다. 매일 교회에서 하루에 한두 번 사식을 만들어 서대문 형무소에 있는 11명에게 들여보낸다. 이 일을 하려고 시골에서 두 명이 올라왔다. 수원 지방회의 안수 교역자 2명의 사모들이며, 한 명은 미국 아이오와의 신학대학을 졸업한 동석구 씨의 사모이다. 정동제일교회의 이필수 목사도 3·1절 선언문에 서명한 33인 중 한 명이다.

신학생 이봉갑. 신학교 3학년 재학 시 학비 마련을 위해 매티 노블의 재봉틀 일을 했다.

이봉갑은 4년간 우리의 학생 비서였으며 피어슨기념 협성성경학교(Union Bible School)를 졸업하고 서울의 신학교에 진학했다.

3월 5일 오후 6시 봉갑은 신문사 앞을 지나다 경찰 두 명에게 붙잡혔다. 한 명은 오후에 남대문에서 나온 학생 무리가 만세를 외칠 때 봉갑이 시위를 주도하는 것을 본 터였다. 그들은 길거리에서 몸수색을 하고 봉갑의 주머니에서 독립선언서 한 장을 발견했다. 이건 그가 길바닥에서 주워 주머니에 쑤셔 넣은 것이었다. 그들은 팔을 등 뒤로 묶고 포승줄로 겹겹이 결박하였다. 순사 한 명씩 양쪽에 서고 말탄 형사가 뒤에 가며 종로경찰서로 연행해갔다. 그들은 독립운동에 대해 사전에 알았는지, 그리고 진행과정에서 도움을 제공했는지 물었다. 그는 첫 번째 질문엔 긍정했으나 두 번째 질문은 부인했다. 친구가 누군지, 그가 무슨 일을 했는지를 묻자 친구 이름 몇을 댔지만 독립운동에 친구들을 끌어들였다는 혐의는 부인했다. 봉갑은 노블 박사가 그의 고용인이라고 했다. 경찰은 우리를 이봉갑과 연루시키기 위해 애썼다.

그는 3시간 동안 결박된 채 경찰서 심문실 땅바닥에 앉아 있다가 9시에 취조실로 끌려가 취조를 받았다.

순사: 며칠간 만세를 외쳤나?

봉갑: 첫 번째는 3월 1일 미국 공사관 앞이었고, 두 번째는 3월 5일 동대문에서 대한궁까지다.

순사: 어느 시점부터 독립을 바라고 독립을 위해 일했나?

봉갑: 10년 전 한일합방 때부터이다.

순사: 고로 10년간 독립운동을 했다는 거군. 무슨 일을 했지?

봉갑: 독립운동을 할 좋은 기회를 찾았으나 지난 10년간 기회가 없었다.

순사: (격분하며) 거짓말. 뭔가 했을 거 아니야!

봉갑: 소원이 있어도 기회를 만나야 이루어지는 법이다. 기회가 없어서 이제껏 아무 일도 못했다.

순사: 만세를 외칠 때 정말 지금 조선이 독립되리라 믿었나?

봉갑: 한 민족의 독립은 백성이 염원한다고 되는 게 아니며 하나님의 도우심이 있어야 한다. 때는 하나님의 수중에 있

다. 그러나 난 정말 지금이 그때라고 믿었다.

순사: 왜지?

봉갑: 지난 10년간 조선인은 일본의 종이었고 많은 고초를 겪었다. 이제 세계대전으로 인해 교만하고 이기적인 강대국이 약소국을 짓밟았던 힘이 무너지고 있다. 윌슨 대통령은 고통 받는 약소민족들이 겪는 불의를 바로잡아야 한다고 대외적으로 선포했으며 국제연맹이 그 목적으로 조직될 것이다. 일본도 평화회의에 들어가 있으나 고립되고 약한 나라인 조선을 힘으로 흡수해서야 어떻게 평화를 성취할 수 있겠나? 일본은 조선에 자유를 주고 이 의롭고 새로운 이타주의를 추구해야 한다.

순사: 그 외국인과 이 문제를 상의했고 그가 도와주었나?

봉갑: 그들은 조선인에게 종교를 가르치려는 특수한 목적으로 온 것이고 그 일로 매우 바빠 정부 일에 관여할 여유가 없다.

순사: 그건 그렇지 않아. 그들은 자유가 있으니 너에게 자유에 대해 많은 걸 가르치고 그 길로 끌어들였겠지? 그렇지?

봉갑: 아니. 그렇지 않다.

이 대답을 하자 봉갑은 십여 차례 뺨을 맞았다. 이로써 경찰서 취조실에서 이루어진 첫 번째 심문이 끝났다. 그는 마당 뒤편에 16명이 수감된 작은 감방으로 인도되었다. 감방은 평방 6피트(약 1.8미터) 정도였다. 앉을 자리도 없어 서로 무릎 위에 발을 포개어 앉아야 했다. 방 한 쪽엔 변기가 드러난 채 있었다. 그들은 5일 동안 갇혀 있었고 서로 말하는 건 금기였다. 누군가 귓속말을 하면 교도관이 양동이에 찬 물을 떠다가 끼얹었다. 누가 귓속말을 했는지 들키면 대나무 막대기로 그의 머리를 후려쳤다.

3월 8일 그는 다시 취조실에서 심문을 받았다. 취조 내용은 첫 번과 비슷했다. 그는 다시 같은 감방으로 보내졌다.

다음날 동트기 전 새벽 그는 다른 9명과 함께 호출을 받았다. 10명은 결박당한 채 밖으로 나가 형무소로 옮겨졌다. 일요일이었다. 그들은 옷을 벗기고 속단까지 세심하게 살폈다. 봉갑은 윗도리와 바지만 입은 채로 작디작은 독방에 갇혔다. 아침밥은 삶은 콩과 소금물. 차마 먹을 수 없어 내보냈다. 오후 4시경 다시 마당으로 끌려나와 다른 죄수와 순사 한 명과 함께 형무소차를 타고 서대문 형무소로 이송되었다. 그곳 옥외 마당에서 다시 심문이 시작되었고 신체검사가 있었다. 그의 바지와 겉옷은 압수되었고 대신 작은 일본 기모노를 입으라고 주었다. 기모노는 무릎과 팔꿈치까지밖에 못 덮었다. 그는 57호실로 보내졌고 2013번이라는 번호가 주어졌으며 '규칙 엄수'라고 시작되는 많은 규칙이 적혀 있는 종이 한 장을 받았다. 그는 그곳에 6일간 있었다. 기도하기 위해 엎드려도 안 되고 휘파람을 불어도 안 되었다.

추위는 매서웠다. 바닥은 난방이 전혀 안 되는 냉골에 판자를 깔아놓은 게 다였다. 그는 작달막한 기모노만 걸친 채였다. 사지가 무감각해지며 곧 얼어 죽을 것 같았다. 죄수들은 문구멍을 마주하고 부동자세로 앉아 있어야 했다. 문구멍을 통해 하루 두 번 음식이 밀려 들어왔고 보초가 끊임없이 지나다니는 걸 볼 수 있었다. 봉갑은 추위로 몸이 굳자 일어서서 작은 방을 걸어 다니기 시작했다. 간수가 와서 머리를 때렸다. 음식은 콩과 거친 조가 전부였다. 마시는 물은 더러웠고 눈에 보이는 벌레가 둥둥 떠 있었다. 나중에 봉갑은 방문한 의사에게 물에 대해 이야기했다. 의사는 물에 벌레와 세균을 죽일 약을 넣으라고 지침을 내렸고, 약을 너무 많이 넣어 물맛이 이상했다.

5일간 독방생활을 했다. 6일째에 불교 승려가 들어왔다. 봉갑에겐 그가 동사(冬死)로부터 자신을 구원하고자 하나님이 보내신 사람처럼 보였다. 승려는 솜댄 옷을 입었고 덮을 담요 하나를 가져왔다. 둘은 밤에 담요를 나눠덮고 가깝게 누워 잤다.

일주일 동안 운동 시간은 전혀 없었으며 단 1분도 감방을 벗어날 수 없었다. 일주일 후엔 일요일과 격휴일마다 간수가 데리고 나가 30분간 운동을 시키라는 지침이 내려왔다. 그러나 간수는 휴일에 5분 이상 수감자들을 바깥에 놔 둔 적이 없었다. 마당을 한 번 행진시키고 곧바로 들어오게 했다. 운동이나 목욕을 하러 바깥에 나가면 늘 감옥의 짚이나 대나무로 만든 가리개 모자를 써야 했다.

일주일에 한 번씩 목욕을 시켜주는데, 물은 여럿이 썼던 것이며 비누는 없었다. 그들은 3월의 그 추운 날씨에, 그리고 그 후에, 감방에서 목욕탕까지 옷을 벗고 벌거벗은 채 300피트(약 91미터—편집자) 길을 걸어갔다.

식사, 목욕, 운동은 모두 최소한의 시늉만 내는 것이었다.

그는 세 번 처벌을 받았다. 첫 번째는 찬송가 "내 주를 가까이 하게 함은"을 휘파람으로 불렀기 때문이다. 뺨을 휘갈겨서 5일간 통증과 붓기로 고생했다. 두 번째는 벽 건너편 친구에게 이야기했기 때문이다. 봉갑은 밤새 무릎 꿇고 있어야 했으며 조금이라도 자세가 흐트러지면 수시로 돌아오는 간수에게 매를 맞아야 했다. 세 번째는 벽 틈으로 이야기하다 벽을 타고 올라가 옆방을 내려다봤기 때문이다. 그들은 봉갑을 끌고 가 시멘트 바닥에 무릎 꿇리고 누구에게 이야기했는지 말하라고 했다. 그는 누군가 자기 이름을 불러 누군지 보려고 했다고 대답했다. 그들은 얼굴을 때렸고 봉갑은 기절했다. 다시 일으켜 세우더니 누가 불렀는지 물었고 친구를 보호하기 위해 모른다고 했다. 친구는 보호되었다. 기운이 너무 없어 다른 이들이 감방으로 데려다주어야 했다.

오랫동안 읽을거리가 없었고 지독히 외로웠다. 나중엔 책 한 권 반입할 수 있다고 해서 나는 그에게 일본어 성경을 보냈다. 한글 성경은 한참 후에야 허용되었다. 봉갑은 그 성경책을 아주 고맙게 여겼다. 처음에는 너무 쇠약해 읽지 못했지만 한 절씩 읽기 시작했다. 나중엔 매일 한 절이나 몇 절씩 암송하고 어둠 속에서나 아픔 가운데 되뇌었다. 그는 시편 1편, 요한복음 15장, 고린도전서 13장을 특히 좋아했다.

그는 승려와 많은 대화를 나누고 예수를 전했다. 나중에 천도교 신자가 그 방에 들어왔고 기독교인이 되었다.

가끔 간수가 안 보이면 양쪽 방 사람들과 이야기를 나누며 고린도후서 4장 16절과 이사야 4장 1-10절을 가지고 그리스도를 전했다. 한 명은 형식적인 크리스천이었는데 회심하여 다른 두 명과 함께 주의 일에 헌신하기로 했다.

어느 밤 소년소녀가 감옥 뒤편 야산에서 찬송 "내 주를 가까이 하게 함은"을 불렀다. 다른 날 밤엔 다른 누군가 와서 수감자들을 위해 야산에서 찬송을 불렀다. 봉갑은 말했다. "저는 그 찬송 소리에 깨어나 너무 행복한 나머지 구석 변기통 위로 올라가 내다보았습니다. 간수들이 언제든 달려들려고 울부짖는 사자처럼 돌아다니는 것도 잊어버렸죠. 전 기쁜 나머지 '아멘'이라 외치고 그 다음엔 '할렐루야'라고 외쳤습니다. 다른 방에 있던 남자들과 소년들이 그 소리를 받아 이내 여러 방에서 아멘과 할렐루야 소리가 흘러나왔습니다. 마당 건너편에 100명씩 수감된 큰 감방에서는 언덕에서 들려온 찬송가를 들을 수가 없었어요. 이 기쁨의 탄성을 듣고는 조선에 어떤 축복이 내렸는가, 만세 소리인가 하고 건너편에서 만세를 외치기 시작했어요. 소리가 벽에 메아리칠 때까지, 바다에 위력적인 파도의 노래처럼 공기 가득 만세가 찰 때까지 말이에요.

간수들은 벌떡 일어나 사이렌을 울리고 군인들이 몰려와 총검을 들고 섰습니다. 간수들이 모든 방을 조사했지만 탈옥하려고 문을 부수거나 한 사람이 없음을 보고, 또 소리의 발원지가 어디인지 못 찾았기에, 모든 죄수들이 자려는 시늉을 하자 그냥 무사히 넘어갔습니다."

매일 아침 점등시간과 밤 소등시간과 점심에 대포를 쏠 때 그

448 매티 노블의 조선회상

들은 특별기도시간을 가졌다. 누군가 이 신호가 들리면 기도하자고 제의했고 모두 응하였다. 비신자들도 이 시간엔 조용히 하고 고개를 숙였다. 나중에 우리가 들은 바에 의하면 우리 감리교의 젊은 전도사인 김창준(독립선언서에 서명한 33인 중 하나이다)이 건넌방에 벽 틈으로 이 제안을 속삭였고, 계속 옆방으로 전달하라고 했다. 김창준은 나중에 일요일 오전예배와 수요 저녁기도회에 읽을 성경 본문을 정하고 속삭임으로 본문을 감방에서 감방으로 전달하게 했다.

봉갑이 수감된 8개월간 여러 번 간수실로 호출되었고 매번 새로운 굴욕과 육체적 고통을 견뎌야 했다. 8월 6일 간수가 와서 나가자고 했을 때 이번엔 또 어떤 벌이 기다리고 있을까, 또 무슨 비행을 저질렀다고 할까 의아해하며 따라갔다. 어디로 가는지도 모르고, 무슨 일이 일어날지도 모른 채 쇠사슬로 결박당한 몸으로 머리엔 가리개 모자를 쓰고 맨발로 교도관을 따라갔다. "모자 벗어." 교도관이 말했다. 모자를 벗자 내가 반대편 문으로 들어오는 것이 시야에 들어왔다. "너무 기쁘고 놀랐습니다. 사랑과 동정으로 가득한 당신 얼굴을 보았을 때 마음에 감사가 차올랐습니다. 감방으로 돌아와 감사의 눈물을 흘리며 하나님께 기도했습니다. 자꾸 자꾸 당신 얼굴이 천사의 얼굴처럼 감방 벽에 새겨졌고, 그 심상은 어떤 사진이나 영화보다 더 생생했습니다."

당시 그는 복역한 지 6개월째였고 외부인은 한 명도 본 적이 없었다. 그 후 2개월간 봉갑의 형제와 내가 한 번씩 더 면회를 갔으므로 8개월간 단 세 번 친지를 만난 것이다. 거기서 날 본 후

요한복음 13장 34절, "내가 너희를 사랑한 것처럼 서로 사랑하라"는 말씀이 떠올랐고 그리스도의 사랑에 대해 생각했다고 했다. 그가 고생하고 갇혀 있을 때 내가 면회 간 것이 그리스도의 사랑 같이 다가왔으며 그 사랑을 다른 사람에게 주기로 어느 때보다 각오를 다졌다.

8월에 봉갑은 전갈을 보내 그간 많이 아팠으며 더 이상 감옥에 있다간 명을 다하겠다는 느낌이 든다며 보석으로 나올 수 있길 간절히 바랬다. 그러나 주님이 그를 버리지 않으신다는 이사야 41장 10절 말씀을 붙들었다. 나중에 친구 한 명에게 이렇게 전했다. "난 잘 있다. 내 걱정은 말아라. 한 주에 두세 번 소식을 전해다오. 말린 생선과 납연필 한 자루를 넣은 계란을 넣어다오. 한글 신약성경과 육법전서(역사책이라 감옥에 반입이 안 됨)를 넣어주고 집에 안부를 전해다오." 지난 9월 봉갑의 형제가 동해안에서 그 먼 길을 걸어 서대문 형무소에 면회를 왔다. 봉갑이 나에게 전한 전갈은 이러했다. "당신을 볼 때 내 심정은 나를 위해 내려온 천사를 보는 것 같았습니다. 고린도후서 4장 16절로 안부를 대신합니다. '그러므로 우리가 낙심하지 아니하노니 겉사람은 후패하나 우리의 속은 날로 새롭도다.'"

그는 여섯 번 예비 공판을 받았다. 다섯 번째 공판에서 형을 언도받았다. 아니, 최소한 노역을 동반한 6개월 구금형을 언도하라는 검사의 권고가 있었다. 6개월 형엔 그 전에 감금되었던 수개월은 포함되지 않았다. 여섯 번째 공판에서 보안법 위반 및 평화훼방이라는 죄목으로 210명의 정치범들이 동시에 형을 언도받았다. 나는 11월 6일에 열린 그 여섯 번째 재판에 참석했다. 봉갑의 형은 '3년 집행유예'였다. 봉갑은 그날 밤 풀려날 예정으로 감옥으로 호송되었다. 그러나 검사가 봉갑이 요주의인물이라 형이 성에 차지 않는다면서 다시 재판을 열어 노역을 동반한 6개월 구금형을 내려야 한다고 했다. 11월 9일 봉갑은 다시 형무소 호송차를 타고 재판소로 갔고 동일한 검사 앞에 서야 했다. 그러나 어떤 새로운 증거도 제시되지 못해 재차 3년 집행유예를 받았다.

공판을 받으러 재판소와 형무소를 오가며 봉갑은 무릎을 가슴팍에 바짝 대고 호송차에 앉아 있어야 했다. 아침 일찍 나가 캄캄한 밤이 되어야 돌아왔고 하루가 10년 같이 여겨졌다. 지옥 같은 그 시간을 통해 봉갑은 다른 사람이 더 나은 삶을 살고 영원한 고문을 벗어나도록 돕는 사역에 더욱 힘쓰겠다는 다짐을 했다. 자유와 바깥세상이 이렇게 소중한 것인 줄 미처 몰랐던 것이다. 봉갑은 감옥에 있을 때 한글 노래 15편과 한문시 두 편을 지었다.

11월 10일은 감옥에서의 마지막 밤이었다. 처벌받을 수 있다는 걸 알았지만 봉갑은 찬송 "우리 다시 만날 때까지"를 큰 소리로 부르며 자기 목소리를 들을 수 있는 모든 수감자들에게 작별을 고했다.

1919년 18개월간 나라를 위해 투옥되었던 조선인 애국자 이봉갑이 다음과 같이 편지를 보내왔다. 우리가 1920년 안식년으로 떠난 후, 그는 교회 돈을 조국을 위해 쓰도록 강요받아 공금유용의 죄에 빠졌었다.

친애하는 노블 부인에게,

제가 오래도록 기다렸던 당신께서 위험하고 위력적인 태평양을 건너 환란이 많은 우리나라에 돌아오셨다는 소식을 강릉에서 접했습니다. 하루도 지체함 없이 당신에게 달려가고 싶었지만 가진 돈을 다 모아도 서울 가는 경비밖에 안 됐습니다. 그런데 서울에 오니 당신은 이미 평양으로 떠나고 없었습니다. 친구 한 명에게서 당신이 제게 보낸 소중한 편지를 건네받았습니다.
아! 당신께서 절 진정으로 사랑하셨고 끝까지 제 일을 신경 써주시고 전에도 도와주셨지만, 이제 제가 쓰디쓴 고초를 겪고 있으니 당신의 도움의 말들은 그 가치가 형언할 길 없습니다. 전 편지를 읽고 또 읽었고 일어나 앞으로 나갈 영감을 얻었습니다.
7년간 당신에게서 받은 친절한 관심과 도움으로 인해 전 첫째로 예수의 성스런 발자취가 날 어디로 이끌든지 따르겠다고 결단했습니다. 둘째, 당신의 따뜻하고 사랑 많은 마음이 가르쳐준 바는 제가 의롭게 흠 없이 살아야 한다는 것이었습니다. 전 목회를 결코 떠날 수 없을 거라고 믿었습니다. 그러나 작년에 의성교회를 맡고 있을 때, 잘 아시는 세상의 사악함이 우리

나라를 장악하고 다양한 상황을 통해 절 사로잡았고 제 판단을 불안정하게 했습니다. 제 생각이 잘못되자 그릇된 행동을 저질렀고 이로 인해 절박한 고통을 당했습니다. 제가 하나님 앞에서 얼마나 깨끗지 못한지, 그리고 무슨 낯으로 당신을 다시 뵐지를 늘 생각했습니다.

수개월간 안정된 일 없이 살았습니다. 제 앞에 놓인 길을 바라보며 생각에 생각을 거듭합니다. 그러나 제 귓전엔 묵묵히, 끈질기게 내 주님의 신뢰와 도움의 말씀이 들려옵니다.

난 이제 진심으로 주님이 한번만 더 기회를 주신다면, 그리고 당신께서 날 도우신다면 어떤 깊음이나 어떤 장소로도 갈 것입니다. 그리고 용감하게, 주저함 없이 주님의 포도원에서 다시 일할 것입니다.

이 편지에서 저는 당신이 나를 신뢰해주셔서 얼마나 감사드리는지만 말씀드릴 수 있습니다. 오늘이라도 평양에 가 오래도록 뵙지 못한 당신의 정겨운 얼굴을 볼 수 있다면 좋겠지만, 그렇게 할 수가 없군요.

감옥에서 서대문 밖 어떤 방에서 어떤 시간에 어떤 그림이 제 뇌리에 지워질 수 없도록 각인되었습니다. 당신이 손에 장미를 들고 입술엔 미소를 띤 채 거기 서 계셨습니다. 그리고 당신이 해 주신 소망과 격려의 말씀은 부드러웠습니다. 장래에, 천국에서 다시 그것이 얼마나 제게 큰 의미가 있었는지 말하게 되겠죠. 제 머릿속에 떠오르는 생각들을 어떻게 종이에 옮기겠습니까?

노블 박사님과 아이들에게도 안부를 전해주십시오. 당신의 가족 위에 하나님의 축복이 머물길 기도합니다.

진심을 담아,
이봉갑

19장
조선의 서양 선교사

Journals of Mattie Wilcox Noble

1910년 11월. 그림 카드

고국에서 보내준 그림카드는 평양 주일학교 아이들을 위해 쓰인다. 작은 카드는 새 친구 선물이고, 4주간 출석한 새 친구에게는 큰 카드를 준다. 새 친구 5명을 데리고 오는 학생은 큰 카드 한 장과 연필 한 자루를 준다. 아이들은 카드를 애지중지한다. 매주일, 엄마들은 아기를 안고 와 카드를 달라고 한다. 상당기간 출석을 잘 한 아이들은 새 친구가 카드 받는 걸 보고 자기도 새 카드를 받고 싶어 울음을 터뜨리기도 한다.

1911년 1월 9일. 풍자극

교회의 현지인 직분자들이 '권감'으로 불리는, 성경반 리더들의 보조로 임명된 사람들을 위로하기 위한 회합 자리를 마련하였다. 장소는 과학관74이었다. 권감을 제외한 모든 참석자는 입장료 20센(sen, '센'은 100분의 1엔에 해당하는 일본의 화폐단위이다―편집자)을 내야 했다. 처음엔 신앙적인 프로그램으로 시작하여 기도로 마쳤으나 다음엔 조선인의 몸에 아직 배어 있는 그릇되고 세속적인 구습에 대한 풍자극을 했다. 연극에서 다루어진 내용이다.

· 8살 남아(男兒)의 부모와 18세 소녀의 부모가 중매를 통해 성사시킨 약혼
· 선생이 담배 피고 술 마시며 손님을 받는 전통 학교
· 고부갈등
· 무당에게 가서 며느릿감을 맞을 날을 택일하는 여자
· 길을 걷는 두 명의 게으른 남자. 배가 고프나 등에 짊어진 음식을 내려놓기도 귀찮아함
· 긴 대나무 담뱃대에 불을 붙여 담배 피우는 모습
· 어린 남편을 등에 업고 가는 젊은 아낙
· 여장(女裝) 소년이 머리에 항아리를 이고 가슴을 드러내고 걷는 저속한 모습

이어 주막에서 설교하는 모습을 연극하려 했으나 난 하나님의 이름을 이 연극에서 일컫지 못하도록 이건 취소해달라고 했다. 연극은 세속적이었다. 구습을 왜 없애야 하는지 보여주려는 마음과 의도는 선했다. 그러나 연극하는 사람들 스스로 구습으로

부터 충분한 거리를 확보하지 못했기에 아직 그게 재밌고 고로 열렬하게 박장대소했던 것이다.

풍자극 중간에 아래층 방에서 휴식시간을 가지고 맛있는 다과를 들었다. 외국 선교사들은 담임목사와 함께 따로 다른 방에서 다과를 했다.

1919년 1월 26일. 휴 신(Hugh Cynn) 교수

오늘 신 교수[75]가 피어슨기념 성경학교(협성성경학교)에서 설교했다. 본문은 "성전의 휘장이 둘로 찢어졌느니라"였다. 그는 (하나님 아버지의 얼굴을 가렸던) 휘장을 교회가 교인들이 교회에 들어오지 못하도록 부담 지우는 것들로 해석하였다. (우리 중 많은 이가 신 교수가 휘장에 관해 매우 이상하고도 터무니없는 예화를 들었다고 생각했다. 우린 복음의 가르침은 그 기본에 있어서는 모든 민족에게 동일하다고 믿는다.)

예화는 다음과 같다.

다음과 같은 영역에서 신 교수는 교회가 근절하려고 지나친 방점을 두다가 그만 연약한 사람들의 교회 출입과 접근을 막는 결과를 낳았다고 생각했다. 바로 (1) 조상숭배, (2) 일부다처제, (3) 혼례, (4) 의례와 질투심.

1. (신 교수는) 해리스 감독은 그가 아는 한 가장 훌륭한 기독교인 중 한 사람인데, 아내의 기일만 되면 무덤에 헌화함으로써 아내의 추억을 따뜻하게 간직한다고 했다.

2. 나라마다 상황, 성정, 관습, 민족에 따라 서양인과는 다른 기준이 있을 수 있다. 때로는 연약한 기독교인 중에 처가 하나 이상인 경우가 있다. 신 교수는 이 경우조차도 너무 엄중하면 휘장이 될 수 있다고 생각했다.

3. 비기독교인들의 연지와 머릿수건과 의례를 우리 것과 다르다고 싸잡아 정죄하는 것은 휘장이 될 수 있다.

4. 교회는 모든 나라에서 교파들 간에 단 하나의 의례만을 고집해선 안 되며 보편적인 기본원칙만을 넣어야 한다. 미국 일리노이 주의 감리교 강령엔 미국 대통령을 위해 기도하라는 조항이 있다. (사실 이 조항은 결코 타국에서 타국어로 번역된 적이 없다.―매티 윌콕스 노블)

5. 선교사와 교파 간의 질투.

1922년 4월 23일. 게일 박사의 설교

오늘 오후 외국인 예배에선 게일(James Gale) 박사가 설교했다. 설교는 감탄을 자아낼 만큼 아름다웠고 고급 영어로 수려하게 성경 이야기 예화를 전달하여 유익했다. 설교 본문은 "내가 너로 사람 낚는 어부가 되게 하리라"였다. 그는 그리스어로 물고기가 '익투스'(*Ichthus*)라면서 초대 기독교인들이 핍박 중에 카타콤에서 살던 이야기를 했다. 실제로 게일 박사가 카타콤에 가보니 물고기 문양이 벽 여기저기 있다고 했다. 이 문양은 초대 기독교인의 신앙의 상징이었다. I는 예수를 나타내며, chi는 그리스도를, th는 하나님을, u는 아들을, 그리고 s는 구세주를 나타내어 "예수 그리스도, 하나님의 아들, 구세주"란 뜻이 된다. 게일 박사는 제자들이 밤이 맞도록 수고한 후 아침에 예수께서 고기들이 몰려오게 하신 것, 예수가 제자에게 가서 고기 한 마리를 잡으면 입 안에 세금 낼 동전이 있을 거라고 하신 것, 제자들에게 "내가 너로 사람 낚는 어부가 되게 하리라" 말씀하신 것, 하나님께서 바람과 파도와 자연과 새와 짐승과 물고기를 통제하시나 '사람'은 그런 식으로 통제하시지 않은 것을 말했다. 하나님께서 메추라기 새들이 이스라엘 백성에게 오도록 하신 것, 물이 갈라지게 하신 것에 관해서도 말했다. 그는 요나와 니느웨 이야기를 간단히 한 후 하나님께서 큰 물고기에게 배로 가서 요나를 받으라고 하신 것에 관해 말했다. 즉각적인 순종, 섬김, 필요하다면 생명을 드리는 것에 관해 말했다. 게일 박사는 우리가 물고기 낚는 법도 배워야 어부가 되듯이 사람 낚는 법도 배워야 한다고 했다. 그리고는 우리에게 코끼리를 잡는 법에 관해 말했다. 아이들은 모두 그 이야기에 빠져들었다.

 1922년 4월 23일. 면회

어제 사디 김, 박영백, 김봉렬과 함께 평양 감리교 남자 기독교인 수감자들을 두 번째 면회하러 갔다. 난 내일 여성 감옥에 가 감리교 여성 정치범들을 만나게 된다. 그들은 우리의 면회를 너무 감사해 한다.

금요일 저녁 우리 집에서 집 근처 고아원 학생 절반을 초청하여 파티를 열었다. 28명의 고아와 2명의 교사가 왔다. 우리 잔디밭에서 별빛을 받으며 놀았다. 그들은 좋은 시간을 보냈다. 금요일이나 토요일에 나머지 절반인 더 나이 많은 원생들을 위한 파티를 열 것이다.

 1922년 7월 4일. 서울로 다시 돌아옴

봄 내내 우리 가족 중 누군가 기차 타고 서울로 내려갈 때마다 트렁크 하나씩 들려 보냈다. 나중에 이사비용을 줄이려는 것이었다. 7월 4일 마침내 서울의 우리 옛집으로 다시 들어갔다. 그날 저녁 미국 영사관에서 열린 7월 4일 독립기념일 가든파티에 참석했다. 7월 6일 아더는 만주 순회여행길에 올랐다. 그래서 박스 짐을 풀고, 다락에서 물건을 내려오고, 집수리하고, 정원을 손보는 일 등은 내 차지가 되었다. 집 안의 창문 중 쉽게 열리는 게 하나도 없었고 여러 개는 아예 열리지도 않았다. 누군가 발라놓은 중국제 니스 때문이다. 우린 목수를 고용해야 했다. 19일 동안이나! 쌍둥이를 루스와 헨리와 함께 원산 바닷가로 올려 보내고 난 7월 25일에야 합류했다.

원산에선 한 달간 좋은 휴양의 시간을 가졌다. 8월 중에 선교재정회의가 원산 바닷가 강당에서 열렸다. 남자들은 모두 지쳤지만 하루 종일 재정 일을 봐야만 했다. 남자들은 거의 진이 다 빠져버렸지만 서울에 머무는 것보단 훨씬 나았다.

나중에 웰치 감독이 쓰러졌을 때 그는 많은 걸 배웠는데 그 중 하나가 휴가의 절실한 필요성이다.

9월 후반부엔 연회(年會)와 여성회의가 열렸다. 조선 여성대표들이 처음으로 여성 회의에 회원으로 참석하였다. [장로교—감리교] 연합공의회는 9월 중순에 열렸다. 연합공의회로 우리 집에 묵은 손님들은 모리스 가족이었다. 얼마 후엔 뮤리엘이 장티푸스 열병에 걸려 병원에 가야 했다. 우리 외국인 학교 교장인 플로렌스 보이스(Florence Boyce) 양이 우리 집에 9월 4일부터 하숙하기 시작했다. 난 상동교회 분기별 회의를 맡게 되었다.

1922년. 크리스마스 편지

이 편지는 등사해서 1923년 2월 55명의 미국에 있는 지인에게 발송했다.

> 우리의 크리스마스는 산타가 온 가족의 양말을 채워줘 유쾌하게 지나갔습니다. 가족에는 우리 집에 하숙하는 외국인학교 교장 프로렌스 보이스 양도 포함됩니다. 크리스마스 저녁식사에 참석한 사람은 루스, 헨리, 마가렛, 리처드, 존 레이시 부부(레이시 부인은 헨리의 막내 여동생입니다), 포스터 벡 부부, 앤드루 부부, 엘라 루이스 양(해외여자선교회의 은퇴한 선교사로 조선에서 혼자 살고 있습니다)입니다. 벡 씨는 우리 선교회 소속 선교사의 아들이자 주한 미국 부영사입니다. 앤드루 부부는 1년 전 9월에

아펜젤러 가족(1925년). 딸 캐럴을 무릎에 앉힌 헨리 아펜젤러, 딸 마가렛(서 있음)과 아들 리처드(앉아 있음)와 루스 노블 아펜젤러.

선교사로 왔지만 앤드루 부인의 건강악화로 크리스마스 후 곧 고국으로 돌아가야 합니다.

크리스마스 밤, 아더와 저는 딸 루스와 사위 헨리와 함께 언더우드가(家)의 크리스마스 저녁만찬에 갔습니다. 언더우드 2세(H. G. Underwood)는 38년 전 조선에 온 장로교 개척 선교사 호레이스 언더우드(Horace H. Underwood)의 아들입니다. 이번은 언더우드 일가가 조선에서 베푸는 30번째 크리스마스 만찬입니다. 부모님이 세상을 떠난 후 아들 부부가 그 뜻을 이어가고 있지요. 크리스마스 저녁마다 원로 선교사들과 선교사로 귀국한 선교사 2세들을 부부동반으로 초대합니다. 저녁식사엔 28명이 참석했습니다. 호레이스 언더우드 박사는 언더우드 타자기 회사를 창립한 언더우드 삼형제 중 한 사람입니다. 그는 조선에 선교사로 왔고 다른 형제는 회사에서 나오는 수익을 다른 두 형제에게 남기고 세상을 떠났습니다. 그리고 이제 언더우드 2세가 이 회사의 큰 지분을 가지고 있습니다. 고로 훌륭한 만찬을 베풀 만한 여유가 있습니다. 언더우드 2세[76] 부부는 겸손하며 생기 있는 십자가의 선교사들입니다.

우리 쌍둥이들은 보이스 양과 함께 시외 작은 교회의 크리스마스 행사에 바이올린을 연주하러 갔습니다. 나중에 교회 사람들은 제게 쌍둥이가 와서 좋았다고 했습니다.

다른 교회 주일학교를 돕지 않을 때 제가 출석하는 미드기념교회(Mead Memorial Church)는 크리스마스 단장을 멋지게 했습니다. 이 교회에 다니는 한 조선 청년이 무슬린천 위에 베들레헴 도시 밑그림을 그리고 칠해서 교회 앞 전면에 걸어놓았습니다. 그 앞엔 초록색 가지로 만든 아치통로를 설치해 놓았습니다. 사람들이 베들레헴 노래를 부를 때면 불빛이 아치 사이로 비치고 그림 속 나무들이 한들거리는 것 같습니다.

우리 네 식구도 고국의 크리스마스를 향한 그리움을 물리치고 제2의 고향에서 크리스마스를 맞는 용감한 신참 선교사들을 모두 우리 지붕 아래로 불러 모으고 싶었습니다. 그러나 여건이 허락지 않았습니다.

아더는 서울 지방회 감리사와 수원 지방회 담당선교사로서 계속되는 업무 외에도 몇 차례 영변으로 출장 가 새 여자성경강습회 건물을 짓는 일을 도왔습니다. 그리고 만주에 가 조선 교회의 만주 선교사역을 감독했습니다. 11월부터는 러시아 이재민 구호 연합(Russian Refugee Relief Association) 회장을 맡았습니다. 적군(Reds)이 블라디보스톡을 점령하자 백군(Whites)은 목숨을 부지하기 위해 도망쳤고, 수천 명의 러시아 피난민이 조선 원산까지 왔습니다. 이들은 원산항에 발이 묶여 굶어죽을 지경이 되었습니다. 그래서 외국인 연합회에서 이들을 위한 사역을 시작했고, 후에 일본 정부가 이 일을 인계 받았습니다. 조선 원산에 있던 사람들과 연합회는 그들의 자금과 정력을 이제 만주 주민에게 쓰고 있습니다. 혹한의 몇 개월간 수천 명의 러시아인들이 피난처를 찾기 위해 수 마일의 만주 눈길을 헤치고 걸어갔으며 그 중엔 300마일(480킬로미터)을 걸은 이도 있습니다.

아더는 12월에 서울 지방회의 교회 사역 지도자들을 위한 수양회를 열었습니다. 목적은 지도자들의 영적 승리와 열심을 되찾는 것입니다. 이제 여러 교회에서 이 수양회의 혜택을 보고 있습니다. 목회자들과 전도부인들이 피어슨기념 성경학교 건물에서 4일간 오후 내내 그리고 저녁마다 기도모임을 가졌습니다. 점심과 저녁식사도 그곳에서 했고 남자들은 밤에도 거기서 숙박하게 했으며 전도부인들은 밤엔 집에 돌아가고 집이 먼 경우 친구 집에 묵었습니다. 그렇게 해서 놀라운 성령의 드러나심에서 그 맥이 끊어지지 않도록 했습니다.

이 독특한 시도는 조선의 위대한 친구 애니 스피어 양이 희사한 돈으로 비용을 충당했습니다. 전 자신의 부임지에 매우 불만스러워 하던 한 젊은 목회자에게 이번 집회의 가장 중요한 결과가 무엇이냐고 물었습니다. 그는 많이 있지만 자신이 생각하기엔 중요도 순으로 다음과 같다고 했습니다.

1. 개인적으로 은혜의 사역에 대해 더 깊은 영적 비전을 받았다.
2. 목회자와 보조자들이 서로에 대해 더 잘 파악하고 상대의 특별한 필요에 대해 잘 알게 되어 열심히 서로를 위해 기도할 수 있게 되었다.
3. 모두들 군소 사역지의 중요성에 대해 배웠으며 기독교인이 단 한명밖에 없는 부임지라도 꺼리지 않게 되었다.
4. 개인적으로 목사직을 계속해야 할지에 관한 불확실성의 무거운 짐을 떨쳐버릴 수 있었다. 모든 불만은 사라졌고 이제 아무리 작은 사역이라도 예수를 위해 섬길 준비가 되어 있다.

12월에 보이스 양, 안(Ahn) 박사와 전 함께 큰 형무소를 찾았습니다. 그곳에 수감된 12명의 기독교 정치범들에게 기독교인으로서 힘을 북돋아줄 메시지를 전하기 위해서였죠. 훌륭한 교회 사역자인 안 박사도 정치적인 이유로 혹독한 고초를 겪은 사람입니다. 수감자 면회 허락을 받기 위해 썰렁한 입구에서 오래, 오래 서서 기다렸습니다. 약 1시간 15분이 지나자 높은 단 위에 있는 방으로 안내되었습니다. 우리가 만나기로 한 수감자들은 아래에 한 줄로 서 있었습니다. 저는 세상이 기독교인의 마음으로부터 믿음만은 **빼앗을** 수 없다는 내용의 기독교인에 관한 메시지를 전했고, 그들의 얼굴은 진심어린 감사로 환해졌습니다.

우린 학업하는 틈틈이 시간을 내 사역하는 청년 학생 몇의 사역을 감독하고 있습니다. 그들 모두 주일마다 교회 사역을 도움으로써 훌륭한 사역을 감당하고 있습니다. 그 중엔 주일학교 교사나 감리사도 있고 목사 보조도 있습니다. 장학금은 액수에 상관없이 이렇게 훌륭한 유익을 거둡니다.

우린 유연탄을 쓰기 때문에 집안을 깨끗이 유지하는 게 어려웠습니다. 그러나 올해는 조선에 온 이래 가장 따뜻하게 지냈습니다. 집 전체를 덥히기에 충분한 크기의 난로를 새로 설치하고 공기순환장치도 여럿 달았기 때문입니다.

사무실에 곧 미국 대학에 진학하기 위해 출국할 예정인 조선 청년 한 명이 있습니다. 아더는 그가 여권을 받는 일을 돕고 있습니다. 안식년에 방문한 햄린(Hamline University, 미국 대학)에서 아더에게 그가 발탁한 청년 한 명에게 장학금을 주겠다는 약속을 했습니다. 이 청년이 바로 아더가 선발한 사람이며 아더는 그를 매우 자랑스러워 합니다. 그는 아더가 중국 하얼빈에 선교여행 갔을 때 하얼빈 은행에서 일하며 그곳 조선인 교회를 돕고 있었습니다. 7개 국어를 유창하게 구사하며 다방면에 재능이 있는 청년입니다. 여권수속을 밟은 지 6개월째이므로 이제 곧 나오리라 기대합니다. 우린 이 청년, 미스터 편(프리츠 편)이 교회의 위대한 지도자가 되리라 기대합니다.

다음은 김창준 목사가 윌리엄 노블을 서울 지방회에 다시 맞으며 한 환영사입니다.

"윌리엄 노블 박사를 다시 서울 지방회의 감리사로 환영하는 연설을 제가 하게 된 것을 기쁨으로 여깁니다. 전 좋은 건축가이자 기술자인 그의 어깨에 내려놓아야 할 짐들이 좀 있습니다. 지난 가을은 서울에 여러 일감을 우수수 몰고 왔습니다. 우리가 관심을 기울여야 할 일들이 산적합니다. 이 도시에서 30만 개의 포도송이를 가꾸어야 하며 이 도시 밖에도 큰 포도밭이 우릴 기다리고 있습니다. 노블 박사님, 이곳에 그리스도의 말씀을 초석삼아, 금강석보다 귀한 의(義)를 기둥 삼아, 사랑을 뿌리 삼아 큰 공장을 지어주십시오. 우린 기계이며 당신은 기술자입니다. 이 기계들을 지혜롭게, 완벽한 이해를 기초로 사용하여 주십시오. 우린 예수 그리스도, 우리 주님의 포도밭의 일꾼들이며 노블 박사는 감독입니다. 우리가 협력하고 상부상조하지 않는 한 열매 맺는 수고를 할 수 없습니다. 우리의 마음이 노블 감리사의 마음과 하나가 되길 빕니다. 그리하면 올해 수확할 열매는 크고도 클 것입니다."

1923년 1월 18일. 이태원 사역 재건

연말에 전도부인 예산이 조금 남아 새 전도부인 김성덕을 뽑았다. 그리고 그에게 이태원에 가 무너진 사역을 재건하는 일을 돕게 했다. 이태원에선 2년 전 옛 교회건물을 매각한 후 지금까지 주일예배가 없었다. 비중 있는 리더가 죄에 빠져 첩을 맞았던 것이다. 성덕은 매일 그리고 일요일마다 가가호호 방문했다. 배재남학교 채플 담당인 김진호 목사가 가서 가정예배를 드렸고 배재학생 두 명이 다른 가정집에서 어린이 주일학교를 열었다. 21명의 기독교인이 모였다. 3분의 2는 이전 교인을 되찾은 것이고 3분의 1은 새 신자들이다. 김성덕은 언덕 위에 일본식 가옥이 있는데, 귀신이 나온다고 하여 주인이 시세의 절반인 300~400엔에 팔아넘기려 안달이라고 했다. 새로운 가능성과 기회인 듯했다. 그래서 어제 난 오의명 비서를 데리고 김성덕을 따라 갔다. 교인들도 격려하고 예배처소로 열 칸 건물을 매입하는 데 교인들의 도움을 얻을 수 있을까 알아보기 위해서였다.

우린 돌아가면서 예배의 처소로 쓰고 있는 가정집 다섯 군데를 돌아보았다. 가는 집마다 친절히 맞아주었고 네 집에선 성경 공과를 짤막하게 읽고 가족과 함께 기도하고 찬송도 했다. 그러나 한 집은 다소 분주해 보여 찬송은 하지 않았다. 밖에 나오자 전도부인이 찬송을 안 해서 이 집이 받을 축복을 다 못 받았다고, 이 집 사람들이 찬송 부르지 않고 예배드리는 건 처음 봤다고 말했다고 했다. 한 집은 몸을 수그려야 문 안으로 들어갈 수 있었다. 집 안엔 어머니와 작은 아들 셋이 있었다. 아이 셋은 모두 숯불 화롯가에 웅크리고 있었다. 그 약한 불기가 영하 날씨에 유일한 난방이었다.

한 집에선 어머니와 아들과 며느리가 기독교인이었고, 집안의 권위자인 아버지와 친할머니는 이교도였다. 하지만 기독교인이 집에서 모이는 걸 허락하였다. 할머니는 내게 말했다. "이 방에선 예배 보지 마시고 건넌방에서 보세요. 이 방 너머엔 악신을 숭배하는 가족이 살아요. 그 가족은 기독교인 찬송하고 기도하는 소리를 안 좋아해요." 난 세계 어딜 가나 사단은 기독교인의 찬송과 기도를 안 좋아하지만 기독교인들은 모두가 예수에 대해 알게 될 때까지 계속 기도하고 찬송할 거라고 했다.

한 집에선 다섯 식구 모두 최근 기독교인이 되었다. 다른 집에선 할머니, 어머니, 세 자녀가 있었고, 아기는 엄마 품에 안겨 있었고, 다른 아이는 치맛자락을 붙잡고 있었고, 다섯 살 정도 되는 제일 큰 사내아이는 할머니의 무릎에 있었다. 이 아이는 열이 펄펄 끓어 매우 아픈 상태였고, 3일간 변을 보지 못했단다. 난 아이에게 약을 먹였냐고 물었더니 아니라고 대답했다. 내가 캐스터 오일을 주라고 하자 집에 없다고 했다. 그래서 캐스터 오일을 사오도록 20센을 주었다. 그들은 가게에 가려면 1마일은 가야 하고 아버지는 밤이 되어야 집에 온다고 했다. 그래서 난 전도부인에게 가서 약을 사오라고 하고 아이를 어떻게 돌봐야 할지 알려주었다.

그 집을 나서서 귀신이 나오는 집을 살펴보고 매입할 수 있으면 좋겠다는 생각을 했다. 그 집 위쪽 숲속에 지은 지 2년도 안 된 '악마의 집'이 있다. 300가구 되는 이 마을 가정들 대부분이 '훔지회'라는 새로운 '악마의 종교'에 소속되어 있다. 이것은 1919년 이후 생겨난 새로운 사교다.

1923년 2월 20일. 게일 박사의 예순 생일

 어젠 제임스 게일 박사의 예순 생일이었다. 게일 부인은 남편을 위해 이브닝 파티를 열었고 60여 명의 손님을 초청했다. 약 50여 명이 온 것 같았다. 아더와 나도 초대받았지만 아더는 수원 지방회 순회여행 중이라 나만 갔다. 조선인이 큰 잔치를 베푸는 예순한 살 생일 또는 환갑(한 싸이클이란 뜻)이었다. 게일 박사는 유쾌하게 자신과 아내가 둘 다 돼지해에 태어났으며 돼지띠끼리 결혼하면 금슬이 좋다고 했다.

 감리교인들은 그가 사고 싶은 책을 사보라고 60엔을 선사했다. 케이블 박사가 매우 시의적절한 축사를 하며 선물을 전달하였다. 게일 박사는 그가 너무 잘 전하는 조선의 훌륭하고 진귀한 이야기로 화답했다.

 생일 케이크는 60개의 작은 케이크를 손님 각자의 접시에 촛불을 꽂아 놓은 것이었다. 게일 박사는 성경번역위원회에 이제까지 가장 오래 일한 분이고 멋진 문학 작업을 많이 했고 조선 고전 문학의 흥미로운 자료들을 보존하는 데 가장 큰 기여를 했다.

 서울 미드기념교회의 최성모 목사는 열정적인 목회자이며 좋은 사람이다. 그러나 여러 기행으로 교인들을 종종 당혹케 한다. 하여간 상당히 과실을 많이 범하는 건 분명하다. 그는 집 마당에 펌프를 설치하길 원했다. 그 전엔 남학교와 여학교 사이에 있는 교회 마당 펌프에서 물을 공짜로 얻고 있었다. 어느 날 나가서 사람을 구해와 자기 집 마당에 펌프를 설치하라고 해놓고선 회계에게 가서 비용을 청구했다. 매달 기독교 상인의 집에서 쌀을 한 가마니씩 주문하고는 값을 지불하지 않는다. 이화학당 여학생들에게 주일날 교회에 와 노래하라고 청한 후 국수 파티를 열어준다. 그리고는 일요일에 그날 저녁의 국수파티를 위한 고기를 외상으로 구입한다. 아마도 그 전날에도 외상으로 주문했을 것이다. 그리고는 회계한테 가서 교회 잔치니까 비용을 내라고 한다. 개인서재에 넣을 책을 구입하고는 청구서를 회계에게 보낸다. 목사의 서적구입비는 교회가 내야 한다면서. 기타 등등.

1923년 2월 23일. 조선의 구정

약 2주 전이 조선의 구정이었다. 난 버스를 타고 다시 종점에서 3마일(약 5킬로미터)을 걸어 들어가야 하는 시골 주일학교 한 곳을 방문했다. 2월 10일엔 모두 명절을 맞아 깨끗하고 근사한 새 옷을 차려입고 나와서 선보였다. 돌아오는 길에 난 새 버스를 타지 않고 전차를 탔다. 전차 안엔 예쁘게 차려입은 여자아이가 있었다. 색깔을 묘사하자면 이렇다. 풀빛 초록 공단 겉옷에다 어깨 자락부터 소매 끝까지는 밑단이 약간 넓은 체리색 붉은 공단이었다. 벨트는 파랑색 비단이었다. 소매는 선홍색, 노랑, 파랑, 빨강, 초록의 원형 줄무늬가 연이어 있었다. 빨강 비단 치마가 겉옷 아래 살짝 보였고, 살색 긴 원통형 모자를 쓰고 있었다.

내 건너편엔 더 큰 사내아이가 앉았다. 선홍색의 실크 겉옷에 검은 모자를 썼다. 다른 꼬마 여자아이는 치마와 저고리는 분홍빛 비단이었고 겉옷도 핑크였다. 모자는 문양이 새겨진 검정색 비단에 끝단은 금사로 처리하고 선홍색의 동그란 술을 꼭대기에 달아놓았다. 여자아이는 조선식 흰 버선을 신고 선홍색 비단으로 덮고 구두 콧날과 뒷창은 환한 파랑색으로 칠한 조선식 가죽신을 신었다.

김종은 목사가 목회자들에게 중요한 문제를 들고 상의하러 온 학생들을 대처하는 법에 대해 이야기했다. "먼저 학생을 반갑게 맞은 후 온화하게 물어보고 정중하게 들어라. 학생이 이상하거나 현명한 질문을 하면 주님께 먼저 물어보았는지 친절하게 물어라. 만일 답이 '아니오'면(사실 대다수가 이 경우인데) 가서 기도하며 진심으로 주님께 물어본 후 다시 오라고, 그때 기꺼이 그 문제에 관해 논의하겠다고 해라."

 1923년 4월 19일. 대구 교회 문제

수년간 장로교단에 많은 물의를 빚은 대구의 두 장로교회가 있다. 3월 대구에서 장로교 총회가 열렸을 때 이 교회들의 교인들이 폭력을 쓰며 헐버트 블레어(Herbert Blair) 목사의 생명을 위협했다. 사태가 너무 심각해지자 미국 영사관에 호소하여 포스터 벡 부영사가 진상 확인 차 내려왔다. 장로교단은 대구에서 조용히 철수했고 철로변 인근 마을로 이동하여 회기를 계속했다. 제어불능의 두 교역자들은 교단에서 제명되었다. 그러나 이에 불만을 품은 두 교회는 더 작은 교회 하나와 합세하여 큰 소동을 일으켰다. 그리고 "경남 대구 독립기독교회"라는 새 교회를 세

왔다. 그들은 세 장에 걸친 유인물을 전국에 배포하며 그들과 같은 뜻을 품고 외국 선교회의 굴레를 벗어던지기를 갈망하는 기독교인은 그들을 위해 기도해 주고 그들 편에 서 달라고 촉구하였다.

9월. 나간 교인들은 장로교단 소유인 교회 부지의 소유권을 주장하였다. 장로교 공의회는 정부에 공의회의 재산통제권을 인정해 달라는 진정서를 제출하였다. 탈퇴한 세력들은 자신들의 소위 법적 사건을 법원에 제기하였다.

 1923년 9월 20일. 김동석

성경학교 학생인 김동석이 학교 일로 상의하러 막 다녀갔다. 동석은 우리에게 한 달에 5엔씩 받는 돈으로 기숙사 주방에서 직접 밥을 해 먹으며 근근이 살았다. 그런데 기숙사 당국이 주방에서 개인취사를 금하고 매월 기숙사비로 12엔을 내라고 했다. 동석은 홀어머니와 형에게서 의복 외에는 더 기대할 수 없다고 했다. 9엔만 더 있으면 점심은 건너뛰고 아침과 저녁은 그럭저럭 해결할 수 있다면서, 그 돈만 변통할 수 있으면 기꺼이 그러겠다고 했다. 우리 집 창고에 석탄 먼지가 잔뜩 쌓인 걸 보았다며, 쉬는 월요일에 종일 청소하는 대가로 9엔을 주면 안 되겠냐고 했다. 동석은 석탄 덩어리를 뭉치거나 다른 어떤 허드렛일도 마다하지 않겠다고 했다.

어제 [장로교─감리교] 연합공의회가 끝났다. 목포의 캘리(H. D.

Callie) 목사와 평양의 베어드(W. B. Baird) 박사가 손님으로 오셨다.

1923년 10월. 멋진 강릉 여행

10월 13일 정오에 서울을 떠나 10월 18일 오후 4시 30분에 돌아왔다. 아더는 원주, 강릉, 이천 지방회의 순회여행으로 10월 10일에 2주 일정으로 먼저 떠났다.

10월 13일 토요일 저녁 원주에서 콘서트가 열렸다. 스미스(F. H. Smith) 박사, 앨리스 아펜젤러(Alice Appenzeller) 양, 부츠(W. Boots) 부인이 노래했고 부츠 부인은 바이올린도 연주했다. 일요일 오전엔 미국 칼슨스(Carlsons) 교회에서 보내준 새 파이프 오르간 헌납예배가 있었다. 오후엔 선교회 건물들을 돌아보았다. 병원, 현지인과 외국인 의사 사택, 간호사 사택이 있었다. (선교회에서 원주에 머물 의사들을, 또는 의사를 구하는 데 난항을 겪고 있어 사택 모두 아직 비어 있다.) 주일학교와 성경강습회 건물, 여학생 기숙사, 유치원도 둘러보았다. 그 후 언덕에 올라가 발치에 드넓게 펼쳐진 계곡과 그 너머 산들을 내려다보았다.

8시 45분 원주를 출발하여 오후 5시에 강릉에 다다랐다. 드라이브하기엔 지금이 연중 가장 아름다운 때다. 강릉 산맥 서쪽은 소나무, 밤나무, 참나무가 대부분이다. 우린 점점 더 올라가 넓은 분지에 다다를 때까지 시선을 앞에 고정시켰다. 이내 기막힌 장관이 눈앞에 터질 거라는 귀띔이 있었기 때문이었다. 마침내 굽은 길을 한 바퀴 더 돌자 기막힌 전망이 단박에 시야에 들어왔고, 매혹적인 가을 색을 띤 멋진 풍경이 사방에서 우릴 에워쌌다. 조선에서 큰 단풍나무를 본 건 이게 처음이었다. (나뿐 아니라 대부분 마찬가지였다.) 양편엔 빨강, 노랑, 초록, 갈색, 황금빛의 울긋불긋한 산들이 치솟아 있었다. 10마일(16킬로미터) 정도 깊이의 골짜기엔 매혹적인 단풍과 여기저기서 떨어지는 폭포가 있었다. 골짜기 끝자락엔 노란 들녘과 백사장이 길게 펼쳐져 있었다. 흰 모래사장 건너편엔 파란 심해가 유리처럼 매끄럽게 수평선까지 이어져 있었다. 저 너머 노랗고 하얗고 파란 색을 배경으로 찬란한 색(色)의 향연이 우릴 감싸고 있었다. 우린 이 모든 것의 아름다움으로 흥분을 가눌 수 없었다.

다시 10마일을 골짜기 하나를 끼고 가파르고 구불한 산길을 드라이브해서 내려와 바다로 뻗은 들판에 도착했다. 강릉에 가까이 오자 동네 어귀에서 세 번에 걸쳐 기독교인들이 마중 나왔다. 그들과 함께 교회로 향했다. 차에서 내리는데 평양에서 나의 옛 전도부인이었던 애비가 달려왔다. 날 부둥켜안는 그녀의 볼엔 기쁨의 눈물이 흘러내리고 있었다. 곧 나의 다른 전도부인 김광명이 왔다. 김광명은 여러 해 나에게서 훈련 받은 후 학교 교사와 전도부인으로 남편과 함께 배매장으로 파송됐다. 김광명은 날 보려고 50마일(80킬로미터)이나 떨어진 사역지와 집에서 왔다. 가엾은 이 왜소한 체구의 여인. 광명은 너무 기뻐 북받치는 감정을 어쩔 줄 몰라 했다. 그 다음엔 북쪽 지방의 오랜 친구 케이티가 왔다. 그녀는 전도부인 김광명을 만나 함께 강릉에 왔다. 우리 넷은 다른 일행을 등지고 부둥켜안은 채 웃기도 하고 울기도 했다.

애비의 딸 한나는 결혼하여 남편과 자식과 함께 어머니 곁에 있으려고 강릉에 내려왔다. 한나 가족도 곧 우리를 보러 왔고 김광명의 남편 김자백도 왔다. 우리의 옛날 평양 전도부인인 헬렌의 아들과 지방회 감리사의 가족도 평양에서 강릉으로 이주했다. 이 사람들은 수년간 강릉에 살면서 현지인들과 동화되려고 했으며 온 몸을 바쳐 기독 교회를 세웠다. 그러나 우리가 강릉에 도착하기 몇 주 전부터 큰 소란이 있었다. 연약한 목사가 남학교에 불신자 교사들을 고용하였고 이 교사들이 교회에 들어와 분란을 일으켰다. 이들은 얼마 전 목사를 혼쭐내고 현지인 지방회 감리사의 퇴진을 요구하며 평양 출신은 교회직분에서 다 물러나고 모든 직분은 강릉 원주민으로 채우라고 요구했다. 이 무리는 평양 출신들과 아더까지 혼내주겠다며 으름장을 놓았다. 그러나 그날 일꾼 수양회의 기도모임은 출석률이 좋았고 사람들의 마음은 부드러워져 더 이상 교회로 파고든 불신자 집단에 휘둘리지 않을 정도가 되었다. 그날 밤 집회도 좋았고 기도시간도 좋았다. 집회 막바지에 이 분파의 대장이 교회 안에 있는 사람들을 험악하게 다그치며 원래 계획대로 자기를 따르라고 했다. 그러나 한 사람도 대꾸하지 않았다. 대장은 교회를 휘젓고 나가며 분파 사람들에게 따라오라고 했다. 천천히 몇 명이 일어나 나갔고 교회 마당 한 구석에서 회의를 했다. 내내 대장은 일어나서 원래 계획대로 하자면서, 마을의 외지인들을 내몰고 담당 선교사(아더)도 쫓아내자고 했다. 하지만 사람들은 무반응이었다. 하나님은 그들의 마음에 역사하셨고 역사하시는 중이었다. 대장은 성난 채 자리를 떴고 교회 마당으로 들어오는 우리 일행과 마주쳤다. 그는 우리에게 눈을 부라렸고 분노의 눈빛으로 아더를 치켜보았다. 그날 저녁 분란을 일으킨 남자들이 기독교인으로서의 이성을 되찾고 여관에 있는 아더를 찾아와 잘못을 빌었다. 그 사람들은 새벽기도회 후 아침에 다시 아더를 찾아와 사죄하며 참 기독교인이 되겠다고 했다. 아더는 80마일(130킬로미터) 거리에 다른 약속이 있어 떠나야 했으므로 수양회의 기도모임을 안경록 목사와 지방회 감리사에게 맡겼다. 트리셀77 양은 신앙을 바로 세우기 위해 강릉에 남겠다고 자청했다. 트리셀 양도 다른 곳에 사경회 선약이 있었지만 강릉이 선교사를 더 급박하게 필요로 한다며 머물기로 했다. 그녀는 김광명의 집의 작은 방에 기거하며 방바닥에서 몇 밤을 자며 100마일 근방에 유일한 백인으로 남게 되었다.

우리의 사랑하는 친구들이 집에 가서 먹으라고 감과 밤을 싸 주었다.

다음날 아침 많은 교인들이 우릴 배웅 나왔다. 하필 나의 옛 전도부인들이 핍박 받는 때에 그들과 작별하고 또 트리셀 양을 뒤에 남겨두고 떠나야 한다는 게 힘겨웠다. 그러나 이것이 선교사의 삶이며, 하나님은 모든 것을 이기시고 그의 자녀들을 지키시고 보호하실 것이다.

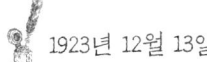 1923년 12월 13일

어제 저녁 여느 때처럼 상동교회 기도모임에 참석했다. 진남포의 정 목사가 설교했다. 그는 다른 감리교 교역자들과 함께 협성신학대학(Union Theological Seminary)[78] 특강을 듣기 위해 서울에 왔다. 그는 28년 전 아더에게 세례를 받았고 그 후론 어디에 있건 정규 또는 특별 기도모임이 있으면 한 번도 빠진 적이 없다고 한다. 그는 특별한 흥분이나 기쁨이 있을 때나 아무 느낌이 없을 때나 신실하게 주님을 섬겨야 한다고, 주님은 신실한 자에게 진실한 친구임을 나타내신다고 설교했다. 예배 후 난 그에게 인사하며 악수를 청했다.

그가 나에게 물었다.

"친정인 평양 지방회로 다시 안 오시렵니까?"

난 조선식으로 대답했다.

"시집가면 시집 일이 많아서 친정에 갈 수가 없어요."

"맞습니다. 그렇지만 너무 가고 싶으면 도망쳐서라도 옵니다."

나는 웃으며 대답했다.

"언젠가 그렇게 할게요."

 1924년 4월 21일. 에스티의 시골여행

4월 16일 평양행 야간열차에서 잠을 잤다. 에스티 양이 영아부 어머니들에게 말씀을 전해 달라고, 모든 경비는 지불하겠으니 와 달라고 했기 때문이다. 아더는 쌍둥이들을 돌보러 집에 있고 집안 살림은 루이스 양에게 감독해 달라고 했으므로 편안한 마음으로 가족을 떠났다.

에스티 양의 운전기사 겸 비서가 신안구에 차로 마중 나왔다. 도로 상태는 대체로 좋았으나 몇 군데는 아주 열악했다. 한 군데는 진흙이 덮여 있었는데 발을 디디면 무너져 내렸다. 자동차 바퀴가 빠졌고 지나가던 남자 몇이 함께 올리고 밀어서 겨우 빠져나왔다.

영변의 영아부엔 200명의 아기들이 등록되어 있다. 어머니와 아이들은 그날 밤 집회에 대부분 참석했고 다른 사람도 몇 왔다. 집회는 에스티 양의 새 사경회 건물에서 열렸다. 이 건물은 평양 제일교회의 주일학교 교육관 설계를 본 따 만든 것이다. 단지 규모만 작을 뿐이다. 내부공사도 내가 조선에서 본 어떤 공공건물보다 근사하게 했다.

다음날 차로 신창에 갔다. 두어 번 끈적한 진흙탕에 빠져 차를 끌어내야 했다. 의천에선 영아부에 70명의 아기들이 있다. 어머니와 아이들이 밤예배에 왔다. 미션스쿨 여학생들과 관영 학교 남학생들과 남자 소수도 왔다. 의천을 둘러싼 전경은 아름답다. 저녁 예배 전 에스티 양과 난 경치를 즐기러 고개 중턱까지 산책을 했다. 우린 그날 밤 바닥에 퀼트를 펼치고 잤고 다음날 영변으로 돌아갔다.

에스티 양은 금광촌인 북진의 마을들에서 내가 두 번 연설하도록 일정을 잡아놓았다. 그러나 봄에 얼음이 녹고 비가 내려 생

시골여행을 하고 돌아오는 에스티

긴 홍수로 다리 하나가 끊어져 갈 수가 없었다. 그래서 우린 일요일과 월요일을 영변에서 보냈다. 난 일요일 오후 영변 어린이 주일학교에서 메시지를 전했다. 에스티 양은 이 지방회의 주일학교 사역을 훌륭히 감당하고 있다.

화요일엔 신창의 영아부 어머니 모임에 참석하러 출발했다. 영변과 거창 사이는 도로사정이 매우 안 좋았다. 우리 자동차는 구덩이에서 세 번 건져 올려야 했다. 두 번은 황소가 끌어올렸다. 페리선을 타고 두어 개의 강을 건넌 후 높은 산속으로 치솟은 길에 다다랐다. 전망은 환상적이었고 드라이브는 멋졌다. 길가에서 우리 차가 꿩 다섯 마리를 놀라게 했고 꿩들은 한 쪽으로 조금 물러나 우리가 지나가는 걸 지켜봤다. 한 곳에선 수탉이 울다가 놀라 우리 엔진 위로 날아올랐다가 다시 다른 편으로 날아갔다.

김재찬 목사와 아내 김 살로메(살롬)

우리가 가는 곳마다 옛 친구들, 그러니까 평양사역 중 전도한 이들을 만난다. 영변교회의 담임목사는 25년 전 나의 노력으로 신앙을 가지게 되었다. 그의 아내 김 살로메는 초창기, 나의 평양 전도부인이었다. 또한 전도부인과 여학교 사역을 위해 최초로 북쪽 내륙지방에 파송된 전도부인이기도 했다. 그들의 맏딸 함네는 이화학당 졸업생이며 수년간 이화학당에서 가르쳤다. 그녀는 인텔리 청년과 약혼했는데 그(프랭크 김)는 성경적 근거 없이 두 번이나 이혼한 사람이었다. 난 살로메에게 편지를 썼다. 내가 지난 세월 살로메와 김 목사를 얼마나 신임했는지, 두 내외의 수년간의 놀라운 사역을 얼마나 자랑스러워하는지 말했다. 그리고 이 약혼을 취소하라고 권면했다. 두 내외는 즉시 딸 함네와 배재학당 선생인 결혼한 아들(승호)에게 전갈을 보내 파혼하라고 했다. 그런 일이 있었던지라 내가 이번에 영변에 갔을 때 김 목사가 날 보러 왔고 후에 살로메도 왔다. 두 내외는 날 사랑하며, 지난날을 잊지 못하며, 내 편지를 읽고 내가 그들을 얼마나 친가족처럼 여기는지 느꼈다고, 그래서 약혼을 강행할 수 없었다고 했다. 청년의 아버지가 여러 방법으로 협박했지만 이게 올바른 선택임을 깨달았기에 어떤 일도, 어떤 수난도 각오가 되었다고 했다.

주일 오전 예배 때 김 목사[79]는 성도들에게 그가 날 통해 신앙을 가지게 된 경위와 지난 세월 늘 감사했음을 공개적으로 이야기했다.

"전 양조업을 했고 한 때는 가게에 큰 술독 43개가 있을 정도였습니다. 우리 아내는 기독교인이 되었지만 전 아니었습니다. 그런데 노블 부인이 술장사가 나쁘다고 권면하자 거부감이 들었습니다. 전 제 생각대로 말했습니다. '조선인이 무슨 장사를 하건 외국인이 뭔 상관이야?' 한번은 노블 부인이 날 부르기에 가 봤더니, 응접실에 데리고 들어가선 기독교인이 되라고 강권했습니다. 그 옆엔 있던 오석형 목사도 거들었습니다. 무릎 꿇고 기도하라고 했고 노블 부인이 먼저 기도하고 오 목사가 기도한 후 저에게도 기도하라 했습니다. 전 반항했지만 기도할 말을 가르쳐 주었습니다. 전 그냥 항복하고 '우리 아버지'에게 기도했습니다. 그 후 부인과 목사는 저에게 기독교인이 되라고 다시 권유했고 전 그러겠다고 했습니다. 그때부터 기독교인의 삶을 살려고 했습니다. 그리고 최근에도 노블 부인을 통해 유혹을 이겨낼 수 있었습니다."

신창 영아부엔 160명이 등록되어 있다. 종일 비가 내리고 저녁에도 퍼부어서 멀리 사는 어머니들은 집회에 참석하지 못했다. 그래도 상당수가 왔고 참석자들은 우리의 방문을 너무 고마워하는 것 같았다.

이씨라는 교회 지도자가 25년 전 평양 우리 집을 방문해 나한테서 차와 다과를 대접받았던 어떤 남자를 기억하냐고 물었다. 난 그런 사람이 워낙 많아 그 노인을 기억할지 모르겠다고 했다. '글쎄요, 그분이 항상 부인을 다시 뵙고 싶어 합니다. 늘 그날의 방문에 대해 말합니다.' 난 가까이 사냐고 물었고 그렇다고 해서 에스티 양이 다른 손님들과 담소를 나누는 동안 심방 가겠다고 했다. 우린 83세의 백발과 흰 수염의 노인을 심방했고 그는 나와의 재회를 매우 기뻐했다.

다음날은 평양에 갔고 사경회에서 공부하는 많은 옛 친구들을 만났다. 내가 평양에서 만난 많은 부인들은 말했다. "옛 사랑만한 사랑이 없지요." 그들은 나만큼 깊이 정(情)을 준 사람이 없다고 했다.

난 앤더슨 박사 부부 댁에 하룻밤 묵었다. 18일 금요일 간호사 앤더스 양과 폴츠 양이 살고 있는 광혜부인병원에 점심 먹으러 갔다. 점심시간 직전 두 간호사가 있는 기홀 진료소(Hall Memorial

Clinic)에 갔다. 앤더슨 양은 방금 자기 손가락을 잘라버린 남자의 손을 붕대로 감고 있었다. 그 남자는 병원에서 죽어가는 아내에게 자기 피를 마시게 하려 했다. 아무도 그의 의도를 간파하거나 저지하기 전에 그는 병실 옆방으로 후다닥 뛰쳐나가 칼로 손가락을 절단하고선 돌아와 아내에게 피를 먹였다. 동양에서는 피를 먹이는 것이 큰 효험 있는 최후의 방법으로 간주된다. 아내는 죽었고 그는 즉각 손가락 치료를 받아야 했으므로 아내의 마지막에 곁을 지킬 수 없었다.

우리의 평양 사경회에 참석하기 위해 부인들이 영변, 의천, 신오방과 여러 지역에서 걸어오곤 했다. 영변이 선교기지가 되기 전의 일이다. 난 이 지역에 최초의 전도부인들을 파송했다. 의천은 평양에서 410릿길(130마일), 영변은 325릿길(100마일), 신오방은 180릿길(90마일)이다.

 1924년 11월 28일. 권서였던 홍 목사

오늘 수원 지방회 오산지역의 홍 목사가 날 보러 왔다. 일전에 그에게 빌려준 두루마리 그림 자료를 돌려주러 왔다고 했다. 난 수원 지방회의 다른 교회에 추수감사절 예배를 드리러 다닐 때 쓰라고 도로 주었다. 홍 목사는 그가 어떻게 목회자가 되었는지 들려주었다.

"우리 아버지는 17년 전 존스 목사님이 아직 조선에 계실 때 학습인으로 연회에 가입했습니다. 전 어려서부터 청년 때까지 목회자는 안 되겠다고 마음을 굳혔죠. 아버지가 그 박봉에 쥐꼬리만한 보조로 가족 모두 고생하는 걸 다 봤거든요. 그러나 아버지는 제가 목회에 인생을 바쳐야 한다면서, 그게 소원이라고 하셨습니다. 존스 박사님도 같은 말씀을 하셨어요. 아버지가 돌아가셨을 땐 많이 상심했습니다. 모든 옷가지와 가재도구는 맏아들에게 갔지만 서가만은 제가 갖겠다고 했습니다. 만일 목회로의 부르심을 깨닫게 되면 그 책들을 쓰겠거니 생각했지요. 그 책들은 아버지가 먹는 것도 제대로 못 드시며 식비를 쪼개서 사신 거였어요. 만일에 제가 목회자가 안 된다면 이 책들을 다 불살라 버릴 작정이었습니다. 목회자가 목회를 위해 쓰는 용도 말고 다른 용도로 쓰여선 안 된다는 생각이었지요. 2년간 조선 전역에 권서[80]로 다녔고 수입이 꽤 좋았습니다. 그러나 집에 돌아올 때마다 책꽂이의 책들이 절 나무라는 듯했습니다. 2년이 다 되던 때 하나님의 도우심으로 목회의 길에 들어서기로 작정했습니다. 무슨 일이 일어나든 하나님의 부르심에 충실하고 아버지의 책들의 이끌림에 충실하기로 했습니다."

홍 목사는 크고 강건한 사람이며 성공적인 설교자며 목사이다.

1925년 1월 29일

이틀 전 최학규 목사가 숨졌다. 내일 매장되며 아현교회에서 장례식이 열린다. 최학규 목사는 이화학당 옆 둑방길 위 미끄러운 빙판 길을 자전거를 타고 가다 자전거가 휙 돌아가 둑방 너머로 떨어졌다. 의식을 잃은 채로 세브란스에 실려가 1월 27일 오전에 사망했다. 그는 아현교회 목사였고 이전엔 만주 선교사였다. 아내는 악한들에게 총을 맞아 3개월 된 아기를 남겨두고 세상을 떠났다. 최 목사는 위의 큰 아이와 아기를 데리고 평양으로 왔고 자녀들의 양육환경을 마련한 후 만주 사역지로 돌아갔다. 용감한 기독교 지도자였으나 말기엔 신경이 다소 쇠약해져 아더가 조선 사역을 담당시켰다. 조선에 온 후론 애오개나 아현에 살았다.

1925년 3월 18일. 4천 달러짜리 투자

아더가 노블(S. S. Noble) 박사에게 보낸 편지의 발췌본이다.

오랫동안 조선에 투자하는 건으로 당신께 편지를 써야겠다고 생각하고 있었습니다. 그러니까 영적인 일에 대한 투자 말입니다. 오늘에서야 이 일로 편지를 타이핑할 짬을 내게 되었습니다. 한 무리의 사람들이 지금까지 한 시간 동안 저와 마주앉아 제가 항복할 때까지 청원을 반복했습니다. 위치토에 사는 비즈니스맨이라면 어려운 이를 돕는 뜻 깊은 일에 시시때때로 포위당할 것을 잘 압니다. 그리고 책을 짓는 것처럼 이런 일도 끝이 없는 줄도 압니다. 저도 마찬가지로 교회와 학교를 돕는 기금 때문에 늘 포위당합니다. 머릿속이 하얗게 되고 지갑이 텅 빌 때까지요. 자, 여기 상황설명을 하겠습니다.

동양에서 가장 아름다운 대학 부지인 연희전문 교정과 경계하고 있는 장내감리교회란 나지막한 초가지붕 건물이 있습니다. 건물면적은 1,080평방피트(약 30평)입니다. 가로 27, 세로 40피트죠. 출석 교인은 800명입니다. 그러니까 1인당 가용면적이 1.33피트 정도 된다는 겁니다. 달리 말해 곡식 부대자루를 차곡차곡 쌓듯이 사람들을 포개 넣지 않는 한 전교인이 함께 교회에 들어갈 순 없다는 겁니다. 이 사람들은 참을성이 많아 포개 넣어도 순응하겠지만 설교말씀이 마음에 새겨지기는 힘들 겁니다. 정교인 수는 210명입니다. 이들이 모든 재정 부담을 떠안고 있습니다.

사람들을 바닥에 앉힐 수 있는 가로 42, 세로 63피트(약 74평 넓이)의 벽돌건물을 세우려면 시공가가 4천 달러입니다. 이 교회에서 1,500달러를 조달할 것이며 나머지 2,500달러는 외부조달해야 합니다. 미국에선 이런 건물을 세우려면 4천 달러가 아니라 4만 달러가 들 것입니다.

1925년 4월 13일. 한반도를 함께 누비는 친구

아더가 펜실베니아 윌크스배리에 있는 제일교회의 리온 윌맨(Leon Willman) 박사에게 보낸 편지의 발췌본이다.

현재 환율로 환산하면 20달러는 45엔이 될 겁니다.
전 내일 아침 서울을 떠나 일련의 분기회의와 두 지방회 회의에 참석하느라 한 달간 출장을 떠납니다. 제일교회의 좋은 분들 덕택으로 마련한 포드 자동차는 내일 절 싣고 90마일(144킬로미터)을 달려 첫 번째 회의장소로 갈 것입니다. 이번 출장에 거의 500마일(900킬로미터) 거리를 차로 주행하고 도보로 180마일(약 290킬로미터), 대중교통으로 60마일(96킬로미터) 정도 이동할 것 같습니다. 사실 원래 제 사역 영역은 아니지만 선교회 재정이 바닥나 모리스(C. D. Morris) 씨가 고국에 남아 있게 되어 제가 한반도를 누비고 다녀야 했습니다. 다행인 것은 제겐 경쾌하게 덜컹거리며 이런 여행을 가능하게 해준 신실한 소형 포드차가 있다는 것입니다. 제 포드와 함께 멋진 경험들을 했습니다. 너무 깊은 시내를 건너느라 한쪽 차문으로 물이 흘러들어와 차 바닥을 지나 다른 쪽 문으로 빠져나가기도 했습니다. 진흙에 너무 깊게 빠져 조선인 농부 20명을 불러 리지[Lizzy, 포드차종]를 끌어내도록 했습니다. 요 며칠 전엔 어떤 마을을 지나는데, 겉보기엔 길이 완전무결하고 친근하게 보이는데 마을 한가운데서 자동차가 차축까지 빠져버렸습니다. 전 황소 한 마리와 장정 몇 명을 급구했습니다. 한 시간도 안 되어 우린 다시 분기회의장으로 달렸습니다. 유일한 변화는 진흙을 한 무더기 달고 달린다는 것이었습니다.

이런 여행길엔 통상 당신이 보내주신 휴대용 타자기를 지참합니다. 이젠 필수품이 되었습니다. 제 선교사 생활에서 의외의 기쁨 중 하나는 조선인 목회자들이 박봉의 압박 가운데서 보여준 놀라운 정신력입니다. 이 모든 것에 대해선 다음에 쓰도록 하고 이만 줄이겠습니다.

1925년 5월 25일. 전도부인 작실의 아들 동석

3,4년 전 당시 남양의 전도부인이었던 작실이(현재는 불에 탔던 수원 지방회 제암리의 전도부인)는 우리를 찾아와 아들이 성경학교를 마치도록 도와달라고 애원했다. 작실은 전도부인 중 손꼽을 정도로 뛰어난 부인이었다. 작실의 맏아들은 별 재주는 없었고 동석이란 아들도 아직까진 눈에 띄는 가능성은 없고 교육적 혜택도 거의 받지 못했다. 하지만 동석은 교육을 받기 위해선 무엇이든 할 각오가 되어 있었다. 그는 만약 성경학교와 신학교를 마치고 목회자가 되어 동족들에게 복된 소식을 전하게 된다면 가장 외진 산골 벽촌에 가겠다고 자원했다. 우린 동석을 또 하나의 고학생으로 받아들였고 이 수고로 우리가 어떤 대가를 받게 될지는 미정으로 남겨두었다. 맏형을 아는 어떤 사람들은 동생도 성경학교에 넣어봤자 별 신통한 일이 없을 거라고 했다.

동석은 올봄에 성경학교를 졸업한다. 총기 있는 학생은 아니지만 소처럼 우직하고 신실한 학생이다. 신학교에 입학하려면 중등학교를 졸업해야 하므로 동석은 곧장 신학교에 진학하지 못하고 배재학당에서 2년간 공부해야 한다. 동석은 이 지방회에서 가장 벽촌의 시골교회를 자기가 일요일마다 섬길 특별시무교회로 달라고 했다. 매 일요일 전차를 타고 내려서 5마일씩 걷는 길을 왕복하면 거의 2시간이 소요된다. 담당 목회자가 부재 시엔 동석이 설교하며 주일학교를 다시 모아 남학생반을 가르쳤다. 저녁 땐 남아서 축호방문을 하고 논밭이나 길가에선 남자들을 만났다. 동석 아래에서 몇 명이 신앙을 가지게 되었고 동석이 주일학교로 인도한 한 소녀는 끈질기게 아버지를 졸라 신앙을 가지고 교회에 참석하게 했다.

1926년 3월 25일

제물포 철로변 오리동역 너머에 있는 마을을 여행했다. 기차역 고개 너머에 있는 마을에 갔다. 극빈 가정이 넷 있었는데, 한 집엔 두 아이가 불기가 거의 없는 난롯가에 웅크리고 앉아 있었다. 그 날과 그 전날 아무것도 먹지 못했으며 부모는 일자리를 찾아 집을 비웠다고 했다.

길에서 만난 한 남자가 내가 일전에 자기 마을을 도와준 사람임을 알게 되었다. 그는 당시 도움을 못 받았으면 죽었을 거라며 자기 목숨을 구해준 것에 대해 너무 감사하다고 했다. 다음 방문한 집엔 병든 여동생을 돌보고 있는 어린 사내아이가 있었다. 집엔 이불이나 덮을 것이 전혀 없었고 홀어머니는 일감을 찾아 나간 상태였다.

신정리의 한 집에선 과부가 남편의 죽음을 애도하고 있었다. 방 한 켠에 위패가 놓여 있었고 난 그것이 남편의 것임을 알았다. 난 여인에게 저것이 남편의 위패냐고 물었다. 여인은 천이 아니라 백지로 휘장을 삼은 것을 부끄러워하여 휘장을 치우며 말했다. "남편 위패가 맞아요." 난 그녀에게 하나님의 사랑에 대해 전하고 여인이 하나님을 믿는다면 하나님께서 돌보아주실 것이라고 했다.

다른 집엔 방이 두 칸 있었는데, 방 한 칸에는 두 아이가 있었고 나머지 방은 아마 세를 줄 수 있었다면 세를 놓았을 것이다. 그 방엔 높은 단상 위에 두 개의 천으로 만든 형상이 있었다. 그 형상들은 작은 방 벽면의 절반을 차지하고 있었다. 남녀 혼령을 나타내는 이 형상들에게 아들을 달라고 빌며 제사 지낸다고 했다. 투명한 검은 휘장이 앞에 있었고 형상들의 크기는 작은 아기만 했다. 이 집에선 지난 8월의 홍수로 작은 텃밭의 표토 흙이 농작물과 함께 죄다 쓸려갔다고 했다.

내가 그날 방문한 대부분의 집들은 혼령숭배물이 있었다.

우린 그날 열두 가정에 옷가지와 이불 하나와 담요 몇 장을 주었다. 이들에게 쌀을 전달하고 싶어 내 조수 김동석 학생을 시켜 마을 대표를 찾아가 사람들에게 나눠줄 쌀 한 가마니 살 돈을 전하게 했다. 마을 대표는 우리가 자기 마을의 고통 받는 사람들을 이렇게 돕는다는 사실에 매우 감사해했다.

그날 10마일(16킬로미터)을 걸은 후 기차를 타고 집에 돌아오는 길에 역무원 한 사람이 우리 건너편 좌석에 자리를 잡았다. 그는 우리가 하고 있는 사역에 대해 열렬히 감사를 표했다. 이것이 옆자리 승객의 관심을 끌었다. 승객은 목에 달고 있던 금십자가 목걸이를 꺼내며 우리도 십자가 목걸이를 하는지 물었다. 우린 늘 십자가를 기억하며 마음속에 품고 다닌다고 답했다. 그는 자기가 시베리아에 살았을 때 그리스 정교에 입교했고 아침, 정오, 밤마다 그리스도에게 기도했다고 했다. 그는 또한 자기도 배고픔이 뭔지 안다고 했다. 1년 전 작년 겨울 함께 기숙하는 20명 중 아무도 일자리를 구하지 못했을 때 허기의 고통을 겪었다고 했다. 한번은 이틀간 일자리를 못 구해 끼니도 잇지 못하다가 동대문에 들어섰다. 일본인 남자가 짐을 실어 달라고 해서 지게에 짐을 실으려는데 기운이 없어 끙끙거렸다. 일본인은 "배고파 기운이 없는 것처럼 보인다."고 했다. 그가 그렇다고 하자 일본인은 짐은 안 들어도 된다면서 50센 한 푼을 건넸다. 그는 돈을 받아 음식을 샀지만 먹다가 탈진하여 누워있어야 했다. 하지만 그는 일본인이 자기에게 50센을 주었다는 사실을 결코 잊지 못할 것이라고 했다.

동석은 말했다. "당신은 그가 50센을 주어 음식을 먹여 주었다고 그를 잊지 못하겠다고 하지요. 그런데 예수를 전하러 온 선교사들에게 생명의 빵을 받은 사람은 많지만 많은 사람들이 돌아서면 잊어버립니다. 그런데 당신은 50센을 준 사람을 결코 잊지 못하겠다고요?"

그는 대답했다. "그래요. 절대 잊지 못할 겁니다."

20장

우리의 일부분: 노블 가족 이야기

Journals of Mattie Wilcox Noble

 1899년 3월 16일. 알덴 노블의 탄생

2월 27일, 팔웰 부인은 여자훈련반을 개강했다. 팔웰 부인이 오전반을 가르치고 내가 오후반을 가르치기로 되어 있었는데, 난 일정을 포기해야만 했다. 그래도 팔웰 부인은 조선인 조사들과 클래스를 계속 했다. 내가 중도하차한 이유는 그날 자정 몇 분 전 우릴 찾아와 나의 온 관심을 독차지해버린 누구 때문이다. 바로 튼튼하고 잘 생긴, 사랑스런 작은 머리의 사내아이가 아니겠는가. 우린 아기 이름을 알덴 얼 노블(Alden Earl Noble)이라 지었다.

 1899년 4월 6일. 소박한 열망

사랑하는 아기 메이가 태어났을 때 메이는 나의 끝없는 기쁨이었다. 내 맘 속엔 항상 이 기도가 있었다. "아버지, 메이는 제 곁에 있게 해 주세요." 이것이 주님의 뜻이라는 것엔 일말의 의심도 없었다. 주님은 우리 시릴을 데려가시지 않았는가. 고로 메이는 내 것이다. 이 사실로 인해 한 점 구름 없는 기쁨이 있었다. 내 기쁨의 잔은 흘러넘쳤고 흘러넘치며 슬픔과 번뇌로 변하였다. 우리의 사랑하는 알덴은 여기, 내 곁에 있다. 하지만 이젠 항상 기뻐하지 않으며 항상 열망한다. 내 마음은 온종일, 밤새도록 알덴이 살아남길 바라는 단 하나의 긴 열망일 뿐이다.

1901년 9월 6일. 시골여행길

금요일 아침 아더와 알덴과 난 평양을 떠나 시골여행길에 올랐다. 9일간의 일정이었고 9월 14일 오후 4시에 돌아왔다. 아더는 걸었고 아기와 난 가마를 탔으며 이씨는 작은 당나귀를, 김덕수는 아더의 자전거를 탔다. 네 명의 가마꾼들은 처음에 같이 메더니 나중엔 둘씩 교대로 일했다. 우린 11시 30분에 여울목에 다다랐다. 개울 다리가 허물어져 짐을 다시 풀어 배로 건너보내야 했다. 큰 나귀는 진흙탕에 납작 엎드려 꼼짝도 않으려 해서 움직이는 데 좀 시간이 걸렸다. 우린 점심을 먹으러 여인숙에 들렀다. 말과 당나귀와 모든 일행의 먹을 것을 준비하고 다 먹는 데 2시간이 걸렸다. 강서엔 오후 6시에 도착했다.

살로메의 어린 딸과 여학생 세 명이 마중 나왔고 이내 살로메도 나왔다. 살로메의 집엔 우리를 만나려고 기독교인 몇과 많은

5세의 알덴 얼 노블. 1901년.

구경꾼들이 모여 있었다. 그날 저녁 몇 명이 기도하러 왔고 우린 다음 날 예배 일정을 공지하고 마을 부인들에게 오후 4시에 내가 가르칠 부인모임에 오라고 초청했다. 모임 후 사람들은 모두 우리 아들 알덴을 보러 우리 숙소의 방문으로 몰려왔다. 난 알덴을 밖으로 데리고 나가 선보였다. 알덴은 조선의 통상적인 인사말인 '안녕하세요'로 인사했고 '햇빛을 비추어라'를 몇 소절 불렀다. 모두들 신나했다. 우린 계속 창호지로 바른 문과 창문에 누군가 세워두어 접근하는 이들을 막아야만 했다. 그렇게 해도 사람들은 손가락에 침을 발라 눈구멍을 뚫고 들여다보기 때문에 자유로울 수 없었다. 그러나 우리가 처음 여기 왔을 때보단 훨씬 정도가 덜했다.

농간 근처 산등성이에서 내려오는 비탈길은 매우 거칠고 자갈투성이였다. 가마꾼들은 말했다. "길이 살은 다 벗겨지고 뼈만 남았네." 한 부인이 백포도를 들고 가는 걸 보고 한 다발 샀다. 어딜 가면 더 구할 수 있냐 물어 모리스 씨의 심부름꾼 소년을 앞서 보내 포도를 샀다. 한동안 싱싱한 과일을 먹을 수 있었다. 아더는 시골에서 과일을 구한 건 이번이 처음이라고 했다. 여행 중 알덴은 종종 착한 꼬마 선교사가 되어 내가 구경꾼들과 말문 트는 걸 도와주며 한 몫 톡톡히 했다.

1901년 9월 16일

루스가 처음 학교에 간 날이다. 루스는 공부하고 노는 걸 너무 재밌어한다. 올해의 학생들은 다음과 같다. 루스, 올리벳트, 스왈렌 가정의 월버와 거트루드, 베어드 가정의 존 윌리엄과 리처드. 거트루드와 리처드는 유치원생이라 반일반이다.

1903년 7월. 해럴드 조이스의 탄생

1월 19일 우리 사랑스런 아기 해럴드 조이스가 태어났다. 아더는 12월에 서울로 출장 갔다가 출산일 딱 2주 전에 돌아왔다. 해럴드는 월요일 새벽 1시에 태어났다. 해럴드는 매일 조금씩 설사를 했고 지난 3개월간 심하든 약하든 설사기가 없던 날이 많지 않다. 고로 7월 30일 우린 아더가 개조한 배에 올라타 대동강으로 뱃놀이를 갔다. 감리교 선교회의 로빈스 양과 평양 외국인학교의 교사 암스트롱 양(장로교)이 합류했다. 다른 배를 타고 동행한 무리는 모리스 씨, 무어 씨, 베커 씨로 다 총각들이었다. 우린 2주간 뱃놀이를 했다. 매일 뱃사공들은 우릴 물살이 빠른 곳으로 인도했다. 우린 책 읽고, 게임하고, 수영하고, 노래했다. 수영은 재밌다. 난 물에 떠서 몇 번 수영자세로 스트로크를 해서 조금 떠 있을 수 있게 되었다.

어린아이의 믿음

윌리[매티의 남편인 윌리엄 아더 노블]는 태어날 때부터 발목이 휘어 한쪽 발가락이 다른 발등을 향해 돌아누워 있었다. 윌리가 8살 때 남자애들과 철로전환기를 가지고 놀다 그만 한 발이 전환기에 끼어 아이들이 꺼내 준 일이 있었다. 그 전환기는 협궤열차의 임시 철로전환기였는데, 발등이 거기 끼어 거의 바스러질 뻔했다. 발을 딛고 설 수도 없어 동무들이 등에 업고 집에 왔다. 신발과 스타킹은 잘라내어 벗겨야 했다. 몇 주 동안 발에 심한 통증이 있었다. 통증은 나아지지 않고 더 심해졌다. 발의 통증이 유달리 심했던 어느 날, 윌리는 아침 일찍부터 오후 늦게까지 못 쓰게 된 작은 발을 다른 쪽 무릎에 올려놓고 주무르며 아파 훌쩍였다. 그러다 옷소매로 눈물을 훔치고 울음을 삼킨 후 엄마를 올려다보며 말했다.

"엄마, 하나님께서 이 다친 발을 고칠 수 있어요? 아, 너무 아파요."

엄마는 그 질문이 놀라웠지만 대답했다.

"그럼. 윌리야, 하나님께선 하나님이 창조하신 모든 걸 고칠 수 있단다."

그러자 윌리는 몸을 바짝 앞으로 내밀며 말했다.

"그런데 하나님이 그렇게 해 주실까요? 네?"

엄마는 말했다.

"하나님께서 직접 말씀하셨어. 우리가 믿음(faith)으로 구하는 것을 들어 주신다고."

그러자 아들은 말했다.

"엄마, 근데 믿음(fase)이 뭐에요?"

윌리는 아직 제대로 발음 못하는 단어도 많은, 아주 작고 여린 사내아이였다. 엄마는 믿음은 우리가 하나님께 구하는 모든 것을 하나님께서 주신다고 믿는 거라고 일러 주었다. 아들은 머리를 가슴에 파묻고 몇 분 있더니 눈을 들고 말했다.

"그럼 엄마, 이 휜 작은 발목도 고칠 수 있어요? 이것도 하나님이 펼 수 있어요? 달리기 하고 다른 남자애들과 놀면 발목이 아파요. 그래서 다른 애들처럼 못 뛰고 넘어져요."

엄마는 하나님께선 휜 발목도 펼 수 있고 뭉그러진 발도 고칠 수 있다고 했다. 다시 윌리는 머리를 가슴에 묻은 채 몇 분간 있었다. 그리곤 의자에서 빠져나와 손과 무릎으로 기어 침대로 올라갔다. 발을 다친 후론 침대에 올라갈 때마다 이렇게 기어 올라갔다. 한 30분간 보이지 않다가 다시 아이가 종일 앉아 있던 곳으로 걸어오는 소리가 들렸다. 눈물로 범벅이 된 얼굴은 기쁨으로 빛나고 있었다.

"엄마, 나…나았어요. 내 발이 나았어요. 휜 발목도 펴졌어요."

"그러네, 윌리야. 엄마가 보기에도 그러네."

엄마는 너무 놀라 더 이상 말을 잇지 못했다.

몇 분 후 윌리는 의자를 빠져나가 문 밖으로 달음질하여 다른 사내아이들과 놀러 나갔다. 다음날 아침 윌리는 신발과 스타킹을 신고 학교에 갔다. 그날 이후 휜 발목이나 다친 발의 통증은 다시 볼 수 없었다. 윌리는 이국 땅의 선교사가 되어 20년 넘게 하나님을 알지 못하는 이들에게 하나님에 대한 믿음을 전하고 있다.

이것이 진실임을 아는 사람,
윌리엄 아더의 어머니,
노블(E. J. Noble)의 아내,
에밀리 앨리스 노블 씀

 1902년 1월 9일. 아이들의 축하무대

크리스마스 이브엔 헌트 일가에서 모든 외국 교민을 축하파티에 초대했다. 헌트 부인은 식당을 국기들로 장식하고 임시무대를 설치했다. 루스와 알덴은 발표했다. 다른 아이들은 노래를 부르고 암송을 했으며 성인 4인조 중창도 있었다. 알덴은 '그 어린 예수 눌 자리 없어'를 암송했다. 무대에 올라 우스꽝스럽게 간단한 인사를 하고 너무나도 달콤하게 암송해 모두를 즐겁게 해주었다.

모리스 씨는 이 날을 위해 작시한 노래를 적어놓은 두루마리를 펼쳤다. 독창적이고 훌륭한 시였다. 17 또는 27개의 스탠자가 있었다. 루스는 엄마가 지은 시 한 편을 암송했다. 그러나 그날 저녁, 가장 재밌었던 최고의 이벤트는 알덴의 댄싱이었다. 4인조 중창단이 신나는 노래를 부르자 블레어 씨가 발을 굴리며 박자를 맞췄다. 알덴도 발로 박자를 맞추기 시작하더니 의자에 앉아 몸을 흔들기 시작했다. 이내 일어나 춤을 추며 의자에서 나와 방 한가운데로 가 순전히 흥에 겨워 너무나도 멋지게 춤을 췄다. 모든 시선이 그에게 고정되었고 4인 중창단은 춤이 끊어지지 않도록 계속 노래를 불렀다. 사람들은 하나같이 이렇게 재밌는 건 처음 봤다며 우리 감리교의 아들을 잘 훈육시켜야겠다고 했다.

 1903년 8월 2일. 해럴드의 세례

일요일에 이 계절 중 가장 큰 비가 내렸다. 토요일 오후에 시작하여 월요일 오전까지 쉴 새 없이 퍼부었다. 우린 높다란 나무에 배 가장자리를 묶어두었다. 대동강은 24시간 안에 수심이 15피트(약 4.6미터) 상승했다. 급류지대의 물결이 쏜살같이 빨라지며 대동강이 모래사장 양편으로 넓게 퍼져가는 모습이 일대장관이었다. 우린 집배에서 아주 아늑하다. 아기는 뱃놀이 온 지 3일째부터 상태가 좋아졌고 6일 안에 완전히 좋아져 이젠 배고프다고 야단이다. 우리 모두 식욕이 왕성해졌다. 로빈스 양과 무어 씨 사이엔 사랑이 싹트는 것 같은데, 우리 모두에게 큰 흥밋거리를 제공하고 있다. 산 속의 대동강 풍경은 웅장하다.

4월 연례회의에서 돌아온 후 두 명의 새 선교사, 베커 씨와 무어 씨가 우리 집에 한 달 반 기거했다. 아더는 대부분의 시간을 서울에 출장 가서 집을 비웠다. 두 선교사가 떠난 후에도 아더는 여러 지방회를 방문하느라 2달간 집을 비웠다. 연례회에서 감리사로 임명되었기 때문이다. 무어 감독과 아들 줄리안은 연례회 후에 평양사역지에 방문했고 우리 집에 묵었다. 두 부자의 방문은 우리에게도 큰 즐거움이었다. 줄리안 무어 씨처럼 휘파람을 잘 부는 사람은 처음 봤다.

일요일 오전, 무어 감독은 평양에 온 김에 우리 교회의 헌당식을 주재했다. 헌당예배 직전 우리 아기 해럴드에게 세례를 주었다. 해럴드는 너무 착했고 감독이 키스하자 방긋 웃었다. 해럴드는 평양 조선인 예배에서 최초로 세례 받은 외국인 아기다. 우리 교인들은 이 사실로 감사드렸다. 아기를 안고 복도를 오가는데 부인들의 눈이 모성애로 반짝이며 아기를 안으려는 듯 팔을 내미는 이도 많았고 '예쁘기도 해라', '애가 잘 생긴데다 너무 착하다'라고 말하는 이들도 있었다. 우리의 가정생활과 어린 자녀들이 이 사람들에게 끼치는 선한 영향력은 우리가 생각하는 것보다 훨씬 더 큰 것 같다.

1903년 8월 14일. 대동강 유람

우린 아직 모래울(대동강에서 급류가 흐르는 모래사장)에 있다. 오전엔 다른 배들을 만나려고 대동강을 따라 내려갔다. 리, 밀러, 베어드, 헌트 네 일행의 배를 만났다. 이젠 다시 급류지대로 돌아가려고 강을 거슬러 가고 있다. 남자들이 수영복을 입고 배에서 강으로 들어가 걸어가며 배들이 급류지대를 넘어가도록 도와주었다. 이곳의 바위 절벽과 바위산의 풍경은 장관이다.

에스티 양은 머리가 구불구불하다. 우리 눈엔 예쁘지만 조선인을 만나거나 시골 동리에 가면 사람들은 왜 머리를 안 빗냐고 묻는다고 한다.

1904년 1월 29일. 만일 아이들이 없다면

오늘 해럴드는 알덴이 양철 냄비를 두드리며 만드는 음악에 맞추어 춤을 추려 했다. 의자를 붙잡고 몸을 좌우로 흔들어 댔다. 우린 모두 웃음을 터뜨렸고 아줌마는 우리 집에 들른 나이든 아줌마 엘라에게 말했다. "아이들이 우리 마음을 가볍게 만들고 웃게 만들어요. 아이들이 아니었다면 어른들은 웃을 일도 없고 늘 근엄하게 무게나 잡고 있겠지요." "아, 아이들은 이 세상에서 너무 큰 부분이에요. 아이가 없는 사람들은 모르지요. 그러나 아이가 있다가 다 사라지면 세상 살 '맛'이 안 나요."

1904년 6월 16일. 코리아 호 선상에서

선페스트(bubonic plague) 발병 환자가 하나 있어 코리아 호가 10일간, 도착한 날까지 치면 11일간, 격리되었다. 고로 우린 6월 12일 일요일 밤에 고베를 떠나 6월 13일 저녁 6시경 요코하마에 다다랐다. 다음날인 14일은 루스의 생일이었다. 우린 루스, 알덴, 해럴드를 데리고 육지로 가 인력거를 타고 밴 페탄스 씨에게 갔다가 시내에 갔고 일본 은세공 가게에 들러 루스에게 생일 스푼을 사 주었다. 스푼 오목한 부분에 후지야마의 그림이 새겨 있었다. 밴 페탄 부인은 아더에게 감리교 선교총회 일간신문을 빌려주었다. 아더는 저녁에 신문을 육지로 돌려보냈다. 15일 오전 4시 30분, 우린 요코하마를 떠났다. 이제까지 날씨는 화창하다.

 1904년 7월 2일. 8년만의 여유

샌프란시스코 파웰가 901번지 '멘톤' 숙소에 묵고 있다. 근 8년간 떠나 있다가 미국에 돌아왔다(고국을 떠난 건 1896년 7월 5일이었다). 6월 30일 오후 2시경, 벙커 부부가 부두에서 우릴 맞아주었다. 뱃길은 좋았고 뱃멀미도 없었다. 잔시크 가족은 저녁에 승객들에게 오락거리를 제공하기 위해 사람들에게 최면을 걸고 독심술을 선보였다. 어느 저녁엔 뮤지컬공연도 있었다. 화재 훈련이 간혹 여행의 단조로움을 깨뜨렸다. 난 해럴드를 안고 계단을 오르내리며 밥 챙겨먹고 애들 밥 먹이느라 상당히 일이 많았다. 아더와 나는 한 끼 식사하는 데 매번 한 시간 가까이 걸렸다. 그 다음

아이들 식사는 각각 20분에서 30분 정도 걸렸다.

 1906년 8월 16일. 아이들을 위한 두 편의 시

대동강에서 뱃놀이를 하며 아이들을 위해 지은 시 두 편이다.

뱃놀이

저 멀리 강 위에
작은 수상가옥 하나
그 안에 노블 가족이
각자 그리고 모두
일의 아우성으로부터 자유롭게
기쁨으로 휴가를 보낸다

날씨는 완벽하다
새들은 일제히 지저귄다
파도는 까르르 웃으며 춤춘다
각자 잊지 않고
자기 수영복을 챙겨왔다

오후에 몇 번
파도 속으로 들어간다
헤엄치다 둥실 뜨다

자맥질 하다
파도가 잔잔하면
사랑스런 우리 아기도 들어간다

아버지는 소설을 쓰고
어머니는 책을 읽고
아이들은 모래놀이하거나
아늑한 은신처를 찾아
커다란 나뭇가지 아래
작은 갈고리에 미끼를 건다

대동강에 띄운 물놀이배. 노블 가족은 평양의 무더위를 피하기 위해 대동강에 수상가옥을 띄우고 그 배에서 여름 한철을 보내곤 했다. 노블 가족이 직접 이용했던 배들인지는 확실하지 않다.

근심과 시름은
모두 던져버리고
안식과 평안과 고요가
도도히 흐른다
몸과 마음이 힘을 찾는다
오월의 봄이 꽃으로 차오르듯

아이들

루스의 나이는 열둘
알덴은 일곱
우리 사랑하는 아기 해럴드는
이제 막 세 살을 넘겼다.

루스의 머리카락은 금발
길고 구불하며 자유롭다
알덴의 머리는 짧고 곧다
해럴드는 밝은 곱슬

루스의 눈은
여름 하늘처럼 파랗다
알덴과 해럴드도
하늘과 겨룰 정도로 파랗다

루스는 늘씬하고 키가 크다
알덴과 해럴드는
쑥쑥 자라고 또 자라는
소년의 키다

이 아이들은
나에게 소중하다
슬픔의 때에 소망처럼
아니면 인생 그 자체만큼

아이들이 해를 거듭해 자라서
늙어 흰 머리가 될 때
그 마음이 오월의 새처럼
가뿐하고 기쁨이 있길

추수꾼이 소리 없이
아이들을 하나씩 방문하여
진주문 앞에 설 때가 온다면
그 때가 인생의 황혼기이기를

내 이름이 불리우고
천국에서 영원히 살 집을 받을 때
사랑하는 내 자식들보다
앞서 가 있길

루스(12세), 알덴(8세), 해럴드(4세).
평양의 노블 자택 앞에서(1907년).

 1907년 1월 19일. 해럴드의 네 번째 생일

1월 19일은 해럴드의 네 번째 생일이다. 겨울날 치곤 따뜻했고 토요일이라 아이들이 기뻐했다. 우린 오전에 케익을 만들고 식당에 생일 장식을 했다. 오후엔 파티를 열었다. 6살 미만의 모든 미국 아기들을 초대했다. 9명의 미국 어린이 손님과 엄마들이 왔다. 아기들은 샬롯트 모리스, 아나 캐서린 맥퀸, 헬렌 웰즈, 헨리 리가 왔다. 그 외에 일본인 목회자 무라토 씨의 꼬마 딸 이아고, 전도부인 사디 김의 꼬마 딸 삼덕이 있었다.

3국 대표인 해럴드, 이아고, 삼덕은 함께 사진을 찍었다. 사진사가 원판을 깨뜨려서 위의 결과물은 없다.

1월 5일 이후 날씨는 한결 누그러졌고 길은 매우 질퍽하다.

1907년 6월 1일 토요일. 영변 여행

오전 7시경 평양을 떠나 영변으로 출발했다. 6월 5일 수요일에 도착했다. 해럴드를 데리고 갔다. 루스와 알덴은 학교에 다니므로 무어 부인이 돌봐주기로 했다.

모리스 댁에 내가 열차에서 내려 인력거를 타고 갈 것이라고 전문을 보냈다. 아무도 날 마중오리라고는 예상치 못했는데 모리스 부인이 장 녹도를 안주 기차역으로 보내 날 맞아 인력거꾼을 교섭하게 했다. 장씨가 오길 다행이었다. 안 그러면 딱한 지경에 처할 뻔했다. 인력거도 가마도 구할 수가 없었던 것이다. 장씨는 일본인이 끄는 인력거를 교섭했지만 일본군이 인력거꾼에게 자기가 타겠다고 호령했다. 이 인력거는 미국 부인과 아이를 위한 것이라고 했지만 군인은 아랑곳하지 않았다. 마침내 얼마간 가마를 타고 길을 올라가다 다른 (일본인) 인력거꾼을 만났다. 그 인력거꾼은 조선인 마을까지 15릿길을 데려다주기로 약속했다. 하지만 도중에 장씨가 원래 교섭했던 인력거가 되돌아오는 걸 보았다. 그래서 우린 후자의 인력거꾼에게 원래 흥정한 대로 날 영변까지 데려달라고 했다. 그리고 다른 이는 우리가 교섭한 대로 안주로 돌아가도록 했으나 막무가내로 악을 쓰며 추하게 굴었다. 자기도 우릴 더 태워다주지 않으면서 다른 인력거꾼이 우릴 태우지도 못하게 했다. 돌아오는 길엔 4명의 조선인이 멘 가마를 타고 왔고, 정말 훨씬 더 쉬웠다. 난 신안주에서 영변까지 75릿길의 절반 이상을 걸었고, 나머지 길은 몸이 조각날 듯 덜컹거렸다. 그러나 영변에 들어서자 이 모든 어려움은 보상 받았다. 영변은 아름답고 산들은 경이로운 풍채로 우릴 에워쌌다.

우린 명소 대부분을 방문했다. 대폭포. 4개의 아치 다리. 폭포 옆 암반에 새긴 거대한 돌부처가 입구를 내려다보며 수호하고 있었다. 사람들이 말하길 거대한 돌탑인 대약산, 또는 이름의 갤러리는 산 수백 피트 위에 있다고 한다. 대약산 발치엔 사방으로 웅장한 전망이 펼쳐진다. 대약산은 기이한 모양의 천연 명패들이 차곡차곡 솟아 있다. 모두 옛날 조선의 명사들의 이름이다. 조선의 불가사의 중 하나는 이 거대한 바위 단상이 귀퉁이의 단지 작은 천연 기반(불교 수녀원) 위에 얹혀 있는 것이다. 그러나 모든 여정에서 가장 흥미로웠던 것은 모리스 집 뒷산을 올라가 나무 밑에서 본 25개의 머리 없는 우상을 본 것이다. 이 우상들은 수세기나 된 오래된 것들이다. 사연은 이렇다. 수년 전 남자아이들이 산에 올라 이 우상에 돌을 던져 머리를 깨뜨려버렸다고 했다. 수년간 영변 사람들은 산에 올라와 우상의 머리를 다시 올려놓았으나 결국 머리들은 없어졌다. 사방 여기저기의 나무엔 글자가 적힌 종이들이 매달려 있었다. 더 나은 삶을 향한 무언의 염원이다.

1907년 8월 24일. 뱃놀이

7월 30일, 우린 뱃놀이를 위해 1차로 집을 떠났다. 그러나 8월 3일의 문제로 인해 다시 집으로 돌아갔고 8월 8일 목요일까지 집에 있다가 다시 나왔다. 이번엔 로제타 홀 박사가 우리와 동행했다. 셔우드[셔우드 홀]는 첫 날 왔다가 다음날 돌아갔다. 나중에 셔우드는 다시 돌아와 4~5일가량 있다가 서울로 돌아가려고 떠났다.

며칠 전까지는 스왈렌 가족의 배를 탔다. 다른 배들도 왔다가 갔다. 우린 베어드, 웰즈, 리 가족과 잠시 함께 했다. 알덴은 상태가 많이 호전되었고 모두들 얼마간 건강상태가 나아졌다. 다들 식욕이 좋아졌지만 해럴드는 우리가 바라는 만큼은 식욕이 나아지진 않았다. 해럴드의 건강은 완벽하지만 비썩 말랐고 며칠 전까지만 해도 식욕이 매우 저조했다. 우린 8월 26일 월요일 아침 집에 돌아갈 것이다.

알덴과 루스는 수영과 다이빙을 잘한다. 아더는 대동강 최고의 수영선수이다. 난 수영이 조금 익숙해지긴 했지만 나만의 독창적인 방식으로 스트로크를 하고 느릿느릿 헤엄친다. 그래도 아더와 함께 한번 강을 횡단했고 두 번째는 거의 끝까지 횡단했다. 하루는 비가 많이 내린 후 물살이 매우 거셀 때 재시도해 보았다. 앞으로 나아가지 않고 물살로 인해 몸이 가라앉아서 되돌아왔다. 난 물에 뜨는 것과 누워서 헤엄치는 걸 좋아한다. 어느 일요일엔 근처 강변에 있는 블레어와 쿤즈 가족의 여름 오두막집에서 묵었다. 그 전 토요일엔 그 오두막집에 여러 대의 보트가 함께 했다.

우린 모두 함께 강으로 나가 물속에서 튜브 베개싸움을 했다. 아주 재밌었다. 이 '재미'라는 말을 해럴드는 입에 달고 산다. 맘에 들지 않는 일이 있으면 해럴드는 '재미' 없다고 한다.

우리가 대동강에 나오기 전 베커스 가족이 10일간의 휴가를 내서 우리 집에 왔다. 우린 이 가족에게 위층 방을 내주었다. 우리 집에 돌아가기 전 아기가 태어났다는 소식을 기대하고 있다.

우리 사경회가 8월 29일에 시작되었다. 크램 씨가 가장 중요한 부분을 맡았다. 존스 박사는 설교하려고 일요일에 여기 올 것이다. 우린 존스 가족과 크레인즈 가족이 우리 집에 묵으리라 예상하고 있다. 그러나 베커스 가족이 우리 집에 있으니 한 가족은 다른 곳에서 접대해야 할 것이다.

새 외국인 어린이 교사가 우리가 집을 떠나기 며칠 전 도착했다. 스트랭 양이다. 매우 유능한 여성처럼 보인다. 스트랭 양이 좋은 학교를 만들려는 우리의 모든 바람을 충족시켜 주길 바란다. 마가렛 존스는 올해 우리와 함께 기거하며 루스와 함께 학교에 다닐 것이다.

 1908년 봄. 평양 외국인 학교

다음 문서는 1908년 봄 학교대책위가 수정, 서명하여 미국 감리교 선교회와 장로교 선교회 총무들에게 전달한 것이다.

1900년 조선 평양에서 적은 수의 학부모들이 모여 학교연합회를 시작했습니다. 이 연합회는 다음의 인식에 근거한 것입니다. 첫째, 선교사 자녀들의 교육이 중요하다는 것. 둘째, 어머니들이 직접적인 선교사역에 들인 시간과 정력이 선교회에 중요한 가치가 있다는 것. 셋째, 미국 출신 교사 부임을 더 이상 지체할 수 없다는 것. 안 그러면 어머니들이 직접적인 선교사역의 대부분을 포기하고 자기 자녀 가르치는 데 더 많은 시간을 할애해야 한다는 것입니다.

학교 연합회의 회칙은 이렇게 계획되었습니다. 재학생 부모는 교사 봉급과 학교의 모든 운영경비를 부담해야 합니다. 명예회원은 환영하되 6달러의 연회비를 내야 하고 이 돈은 교사가 불가피하게 본국에 다녀올 때 여행경비로 쓰거나 기타 비정규 지출로 씁니다. 마침 안식년으로 고국에 돌아가는 선교사(베어드 박사) 한 분이 계셔서 미국 교사의 출국비용을 조성하도록 지인들에게 관심을 촉구해 주십사 청했습니다. 그리고 매우 운 좋게도 관심 있는 지인들로부터 원조를 얻을 수 있었습니다.

선교사들은 이런 도움이 없었다면 결코 학교를 시작할 수 없었을 것입니다. 작년 가을 새 교사가 왔으며 그는 세 번째로 부임하는 교사입니다. 매번 새 교사가 부임할 때마다 친절한 친구들이 선교회 학교연합회에 구조의 손길을 내밀었습니다.

조선엔 평양 외국인 학교 외엔 서양인 자녀를 위한 학교가 없습니다. 다른 도시들은 모두 궁여지책으로 어머니들이 어린 자녀들을 교육하는 데 시간을 들이거나 교육을 위해 타국으로 유학을 보냅니다. 몇몇 경우엔 자녀들이 어린 나머지 어머니들이 함께 유학길에 올랐고 수년간 선교사역과 남편으로부터 떨어져 있어야 합니다. 학교의 부족으로 때로는 선교사 양부모가 다 선교지를 떠나야 하는 경우도 있습니다. 최근 다른 선교지에서 오신 한 남자 선교사님은 12살 때 딸을 보고 딸의 결혼식 전까지 한 번도 못 봤다고 했습니다.

비기독교 국가에서 기독교 가정은 그 자체로 큰 모델입니다. 엄청난 수의 어머니들이 선교회를 위해 막대한 양의 직접적인 복음 및 학교 사역을 합니다. 이런 일선 사역을 할 만한 정력이 허락되지 않는 어머니들도 기독교 여성으로서의 따뜻한 영향력을 통해 타락한 민족을 일으켜 세우는 데 무언의 역할을 하고 있습니다. 학교가 없는 조선의 몇몇 선교 기지와 이런 환경에서 교사 한 명이 아이들의 필요를 중등학교까지 돌보아줄 수 없는 평양에서도, 다른 도움 없이는, 많은 어머니들과 자녀들이 사랑하는 선교지와 집을 떠나 서구로 돌아가야 할 때가 왔습니다.

평양학교연합은 선교사 가정에 이런 가슴 아픈 일이 일어나지 않기를 바랍니다. 고로 자녀들을 최소한 고등학교 과정까지라도 선교지에서 마칠 수 있도록 대책을 세우고자 합니다. 이 목적으로 더 큰 학교를 건축하고, 교사 사택과 사감 사택을 마련할 필요가 제기되었습니다. 그리고 학교가 제공하는 기회를 활용하려는 모든 서양인 자제들을 수용할 수 있는 기숙사가 필요합니다. 네 군데의 북부 선교기지, 영변, 선천, 해주, 재령은 이미 자녀들 교육을 위한 대책 마련으로 평양을 주목하고 있습니다. 또한 조선의 모든 도시에서 자녀를 평양학교에 보내길 원하는 이들이 있다는 걸 알고 있습니다.

20~30명의 남녀 학생들을 돌보기에 충분한 기숙사가 세워지길 원합니다. 초기엔 두 명의 교사 충원과 사감 한 명이 필요합니다. 새로운 학교 건물이 건축되어야 하며 학교 부지와 울타리 외에도 학교 내부 기자재, 사택, 기숙사가 필요합니다.

학교대책위에서 학교연합회에 제출한 보고서에 의하면 학교 부지 구입, 교사 건축, 내부 기자재, 사택, 기숙사 등을 위해 1만 달러가 필요하다고 하며 재단기금으로 1만 달러가 필요할 것이라고 합니다.

학교연합회는 이 보고서를 수용하고 필요사항에 대한 간략한 개요서를 준비할 것을 요청했습니다. 이 글이 바로 그 개요서입니다.

학교연합회는 현재까지 선교사들이 학교와 교사들을 지원하느라 감당할 수 있는 것보다 더 큰 부담을 졌음을 알고 있습니다. 여기서 선교사들에게 더 큰 부담을 지우는 것은 불가능합니다. 조선에서 학교를 지속시킴으로써 선교지에 자녀들이 부모와 장기체류하게 하는 것은 선교회에도 이득이 되리라 믿습니다. 고로 본국의 감리교 선교회와 장로교 선교회에 각각 기혼 남성 월급의 절반 또는 연 1,300달러에 부합하는 액수를 부담해 주십사 요청합니다. 또한 양 선교회에서 건물과 기자재와 부지 정지 작업을 위해 1만 달러와 재단기금 마련을 위해 1만 달러를 본국의 지인들로부터 모금하는 특권을 허용해 주십사 요청합니다.

우리는 이교도의 나라에서 태어난 서구의 자녀들이 본국의 혜택으로부터 소외되지 않도록 이 필요를 사랑하는 친구들 앞에 놓습니다.

쌍둥이

1908년 6월 16일부터 1910년 2월까지 난 일지에 한 줄도 적지 못했다.[81] 꼬박 일 년 반 동안 내 건강상태가 말이 아니었고 긴박한 의무들 외엔 돌아볼 여유가 없었다. 우린 멋진 시간을 보냈다. 그레첸 존스는 학기 중 2년간 우리와 함께 살았고 루스와 함께 학교에 다녔다. 루스와 그레첸은 쌍둥이들이 태어난 1909년 1월 16일, 잔뜩 흥분하였다. 누군가 이 아이들 방에 가 어떤 아기가 태어났는지 내려와 보라고 하자 아이들이 내려왔다. 작은 아기 하나를 기대하고 왔다가 아기 둘을 보자 기뻐 날뛰었다. 그레첸은 작은 아이 엘머가 자기 것이고 글렌은 루스 것이라고 했으며 늘 이 권리를 주장했다. 그러나 루스는 언제나 나지막이 덧붙였다. "둘 다 내꺼야."

아기들은 너무 연약해 보였다. 내가 5주간 수유했지만 계속 야위었다. 5주가 다 될 무렵엔 출생 시 몸무게에도 미달했다. 우린 쌍둥이들을 위해 조선인 유모(乳母)를 구했다. 유모는 6주간 있었고 그간 아기들은 계속 몸무게가 불었다. 유모가 아기들을 구한 것이다. 그때까지 아기들은 홀맨 양의 조언에 따라 임시로 만든 인큐베이터에서 키웠다. 인큐베이터는 아더가 직접 설계하고 만든 것으로 늘 일정한 실온을 유지하도록 되어 있다. 홀맨 양은 아기들이 얼마나 쇠약한지 보고선 매일 코코아오일로 목욕시켜 주었다. 후엔 내가 몇 달간 이 코코아오일 목욕을 시켰다. 우리의 첫 번째 유모가 떠난 후 오래 붙어 있을 유모를 구하는 데 꽤 시간이 걸렸다. 그러나 무더운 여름에 6주간 작은 엘머를 위해 유모 한 명을 구할 수 있었다. 그리고 가을에 대동강에서 돌아온 후 9월 1일에 아기들은 건강상태가 매우 좋았고 우리 눈에 넣어도 좋을 기쁨이었다.

그러나 10월 1일 끔찍한 이질로 다시 아프기 시작했다. 우리가 대동강으로 피서 갈 때까지 아기들은 통통하게 살이 올랐지만 한번에 5일 이상 건강한 적이 없었다. 항상 설사를 하고 가볍게 이질을 앓고 지나간 적도 몇 번 있었다. 이제 아기들은 수개월째 완벽한 건강상태를 유지하고 있다.

1909년 10월 1일

엘머가 이질에 걸렸고 글렌은 하루에 여러 번 토한다. 엘머는 한 달째 상당히 아팠고 비쩍 말라갔다. 글렌도 야위고 있다. 글렌도 후에 이질을 시작했고 아기 둘 다 위독하였다. 의사 선생님은 아기 둘 다 살 가망이 없다고 판단했다. 엘머처럼 아팠다가 회복한 아이는 처음 본다. 미국인들은 모두 개인적으로 그리고 공집회에서 쌍둥이들을 위해 기도해 주었다. 조선인과 일본인도 마찬가지였다. 조선여성 가을사경회가 진행 중이었는데 여기서도 강의 중이나 쉴 때나 아기들을 살려주시고 이 가족을 축복해 주십사 기도했다. 일본인 상무관과 다른 일본인들은 방문해서 카드를 남겨두고 갔다. 난 한 달간 병실 밖에 나가 사람을 만난 일이 거의 없었다. 주님은 많은 뜨거운 기도에 응답하셨고 아기들의 목숨을 구해주셨다. 팔웰 박사는 송도의 리드 박사에게 전문을 보내어 리드 박사가 도착하자 리드, 웰즈, 로제타 홀, 팔웰 박사가 모여 의사간 협의를 했다. 돌연 치료방법을 바꾸었다. 사라 홀맨 양이 하루에 몇 번씩 왔고 하루 두 번, 두 아기에게 두 가지 다른 종류의 약을 강도 높은 주사로 맞췄다. 병실은 아기들로 인해 너무 후덥지근했다. 한 달간 서울에서 온 견습 간호사인 김 간호사가 우리 집에 머물렀다. 난 밤마다 아기들 머리 맡을 지켰고 아기들이 잠들면 그제야 눈을 붙이곤 했다. 홀맨 부인은 아기들의 얼굴은 쭉 빠지고 뼈와 가죽만 남아 약을 받아먹기 위해 작은 입을 벌리는 모습이 꼭 물고기 같다고 했다. 아기들은 나와 몸이 맞닿아야 안심했다. 내가 다른 일을 할 때면 아더가 아기를 안고 방을 가로질러와 엘머가 내 어깨만 만지게 하여도 엘머는 안심하였다.

1909년 10월, 채프만-알렉산더 전도단의 방문

평양에 채프만-알렉산더 전도단이 순방하는 큰 축복이 우리에게 임했다. 전도단은 관광하러 오지 않았다. 우리로부터 어떤 정보나 얻을까 해서 온 것도 아니었다. 그들은 선교사와 선교사 가족들을 돕기 위해서 왔다. 항상 주는 입장에 서 있는 우리, 어디 근사하고 사람들로 북적거리는 곳에서 기분 전환할 기회가 드문 우리로서는 이 정겨운 전도단의 방문이 축복이었다. 전도단은 통역을 두고 현지인들을 위한 집회를 열었다. 그러나 최고의 수혜자들은 선교사들과 선교사 자녀들이었다. 전도단은 선교사 자녀들에게 많은 관심을 베풀고 정성껏 돌보며 특별 어린이 집회를 열었다. 선교사 자녀들은 기독교인의 인생 여정에서 새롭고 깊은 체험을 하게 되었다. 전도단의 방문 후 알덴과 해럴드와 팔웰 선교사의 세 자녀들은 팔웰 씨네 소꿉집 안에서 기도모임을 가졌고 이 모임은 오래 지속되었다. 우린 찰스 알렉산더 부부를 집에 모시는 영광을 누렸다. 마음씨가 어진 데다 가는 곳마다 복을 끼치는 분들이다. 알렉산더 부인은 자선사업가 겸 캐드베리 쵸콜릿-코코아 회사의 총수였던 고(故) 버밍튼 잉글랜드 씨의 딸이다. 알렉산더 부인댁을 방문했던 데이비스 부인 말에 의하면 버밍튼에서 가장 멋진 대궐 같은 집이라고 한다.

10월 17일 전도단을 배웅하러 우리 중 몇 명이 기차역에 나갔다. 마치 정겨운 친척과 작별하는 느낌이었다.

1910년 4월 12일. 아이들의 성경사랑

알덴과 해럴드가 얼마나 성경을 사랑하는지! 알덴은 방금 작은 가죽양장본 성경책을 데이비스(W. T. Davis) 씨로부터 선물 받았다. 데이비스 씨는 매일 성경을 3장씩 읽고 일요일엔 5장을 읽는다는 약속을 아이들로부터 받았다. 알덴과 해럴드는 둘 다 지난 가을 종이표지 성서를 선물 받았다. 하도 가는 곳마다 들고다녀 성경책은 너덜너덜해졌다. 알덴과 해럴드는 대부분의 평양 선교사 자녀들과 함께 작년 가을 채프만 알렉산더 집회에 참석했고 일어나 새 노래를 독창했다. 알렉산더 씨는 일어나 독창하는 아이는 누구나 성경책을 주겠다고 약속했었다.

알덴은 오늘밤 침대에 누워 약속한 3장을 읽었고 처음으로 깨달은 사실들, 알덴이 이제껏 들어보긴 했지만 기억하진 못했던 것들로 흐뭇해하며 놀라워 하고 있다. 알덴은 들뜬 채로 나를 부르며 새로 발견한 진리를 말해주곤 한다. 알덴은 성경을 사랑한다고 한다. 성경을 만지작거리는 게 너무 즐거운지 밤에도 내려놓으려고 하질 않았다. 난 성경책을 베개 밑에 넣고 자면 되지 않겠냐고 했다. 해럴드는 자기도 성경책을 사랑한다면서 아직 글은 못 읽지만 꺼내서 들춰본다. 하나님께서 이 아들들을 축복하시길. 우린 아이들이 하나님의 말씀을 이토록 사랑하도록 도와주신 알렉산더 전도단과 데이비스 씨에게 감사한다.

1910년 6월 14일. 달콤한 열여섯 살

루스의 '달콤한 열여섯 살' 생일이다. 우린 루스에게 생일축하 편지를 썼고 알덴이 11세의 나이에 쓴 편지를 일부 여기 옮겨 적는다.

"누나가 이제 달콤한 열여섯이 되었네. 누난 이 달콤한 열여섯에 대해 말하곤 했잖아. 하지만 누나의 모든 생일은 다 달콤했어. 누나 엉덩이를 때려줄 수 없으니까 여기 나의 열여섯 번의 키스를 받아. (키스를 열여섯 번 적음.) 더 성장해야 할 부분이 있는 것 같아? 그것만 빼면 달콤한 열여섯 생일을 지나 내가 말했듯이 똑같이 달콤한 열일곱 번째 생일을 맞을꺼야. 내 생각엔 난 15살 이상 된 여자나 남자아이는 본 적이 없는 것 같아. 셔우드와 윌버만 빼 놓고 말이야. 그러나 엄마는 이렇게 말하드라. '청년이 되면 아이가 곁을 떠나요.' 누나가 15살 때 보내준 엽서 고마워. 누나 생일을 여러 번 생각했어. 누나가 여기 있으면 좋겠어. 홀리 언더우드처럼 말이야. 홀리는 방학을 맞아 돌아왔지. 그래도 '달콤한 열여섯'과는 비교가 안 되지. 엄마는 누나 생일이라고 편지를 쓰고 있어. 이젠 자러 가야 해. 그럼 안녕, 루스. 달콤한 열여섯 살."

_알덴 노블(Alden E. Noble)

 1910년 8월 21일. 알덴이 루스에게 보낸 편지

제일 사랑하는 누나, 나한테 와! 누나를 본 지 너무 오래되었어. 키스가 닿을 수 있는 곳에 누나가 있다면 내 그리움을 가르쳐 줄 텐데. 난 집안을 걸어 다니지만 누나는 볼 수 없어. 내가 돌아다닐 땐 우리 누나가 여기 있으면 하고 바라지. 오! 루스, 내가 얼마나 보고 싶은지 얼마나 누나한테만 키스해 주고 싶어 하는지 알아? 이제 작별 인사해야 돼. 사랑하는 누나, 여기에 누나가 있길 바라고 또 바래.

1911년 2월 5일. 재밌는 쌍둥이들

오늘 아침 글렌이 손가락을 다쳐 씻어주고 소독액에 담근 후 붕대를 감아주었다. 아이는 빙그레 웃으며 흐뭇해했다. 엘머가 당장 자기의 멀쩡한 손가락도 감아달라고 했다. 네 손가락은 안 해도 괜찮다고 하자 울음을 터뜨려 붕대를 감아주었다. 나중에 붕대가 자꾸 벗겨져 여러 번 되감아주다가 네 손가락은 안 감아도 괜찮다고 하자 왜 자기 손가락만 괜찮은 거냐고 울었다. 글렌은 자기는 왜 붕대를 빼면 안 되냐고 울었다.

쌍둥이들은 똑같이 하고 다니며 사람들에게 선보이는 걸 매우 즐긴다. 또 똑같이 하고 다니려고 잔꾀를 많이 부린다.

1911년 6월 22일. 죠지 국왕과 메리 왕비의 대관식 날

우리는 저녁에 서울의 영국 공사관에서 국왕부처 대관식을 기념하여 열린 가든파티에 참석했다. 조선 악단이 좋은 연주를 했다. 바닥은 깃발과 천으로 예쁘게 장식했고 신비로운 느낌으로 꾸민 산책길도 있었다. 찻집도 있어서 잔디밭 한쪽 둔덕에선 다과를 대접하고 부지 다른 모퉁이에선 긴 테이블이 있는 부스가 몇 있었다. 한 부스에선 차와 케익을 내 왔고 다른 부스들은 이

후의 간식시간을 위한 것이었다. 파티는 손님들로 북적거렸다. 레이 영국 영사 레이도 있었다. 스키드모어 미국 영사는 노모(老母)를 모시고 모든 영사관 식구들과 함께 참석했다. 간식 중간에 악단이 "하나님께서 왕을 구원하시리"와 "하나님께서 왕비를 구원하시리"를 연주했고 우린 두 번 기립했다. 한 번은 어떤 이가 일어나 왕을 위해 세 번 건배를 들자고 제안했고 우린 모두들 다시 기립했다. 손님들은 다양한 국적의 사람들로 구성되었다.

우리의 연회 이틀째 일정을 마쳤다. 난 오늘 여성연회에서 내 보고서를 발표했다.

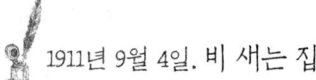

1911년 9월 4일. 비 새는 집

밤 12시. 칠흑 같은 어둠에 비가 주룩주룩 내리고 있다. 24시간째 줄기차게 퍼붓고 있다. 오후엔 피아노 위에서 비가 새 문지기에게 지붕 위에 올라가 새는 곳을 막아달라고 부탁했다. 난 조금 전 침대에서 나와 모두 여덟 군데에서 비가 새는 걸 발견했다. 피아노 위에 아까 막아놓은 곳을 비켜 새로운 곳에서 새고 있다. 문지기를 불러 등불을 들고 지붕 위로 가서 가능하면 응접실의 구멍을 막아달라고 했다. 그러나 날이 밝기 전 새는 구멍을 찾을 가망은 없어 보인다. 한번은 여름에 몇 주간 집을 비웠다 돌아와 보니 침대 두 개가 진흙과 물로 흠뻑 젖어 있었다. 이 집은 조선인이 지은 기와지붕에다 안팎으로 진흙을 이겨 바른 집이다. 기와도 진흙으로 이음새를 막는다.

다른 곳에서 또 비가 샌다. 문지기는 한 군데도 찾질 못했다. 그냥 날이 밝을 때까지 기다리는 수밖에.

장로교 연회 회기 중이다. 오늘 오후 4시부터 6시까지 어린이 파티를 열었고 한국 전역의 모든 장로교 어린이들과 평양의 감리교 어린이들이 참석했다. 알덴, 해럴드, 쌍둥이들도 갔다. 쌍둥이들은 평상시처럼 많은 주목을 받았다. 곱슬거리는 머리카락에 어깨에 하늘색 리본을 댄 흰색(팔꿈치까지 덮는 소매가 아니라) 짧은 소매 셔츠를 입고 하늘색 스타킹에 하얀 구두를 신었다. 둘이 똑같이. 쌍둥이들은 정말 그림 같다.

루스가 미국에 가다

감독이 감리교 조선선교 25주년 기념행사를 준비하도록 존스 박사를 미국에 파송하였다. 존스 박사 가족도 함께 미국으로 간다. 올리베트 스왈렌도 학교 때문에 미국에 가게 되어 루스는 평양에 남은 유일한(미국인) 10대 소녀가 되었다. 그래서 우리도 루스를 다른 일행과 함께 미국 노스필드의 학교에 보내기로 했다. 우린 루스의 이모 도라에게 루스를 맡기기 위해 편지들을 보냈다. 루스는 존스네 가족과 함께 떠나 시베리아와 유럽을 경유하여 뉴욕 부두에서 도라 이모와 만나게 된다. 이 짤막한 문장이 루스의 부모, 형제, 그리고 루스 자신에게 차지하는 의미는 책 몇 권을 채워도 부족하다. 루스는 여행 내내 아름답고 흥미로운 편지를 써 보냈다. 미국에 도착한 후엔 매주 편지 띄우는 걸 거

위. 노블가족(1912년). 13세의 앨든 얼 노블(왼쪽 뒷줄), 15세의 루스 에밀리 노블(오른쪽 뒷줄), 윌리엄 아더 노블, 9세의 해럴드 조이스 노블, 매티 윌콕스 노블(앉아 있는 줄 왼쪽부터) 3세의 쌍둥이 엘머 레이 노블과 글렌 아더 노블

아래. 노블가족(1919년). 왼쪽부터 루스 노블 아펜젤러와 아기 마가렛, 헨리 아펜젤러, 아더 노블, 해럴드, 매티 노블, 앞줄의 쌍둥이 글렌과 엘머(10세).

른 적이 없고, 종종 주중에 편지나 엽서 한 장을 더 끼워 넣었다. 아더는 멀리 안딩까지 루스와 함께 기차를 타고 갔다. 루스는 학교에서 매우 잘하고 있다. 루스는 참 착하고 양심적인 크리스천 소녀다. 우린 루스의 생활태도와 적응력에 대해선 마음을 놓고 있다. 그러나 이 달콤한 딸과 1년이나 떨어져 있는 게 얼마나 큰 희생인지는 형언할 수 없다.

1912년 2월 2일. 해럴드의 건강 악화

해럴드는 한 열흘간 류마티스 근육으로 아팠다. 통증이 심하진 않았지만 팔다리와 머리에 통증이 있었고 심장운동은 불규칙적이고 미약했다. 팔웰 박사는 특별히 심장의 증세에서 확장된 것인지, 아니면 일반적인 무력증세라서 토닉으로 치료해야 할지 확신하지 못했다. 해럴드는 나아지고 있지만 침대를 벗어날 정도로 튼튼해진 건 아니다.

에스티 양의 건강 악화로 인해 우리가 평양 십일조 보통반을 맡아야 했다.

1914년 2월. 쌍둥이들의 시

우리가 조선에 돌아오기 전 쌍둥이들에게 폭풍속 바다 그림을 보여주자 그 많은 물보다 엄마를 더 사랑한다고 했다.

조선으로 가는 길에 캘리포니아 사막에서 세이지브러쉬[사막식

물의 일종)를 보더니 엘머는 그걸로 자기 머리를 빗으면 좋겠다고 했다. 그리곤 자기가 농담을 한 사실에 눈을 반짝였다.

쌍둥이들은 자주 내게 묻는다. "두 아기를 사랑하나요?" 난 "그럼"이라고 대답한다. "그럼 말해보세요." 아이들이 주문한다. 그럼 난 한마디 한마디 열정을 불어넣어 말한다. "너무 사랑해." 그러면 쌍둥이들은 씩 웃으며 흐뭇해한다.

며칠 전 쌍둥이들이 말했다. "왜 예수님이 우리 기도를 안 들어주는지 모르겠어요. 우리한테 날개를 달아달라고 기도하고 또 기도했는데 날개가 전혀 안 생겨요."

알덴은 4살 10개월 때 이런 시[82]를 지었다.

"I hung a picture on the wall, and it was very small."

(벽에 그림을 걸었는데 너무 작았어요.)

4살 11개월 땐 이런 시를 지었다.

"I hung a picture on the wall, I mustn't touch it else I fall"

(난 벽에 그림을 걸었어요. 떨어지니까 만지면 안 돼요.)

1914년 8월 8일. 쌍둥이들의 기도

쌍둥이들이 밤마다 드리는 기도에 입을 다물지 못하겠다. 각자 따로 기도하며 서로 더 많이 기도하려 한다. 어느 밤의 기도. "사랑하는 주님, 아빠와 엄마, 우리 두 아기들과 루스와 알덴과 해럴드를 축복해 주세요. 우리의 죄와 그 모든 것을 사해주세요. 누워서 수영하는 법을 배우게 해주세요. 아무도 물에 빠지지 않게 해주시고 우리 집이 무너지거나 불타지 않게 도와주세요. 다이버들[그들이 하와이에서 본]이 물에 빠지지 않게 해 주세요. 아무도 더 아프지 않게 도와주시고 비가 내리지 않게 해 주시고 모두 집에 들어와 있을 때만 비를 내려주세요. 예수님을 위해, 아멘."

다음날 난 모든 사람들이 처마 밑에 있는 순간은 없으며 비는 지구에 꼭 필요하다고 설명했다. 그러자 다음날 밤은 비가 아무 때나, 거의 계속 내리게 해 달라고 기도하였다.

1914년 8월 8일. 한강 오두막에서

7월 27일 한강에 내려왔다. 서울은 아주 무더운 날씨가 계속되었다. 제물포에선 그늘에서 온도계의 수은주가 화씨 100도(섭씨 37.7도)까지 올라갔고 서울에선 그늘에서 94도(섭씨 34.4도)까지 올라갔다. 그러나 같은 온도라도 공기 중 습도가 높아 건조한 기후보다 무덥고 힘겹다. 벡 가족은 애비슨 가족의 여름 오두막집을 7-8월간 렌트했다. 그리고 다시 우리에게 그 오두막을 한 달간 재임대했다. 우린 7월 말부터 8월 말까지의 기간을 골랐다. 우리가 집 절반을 쓰고 벡 씨가 나머지를 쓴다. 큼직한 식당과 거실이 있고, 5개의 작은 침실, 부엌, 작은 뒷베란다와 완전히 스크린이 쳐진 큼직한 앞베란다가 있다. 우린 한 켠의 침실 두 개와 부엌을 쓰고 우리 쪽 큰 베란다에 식탁을 놔두고 식사를 한다. 부엌과 앞베란다 사이에는 작은 베란다가 있다. 벡의 가족은 침실 하나를 창고로 쓰고 뒷베란다에서 숯불화로에 요리를 한다. 아이들은 침실에서 잠을 자고 아더와 난 베란다에서 잔다. 우린 침대겸용 소파가 있는데 낮에는 접어서 소파로 쓴다.

우린 사공 한 명을 고용하여 우리 모두를 싣고 매일 오후 5시에 강을 건너 모래사장으로 데려가게 했다. 그 모래사장에서 우린 수영하러 물에 들어간다. 이곳엔 다른 가족이 둘 있는데 밀러(F. S. Miller) 집에 있는 본윅스 가족과 언더우드 집에 있는 웰러스 가족이다. 헤스 양과 브라운리 양은 웰러스 가족과 함께 묵고 있다. 고로 우린 꽤 큰 일행이다.

아더는 서울에 자주 나가 오후 5시에 돌아온다. 아더는 조선에 있는 선교본부의 재산에 관한 질의서에 대한 보고서를 작성하느라 타자기를 애용한다.

루스가 6월에 알덴의 향수병과 의기소침함에 관해 우리에게 편지를 쓴 바가 있다. 너무 정도가 심해 학교 종강 직전 모든 과목을 낙제할 것을 알고는 학교를 떠나 벨 이모네로 가버렸다. 우린 이로 인해 노심초사했고 알덴을 위해 무엇이 최상인지 의문을 품게 되었다. 아더는 해리스 감독과 이 문제로 상의한 후 알덴이 미국에서 돌아와 우리와 1,2년 더 있는 게 최선이라고 판단했다. 그리고는 6월 24일 선교본부에 해리스 감독의 서명을 받아 알덴을 보내달라고 전문을 보냈다. 나중에 알덴은 다음 해에 대한 굳은 각오를 밝힌 명문의 편지를 보냈다. 그래서 우린 알덴에게 그곳 학교에 남는 문제를 엘스워스와 상의하라고 다시 전신을 부쳤다. 바로 그때 라이드가 다시 전신을 보냈다. "알덴 돌아가겠다고 성화." 아더는 알덴이 돌아오면 우리에게 얼마나 큰 추가의 재정부담이 생기는지 설명하는 편지를 보냈고 알덴이 그 편지를 받을 때까지 기다렸다. 그리고는 7월 31일 "알덴, 결정해!" 하고 전신을 부쳤다. 그 쪽에선 8월 1일이 되면 전신을 받을 것이다. 우린 최종 결정이 어찌될지 마음을 졸이며 기다리고 있다. 알덴이 돌아올지 아니면 반대의 결정을 내렸다는 편지를 받을지는 8월 말이 되어야 알 수 있을 것이다. 하늘에 계신 우리 아버지께서 이 아이가 최선의 성장을 할 수 있는 길로 인도하시도록 맡긴다.

*알덴은 1914년 여름 미국에서 돌아와 9월에 외국인학교에 들어갔으나 채 한 달도 되지 않아 장티푸스 열병에 걸렸다. 아이는 5개월간 침대에 누워 지냈다. 크리스마스엔 아버지가 아래층으로 안고 내려왔지만 그 후에도 얼마간 침대에 누워 지냈다. 심장판막증의 후유증을 앓았고 심장이 다시 건강히 자랄 때까지 반듯이 누워 있어야만 했다. 정말 심장은 건강해졌으나 의사 선생님은 다시 이전 상태로 돌아갈 것이라고 했다. 그러나 후에 미국 오하이오 웨슬리안 대학에서 정밀검진을 받은 결과 심장은 완벽하게 건강한 것으로 판명되었고, 후에 전쟁에 자원입대할 때도 같은 신검결과가 나왔다.

---

* 아래 부분은 몇 년 후에 알덴에 관해 노블 부인이 덧붙인 글이다—옮긴이

서울외국인학교(1926년)

  병시중을 드는 이로선 이렇게 참을성 많은 아이는 처음 보았다. 침대에서 작업하거나 놀이할 수 있을 만큼 호전되자 상당한 독서를 하고 시를 짓고(정말 가치 있는 시도 몇 편 있었다) 종이군함이나 마분지 보트를 만들었다. 경탄할 만한 작품들이었다. 알덴은 바이올린 연습과 연주를 매우 자주, 한 번에 오래도록 했고 기량이 눈에 띄게 늘었다. 결코 그해 학교에 재입학할 만큼 튼튼해지진 않았으나 1915년 가을 평양에 가서 외국인 학교를 1년 다녔다. 그 다음해 여름 우리와 원산해변에서 작별하고 아버지와 함께 서울로 내려가 거기서 일본을 거쳐 미국으로 가 오하이오 웨슬리안 대학 부속고등학교에 들어갔다. 그게 1916년이었다.

1926년 서울외국인학교 학생일동. 엘머 노블은 뒷줄 왼쪽에서 세 번째에 있다. 글렌 노블은 뒷줄 오른쪽에서 다섯 번째. 글렌 옆에 오른쪽에서 네 번째 있는 사람이 맥스 베커.

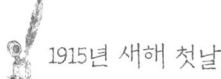
1915년 새해 첫날

우리가 1892년 10월 18일 조선에 와서 3년을 서울에서 지낸 후 처음 서울에서 맞는 새해 첫날이다. 아더는 이틀 전에 원주로 떠났기 때문에 우리가 함께 신정을 맞을 순 없었다. 알렌의 장티푸스 고열로 아더는 너무 오래 집에 매여 있었고, 며칠 전엔 부득이 떠나야만 했다. 그래도 우린 하루 종일 오픈 하우스를 했다. 벡 부인, 베커 부인, 테일러 부인과 난 합동으로 손님을 맞았고 모두 함께 다과를 제공했다. 약 130명의 방문객에게 다과를 대접했다. 다과는 차, 초콜릿, 과일, 딸기 케익, 드롭 케익, 소금 뿌린 땅콩, 사탕, 각종 미니 케익, 샌드위치(치즈와 잼 2종), 견과류, 치즈, 등이었다.

테일러 가족은 아기 알티아를 데려 왔고 벡 부인은 아기 캐서린과 에스더와 프란시스를 데리고 왔다. 맥스와 에벌린 베커도 왔다. 아이들은 파티 분위기라 신이 났다. 알덴은 아이들이 방에 오는 걸 너무 좋아했다. 가엾은 아이 알덴은 심장합병증으로 장티푸스에 걸린 이후 일어나 앉을 수가 없었다. 의사 선생님들은 알덴이 일어나 앉으려면 한 달은 더 기다려야 한다고 했다.

새해 연하장을 받았다. 박 목사가 귤 한 상자와 꿩 두 마리를 보냈다. 해리스 감독은 귤 한 상자를 보냈고 미국 영사 밀러 부부는 안부를 전하고 아름다운 일본의 난쟁이나무들을 심은 길고 야트막한 화분을 보냈다.

매우 유쾌한 날이었다. 세상을 휘젓고 다니는 생명의 추수꾼이 우리 알덴을 넘어갔고, 그를 우리 곁에 남겨두었다. 고로 우리의 마음은 1914년의 많은 축복으로 인해 감사하다.

1915년 8월 25일. 원산 해변가

아더는 원산의 새 여름 리조트에 부지를 분양받아 중국인 시공업자 루를 통해 우리 오두막을 짓기 시작했다. 우린 올해엔 파티션을 설치하지 않고 앞 베란다만 만들기로 했다. 고로 올해 이 집에 우리가 들인 비용은 계약가 360엔에 손님방을 하나 추가해 400엔을 넘지 않았다. 지금은 천이나 면 커텐을 쓰나 내년엔 미닫이문 파티션을 설치할 것이다. 그래서 원하는 대로 개방하거나 프라이버시가 필요하면 차단할 수 있을 것이다. 남향 쪽으론 베란다도 만들 것이다. 다해서 4개의 작은 방과 큰 거실 하나와 베란다가 있을 것이다. 원한다면 간이침대를 펴고 여러 명이 베란다에서 잘 수 있을 것이다. 올해에 건축한 가정은 데밍스네밖에 없지만 내년엔 꽤 많은 가정이 건축을 할 것이다. 원산은 유쾌한 해변이며 헤엄치기에 환상적이다. 38개의 부지가 분양되었고 50개 이상의 부지가 미분양 상태다. 그리고 수요가 있으면 앞으로도 더 많은 땅이 리조트에 제공될 것이다.

아이들과 난 7월 21일에 원산에 올라왔다. 우린 모두 8월 27일에 집에 돌아간다. 무시무시한 태풍이 어제 하루 종일, 밤새, 그리고 오늘 내내 몰아쳤다. 바다는 포효하고 땅의 패인 부분은 온통 물이다. 난 21일에 몸이 별로 안 좋았다. 23일엔 아파서 자리에 누워 일주일간 꼼짝도 못했다. 그 후엔 다시 괜찮아졌다.

1915년 11월 6일

일본의 '1916년 인명대백과사전'의 요청으로 제출한 아더의 인적사항이다.

· 성명: 윌리엄 아더 노블
· 직업: 선교사
· 학위 및 훈장: 학사, 박사
· 출생일 및 출생지: 1866년 9월 13일, 미국 펜실베니아 스프링빌
· 국적: 미국

- 부친 성명과 직업: E. J. Noble - 농부
- 결혼: 1892년 6월 30일 매티 릴리언 윌콕스와 결혼
- 학력: 몬트로우스 사립학교, 와이오밍 신학교, 드루 신학대학, 기술철학통신학교
- 경력: 1892년 10월 18일에 조선 서울에 도착(1892-1900)
- 지방회 감리사 (1903)
- 조선 선교회 감리사 (1909-1915)
- 여러 지방회에 1년씩 감리사 역임
- 일본거주기간: 조선에서 23년 거주
- 저서: 조선 이야기 「이화」
- 주소: 조선 서울

1917년 6월 30일. 결혼 25주년 선물들

바로 이틀 전에 평양에서 열린 연례회의에 참석하고 돌아왔다. 그래도 6월 30일은 우리 결혼 25주년이었으므로 오후에 기념 티타임을 가지고 35명의 손님을 초대했다. 시내에 있는 우리 선교회 사람 모두와 남감리교 사람들, 장로교 사람 몇 명, 프랑스 영사의 아내인 게랑 부인, 그래그 씨, 해리스 감독, 그리고 몇이 더 왔다. 우리가 받은 선물은 다음과 같다. 언더우드 박사 부부 이름으로 보낸 은 원앙컵 하나(비록 언더우드 박사는 가을에 작고했지만), 버딕 씨가 보낸 조선식 은컵 하나, 전문 2개, 윤치호 부부가 보낸 2개의 커다란 조선식 은 숟가락, 로제타 홀 박사가 보낸 조

선식 은 숟가락, 루퍼스 박사 부부가 보낸 차 거름망 은 스푼 한 개, 그리고 해럴드가 보낸 티스푼 한 개.

1917년 크리스마스. 선물로 받은 고려시대의 자기들

윤성렬 목사가 강화도와 송도 무덤에서 출토된 고대 그릇 두 점을 주었다. 놋사발은 1916년 출토되었고 900년 된 것으로 검증되었다고 하나 아마 더 오래될 수도 있다. 같은 무덤에서 나온 화폐가 사발그릇 안에 있었다. 다른 그릇은 고대의 자기 사발로 고려시대 유물이다. 700년 된 것이다.

1918년 여름. 루스의 결혼식

루스(Ruth Noble)가 7월에 미국에서 돌아왔다. 일주일 후 우리 모두 원산의 여름 오두막집으로 갔다. 헨리(Henry Appenzeller)[83]는 벡스 가족이 주인 대신 운영하고 있는 '해변의 집'으로 갔다. 물론 헨리는 매일 우리를 보러 왔다. 함께 산길을 오르며 얼마나 근사한 시간을 보냈는지. 난 또 가끔 수부나감(Subbunagam)을 통역해주며 얼마나 즐거워했는지.

우리는 8월 27일 서울로 돌아와 9월 4일 루스의 결혼식 준비를 했다. 많은 사람들이 이제껏 본 결혼식 중 가장 아름다운 예식이었다고 했다. 개척 선교사들의 아들과 딸이 결혼한다는 점에서 조선 최초이며 어느 나라에서나 진귀한 예식이 되었다. 아펜젤러의 세 딸들이 (그가 초대목사였던) 정동교회 데코레이션을 맡았다. 많은 친지들이 꽃다발을 보내주었고 오래된 성벽에서 따온 담쟁이를 창문과 기둥에 휘감았다. 탄성이 절로 나올 만큼 아름다웠다. 우리 집도 친구들이 거들어 주어 비슷하게 꾸몄다.

우리 감리교 선교회의 벙커(D.A. Bunker) 씨가 주례를 섰고 장로교 선교회의 게일 박사가 사회를 보았다. 메리 아펜젤러(Mary Appenzeller)가 제1들러리였고, 아이다 아펜젤러와 걸트루드 스왈렌(Gertrude Swallen)이 제2들러리였으며, 캐서린 벡이 부케를 받았다. 신랑 들러리는 호레이스 언더우드(Horace Underwood)[84]였다.

1922년경. 왼쪽부터 아기 리처드를 안고 있는 헨리 아펜젤러, 루스 노블 아펜젤러와 마가렛,아더 노블, 엘머, 매티 노블, 글렌.

모두 선교사 자제들이었다. 신부 일행을 제단까지 따라가 예식 중에 신부 양측에 넓은 반원대형으로 서 있던 사람들이 있다. 바로 노튼 박사, 케이블 박사, 그래그(Gregg) 씨, 루카스 씨다. 꽃과 담쟁이 격자창을 배경으로 모두들 가장 아름다운 한 폭의 그림이었다.

교회 예식 후 따로 초대된 손님들은 우리 집에서 베푼 피로연에 왔다. 피로연도 완벽하게 진행되었다. 많은 외국인 친구들 외에 평양 감리교회의 목사들과 사모 몇이 왔다(초대는 모두 부부동반으로 했다). 조선과 일본인 대표들과 윤치호 남작, 박영효 대신, 일본 외무부 대표인 히사미쑤 부부가 참석했다.

루스와 헨리는 많은 선물을 받았고 선물은 2층 가운데 침실에 전시했다.

1918년 여름. 세광사 나들이

우리 일행 중 일부가 원산 바닷가를 떠나 세광사(세 임금의 사원)로 하루 나들이를 갔다. 새벽 6시에 우리 오두막을 출발하였고 일부는 밤 10시에 돌아왔다. 아름다운 날이었고 근사한 시간이었다. 우린 이 놀라운 사원의 여러 건물을 둘러보았다. 그 중에 '500 불상전'이라는 건물이 있었다. 그 내부엔 다양한 크기와 모양의 불상 500개가 있었다. 가장 큰 불상 셋이 가운데 있고 한가운데에 가장 큰 불상이 있었다. 많은 불상이 의자 위에 놓여 있었다. 머리에 여러 스타일의 덮개를 쓰고 있었는데 기이한 천이나 종이 모자도 있었다. 항간에 여자가 이 모자를 먹으면 아들을 낳는다는 설이 있어 가끔 모자가 도난당한다. 해럴드와 나와 동행한 우리 김봉렬 비서에게 주지승에게 모자 하나 얻어달라고 부탁했다. 승려는 봉렬에게 다른 사람이 안 볼 때 하나 챙기면 된다고 했다. 김봉렬은 그렇게 했고 나중에야 승려가 일러준 말을 전했다. 김봉렬은 하나는 자기 것으로, 하나는 내 것으로 챙겼다.

1924년 4월. 루스의 편지

루스가 자기 아들 리처드 아펜젤러의 미소가 아버지 아더의 미소를 빼닮았다고 편지를 보내왔다.

"파사익에 가서야 처음 알았어요. 우리 작은 아들 속에서 아버지를 발견하다니, 기분이 묘했어요. 아버지와 떨어져 있기 전엔 눈치 못했죠. 아버지를 뵌 지도 한 달이 넘었네요. 사랑하는 아빠, 우리 아들의 웃는 모습 속에 아빠는 세월을 넘어 날 위해 살아계시겠죠. 자식을 낳으면 우린 죽지 않아요. 맞지요? 우리의 일부분이 남아서 이 오래된 세상에서 영원히, 혹은 이 오래된 세상이 지속되는 한, 살아남을 거예요."

1924년 12월 28일. 가장 중요한 목적의식

아더가 아들 알덴에게 보낸 편지의 발췌본이다.

우린 베이징의 북경대학에서 네가 받은 제의에 큰 관심을 가지고 있단다. 오스본 박사가 학과생 중 유독 널 그 자리에 추천했다니 매우 자랑스럽구나. 좋은 일이다. 박사님께서 네가 과학계의 특정 분야에서 보여준 뛰어난 재능을 인정해 네가 계속 오하이오 주립대에 적을 두길 간절히 바라신다니, 그것도 자랑스럽구나. 학생들과 사회의 공익과 과학발전을 위해 거의 한평생을 바쳐온 이런 분들의 의견을 귀담아 들어야 한다는 네 생각도 매우 타당하다.

북경에서 온 제의를 수락하는 것이 지혜로운지 평가하기 전에 네가 오하이오 주립대에서 스승으로 모신 이런 저명한 분들의 고견에 대한 내 의견을 피력하고 싶구나. 그분들의 자기 분야에서의 판단력을 의심할 사람은 아무도 없다. 그러나 그런 분들이라도 한 사람이 인생을 투자하는 문제에 관해 고려하지 않는, 사실 고려 못하는 게 자연스런 부분들이 있는데, 그건 영적 기여도란다. 여기엔 두 가지 측면이 있는데, 하나는 한 사람이 타인에게 주는 측면이고, 다른 하나는 자기 스스로가 얻는 확장성과 자극이다. 후자가 있어야 모든 활동에서 더 위대한 사람이 되고 지적 성취 면에서도 침체되는 걸 막을 수 있단다. 한 사람의 인생 성장과정에서 영적 기여가 그 사람에게 무얼 의미하는지는 일단 차치하자. 우선 선교사의 진정한 목적은 그가 섬기는 사람들의 인생 속에 구원에 이르는 그리스도에 대한 믿음을 심는 것이다. 다른 모든 것, 그의 성취, 재능, 성실은 다 이 유일무이한 목적에 종속되어야 한다. 우리 사역 일선에서 분야를 막론하고 최고봉의 사람들은 모두 전문가로서 최선을 다하면서도 자신의 섬김이 영적인 것이 되도록 피땀 흘린 이들이었다. 위대한 과학적인 성취로 사람들을 사로잡고 명망을 떨치는 것은, 만일 능력이 뒷받침된다면, 학문에 헌신한 사람이 이룰 수 있는 고귀한 야망이다. 그러나 총체적인 목적이 사람들에게 그리스도를 알리는 것이 아니라면 학문적인 성취도 이 땅의 문명에서 건설적인 기여를 할 수 없다. 이것의 과장된 예화를 학생 수가 천 명이 넘는 배재고보에서 들 수 있겠다. 배재는 기독교 학교이고 상당히 우수한 학교다. 하지만 얼마 전 신중한 조사를 한 후 난 기회를 봐서 선생들에게 많은 이들이 사람을 만드는 게 아니라 악마를 만드는 데 헌신한다고 했다. 물론 그들의 경우 많은 교사들이 비기독교적인 영향을 끼친다는 걸 지적한 것이다. 그러나 이것은 우리 일에도 사실이란다. 정말 높아지고 건설적이 되려면 그리스도를 드러내는 목적의식을 영혼 가장 깊은 곳에 품고 있어야 한다.

너의 교수님들이 기독교인이라면 내가 마지막 문단에서 한 말이 무슨 뜻인지 이해하실 것이다. 그러나 조선이나 중국 학교에서 학생들을 가르치는 과학자가 그의 모든 수고의 의식적인 기초가 직업을 통해 그리스도를 드러내는 것에 있다면 정신적 긴장, 탐문하는 습관, 적극적 성취에서도 뒤처지지 않을 것이라는 나의 언설을 존중하리라고는 기대하지 않는다.

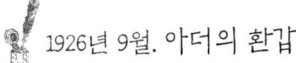 1926년 9월. 아더의 환갑

9월 13일은 아더의 환갑이다. 조선 나이론 예순한 살, 미국 나이론 예순 살 생일이다. 이 기록은 우리 두 비서인 김형삼과 김태원이 적은 것을 내가 간추려 번역한 것이다.

"서울 및 수원 지방회 감리사 겸 감리교 만주 지방회 선교사 윌리엄 노블 박사를 기념한 환갑잔치"

잔치는 9월 13일 서울 지방회 교회 사역자들의 주관 하에 피어슨 기념 협성성경학교에서 열렸다.

위원장은 평환 목사였다. 청중은 노블 박사가 단상으로 인도함을 받을 때 기립으로 환영했다. 가족들은 단상 위에 착석하였다. 노블 박사 부인, 아들, 딸, 사위, 며느리 모두 최소한 1년간 조선에 있었다. 선교사 사회에서 매우 독특한 일이다. 노블 박사의 딸과 그녀의 남편과 맏아들도 선교사로 조선에 돌아왔다. 나머지 세 동생들도 나란히 앉았다.

찬송가를 부른 후 이익모 씨가 기도를 인도했고 홍성태 목사가 빌립보서 3장 7-14절을 낭독했다. 최씨가 아래와 같이 개회사를 전달했다.

"신사숙녀 여러분, 오늘 여기 우리가 모인 주목적은 34년 전 노블 박사가 사랑하는 친지부모를 뒤로 하고 큰 바다 태평양을 건너 이 땅에 죄로부터 사람들을 구하려고 오셨기 때문입니다. 그는 우리를 낙원에 거하게 할 주 예수 그리스도의 복음을 가져다주었습니다. 김창식 목사는 이렇게 말하곤 했습니다. 노블 박사와 동행하긴 매우 어렵다. 이유인즉슨 지방에서 어떤 모임 약속이 잡히면 반드시 시간에 맞춰 도착하려고 매우 빨리 걷기 때문이라는 것입니다. 한번은 제물포 지방회에서 일할 때 김창식 목사와 노블 선교사가 함께 김포에서 동진까지 가야 하는데 배편이 없었습니다. 그러자 노블 박사는 내내 걸어서 그 장소에 제시간에 도착했다고 합니다. 진실로 노블 박사는 시종일관 우리 사람들을 동일한 열정과 보폭으로 섬겼습니다. 우린 주 그리스도와 친교하는 데 노블 박사에게 크게 빚진 사람들입니다. 조선 관습을 따라 그의 예순 생신을 축하하지 않을 수 없습니다."

다음엔 이화여대 학생들이 축가를 불렀고 배(R. S. Pai) 목사가 축사했다.

"이 모임에 참석하기 위해 만주의 중국인을 대표하여 중국에서 왔습니다. 우선 노블 박사의 예순 살 생일을 큰 존경심을 가지고 축하합니다. 노불(老佛)이란 이름은 '연로한 부처'를 뜻합니다. 정말로 'Noble'이란 이름이 노불(老佛)에서 온 게 아닌가 싶습니다. 불교에선 어떤 사람이 경건하게 살다가 노년에 이르면 숲속의 풀과 나무와 꽃이 그의 도덕성에 영향을 받는다고 합니다. 이 말들이 진실이라고 믿는 건 아니지만 노블 박사의 도덕성은 조선 전역의 교회들에 실제로 영향을 끼쳤고, 이 사실을 인정하지 않는 기독교인은 없습니다. 조선에 노블 박사의 발자국을 보지 못한 곳은 없습니다. 제가 어딘가에 가면 항상 이렇게 말하는 사람들을 발견합니다. "전 노블 박사님께 세례를 받았습니다." 한번은 박사님께 이 땅에 오신 후 몇 명에게 세례를 주셨는지 물어보았습니다. 대답은 '기억할 수 없다'는 것입니다. 만주 지방회에서도 박사님께 세례를 받았다는 사람들을 많이 만납니다. 지난 34년간 이 땅에서 그의 위대한 사역에 대해 다 말하는 것은 불가능함을 압니다. 전 노블 박사와 사모님이 우리를 대하는 태도를 보면 외국인이나 미국인으로 보이는 게 아니라 진정한 동포로 여겨집니다.

노블 부부의 조선에 대한 열성적인 섬김을 기리기 위해 그리스도 안에서 조선 형제자매들은 놋쇠나 돌이나 철로 전국 방방곡곡에 그들의 동상을 세워야만 할 것입니다. 그러나 하나님께선 우리의 가난함을 아시고 다른 방법으로 동상을 공급하셨음을 인해 감사드립니다. 바로 여러분이 보시는 바와 같이 이 단상에 계신 노블 일가입니다. 네 아들과 딸 하나와 사위 한 명, 며느리 한 명이 모두 오늘 우리와 함께 있습니다. 그들은 노블 내외의 천연기념비입니다. 부디 자녀들이 한 곳에 모여 살지 말고 이 땅 곳곳에 흩어져 살길 바랍니다. 그래서 우리가 자녀들을 볼 때마다 노블 박사님과 사모님을 기억하고 이분들의 주님과 우리 백성을 위한 위대한 사역을 생각하길 원합니다."

다음 연설은 김 목사(C. W. Kim)였다.

"노블 박사 가족을 보면 누가 정말 나이든 사람인지 분간이 안 됩니다. 다 젊은이처럼 보입니다. 노블 박사는 오늘 환갑을 기념하지만 보시다시피 얼굴은 젊었을 때처럼 환하십니다. 우리 억압받는 백성을 위해 삶을 드리고자 하나님과 동역하며 이곳에 왔기 때문에 늙질 않는 것입니다. 저도 노블 박사는 미국인이 아니라 자기 동포를 위해 고군분투하는 진정한 조선인이라고 말씀드리고 싶습니다. 이 사실은 많은 방식으로 나타납니다. 그의 사무실에 가본 분은 다 책상 우편에 조선의 이(李) 황제의 사진이 있는 걸 보셨을 겁니다. 노블 박사님은 황제를 사랑하고 존경하고 기억하며 조선을 자기 고국처럼 여깁니다. 그의 조선인으로서의 훌륭한 정신은 행동과 사역에서 드러납니다. 우리 사람들을 향한 그의 태도는 조선사역 처음부터 초지일관합니다. 그 자신만이 희생하길 바라는 게 아니라 아들까지 조선을 섬기라고 인도했습니다. 그래서 알덴 노블 박사는 이제 연합기독대학(Union Christian College)에서 생물학 교수로 계십니다. 우린 그의 자녀들이 모두 이 나라에 살며 부모들이 이전부터 지금까지 했던 것처럼 이 백성을 위해 사역하길 바랍니다."

서울 중앙교회의 김동순 목사는 축하전문을 낭독했다. 전문을 보낸 사람은 해주의 김창식 목사, 평창의 김 목사(Y. M. Kim), 평양의 오 목사(K. S. Oh), 해주의 임 목사(Y. S. Lim), 제물포의 김 목사(C. H. Kim), 공주의 봉씨(K. S. Pong), 중국 해림, 할라소, 하얼빈, 길림, 조선 평양, 강수의 강수 교회, 충주, 중국 묵돈, 종주의 성도 일동들이었다.

노블 박사에게 아름다운 선물이 드려졌다. 서울지방회에선 은

화병 몇 개, 이천 지방회에선 은으로 만든 찻잔과 접시, 김(C. W. Kim) 목사는 놋쇠 촛대 몇 개, 홍성태 목사는 냅킨 고리, 만주 교회들은 수놓은 파랑색 퀼트 공단을 선사했다.

수원 지방회는 10월 5일 교회에서 아더의 환갑을 축하했다. 종일 비가 내려 많이들 오진 못했지만 적은 수가 오붓하게 아름다운 연회를 가졌다.

송덕구 목사가 위원장이었다. 홍형제 목사, 송 목사 부인, 제암리 출신의 전도부인 김 작실, 제암리 근처에서 온 남자(1919년 딸과 사위가 사살되었고 딸의 시신은 군인들이 불살라버림), 그리고 몇 명이 축사를 했다. 마지막 사람은 수원 지방회의 모든 이들은 아더를 그 참혹한 시절의 구원자로, 박해가 끝나도록 많은 도움을 준 사람으로 늘 기억한다고 했다.

홍 목사는 아더가 처음 자전거를 사용할 때 사람들이 자전거가 귀신이라고 믿고 두려움에 떨던 때를 회고했다. 그러나 차츰 자신들의 친구를 실은 자전거가 오는 소리를 고대하게 되었다. 홍 씨는 아더가 정동교회에서 설교할 때 처음 그를 보았다고 했다. 그는 설교 주제가 탕자였다는 것까지 기억했고, 아더가 조선어로 탕자를 가리키는 말인 '허–랑–방–탕'을 얼마나 느릿느릿 발음했는지 회고했다. 당시 홍씨는 13살이었다. 그는 아더가 그제나 이제나 얼굴과 목소리가 똑같다며 하나님께서 아더를 마지막 숨을 쉴 때까지 지키고 축복하시길 위해 기도했다. 그는 또한 바울이 디모데를 복음 안에서 아들로 부를 수 있듯이 아더도 자신을 복음 안에서 아들로 부를 수 있다고 했다.

송덕구 목사는 1902년 아더가 영변 북쪽 회천으로 첫 순회여행을 갔던 이야기를 했다. 회천에서 송 목사와 그의 아버지를 만났고 부자(父子)는 목회의 길로 접어들었다. 당시 아더와 김창식은 둘 다 자전거를 타고 다녀 도처에서 큰 관심을 불러일으켰다. 송씨는 자신이 다녔던 평양 어린이 주일학교에서 내가 한 사역에 대해서, 내가 자신을 훈련시키는 데 일조했음을 이야기했다. 한번은 바울의 생애에 관해 내가 공과를 가르치다가 영혼을 예수께로 인도하는 것이 인생에서 가장 위대한 일이라고 했다. 송씨는 그 때 그 자리에서 목회자가 되기로 결심했다.

수원 지방회의 사역자들은 아더에게 아름다운 은사발을 선물했다. 은사발은 붉은 공단으로 만든 함에 들어 있었다. 증여사를 한 홍 목사는 이렇게 말했다. 이생에서 안락이나 아름다운 것을 한 번도 누리지 못했던 아버지는 천국 가서 주님을 뵈면 붉은 상자에 선물을 넣어 드리고 싶다고 늘 말했다. 천국은 모든 게 밝고 기쁜 느낌일 테니 검정이나 칙칙한 색은 안 되고 붉은 색이어야 한다는 것이다. 홍 목사는 고로 이 선물도 붉은 함에 넣었다고 설명했다. 홍씨는 둥근 사발의 원형(元型)은 그리스도 사랑을 상징하기 때문에 마음에 든다고 했다. 인간의 사랑은 모가 났고 사람들의 존경을 받는 모서리에서만 사랑하지만 그리스도의 사랑은 둥글며 끝이 없다고, 이 둥글게 포용하는 사랑 안에 백인, 황인, 흑인 등 모든 인종이 포함된다고 했다. "고로 우리의 몸과 혼과 영을 이 모든 것을 감싸는 예수의 사랑인 원형에 담습니다. 그리스도의 충만하고 진실된 사랑으로 이 사발을 당신에게 드립니다."

 1926년 10월 7일. 해럴드의 건강 악화

해럴드의 건강은 특별히 지난 2년간 점진적으로 악화되었다. 독감이 근방에 오면 어김없이 걸려 대학공부에 차질을 빚었고, 약골인 몸을 추슬러 다시 학과공부를 시작하곤 했다. 또 다른 문제는 얼굴에 있는 염증으로, 이것 때문에 수차례 수술을 받았다. 이 문제는 출생 때부터 시작되었다. 그리고 내려앉은 발등이 허리와 목에 통증과 극심한 두통을 일으킨다고 판단해 과격한 스포츠나 많이 걷는 것은 엄두도 못 냈다.

그래도 해럴드는 1925년 가을 후한 장학금을 받고 하버드에 입학했다. 그러나 정서불안과 질병이 심해 학교 보건실 의사는 요양원이나 바다 여행 또는 친척이나 친구네 농장에 머무르며 휴양할 것을 권했다. 해럴드는 미시간 주 블리스필드에 사는 사촌 벨 랜솜 스트레크의 집으로 갔다. 벨과 그녀의 남편 윌 스트레크가 해럴드에게 친한 카이로프렉틱(척추교정) 시술사들을 소개시켜 주었다. 카이로프렉틱이 큰 효과가 있었지만 6개월은 치료를 받아야 한다고 했다. 해럴드는 5주 치료를 받은 후 오하이오 포츠머스의 포츠머스 경영대에 자리가 생겨 6개월간 일반강좌에서 강의했다. 그러면서 집에 돌아와 건강을 회복할 목적으

[사진 위] 1926년의 노블 일가. 뒷줄 왼쪽부터 아기 바바라를 안고 있는 앨든 노블, 앨든의 아내 펄 노블, 아더 노블, 해럴드 노블, 매티 노블, 글렌과 엘머, 루스 노블 아펜젤러, 헨리 아펜젤러. 앞에 서 있는 사람은 왼쪽부터 아펜젤러의 자녀들인 마가렛, 리처드, 캐럴(아빠의 손을 잡고 있다).

[사진 아래] 노블 가족의 원산해변 별장 근처에서 찍은 사진들. 사진설명엔 "1915년 원산에 지었던 두 집 중 하나"라고 되어 있다. 노블가족은 원산에 감리교 선교사 가족을 위한 별장을 건축하고 그곳에서 주로 휴가를 보냈다. 왼쪽부터 매티 노블, 엘머와 글렌, 맥스 베커(확실하지 않음).

로 조선에 돌아갈 채비를 했다. 해럴드는 6월 24일에 돌아왔고 그 후론 계속 상태가 호전되고 있다. 건강이 매우 나빴으며 지금도 튼튼한 것과는 거리가 멀고 수개월이 걸려야 쾌유되겠지만 이제 건강으로 가는 길목에 있다. 우리 가족은 13년 만에 처음으로 온가족이 서울에 있으며 원산 해변에서 한 달하고 3주를 함께 보냈다. 비록 루스네 가족은 다른 오두막에 있었지만 말이다.

1927년 6월 9일

글렌과 엘머는 서울 외국인 학교를 졸업했다. 아이들이 졸업할 때까지 우리 곁에 둘 수 있어 참 좋았다. 동급생 중 다른 유일한 졸업생은 루이스 쿤스다. 나머지 동급생들은 지난 2년간 하나둘씩 미국 학교로 떠났다.

1927년 7월 30일. 신요마루 호 항해

어제 오전 선상에서 두 번째 맞는 금요일에 글렌이 내 선실 문을 두드리는 소리에 눈을 떴다. 사람이 바다에 빠졌으며 그 사람을 찾기 위해 배가 그 지점을 맴돌고 있다는 것이다. 난 허겁지겁 옷을 주워 입고 갑판으로 올라갔다. 얼마동안 배가 넓은 원을 그리며 빙글빙글 돌았고 그 중심엔 경보음이 울렸을 때 던져놓은 구명부표가 떠 있었다. 바다는 거칠지 않았고 원을 그리는 가운데 바다는 차분하기 그지없었다. 그러나 모두 눈을 씻고 찾아

봐도 불쌍한 몸뚱이는 찾을 수 없었다. 아마도 곧장 가라앉았던지 아니면 머리를 아래로 하고 떠올라 검푸른 잔물결에 눈에 띄지 않았을 수 있다. 그래서 마침내 배는 항해를 재개했다.

나중에 우리가 들은 바로는 그 빠진 사람은 보조 요리사로 겨우 21살이었다. 며칠간 몸이 안 좋았고 요코하마에 놔두고 온 위독한 아내 걱정을 했고 그날 아침 제1요리사와 다툰 다음 곧장 갑판 위로 뛰어내렸다고 한다. 이발사는 항해엔 이런 일이 흔하며 서양으로 가는 [서쪽] 항해보다 동양으로 가는 [동쪽] 항해에서 더 흔하다고 했다. 난 '서쪽'과 '동쪽'이란 단어를 지웠는데, 왜냐면 우린 서양으로 가고 있지만 사실 항해 절반 이상이 동쪽으로 가는 길이기 때문이다.

서울을 떠나기 전 난 워싱턴 스미소니언 박물관의 프리어스 미술관(Freer's Art Gallery)의 관장인 비숍 박사에게 내가 소장한 조선 고대 도자기 54점과 중국 도자기 몇 점을 보냈다. 1928년 4월 위의 모든 작품들은 스미소니언 박물관에서 내 고향인 펜실베니아 주 윌크스베리의 프랭클린 거리에 있는 와이오밍 박물관 역사학회로 옮겨졌다. 그곳에서 이전에 보낸 도자기들과 함께 '윌리엄 노블 부인의 개인 소장품전'이란 이름으로 전시 중이다.

1927년 7월 아더, 글렌, 엘머와 난 안식년을 맞아 서울을 떠났다. 글렌과 엘머는 며칠간 작별인사를 하려고 원산 바닷가에 가 있었다. 해럴드, 루스, 그리고 아이들이 원산에 있었기 때문이다. 해럴드는 8월 말까지 원산에 있다가 미국에 갈 예정이었다. 헨리는 배재학당이 아직 학기 중이라 서울에 있었다. 루스는 우리가 떠나는 걸 보려고 원산에서 내려왔다. 우린 어젯밤 루스네 집에 묵었다. 조선인과 외국인과 소수의 일본인으로 구성된 큰 무리가 우리를 배웅하러 역에 나왔다. 많은 이별 선물을 받았고 여러 번 환송회가 열렸다. 지방회 차원에선 정동제일교회에서 연회를 베풀었다. 멋진 프로그램이었고 우리에게 두 개의 기다란 조선 촛대를 선물했는데 나비모양 초 받침은 내 키보다 높이 있었다. 아더와 난 수원에서 조선 전통의상을 선물 받았고 난 상동에서 또 한 벌을 선사받았다.

선교회에 자금이 너무 부족하여 우리가 출국 여행경비를 자비로 마련하고 나중에 선교회에서 받기로 했다. 우린 신요마루 호 2등석을 구했다. 아더와 쌍둥이들은 다른 사람과 함께 선실을 썼고 난 필리핀 사람 1명, 러시아인 1명, 일본 여성 2명과 아이 몇이 있는 선실에 있었다. 나중에 러시아 여성과 세 명의 미국 아이들이 있는 선실로 옮겼다. 유쾌한 여행은 아니었으나 우린 쌍둥이들과 함께 있다는 사실로 너무 기뻤다. 쌍둥이들은 뒤늦게 대학에 진학해 남보다 훨씬 열심히 공부해야 했지만 결국 대학을 마쳤다. 쌍둥이들과 한 집에서 살았던 작년은 쌍둥이와 우리에게 매우 뜻 깊은 한해였다.

우린 칼톤 애비뉴의 아파트에 살았다. 방 6개, 지하실, 지상차고가 있었고 가구가 완비된 집으로 한 달 월세가 45달러였다. 브레들리 씨가 집주인이었다. 그는 우리 집 건너편에 두 명의 미혼 누이들과 함께 사는 총각이었다.

우린 안식년을 마치고 1928년 9월 19일 서울에 돌아왔다.

56세의 매티 노블(1928년)

1931년 8월

9시 30분. 오두막에 아더와 난 둘만 남았다. 석유난로는 불타고 있다. 앤더슨 박사 부부 집에 저녁 먹으러 갔다 오는 길에 젖은 옷을 말리고 있다. 밖엔 비바람이 몰아치고 있다. 바람은 오두막 주변에서 울부짖고 있다. 1년 전 쌍둥이가 여기 있을 때 생각이 많이 난다. 큰 태풍이 몰아닥쳐 성난 파도가 우리 집을 에워싼 채로 무서운 밤을 보냈다.

루스와 헨리의 세 아이들은 오전 11시에 서울로 떠났다. 우린 남아 살림살이를 싸서 치워놓고 창문과 문과 셔터를 못질해야 한다. 이 비바람이 태풍으로 변하지 않는다면 내일 아침 11시에 떠날 것이다.

[…] 나중에 이어 쓴다. 단지 심한 바람으로 끝났다. 그러나 서울에선 이상하게 변해 연합신학대학 지붕의 4분의 1을 날려버렸다고 한다.

1933년 12월. 추수감사절 손님들

추수감사절 저녁식사에 우리 집에 온 손님들이다.

- 아펜젤러 가족 5명 : 헨리, 루스, 마가렛(14세), 리차드(11세), 캐럴(9세)
- 젠슨스 가족 4명 : 크리스 목사, 모드, 클레어 리(3 또는 4세), 필립(11개월). 필립은 식탁에 앉지 않고 아줌마가 돌봐 주었다.
- 모드의 아버지 케이스터 씨. 모드의 어머니는 아파서 불참했다. 케이스터 씨 부부는 10월 초에 조선과 동양에 있는 자식들을 만나러 왔다. 자식들이 1월에 안식년 휴가를 떠날 때 함께 돌아갈 예정이다.
- 빌링스 가족 5명 : 블리스 부인, 폴, 메리, 포티아, 앨리스
- 올리베트 스왈렌 양 : 치과치료를 받으러 평양에서 내려와 루스의 집에 묵고 있음.

총 14명의 손님과 우리 부부 2명으로 모두 15명이 식탁에 앉았다. 어린 꼬마 손님 셋은 포함하지 않았다. 필립은 작은 탁자에 앉았다. 미트 코스로 야생 터키와 꿩을 대접했다.

외국인 추수감사절 예배는 오전에 모리스 홀에서 열렸다.

21장

험악한 시절의 일상

Journals of Mattie Wilcox Noble

 1925년 5월 5일. 윤 목사의 간증들

윤성렬 목사가 오후에 방문했다. 며칠 전 금강산 온정리에서 올라왔다고 했다. 용무는 금강산에 목회자들이 연례회의를 할 수 있는 목회자 수양관을 만들기 위한 세부사항을 처리하는 것이었다. 윤 목사는 땅을 기부했고 건물을 짓기 위해 모금을 했다. 목회자 수양관은 조선 최초의 시도다. 윤 목사는 우리 집에 오래 머무르며 금강산에서 기독교인이 거둔 놀라운 승리의 간증을 들려주었다.

지난 가을 송도(개성)에서 학교에 다니는 기독교 소년 30여 명이 온정리에 와 공연을 했다. 공연의 수익금은 이 마을 저 마을 순회하는 여행 경비로 쓰인다. 공연단은 윤 목사에게 전신을 보내 그 여관에 묵겠다고 했다(윤 목사는 건강악화로 목회일선에서 은퇴하고 금강산에 여관업을 시작했다). 일본인 여관의 심부름꾼이 이 무리가 온다는 소문을 듣고 여관주인에게 일행을 일본 여관으로 끌어올 테니 음식을 준비하라고 했다. 일본인 여관 주인은 윤 목사를 찾아와 소년들은 자기가 맡을 테니 손님 맞을 준비를 하지 말라고 했다. 윤 목사는 우리 여관에 묵겠다는 구체적인 전갈을 받았다고 했다. 그러자 일본인은 분통을 터뜨리며 욕설을 퍼부었다. 윤 목사는 조용히 인도하심을 구하며 잠잠히 있었다.

소년들은 윤 목사 여관에 왔다. 일본인은 와서는 자기 여관으로 억지로 끌어가려고 했다. 소년들이 거절하자 집에 가서 아내와 보조들과 함께 준비한 음식을 다 싸가지고 와서 물어내라고 했다. 윤 목사가 왜 자기가 무냐고 따지자 일본인은 행패를 부리며 고래고래 소리를 질렀다. 마을사람 70여 명이 무슨 일인가 해서 집 앞에 모여들었다. 일본인은 윤 목사가 여관을 안 차렸다면 소년들이 자기 여관으로 왔을 테니까 음식 값을 내라고 했다. 결국엔 음식을 도로 챙겨 가지고 투덜거리며 사라졌다. 소년들은 다음 행선지로 이동하는 게 낫겠다고 했다. 이런 싸움을 보고 사람들이 공연 티켓을 사겠냐는 것이다. 윤 목사는 공연은 특별한 행사이고 기독교 교육효과가 있으니 다만 몇 명만 오더라도 무료로 공연하라고 했다. 그리고 자기도 그날 밤 숙박비를 안 받고 무료로 대접하겠다고 했다. 다음날 저녁 무료 공연을 하고 사람들에게 경위를 설명한 후 모금을 했다. 멀리서부터 관객들이 몰려왔고 모금은 넉넉하여 유료공연보다 더 많은 돈을 거뒀다.

윤씨와 소년들은 예수 그리스도를 통해 큰 승리를 거둔 것이다.

윤 목사의 또 다른 간증은 이렇다. 러시아 볼셰비즘의 망령이 금강산 벽촌까지 뚫고 들어왔다. 도시에서 청년 두어 명이 내려와 볼셰비즘 회합을 시작했다. 그들은 종교도, 통치자도, 타인의 권리도 존중하지 않는다고 공공연히 떠들어댔다. 한 사람은 이렇게 말했다. 음식이 푸짐하게 차려진 상에 앉아 있는데 누군가 지나가다 식탁 맞은편에 앉으면 주인은 행인과 음식을 나누어 먹어야 한다. 행인은 주인을 때리고 상을 부수고 음식을 가져가거나 먹을 권리가 있다고도 했다. 2월에 윤 목사의 아내는 볼셰비즘 회합 리더의 아내에게 남편을 이 모임에 못 가게 하라고 조용히 권면했다. 아내는 자기 남편에게 이 사실을 고했고 남편은 광분했다. 그날 볼셰비스트들은 자기들에게 거부감을 가지고 있는 윤 목사로 인해 자신들이 분노하고 있다면서 직접 와서 아내의 말을 번복하라는 내용의 전갈을 보냈다. 윤씨는 전갈을 무시하였다. 바로 그날 그리고 저녁까지 전갈이 두 번 더 왔다. 윤씨가 회합에 나와서 자기 과실을 해명하라는 것이었다.

윤씨는 너무 끈질기게 나오는 것이 꺼림칙했지만 말을 전한 사람에게 가지 않겠다는 메시지를 주는 것 외엔 대응을 하지 않았다. 이 회합엔 40여 명의 장정들이 있었다. 새벽 2시에 자고 있는데 또 다른 사람이 와서 당장 대령하지 않으면 40명이 몰려와 붙잡아가겠다고 했다. 윤씨는 옷을 챙겨 입고 따라나섰다. 두렵고 떨리지만 하나님의 보호하심에 대한 믿음을 가지고 축복을 간구하며 갔다. 40명의 장정들이 윤 목사를 기다리고 있다가 그가 도착하자 자기들을 훼방한다고 험악하게 분통을 터뜨리며 아내의 말에 대해 사과하라고 악을 썼다. 윤씨의 마음은 이 그릇된 사상에 오도된 청년들에 대한 연민으로 가득 찼고 그들을 위한 간구가 나왔다. 윤 목사는 빌라도 앞에서 무고하게 정죄당하는 예수가 된 심정이었다. 주님이 그와 함께 그 자리에 계시며 눈물을 흘리며 그들에게 말했다. "아, 여러분, 우리가 동포인데 왜 서로 화평하지 못하고 이리 싸워야 합니까? 아, 여러분, 당신들을 모두 사랑하며 사랑이신 우리 주님 앞으로 여러분을 모두 인도하고 싶습니다. 우리 분쟁과 분노를 던져 버리고 참 형제가 됩시다."

윤 목사의 말에 적개심으로 일그러졌던 얼굴들에 후회와 수치감이 비쳤다. 한 명이 말했다.

"당신은 직함에 진실하시네요. 좋은 목사님이십니다."

그러더니 지도자가 말했다.

"무례하게 굴어서 죄송합니다."

그들은 악수를 청하고 잘 가라고 했다. 문 밖까지 나와 잘 주무시라고 인사도 했다. 주님이 그의 제자에게 주신 또 하나의 승리였다. 폭력은 억제되고 선(善)이 승리하였다.

 1925년 5월 10일. 선교사의 수고에 대한 찬사

인력거를 타고 장흥으로 가는 길이었다. 시골길에서 8명의 어린 소년들이 내 쪽으로 다가와 박수를 치기 시작했다. 난 무슨 장난을 치는가 의아했는데, 내게 다가와 환히 웃으며 말했다.

"우린 각심사에서 오는 길이에요."

나는 그 전(前) 주에 우리 집에서 왕복 4시간이 걸리는 그곳에 갔었다. 내 가슴은 이상하게 따뜻해졌다. 볼셰비즘이 온 나라를 휘젓고 다닌다는 게 사실일 수 있으며 볼셰비즘이 강타한 곳마다 상처가 남는 걸 보면 서글퍼질 때가 있다. 그러나 밤낮 존재하는 악(惡)을 한탄해서 뭣하겠는가. 아직 해와 달은 빛을 발하고 천국엔 천사들의 물망초가 활짝 피어있는데 말이다.

인력거를 타고 가는 동안 다른 무리의 소년들이 옆에 다가와 우리와 동행하려 했다. 그들은 인력거꾼에게 뒤에서 인력거를 밀어도 괜찮겠냐고 물었다. 그는 "그래"라고 대답했다. 소년 중 한 명은 열정적인 재담꾼이었다. 우리가 동행하며 나눈 대화다.

"나는 교회 예배에 몇 달째 다니고 있어요. 노래는 아직 모르지만 노래가 좋고 부르고 싶어요. 난 목회자가 되고 싶어요. 너무 멋지잖아요. 와! 기독교인은 술도 안 먹고 담배도 안 해요. 죄를 고백하면 하나님께서 용서해주신대요. 예수 믿는 건 정말 놀라운 일이에요."

그러더니 그는 찬송가 '나의 죄를 씻기는'을 몇 소절 불렀다. 그리곤 말했다.

"아. 이 노래들을 배우면 좋겠는데. 그리고 기독교인들은 뱀도 죽여요."

난 물었다.

"다른 사람들은 안 죽이나?"

"아주 가끔만 죽이죠. 왜냐면 뱀한테 악한 복수의 영이 있다고 두려워하기 때문이에요. 하지만 기독교인들은 두려워하지 않아요. 그들은 뱀을 죽이고 가난한 애들에게 공부도 가르쳐줘요. 와. 대단해요. 그 사람들이 나도 도와줘서 목회자가 되었으면 좋겠어요. 목회자 되는 데 얼마나 걸릴까. 설교는 분명 위대한 일이에요."

그 전 일요일 우리는 납대을에서 전차 타는 곳까지 8마일(13킬로미터) 되는 길을 걷고 있었다. 한 무리의 여자들이 고개 넘어 우리 쪽으로 왔다. 무리 중 한 젊은 여자가 날 유심히 살펴보더니 달려와 말 그대로 자기 팔 안에 날 포개어 넣었다. 내가 옛날 자기 고향 납대을 교회에 왔던 선교사임을 알아본 것이다. 그녀는 기뻐서 눈물을 흘릴 지경이었다.

나는 말했다.

"기독교인이신가 봐요. 만나서 반갑습니다."

그녀는 부모님이 불신자 집안에 시집보낸 후론 한 번도 교회에 가보질 못했다고, 교회가 너무 그립다고 했다. 우리는 이야기를 나눴고 난 그에게 최선을 다해 조언을 한 후 그와 일행과 집안 식구를 위해 짧은 기도를 해 주었다. 그리고 하나님이 그 가슴에 불꽃을 일으키시고 언젠가 그가 자기 주변 사람을 데리고 주 앞에 나올 것을 알았다.

얼마 안 가 긴 세월 햇볕에 노출되어 검게 그을린 피부의 두 나이든 부인과 마주쳤다. 그들은 피부에 대해 토론하다가 나를 보더니 불러 세우고 기쁨의 탄성을 질렀다.

"어머, 하얗기도 해라. 손 좀 봐라, 목 좀 봐라. 부인, 뭘 해서 그렇게 하얗고 분홍색이 되었소? 어찌하면 그리 될 수 있소?"

난 짙고 풍성한 색의 꽃과 하얗게 창백한 꽃과 분홍 꽃을 가리키며 말했다.

"하나님이 다 만드셨고 모두 기뻐하셨어요. 하나님이 모든 인류 족속을 만드셨고 하나님을 사랑하고 영광 돌리면 모두 기뻐하셔요."

그들은 검은 손을 내밀며 말했다.

"맞아요. 좋은 말씀이에요. 그래도 우린 하얘지면 좋겠어요."

1927년. 중국에서 온 손님들

중국 공산당 혁명군으로 인한 오랜 험악한 시절이 지나가자 참혹한 한코우(漢口) 사태가 일어났고 그 후 3월 24일 난징사태가 일어났다. 그 결과 가엾은 난민들이 상하이, 필리핀, 일본뿐 아니라 조선까지 유입되기 시작했다.

루스의 화이트 성경학교(White's Bible School—루스가 다닐 땐 '화이트성경교사대학') 동창인 올리브 크레이스파그(Olive Kreispagh)는 1917년 감리교 선교회의 (음악) 선교사로 중국에 도착했다. 그는 장로교인이었지만 장로교에선 파송할 형편이 못 되었다. 후에 중국 솔트 커벨(Salt Cabelle) 소속의 영국인 앨저먼 프란시스 에반스와 상하이에서 만나 결혼하였다. 부부는 여러 곳을 옮겨 다니다 마침내 좋은 집을 구하자 이내 혁명으로 난리가 터져 덜 위험한 지역인 한코우로 파송되었다. 그 후 한코우의 정세가 너무 위태해져 남편 에반스는 아내와 세 자녀를 조선으로 보냈다. 올리브는 조선에서 친구 루스와 함께 여름을 보내길 원했다.

편지를 주고받으며 루스는 이들 가족이 머물 곳을 찾기 위해 몇 집을 수소문해 보았지만 다 여의치 않았다. 그래서 우리가 이 가족을 받겠다고 했다. 올리브는 중국인 일하는 아줌마도 데리고 온다고 했다. 알덴과 펄과 바바라 진[노블 여사의 아들, 며느리, 손녀]이 4월 8일까지 우리 집에 있다가 미국으로 출국했다. 우린 바지런히 움직여 4월 9일 에반스 가족을 맞을 채비를 했다. 그들은 왔고 여기에 7월 29일까지 3개월 20일간 거했다. 에반스 씨는 27일에 와서 가족과 함께 원산 바닷가의 '해변의 집'으로 갔고 매우 즐거운 시간을 보내고 있다.

올리브가 처음 왔을 땐 한코우에서의 고생스런 시간으로 인해 신경이 매우 곤두서 있었다. 다행히 옷가지와 가재도구는 모두 챙겨 상하이에 계신 부모님 댁에 맡겨두었다고 했다. 아이들은 6살 올리브, 4살 리처드, 1년 6개월 필리스다.

1927년 7월. 조선 초대 기독교인의 승리하는 삶

6월 연회 기간 중 마침내 내가 수집한 조선에 사는 조선인에 관한 최초의 전기적, 자전적 스케치가 출판되었다. 연회가 끝난 다음날 한 세트가 서점 가판대에 진열되었다.[85]

이 컬렉션엔 16~17명의 훌륭한 조선 기독교인의 검증된 인생

이야기가 들어 있다. 난 약 4년간 이 이야기들을 수집했으나 1926년에서야 비로소 출판 준비를 도와줄 정규직 비서를 구할 수 있었다. 사랑하는 내 친구 에밀리 페커 양의 특별한 희사금 덕분에 김태원 씨를 비서로 고용하여 매일 반나절, 즉 오전 9시부터 12시까지 1년간 그를 바쁘게 했다. 수집된 모든 이야기의 문장 하나하나를 그와 함께 검토했다. 수정에 수정을 거듭해 이젠 편집해 출판해도 되겠다는 생각이 들 때까지 했다. 그 다음엔 조금이라도 정치적으로 간주될 만한 내용은 다 빼려고 했다. 내가 (구전 또는 서면으로) 수집한 이야기의 주인공 중엔 조선독립을 위해 사상적 또는 행동으로 애쓰다 투옥된 사람들이 있었다.

황정모의 모습. 매티 노블의 육필로 이렇게 적혀 있다. "황정모. 현지 목회자. 닥터 홀(J. M. Hall)의 조수. 닥터 홀이 초기에 북쪽 지방을 여행할 때 서울에서부터 동행하였다. 후에 감리교 남학교 선생이 되었으며 수년간 여러 학교에서 선생으로 섬겼다. 그의 인생 이야기는 아더 노블의 아내의 저서 「승리하는 초기 조선 기독교인의 삶」이란 책에 기록되어 있다."

1919년 감옥에서 하나님이 그들을 보살피셨다, 혹은 1919년 감옥생활 중 인생을 바칠 만한 가장 소중한 일이 기독교 사역임을 깨달았다는 등의 언급이 들어간 문장이나 문단은 그냥 내버려두었다. 내 책은 독립적인 기관인 조선기독교서회(Korean Christian Literature Society)에서 출판되었다. 출판사는 외국인이 발간한 책은 검열될 리 없다고 믿은 나머지 경찰에 검토용 원고를 보내기 전에 인쇄에 들어갔다. 경찰은 검토 후 나나 비서 둘 중 한 명이 경찰서로 출두하라고 했다. 난 김태원을 보냈다. 그들은 상당 부분이 잘려나가야 한다고 했다. 김태원이 말을 잘해 경찰은 관대하게 일곱 군데만 삭제하라고 했다. 그래서 그 일곱 군데는 활자를 겹으로 인쇄했다. 난 처음엔 기겁했지만 김 비서는 조선에선 검열하면 오히려 책의 가치가 높아질 수 있다고, 실제로 그럴 거라고 했다. 그러나 조선은 아직 독자층이 두텁지 않아 책 판매가 어찌될지는 모르겠다.

이 책은 아름다운 믿음과 위대한 승리와 이젠 사라진 풍습을 전하는 기록으로서 정말 필요하고 가치가 있다. 조선의 후세대나 조선이 이런 기록을 필요로 하게 될 때 최초의 기록을 선사하는 영광을 누린 것을 하나님께 감사드린다. 언젠가 시간을 내어 영어로도 번역할 수 있길 바란다.

지난 한 해 동안 난 비서와 함께 1926년 주일학교 어린이 공과교재를 번역했다. 〈탈벨스(Tarbell's) 국제 주일학교 교사용 공과〉를 중심으로 다양한 출처에서 발췌했다. 이 공과들은 1928년부터 조선에서 사용될 것이다. 공과교재에 넣을 그림들도 추렸다. 일상적으로 하는 집안 살림과 지방회 주일학교와 상동교회 사역 외에도 조선의 각종 신문, 잡지에 실린 상당수의 기사를 작성했다.

1928년 봄.*

어제 오전 서울의 정동제일교회에서 조선연회(年會)의 첫 번째 세션이 멋지게 시작되었다. 신임 감독인 베이커 감독이 성찬 예배로 첫 세션을 인도했다. 주님의 아름다움과 경이로움과 영광이 예배 가운데 있었다.

연회 기간에 각 지방회에서 허다한 문제들이 제기되었다. 목회자들은 여러 지역의 수해와 경기 침체, 교회의 열악한 재정과 목회자 지원으로 상당히 낙심했다. 그러나 옛 성도와 순교자들의 그리스도를 위한 희생의 메시지로 정면도전을 받은 그들은 '다시금 인내하고 전진하리라'는 느낌으로 고개를 들었다.

어젯밤 공주 지방회의 지방회 감리사인 아멘츠 씨와 아멘츠 부인의 어린 아들 로저 아멘츠가 세브란스에서 천국으로 옮겨졌다. 아멘츠 박사 부부와 두 어린 딸과 아기 로저는 우리 집 손님으로 왔었다. 그런데 아기가 대장 혹은 창자가 꼬여 위독한 상태가 되어 병원에 실려 갔고 그곳에서 숨졌다. 여 선교사들 몇 명이 루드롬스에서 만나 목수가 만든 작은 관을 실크로 덮었다. 관 위에 솜 패딩을 대고 하얀 실크 덮개를 셔링과 플리

---

* 저자가 〈캘리포니아 크리스천 에드버킷〉에 기고한 글이다.

츠 주름과 라이닝으로 꾸몄다. 장례식은 우리 집 베란다에서 거행되었다. 아멘츠 가족은 베란다에 섰고 많은 손님들은 베란다 아래 큰 포플러 나무 아래 섰다. 베이커 감독이 영어로 예배를 주재했고 펌성옥 목사가 조선어로 통역하였다. 아멘츠 씨는 윌리엄스 씨와 함께 작은 관을 공주로 가져가 묻었다.

1928년 11월 10일. 일본 신임 천황의 대관식

오늘 일본 천황은 대관예식 때문에 교토에 갔다.

조선엔 며칠간 일종의 긴장과 불안감이 감돌았다. 법 집행자들과 첩자들은 돌아다니다 밤낮없이 가정집에 들어가 집에 없는 가족의 행방을 묻거나 방문자나 낯선 사람이 왔다갔는지 캐물었다. 그리곤 학교마다 다니며 학생들에 관해 탐문하며 대관식 주간에 조금이라도 말썽을 일으키면 단호히 조처하겠다고 했다. 정부에 대한 불온사상을 품었다고 경찰의 의혹을 받는 자는 누구나 경찰서로 연행, 수감되었다. 얼마나 오래 가둬둘지 모르나 여하튼 대관식 기간이 지날 때까지는 가둬둘 것이다. 전국의 유치장과 구치소는 초만원이다. 새 천황은 기소 중인 자만 빼고 퇴학 및 정학처분을 받은 학생들, 특히 작년 즈음 동맹휴학한 학교의 학생 모두를 사면하고 학교로 돌아가도록 조처했다.

오늘 3시 학생들은 모두 교직원과 함께 학교에 모였다. 사이렌과 징 소리가 멈추자 모두 새 천황을 위해 '반자이'(만세)를 외쳤다. 어떤 학교 교직원들은 일부 학생이 그 순간 침묵을 지켜

정부 관리들이 잡아 가두고 학교에 문제를 일으킬까 좌불안석이었다. 그 순간은 지나갔고 내가 아는 한 대관식으로 인한 소동은 없었다. 오늘밤 모든 학생들은 환한 연등을 들고 거리를 행진했다. 선생들도 환한 연등을 들고 앞장서야 했다. 난 그 행렬을 보러 나갔다. 배재중학교 교장인 헨리 아펜젤러가 남학생들 앞에서 행진하는 걸 보았다. 베커 씨도 연희전문 남학생들과 함께 행진했다. 거리의 광경은 환하고도 기이했다.

1929년 1월 30일. 유초등부 주일학교 사역

최근 '조선에서의 36년 주일학교 사역에 대한 개인적 회고' 란 글을 썼다. 토요일엔 아이들을 위한 세 번째 주일학교 파티를 마쳤다. 첫 번째 파티엔 한 해 동안 성경구절을 가장 많이 암송하거나 새 친구를 가장 많이 데려온 50여 명의 소년소녀를 초대하였다. 다음 두 번의 파티엔 1년 개근생들을 초청했다. 첫 토요일엔 50여 명이 왔고 그 다음 토요일엔 30여 명이 왔다. 아이들 중엔 파티는 난생 처음인 애들이 많았다. 우린 게임을 하고 간식을 먹으며 짧지만 멋진 신앙적인 프로그램을 가졌다.

다음은 작년 연회 보고서에 나온 1928년 통계수치다. 조선 감리교 선교회의 유초등부 주일학교 수는 272개, 성인과정 주일학교는 615개, 유초등부 주일학교 학생 수는 31,238명이다. 1928년의 이 수치는 1923년 대비 4,000명이 감소한 것이다. 영아부엔 3,823명의 이름이 등록되어 있다. 아이가 영아부를 졸업했는데도 이름만 남아 있는 경우도 꽤 되는 것으로 알고 있다. 요즘엔 영아부가 거의 아무런 활동이 없는 교회도 많다.

최근 한 일꾼에게 전갈을 보내 하루 종일 석탄창고에 산더미처럼 쌓인 먼지를 뭉쳐 석탄 덩어리 만드는 일로 고용하겠다고 했다. 일꾼은 12시에 일당을 미리 달라고 했다. 일당을 받고는 오후에 일하다가 2시간 동안 사라졌다가 다시 나타났다. 왜 이리 오래 자리를 비웠냐고 묻자 그는 대답했다. "아침을 안 먹고 와서 가서 쌀을 사다가 밥이 다 될 때까지 기다렸다가 점심을 먹고 왔는데요."

1929년 2월 1일. 불쌍한 닭

노서방에게 아침에 닭 껍질을 벗겨놓으라고 했다. 그 다음날 손님상에 내놓기 위해서였다(조선에서는 미국처럼 닭이 사치재가 아니다). 낮에 닭이 꽥꽥거리는 소리가 들렸다. 안주인인 난 아줌마에게 물었다.

"왜 닭이 저리 꽥꽥거리나?"

아줌마가 대답했다.

"노서방이 생닭의 깃털을 뽑고 있어요."

난 놀라 노서방에게 말했다.

"노서방, 누가 당신 머리털을 하나씩 뽑으면 얼마나 아프겠어?"

노서방은 대답했다.

"당장 죽이겠습니다."

아줌마는 정신을 못 차릴 정도로 웃어댔다. 이렇게 불쌍한 닭은 본 적이 없다면서. 깔깔거리는 사이사이 말했다. "정말 아팠겠다. 그런데 이런 일이 있으리라곤 누가 생각이라도 했겠어요?"

아멜리아 윤은 우리가 1929년 9월 안식년을 마치고 서울에 도착한 다음날 사망했다. 난 도착한 다음날 아침 찾아갔고, 그가 아직 날 알아볼 수 있어 기뻤다. 우린 조선생활 초창기부터 그를 알았다. 그는 윤성렬 목사의 어머니이며 훌륭한 크리스천이다. 어릴 적엔 원주 근방 시골에 살았는데, 어느 날 서울에 다녀오신 아버지가 가톨릭 신자들이 박해당하는 이야기를 해주셨다. 아버지는 아멜리아 또래의 소녀가 신앙을 저버리지 않겠다고 하여 군인들에게 죽임당하는 걸 목격했다고 했다. 외동아들인 아멜리아의 오빠가 죽자 아멜리아가 성묘할 유일한 생존 자손이 되었다. 아멜리아는 가을마다 조상묘를 찾았지만 제사는 안 드리고 그저 묘를 돌보러 갔다. 주변에서 제사 지내라고 성화였지만 아멜리아는 기독교인은 제사 지내지 않으므로 자기도 할 수 없다고 했다. 그는 가족에게 큰 영향을 끼쳤다. 집안의 수십 명 이교도 가운데 홀로 믿었으며, 강건하고 훌륭한 기독교인이었다.

1929년 2월 10일. 세상의 소망이신 예수

난 평양에서 온 의대생 한 명과 함께 선가장으로 갔다. 그의 길 안내역도 하고 그를 새 사역지의 주일학교 감리사로 취임시키기 위해서였다. 선가장에 가까이 가면 작은 돌다리가 있다. 그 다리의 이름인 '만세교'는 한자로 돌 위에 새겨져 있다. 만세는 '만번의 갈채'란 뜻으로 1919년 독립에의 갈망과 결의를 표현하기 위해 군중행렬과 개인들이 사용한 말이다. 많은 이가 만세를 하다 투옥되고 매질 당했다. 고로 이 새 돌다리의 이름은 사람들의 심금을 울릴 것이다. 우리가 도착했을 땐 선가장 교회에 사람이 몇 없었지만 몇 명이 나가서 다른 이들을 부르러 갔다. 마침내 어른 10명과 여자아이 10명 남자아이 8명이 모였다. 난로엔 불기가 없었다. 어찌나 춥든지. 의대생은 말하는 도중 아이들에게 예수가 누군지 아냐고 물었다. 한 사내아이는 "하나님의 아들"이라고 했다. 한 부인은 "아, 대단한 아이네"라고 했다. 의대생은 그 다음에 "예수가 많이 사랑하는 사람이 누굽니까?"라고 물었다. 아까 대답한 아이가 즉각 "아이들이요"라고 대답했다. 부인은 즉각 말했다. "아이고, 머리도 좋고 대담하기도 해라."

조선인이 세례를 받으면 어떤 경우 외부인들은 '환장했다'라고 한다. 외국 향수를 머리에 뿌려서 다른 사람이 되었다는 뜻이다.

한 젊은이가 낙심했다. 그는 인생에 소망을 되찾기 위해 갖은 노력을 했으나 다 실패하여 한강에 몸을 던지러 갔다. 투신하기 전 기독교에 대해 들었던 것이 떠올랐다. 그러나 그는 기독교 예배에 참석한 적도 없었고 목회자와 이야기한 적도 없었고 성경을 읽은 적도 없었다. 그래서 그는 투신하기 전 서울에 있는 교회 목사사택으로 가 목회자와 이야기를 나눠보기로 했다. 그는 감리교의 어느 큰 교회에 왔고 목사를 찾아 소망을 잃은 사람에게 기독교가 뭘 해 줄 수 있냐고 물었다. 그는 이 세상의 소망이신 예수에 대해 배웠고 하나님의 약속을 확고히 붙잡았다. 승리의 힘을 얻고 삶을 지속했다.

1929년 2월 16일. 어떤 결혼식

어제 정동교회에서 열린 결혼식에 갔다. 신부는 윤성렬 목사의 조카였다. 신부는 정동교회 예식 후 우리 집에서 피로연을 하길 원했다. 난 50명 미만으로 초대하면 기꺼이 하겠다고 했다. 그러나 신랑이 응당 130명은 식사를 대접해야 한다고 해서 광명 요릿집에서 피로연을 베풀었다. 신부 일행을 위해 차 세 대를 빌려 손님 일부는 차를 타고 가고, 나머지는 전차나 도보로 피로연장으로 이동했다. 난 과분하게 차를 얻어 탔다. 잔칫상을 차리는 동안 모두 큰 홀에 모여 방 좌우와 앞뒤로 깔아놓은 멍석에 앉았다. 신랑신부와 수행하는 사람들은 한 쪽 끝에 있었다.

얼마 있다가 연희전문 학생 일부가 전통혼례처럼 신랑신부가 맞절을 하라고 요구했다. 학생들은 거수투표를 해 신랑신부가 중앙에 나와 맞절을 하게 했다. 신랑신부는 중앙으로 나왔으나 누가 먼저 절할지 분분했다. 합의할 수가 없어 꽃을 든 들러리 소녀 둘이 나와 짱껜뽀['가위바위보'의 일본어 표현]로 누가 먼저 절할지 정했다. 마침 신부 여동생이 들러리 중 한 사람이었다. 여동생은 '신여성'이라 상대편 들러리에게 귓속말을 했고, 어떻게 하면 신랑이 먼저 절하게 할지 코치하는 것 같았다. 결국 짱껜뽀 결과에 따라 신랑이 먼저 가볍게 절했다. 학생들은 어림없다며 다시 하라고 했다. 신랑은 더 수그려 절했으나 여전히 전통식 같진 않았다. 세 번째엔 무릎 꿇고 손을 벌려 절했으나 시킨 대로 머리를 바닥까지 대지는 않았다. 학생들은 이번엔 그냥 넘어가 줬다. 다음엔 신부가 신랑에게 절할 차례였다. 신부는 우아하게 몸을 낮추며 머리를 바닥에 댈 때까지 천천히 큰 절을 했다. 젊은 여자들은 신부는 너무 잘했는데 신랑은 대충 절했다고 수군거렸다. 남자들은 신랑 손씨에게 이렇게 참한 아내를 얻어 좋겠다고 추켜세웠다. 신랑신부가 차에 타려고 연회장을 나갔다. 시내 한 바퀴 드라이브하고 남산야경 구경하고 집으로 돌아오는 일정이었다. 대학생들은 신랑을 신부로부터 떼어내어 자기들과 함께 2차로 놀러가게 한 후 신랑에게 돈을 내게 할 작정이었다. 신랑은 친구 몇 명의 도움으로 간신히 빠져나와 신부가 있는 차로 들어갈 수 있었다. 신랑신부는 난리를 피우는 학생들로부터 회오리바람처럼 사라졌다.

일본의 매춘부

일본엔 3만 5천 명의 매춘부가 있다. 법으로는 소녀가 매춘을 수치스러워하고 빚(몸값)을 갚으면 주인은 풀어줘야 한다(경찰서장이 해준 이야기다). 그러나 매춘부들은 빚을 갚을 기회가 주어지지 않는다. 공적 인가를 받은 곳은 공창이라고 하고 사적인 창녀들은 사창이라고 한다. 공창가에 있는 여자들의 85%가 시골 출신이다.

여자들을 유혹한 사람을 추적하지 못하도록 여자들은 3,4번

손을 바꿔 최종 목적지에 다다른다. 때론 발자취를 지우는 데 3,4주가 걸린다. 여자는 억지로 서류에 서명하고 이 서류는 자유의지로 했다고 경찰에 넘겨진다. 매춘부는 매주 한번 혼령의 집에 가서 빚을 갚고 지옥 가지 않게 해 달라고 (불교도의) 기도를 한다. 구조적으로 매춘부는 점점 깊은 빚의 수렁에 빠지지 않을 수 없게 되어 있다. 병원이나 치과에 가도 2시간 안에 돌아오지 않으면 혹독한 처벌을 받는다. 매춘부의 45%가 매독에 걸렸다.

 1929년 3월 2일. 승리의 소문들

에스베리(Asbury) 대학 졸업생이자 훌륭한 전도자인 로버트 정(Robert Chung)이 1926년 조선에 귀국했다. 그는 여권이 허용하는 최대한도인 수개월간 조선에 머물다가 미국으로 돌아갔다. 조선에서 몇 년간 전도사역을 할 후원금과 여행경비를 모금하기 위해서였다. 3년간 이 일을 했고 1929년 2월 1일 다시 귀국했다. 그는 즉시 부흥집회 연사로 여기저기 초빙되었다. 처음엔 원산에 있다가 이젠 서울의 감리중앙교회에 있다. 어제 그가 와서 원산 집회에서 체험한 것들에 대해 이야기해주었다.

집회 초기부터 사람들은 큰 축복을 받았고 집회가 무르익자 1904~08년 대부흥의 특징들이 나타나기 시작했다. 사람들은 죄로 인해 통곡했다. 개인적으로 잘못을 보상할 수 없을 땐 교회로 큰돈을 들고 왔다. 커다란 죄 사함의 승리가 있었다. 한 여인은 1엔을 가지고 와 교회에 내놓았다. 여인에겐 두 어린 자녀가 있었는데 다음날 아침 끼니걱정을 하는 형편이었다. 여인은 몇 년 전 시장통에서 어떤 부인이 구슬 장신구를 떨어뜨린 걸 보고는 주인이 지나치자 그걸 주워 팔았고 그 돈을 썼다. 장신구 주인이 누구인지도 모르며 어디 사는지도 몰라 수중에 가진 돈의 전부인 1엔을 교회로 가지고 온 것이다. 장신구를 판 후에 마음의 평안을 잃었는데 죄 사함 받고 기쁨과 평안을 되찾았다.

한 청년은 매일 밤마다 자기 의지에 반하여 집회장에 끌려오듯이 왔다. 그 얼굴은 영혼의 비참함으로 굳어 있었다. 그는 신앙을 버린 지 몇 년이 되었다. 전에 기독교인이었으나 교회에 다닐 때 아내가 늘 비웃고 틈만 나면 뺨을 때리거나 사정없이 꼬집어대며 그에게 기나긴 기독교인의 시련을 안겨다주었다. 그는 나쁜 무리들과 어울렸고 타락했다. 그리스도가 그의 영혼에게 하나님께 돌아가라고 호소했지만 그는 사탄이 주는 자괴감 아래 허우적댔다. 그러다 어느 날 밤 단검을 준비해 아내를 죽인 후 자기 목숨도 끊을 계획을 세웠다. 그러다 집회에 참석한 것이다. 그의 얼굴은 독기가 서려 있었고 친구 한 명이 심상찮은 기운을 감지했다. 그는 사악한 계획을 실행에 옮기려고 집회장을 나섰다. 친구가 뒤쫓아 가서 그에게 자비하시고 용서하시는 구주에 대해 일깨웠다. 그의 영혼의 수문이 열렸고 예수의 피로 자괴감과 번뇌와 죄가 씻겨나갔다. 그들은 언덕에서 함께 기도했고 마침내 감미로운 평안이 찾아왔다. 회개한 그는 다시 집회장으로 돌아와 자신의 사연을 이야기하고 혹 아내가 여기 있는지 물었다. 아내는 없었다. 그는 아내와 자신을 둘 다 죽일 뻔한 칼을 칼

집에서 빼내어 제단 위에 내려놓았다. 아내가 그 소식을 듣고 다음 집회 때 제단 앞으로 나와 슬픔과 참회를 맛보고 그리스도의 새로운 피조물이 되어 제단을 나섰다. 로버트 정은 이 부부의 사진을 찍어두었다.

밤마다 청년들이 교회 강당 뒤편과 창밖에서 소란을 피웠다. 이들은 볼셰비키 계통의 사회주의자들로서 집회를 훼방하려 했던 것이다. 한번은 정씨를 자기들에게 넘기라고 요구했다. 한 번은 회심자 몇이 놀라운 간증을 한 후에 그 무리 중 한 명이 집회장으로 들어왔다. 종교에 반하는 장광설을 쏟아놓은 후 질문을 던졌다. 정씨는 그에게 종교 예배에 들어와 훼방할 권한이 없으며 밤이 늦어 논쟁할 시간이 없으니 내일 아침 일찍 오면 충분한 시간과 프라이버시를 가지고 대답하겠다고 했다. 한차례 법석이 뒤따랐으나 부드럽고 신속하게 움직이며 차분하고 간곡하게 호소하는 기독 청년들에 의해 진정되었다.

어느 저녁엔 젊은 사회주의자 한 명이 크게 회개하여 용서와 평안을 얻었다. 이로 인해 이 소란스런 무리 내에 격동이 일어났고 그들은 다시금 정씨가 너무 많은 이에게 '종교를 가지게 했다'고 그를 해하려 했다. 다시금 많은 기도와 설득으로 혼돈 속에서 차분함을 이끌어냈다. 기독교인들이 놀라운 간증을 한 후 볼셰비키 청년 중 20명, 30명, 40명의 큰 수가 그리스도가 삶의 높은 경지임을, 남녀 모두 그리스도를 얻든지 삶을 잃어버리든지 양자택일임을 깨달았다. 하나씩 그들은 와서 다른 이와 함께 제단 앞에 무릎 꿇었고 그날 교회와 지역사회엔 큰 기쁨이 있었다.

1929년 3월 23일. 배움에는 은퇴가 없다

오늘 72명의 공업남자중등학교 졸업식에 참석했다. 연사들은 나 빼곤 모두 남자였다. 난 조선어로 연설하라는 요청을 받고 그렇게 했다. 남학생들로 하여금 영원히 주님을 따르려는 소원을 불러일으키고 기억에 남을 예화 두 가지를 들었다.

4월 3일은 벙커86 씨가 선교회에서 은퇴한 지 몇 년 만에 다시 서울로 돌아온 날이다. 벙커 씨는 조선인과 사역을 사랑한다. 벙커 부인은 샌디에고의 멋진 새 집에 남아 있다. 부인은 조선에 있을 때보다 샌디에고에서 훨씬 건강이 좋았기 때문이다. 부인은 젊은 시절 중도하차한 대학과정을 마저 밟아 학위를 받으려 한다. 벙커 씨는 팔십이 넘으면 공부하기 어렵다는 소리를 들었다면서, 아내가 80살이 되기 전에 교육을 다 마치길 바란다고 했다. 부인은 이제 74세 또는 75세이다.

 1929년 9월 23일. 상동교회 영아부 파티

오늘 우리 집에서 영아부 파티가 있었다. 17명의 유아, 8명의 더 큰 아이들, 20명의 어머니와 할머니들이 왔다. 모두 즐거운 시간을 보냈다. 집에 갈 때 난 아이들에겐 그림 카드 한 장씩을, 어머니들에겐 안전핀 3개씩을 주었다. 사진사를 불러 아이들 사진을 찍고 3장을 뽑아 달라고 했다. 한 장은 어머니들이 아기 사진을 찾아보도록 상동교회(미드기념교회)에 보내고, 한 장은 내 것으로, 한 장은 사진 상태가 좋으면 미국으로 보낼 것이다. 한 아

1932년, 노블 집에서 열린 서울 상동교회 영아부 파티. 매티 노블은 뒤에 서 있다. 영아부 명부(좌측 하단)와 영아부 명부에 오른 아기들(우측 하단).

기는 큼지막한 분홍색 꽃과 꽃봉오리와 연두색 잎을 멋지게 손으로 수놓은 파랑 새틴 코트를 입고 있었다. 코트 앞에도 은은한 색으로 자수가 많이 있었다. 이 남자아이 패션의 완성은 명주솜을 댄 블루머 같은 흰색 실크 반바지였다. 그의 앙증맞은 부츠도 색색으로 수놓아져 있었다.

어제 22일 난 제시 마커(Jessie Marker) 양과 함께 그녀의 차를 타고 서울에서 9~10마일(약 15킬로미터) 거리인 뱃월골 교회를 방문했다. 차를 타고 가다가 막바지엔 내려서 고개 너머 교회로 갔다. 작은 교회 외벽은 불룩 튀어나왔고 다른 곳도 비바람에 노출되어 있었다. 교회 보수할 돈을 모으지 못했던 것이다. 뱃월골에서 기독교인이었던 남자들은 모두 퇴보자가 되었고 회중은 여성 10명과 아이 몇과 조선 나이로 16살인 소년이 다였다. 목사와 전도부인은 한 달에 한 번밖에 오지 못한다. 우리가 갔을 땐 마침 목사와 전도부인이 와 있었다. 목사는 교회를 위해 모금을 하겠다면서 단도직입적으로 각 사람이 얼마를 내야 되는지 말했다. 목사는 또한 그들이 채우지 못한 부분은 아마도 마커 양과 내가 기부하거나 조달할 수 있으리라고 공개적으로 말했다. 부인들은 벽이 수리되면 도배는 자기들이 하겠다고 했다. 무일푼인 부인 두 명은 인부들 식사를 한 번씩 맡겠다고 했다. 난 짧은 메시지를 전하고 주일학교 두루마리 그림 자료를 보여주었다. 예배 후 우리는 훌륭한 크리스천 여자 교인의 집으로 초청을 받았다. 그곳에서 우리를 위해 준비한 맛있는 한식을 먹었다. 집에 가려는데 한 부인이 자기 집으로 와서 누군가를 위해 기도해 달라고 했다. 주위 사람들이 여인에게 조용하라며 우리가 더 있을 시간이 없으니 목회자가 대신 가겠다고 했다. 난 부인의 요구사항이 무엇인지 들어보자고 했다. 그러자 부인은 집의 소(牛)가 많이 아파 우리가 집에 와 소를 살리는 기도를 해 달라고 했다. 그런 요청은 처음 받은지라 매우 이상했지만 난 마커 양이 이미 길을 나섰으니 나도 같이 가야하므로 못 간다고 했다. 그렇지만 주님이 축복하시고 돌보시어 부인이 곤경에서 나오도록 도와달라고 기도하겠다고 했다. 난 목사와 전도부인에게 그 소에게 캐스터 오일을 듬뿍 먹이라고 조언했다. 딱한 여인. 그는 많이 힘겨워했다. 모두 너무 소박한 사람들이었고 우리가 그들의 교회를 방문한 것을 매우 고마워했다.

미국에서 5명의 방문자가 최근 조선을 방문했다. 아더는 얼마간 안내역을 해야 했고 헨리 아펜젤러는 교회사역 안내와 서울 관광을 위해 더 많은 안내를 했다. 그들은 뉴욕시에서 온 맥브라이어 부부와 필라델피아에서 온 필링 부부와 그 아들이었다. 세 남자는 감리교 선교회 이사회에 있다. 떠나기 전 맥브라이어 씨는 아더에게 지방에서 기독교 계발 사역을 위해 쓰라고 500달러를 주었고 버크 씨는 헨리 아펜젤러에게 배재남자중학교 예배당을 신축하라고 500달러를 건넸다.

오늘 선교회 이사회의 다른 이사가 부부동반으로 서울에 왔다. 아더가 그의 안내역을 맡아야 했다. 그들은 일리노이 주의 스톡 부부다.

 1929년 11월 1일. 아더의 사역 편지

아더가 펜실베니아 뉴타운에 있는 에밀리 패커[Emily Packer, 애니 스키어 양의 조카] 양에게 보낸 편지다.

"이틀 전 받은 수표 두 장에 대해 감사드립니다. 스키어 양이 모든 고난과 염려 가운데서도 우리와 우리의 필요에 관해 생각하셨다는 사실이 놀랍습니다. 그녀의 헌신의 삶은 저희 모두에게 큰 귀감이 됩니다. 전 스키어 양께서 우리가 그분의 선물뿐 아니라 구별된 헌신, 진실함, 진리의 정신을 얼마나 높이 사는지 아시길 소망합니다. 그분에겐 확신을 가지고 문제를 직면하는 확고함의 분위기가 늘 감돕니다. 그분은 양선을 이루셨고 인생에서 우리가 이것보다 더한 성취를 바랄 순 없다고 생각합니다.

뉴욕 사무실에 보낸 제 마지막 보고서 사본을 동봉합니다. 제 활동에 대한 전체 보고는 아니지만 지난 몇 년간 제가 몰두한 사역을 부분적이나마 보여줍니다. 다가오는 겨울엔 제가 맡은 지방회 네 곳에 원탁회의 시스템을 정착시키는 일에 주력할 것입니다. 이 방법을 통해 교회 활동에 일대혁신이 일어나길 고대하고 있습니다.

앞으로 몇 개월간 새로운 농촌운동을 활성화하는 일을 계속할 것입니다. 그러나 이것도 복음주의적 노력의 일부분으로 진행될 것입니다. 얼마 전 제 보고서를 본 어떤 교회 신문 편집자가 제가 '농업'으로 빠진 게 아니냔 생각을 하셨답니다. 글쎄요, 농사도 매우 영예로운 직업이며 사람을 그리스도에게 인도하는 멋진 방법임은 틀림없지만, 전 농부는 아닙니다. 종자 선택법이나 침식토양 복원이나 양계, 양봉, 위생관리법 등에 관해선 여러 시점에서 강의하고 있습니다. 이로 인해 우리 기독교 공동체에서 모델이 될 만한 부락이 만들어지길 바랍니다.

스키어 양이 계속 강건하시길 진심으로 바랍니다. 강건하다는 게 상대적인 말이지만 하나님께선 능치 못하심이 없으십니다. 600달러는 환전하니 1230.76엔이 되었습니다. 이 돈은 이전처럼 목사 월급과 월급을 충당할 사례비로 쓰일 것입니다. 이 액수 중 70달러는 청주와 원주의 교회 건축에, 100달러는 서울 지방회 동남니의 새 교회에 쓸 계획입니다."

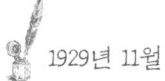 1929년 11월

우리 집에서 하루 동안 받은 부탁들이다.

아기를 등에 업고 꼬마 하나는 엄마 치맛자락 뒤에 숨은 가엾은 여인이 우리 부엌으로 무작정 들어왔다. 여인은 동대문 밖 토굴촌에서 왔다며 아무 것도 없으니 양식과 도움이 될 만한 어떤 거라도 달라고 애원했다.

일거리가 없는 남자가 딱해서 하루 한 시간씩 일감을 주었다. 그는 식사라고 찰옥수수를 하나 가지고 와 우리 난로에 구워먹는다.

세 명의 목회자가 아더에게 연회(年會) 이후 한 달 좀 더 되는 기간 동안 1엔씩밖에 못 받았다고 했다.

아더의 비서는 아내가 심각한 결핵환자인데 덮을 이불이 하나밖에 없다고, 우리에게 퀼트 한 장 주면 안 되냐고 했다.

가난한 노씨가 장사를 시작하게 달구지 살 돈 70엔을 달라고 했다.

김 솔로몬의 어머니가 와서 아들에게 장학금을 달라고 간청했다.

노씨의 아내가 와서 며칠 전 준 연고를 발랐더니 두드러기가 거의 다 나았다고 팔을 보여주었다.

 1929년 12월 11일. 배재학당 만세운동

오후 1:30. 선교총회 선교재정위원회 멤버들이 우리 사무실에서 회의 중이다. 어제 온종일 그리고 저녁까지 조선인 지방회 감

청주교회. 사진엔 날짜가 나와 있지 않다.

리사들과 기타 몇 명을 포함한 재정위 회의가 우리 사무실에서 열렸다. 재정위 회의와 다른 여러 미팅들은 대개 우리 사무실에서 열린다. 이런 때엔 9~10개의 지방회에서 온 교회 지도자들을 만날 수 있어서 좋다.

어제는 회의 참석자들과 우리 모두 엄청난 압박 속에 보낸 날이었다. 약 9시경 배재학당에서 만세시위가 소집되었다. 헨리 아펜젤러 교장과 교사들은 애써 남학생들을 자제시키고 통솔하는 데 성공했다. 그런데 그때 기마경찰들이 돌아다니는 모습이 눈에 띄었다. 이 광경은 소년들을 격분시켰다. 정부 스파이가 확인한 바로는 배재학당에서 9시 40분에 시작하는 쉬는 시간에 정치적 소요를 일으키도록 계획되어 있었다. 소요라고 해봐야 소리 지르는 게 고작이다. 누군가 선생들에게 귀띔해 주었고, 학교에선 쉬는 시간을 주지 않고 교사만 바꿔 들어가 연이어 수업을 하고 학생들은 교실 밖으로 나가지 못하게 했다. 헨리는 학교를 교사 통솔 하에 놔두고 재정총회에 참석하고선 진행상황에 대해 수시로 보고를 받았다. 루스는 배재학당과 운동장이 제일 잘 보이는 우리 집에서 망을 보러 왔다. 루스와 난 귀를 세우고 시선을 고정시켰다. 그러다 담장 제일 가까운 학교 건물에서부터 만세 소리가 들렸다. 수백 명의 목소리가 끊임없는 고함소리가 되어 이어졌고, 우린 부분적으로 몇 마디밖에 알아들을 수 없었다. 경찰들이 사방에서 속속 나타나 교문에 대오를 정비하고 호루라기를 불고 전화를 걸어 증원병을 요청했다. 경찰 세 명은 우리 집 마당에 들어와 순찰했다. 한 열두 명의 기마경찰이 배재앞길을 쏜살같이 가르며 나타났다. 세어보니 약 80명의 경찰이 있었고 저쪽 편엔 더 많은 경찰이 있을 것이다. 물론 우린 재정총회에 정황을 알렸고, 모두들 베란다와 아래 계단에 나와 내다보았다. 조선인 목회자 김종우와 김영섭은 아들들이 배재건물 안에 있었다. 하나같이 흥분하고 긴장했다. 우린 몇 시간 동안 지켜보았다. 나중에 경찰이 학생들을 모두 교문너머 우리 시야를 벗어난 저쪽 편으로 보냈다. 그곳에서 한 명씩 심문하고 수십 명을 감옥에 끌고 갔다. 경찰은 이미 학교 안에 있던 일부 학생들을 압송했고, 우린 이 광경을 지켜보았다. 일부 학생은 수감된 중에 심하게 맞았으나 맞지 않은 학생도 있었다. 대부분은 며칠 만에 훈방되었으나 아직 갇혀 있는 이도 있다.[87]

 1930년. 중등학교 만세시위

중등학교 만세시위는 마지막 황제의 서거기념일인 1월 15일, 9시 45분에 시작되었다. 난 침실에 있었고 배재에서 다시금 수백 명의 함성 소리가 들려왔다. 창 밖을 살짝 내다보니 전교생이 밖에 나와 만세를 열창하고 있었다. 학생들은 모두 우리 집을 마주보고 있었는데, 실은 우리 집 뒤 이화학당을 향한 것이다. 배재에서 만세가 터지기 직전 이화여중도 전교생이 우리 집 뒤 둑방으로 올라가 배재를 마주보고 만세를 외쳤다. 남학생들은 사전에 조율한 대로 화답한 것이다.

참, 이 만세시위는 서울 시내 거의 대부분의 중등학교에서 일어났다. 다른 지역에서도 일어났는지는 아직 모르겠지만, 지금이 아니면 나중에라도 할 것이다. 만세시위는 보통 전국적으로 이루어지기 때문이다. 시위의 목적은 일본과 세계에 조선이 아직 살아 있으며 독립을 원하며 이들이 생각하기에 일본학생은 특별대우하고 조선학생들은 차별대우하는 처사에 반기를 든다는 걸 보여주기 위해서다. 최근 광주에서 한일 학생 간에 패싸움이 있었는데 일본학생은 봐주고 조선인만 처벌을 받았다.

군인과 경찰이 또다시 이화와 배재 교정을 메웠다. 난 이화 학생들을 보려고 서둘러 뒤편으로 갔다. 여학생들은 중등학교 건물 옆에서 함성을 지르며 경찰들 한가운데서 손과 손수건과 깃발을 흔들고 있다. 경찰은 저지하려고 동분서주하며 학생들을 좇아가 적극적으로 시위하는 학생들을 끄집어냈다. 처음엔 감옥으로 끌고 갔다고 생각했으나 나중에 듣기론 학생 대부분을 학교 건물 안으로 밀어 넣고 경찰이 문간에서 지켰다고 한다. 그래도 여학생들은 소리를 지르고 억지로 나가려고 했다. 이화 학생 8명과 배재 남학생 몇 명이 감옥에 갔다고 나중에 들었다.

오후 3:15. 배재 남학생들은 3시 15분까지 점심도 못 먹고 건물과 교정 안에 억류되어 있었다. 그 후엔 반별로 정문 밖으로 내보내 경찰이 심문을 했다. 우리 집에서 일하는 장학생 한 명은 집으로 갔고, 한 명은 일하려고 우리 집에 왔다. 이들이 수감되지 않아서 감사하다.

오! 일상을 마비시키는 긴급사태들. 그 충격으로 내가 시작하다 멈춘 일들….

1930년 1월 22일

우리 집 앞방 창가에서 일할 때면 나의 시선은 배재학당의 염탐꾼들과 첩자들의 위치 변동이나 학교 건물에서 몰려나오는 남학생 무리들에 붙들려 다닌다. 경찰은 매일 정문과 학교 구내 요처에 서 있다. 지혜로운 건지 지혜롭지 못한 건지 학생들은 이 나라에서 한일 차별에 불만을 표출하는 유일한 방법이 선동이라고 믿고 그렇게 행동한다. 특히 그들은 최근 광주 거리에서 한일

[왼쪽 사진] 배재학교 운동장. 왼쪽 뒤편에 보이는 것이 노블 자택이며 오른쪽 뒤편에 보이는 것이 이화학당과 아펜젤러 가족 자택이다. 매티 노블의 장녀 루스는 아펜젤러 선교사의 아들로 배재고 교장을 역임한 아펜젤러 2세와 결혼하여 이 집에 살았다.
[오른쪽 사진] 서울의 노블 자택이며 날짜는 알 수 없다.

중학생 간에 벌어진 패싸움에 불만을 품고 있다. 소방관들이 투입되어 예리한 흉기로 진압한 후 부상을 입어 연행, 감금된 건 한국 학생뿐이었으며 일본학생들은 그냥 보냈다는 것이다.

어제 신학생 한 명과 대화를 나누었다. 그는 신학교에서 오전에 그가 없을 때(월요일은 원래 휴교일이다) 모임을 가지고 결정된 사항을 일러 주었다. 우선 수감된 학생들에게 동조하는 마음으로 신학교 학업을 중단할 것, 채플 시간에 대표 하나가 일어나 교직원들에게 이 결정을 알릴 것, 그리고 모두 각자 집으로 돌아가 정치범이 전원 석방될 때까지 기다린다는 것이다. 그 학생은 이것은 동맹휴업이고 신학생들은 다른 학교 학생들처럼 동맹휴업을 해서는 안 되며, 자신은 성직에 삶을 헌신했기에 동맹휴업에 참여해선 안 된다고 생각한다고 했다. 나는 그가 용기를 내 참여를 거부하면 비록 소수라도 뒤따를 학생들이 있지 않겠냐고 물었다. 그는 그럴 젊은이가 한 명이라도 있을지 모르겠지만 혹 한두 명은 동조할지도 모르겠다고 했다. 그래서 오늘 채플 시간에 리더가 일어나 계획을 밝히면 그도 일어나 말하겠다고 했다. 휴업이 전체의 의견을 대변하는 건 아니라는 것, 자신은 하나님을 섬기는 목회에 삶을 헌신했고 숱한 난관을 극복하여 오늘날 이 정도의 교육을 받기까지 이르렀다는 것, 신학교에서 공부할 기회는 하나님이 주셨으며 하나님 사역이 어떤 정치적인 일보다 우선하므로 휴업에 동참할 수 없다고 말하겠다고 했다. 그는 휴업에 동조하면 수년간 투옥될 지도 모르며 출옥 후 건강악화로 공부하고 사역자가 될 기회를 잃어버릴지도 모른다고, 하나님의 인도하심과 섬김의 기회를 이렇게 내동댕이치는 건 하나님도 원치 않으리라 믿는다고 했다. 그는 다른 모든 학생들이 자신을 경멸하며 훼방하며 나라를 사랑하는 애국자가 아니라고 비방해도 그의 주님과 홀로 설 각오가 되었다고 했다.

　난 오전에 그와 다른 학생들을 위해 기도하고 있다.

1930년 4월 17일. 농촌 사역

클락크(F. G. Clark) 씨가 1929년 초반에 조선에 왔다. 방문 목적은 기독교 주관 하에 농촌의 농업계발을 돕는 것이다. 클락크 씨는 미국의 페니 농장에서 일한 바 있고 페니 씨는 조선에서의 사업에 일정정도 지원하겠다고 약속한 바 있다. 그는 YMCA의 파송을 받고 왔다. 그가 온 이래 짧은 시간 내에 농촌 사역은 놀랄만큼 성장했다. YMCA엔 또 다른 간사 둘이 있는데, 고든 애비슨(Gordon Avison) 씨와 번스(Bunce) 씨다. 이들도 농촌 농업 사역에 많은 시간을 쏟고 있다. 남감리교도 에머릭 부부를 동일한 이유로 파송하였다. 장로교 선교회는 루츠 씨에게 몇 년간 이 사역에 파트타임으로 일하게 했다. 다른 이들도 성경 강습회와 연결 지어 이 방면에서 협력하고 있다. 아더도 이 부문에서 상당량의 일을 하고 있다.

황심리 출신 김영태가 남가주대학(University of Southern California)에 유학가려고 한다. 그런데 여권을 받기엔 영어를 너무 못한다.

 1931년 1월. 류마티즘

1929년 가을 내내 난 변두리 촌읍의 주일학교에 사역하러 다니느라 일요일마다 5~15마일(8~24킬로미터)씩 걸었다. 이전보다 금세 다리에 피로감이 왔고 걸으면 뒤꿈치에 통증이 있었다. 그러다 1월엔 절뚝거리며 걷게 되었다. 1930년 1월 21일 맥스 베커(Max Becker) 씨가 미국에서 귀국했을 때 난 기차역에서 베커 씨

집까지 다리를 심하게 절며 걸어갔다. 다행히 식사 직후 차가 와서 곧바로 닥터 파운드(Found)를 찾았다. 한 일주일간 치료를 받자 좀 나아진 것 같았는데, 의사가 독감에 걸렸다. 한동안 아픈 걸 방치했더니 더 심해지고 마음이 불안해졌다. 의사부부인 셔우드와 매리언 홀이 뒤꿈치와 발바닥 패인 곳의 통증을 진단하러 왔다. 그런데 사실 내내 가장 큰 문제는 왼쪽 무릎의 심한 통증이었다. 난 스튜어트(M. S. Stewart) 의사를 찾아갔다. 2월 17일 첫 주는 매일, 그 후론 주3일 갔다. 그는 문제의 진짜 내부 원인을 밝혀냈다. 이제 나의 유일한 바람은 캘리포니아 대학 3학년생인 쌍둥이가 6월 5일 즈음 한 달 반의 방학을 맞아 집에 올 때 자유롭게 나다닐 정도로 회복되는 것이다.

1930년 5월 31일 스튜어트 의사가 완치되었다고 그만 오라고 했다. 다시금 내 의지대로 걸을 수 있고 완치됐다는 게 한없이 기쁘다. 그러나 세브란스에서 10번의 임상치료를 받았다.

1931년 8월 30일. 일상

아더는 새벽 5시 30분에, 난 6시에 기상해 시골교회 출장준비를 했다. 우린 아침을 먹었고 난 아더의 점심도시락 싸는 걸 마쳤다. 아더는 도시락이라면 늘 질색을 했다. 하지만 새로 산 입구가 넓은 보온병 몇 개와 원래 있던 작은 커피용 보온병에 맛나고 진한 수프 등을 넣어 보냈으니 잘 지낼 것이다. 그는 안산에서 열리는 수원 지방회의 분기별 회의에 참석 차 떠났다. 난 하인들과 함께 가정 기도회를 인도했다. 두 아줌마와 난 시편 119편의 구절을 기쁘게 읽었다.

기도회 직후 국씨의 아내이자 전도부인인 이장애가 여름 보고를 하고 8월 사례비를 받으러 왔다. 그녀는 여름에 파트타임으로 일반훈련반을 수강했고 이젠 주4일 연약한 교회를 세우는 사역을 하러 파송될 준비를 마쳤다. 첫 달은 두무포에 간다. 그녀는 어렸을 때 온 가족이 기독교인이 된 지 몇 년 만에 평양에서 아더한테 세례를 받았다. 바로 윗 언니의 이름은 넬리(Nellie)였다. 난 넬리가 죽었다고 생각했다. 그런데 이장애가 올여름 평양에 사는 맏언니 집에 갔을 때 맏언니가 2년 전 길거리에서 넬리를 만났다고 했단다. 몇 년 만에 처음 보는 거라 집에 데려가려 했으나 넬리는 자기 걱정은 하지 말라면서 작은 일 하나 처리하고 언니 집으로 가겠다고 했다. 그러나 그녀는 끝내 오지 않았다. 넬리는 몇 년 전 시골의 여자 미션스쿨에서 교사 일을 하다가 경찰인지 여자 형사가 되었다. 그러나 몇 년 후에 그 일도 그만두고 아무도 모르는 곳으로 잠적했다. 비극이다. 난 장애와 함께 그녀의 언니이자 나의 옛 친구인 넬리를 위해 그 자리에 무릎 꿇고 기도하고 싶었다. 그러나 날 보러 사람들이 오기 시작했고, 난 '체리'라고 부르는 크리코안스 부인을 배웅하러 기차역에 나가봐야 했다. 난 겨우 시간에 맞추어 체리를 배웅했다.

같은 기차엔 이제 막 안식년에서 돌아와 평양의 자기 집으로 떠나는 레인하르츠 가족이 타고 있어 같이 배웅했다. 레인하르츠 부부는 버클리 대학에 두 쌍둥이 아들 유진과 에버렛을 입학시키고 오는 길이었다. 그 집 가족과 쌍둥이들은 우리 집 쌍둥이들과 맥스 베커를 만났다고 했다. 난 이들과 얘기를 나누고 싶었지만 여의치 않았다. 집에 돌아오는 길에 가족 소식을 들으려고 그레이 하우스에 들렀다. 그곳에서 오레곤 농업대학에서 한 달 반 동안 조선에 머무르며 이화학당 가정경제학과를 개선시키는 일을 돕고 있는 한 여성을 방문했다. 난 그녀가 묻길래 조선인 가정에서 일어난 비극적인 이야기들을 들려주었다. 그녀는 김한네가 오레곤에서 자기가 출강하는 대학에서 가정경제학 훈련을 받을 수 있도록 주선해주었다. 우린 이화여고에서 영어를 가르칠 새 계약직 교사 밀드레드 폴슨 양이 로버츠 양과 함께 오늘 밤 도착 예정이란 말을 들었다. 난 공주에서 아멘즈 박사가 와서 저녁식사를 하기로 한 시간이 되어 서둘러 집에 왔다. 어젯밤 폭우가 내려 그는 저녁 6시가 되어도 도착하지 않았다. 아마도 도로 사정이 나빠 발이 묶인 모양이다. 그는 며칠 전 가족을 집에 데려오려고 소래 해변가에 트럭을 운전하고 갔는데 송도에 다다르자 도로가 진흙탕에 엉망진창이라 더 이상 운전할 수가 없었다. 그래서 기차와 대중교통으로 집에 왔고 어젯밤 차를 가지러 다시 송도에 갔다.

난 저녁을 급히 먹고 루스와 헨리 집에 가서 새 선교사가 온다는 소식을 전했다. 헨리는 루스와 날 데리고 아더와 새로 부임하는 사람과 귀가하는 사람들을 맞으러 역에 가겠다고 했다.

오늘 저녁 우리가 돕는 학생인 나주리가 올 여름 고향에서 휴가 보낸 이야기를 들려주었다. 그는 배재 졸업반이며 강릉의 감리교 목회자의 아들이다. 그는 고향 교회에서 다른 사람 몇 명과 함께 일일성경학교 교사를 하며 멋진 시간을 보냈다. 출석한 아이들은 200명이었다. 남감리교 선교회의 피터슨 씨가 금강산으로 가는 길에 그 교회에 들러 도와주었고 주일학교에 깃발 하나를 선사했다. 나주리는 쌍둥이다. 부모는 쪼들린 나머지 그의 쌍둥이 형제가 다섯 살 될 무렵 그 형제를 과부에게 입양시켰다. 동양에선 쌍둥이 중 한 명을 남에게 주는 일이 비일비재하다.

나주리와 이야기를 나눈 후 오몽선이 올 가을 매우 어려운 지경에 처했을 때 우리한테 꾼 돈을 왜 못 갚는지 해명하러 왔다. 그리곤 배재에 교사 세 명을 교체한다는 소식을 들었다면서, 헨리에게 영향력을 행사하여 자기 남편에게 교사직을 주라고 통사정했다. 그녀가 나가고 곧 다른 일을 시작했다. 그러나 모토사다 주모토 씨가 집에 도착해 그를 맞으러 아래층에 내려가야 했다. 그는 〈서울 프레스〉의 초대 편집인이며 지금은 〈아시아〉 지의 편집인이다. 여러 대신들과 외교관들과 친하며 그 자신도 외교관이다. 우린 몇 년 전 그가 조선에 있을 때 교분을 쌓았다. 그는 만주에서 도쿄로 가는 길에 몇 번 조선에 들렀고 그때마다 우리 집을 방문했다. 그는 1909년 이토 대신과 우리 집에 왔었다. 이토 대신은 아더에게 커다란 은(銀)화병 두 개와 진귀한 상감청자 사발을 선물했다. 우린 약 7년 전 주모토 씨를 주빈으로 만찬을 베풀고 그와 다른 외교관 몇을 대접했다. 오늘 아더가 없어서 참 아쉬웠다.

나중에 말끔히 차려입은 청년 한 명이 방문했다. 난 무슨 용건

인가 의아했다. 그는 고아원을 운영하는데, 우유 납품업체에서 고아원에 매출의 일정액을 기부하겠다고 했단다. 그래서 나보고 현재 우유업체와 거래를 끊고 자기 친구회사의 우유를 마시라고 부탁했다. 난 몇 번 그 회사에서 우유를 시켜먹어 봤는데 우유 질이 떨어지고 바가지를 쓴 적이 있었다. 그래서 난 청년에게 고아원이 번창하길 바라지만 우유를 살 땐 비즈니스로 거래하고, 자선단체에 기부할 땐 그냥 기부하고 싶다고 했다. 왜 내가 고아원을 돕기 위해 더 싸고 양질인 우유를 포기해야 하는지 납득이 안 된다고 했다. 그러나 기꺼이 고아원을 기억하고 도울 수 있을 때 돕겠다고 했다. 그는 위해서 기도해 달라고 했다. 난 그러겠다고, 기도가 가장 가치 있는 일이라고 했다. 그는 이제 가야한다면서 가기 전에 함께 기도하자고 했다. 친구 회사에서 우유를 사주지 않았기 때문에 내가 좀 기도가 많이 필요한 사람이라고 생각하는 느낌을 받았다. 방에서 일하던 학생 하나가 우리와 함께 무릎 꿇고 기도했다. 청년은 매우 훌륭하고 경건한 기도를 드렸다.

이제 이화학당의 계약직 교사이자 선교사인 밀드레드 폴슨 양과 동대문 부인병원 수간호사인 로버츠 양을 맞으러 기차역에 나가봐야겠다.

[…] 다시 이어 쓴다. 돌아온 사람들 몇 명과 2명의 신참 선교사들(한 명은 남감리교회 소속)은 대환영을 받았다. 이들을 보러 간다고 모두들 기쁨으로 들떴다. 배웅나간 사람은 현지인과 선교사 수십 명이었다.

다시 '체리' 양 이야기로 돌아가자. 그는 러시아의 전(前) 짜르 치하 군대장군의 딸이다. 짜리나와 공주가 그의 아버지와 친척 아저씨 집에 방문하곤 했다. 그 친척 아저씨는 백작이어서 왕궁에 자주 입궐했다. 체리는 요전 날 저녁 성페테르스부르크에서 어렸을 때 궁궐에 방문한 추억을 들려주었다. 우린 모두 흥미진진하게 들었다. 그는 라스푸틴과 그의 계략, 그의 거친 매너, 그가 사람을 홀리는 능력을 가지고 짜리나를 조종했던 것, 짜르 황제의 외동아들인 황태자의 목숨을 손에 쥐고 있다고 주장했던 것을 이야기했다. 라스푸틴은 자기가 일종의 마술적인 최면술로 황태자의 안위를 지켜준다면서 만약 자신에게 무슨 일이 생기면 어린 소년인 황태자가 죽을 것이라고 했다. 그래서 짜리나는 아들의 신변에 대한 두려움으로 계속 그 끔찍한 라스푸틴의 비위를 맞추었다고 한다. 체리는 어머니와 다른 궁정의 부인들이 라스푸틴이 비속한 매너와 이래라 저래라 명령조로 여성들을 대하는 통에 그와 식사 도중에 자리에서 일어나 다른 방으로 옮겨갔다고 했다. 우린 그녀가 사건을 전달하는 화법과, 기이하나 훌륭한 영어를 듣는 게 즐거웠다.

1917년 러시아의 백군이 적군으로부터 생명을 구하기 위해 러시아와 시베리아 밖으로 도망했다. 그 때 수백 명이 조선 동해안의 원산까지 왔다. 그들은 처참한 형편이었다. 많은 이가 죽었고 궁핍하였고 추위에 떨다 거의 동사할 지경이었다. 실제로 많은 이들이 동사하였다. 일본 정부는 이런 경우에 어떻게 대처할지에 관한 판례가 없었다. 고로 이 사람들이 원산항에서 상자 속에 포개진 정어리들처럼 보트에서 오랫동안 기다리게 했다. 그 다음에 어떤 낡고 허물어져 버려진 막사를 배의 확장공간으로 간주한다는 결정을 내리고는 러시아인들이 상륙하여 그 막사에 가는 걸 허용했다. 그러나 법적으론 러시아인들을 돌보아주는 것은 허용되지 않았다. 마침내 아더가 회장으로 있는 미국적십자사 조선 지부의 외국인들이 이들을 돌보는 것이 허용되었다. 조선 전국의 외국인들이 양식, 의류, 돈을 기탁하였고 이중엔 일본인들도 있다. 일부 조선인과 일본인들도 기부했으나 공공연히 하진 않았다. 아더는 다른 사람들과 함께 이 막사에 몇 차례 방문했고, 그곳에서 처음으로 체리를 발견했다. 테일러(A. W. Taylor) 부부가 체리에게 특별한 관심을 가지고 집으로 그녀를 데리고 와 몇 달간 기거하게 했다. 마침내 테일러 부부가 상하이의 한 가정에 가정교사 자리를 알선해주어 체리는 상하이로 갔다. 그곳에서 체리는 나중에 원산에서 함께 난민생활을 한 크리코리안스 씨와 결혼했다. 체리는 음악과 언어에 능통하다. 그의 남편은 최근 펜실베니아 스크랜턴에 있는 국제방송통신대학에서 공학을 통신수업으로 마쳤다! 그는 상하이의 전력회사에서 좋은 직책에 있다.

체리는 러시아에서 적군이 집권하던 당시 자기 아버지의 행방을 밝히지 않았다. 그러자 적군들은 잔인한 자세로 무릎 꿇리고선 상자에 넣어 뚜껑을 못질한 뒤 기차에 실어 시베리아로 압송했다. 체리는 여러 날을 그 상자 속에 갇혀 있었다. 마침내 백군의 개입으로 풀려나 백군을 따라 피난길에 나섰다. 그리곤 이루 형언할 수 없는 고난과 질고를 겪다가 마침내 조선의 미국적십자사에 의해 구조되었다. 십대의 한 러시아 소년은 피난길에 시력을 잃어버렸다. 이 소년도 서울에 있으며 이젠 자라 성인이 되었다.

이렇게 우리의 나날은 숱한 비극을 듣고 보는 것으로 채워진다.

 1931년 12월 3일. 먼나라 코리아의 꽃과 설화

꽃에 관한 큼직한 책이 미국에서 미화 10달러에, 조선에선 10엔에 판매되고 있다. 아주 아름다운 책이나 너무 크고 무거운 사치재기도 하다. 이 책엔 연꽃에 관한 이야기가 두어 편이 실려 있다. 분홍색 연꽃의 조선 이름은 태양의 딸 또는 ___이다. 연꽃은 '말하는 꽃'이라고 한다. 시인 헤델스턴은 이 꽃은 왕의 시녀들이 들어가 목욕하는 꽃이라고 한다. 불교 승려와 불자들은 그들이 죽으면 혼령이 연꽃에서 안식을 취한 후 순수의 나라 열반으로 옮겨진다고 한다. 연꽃은 사찰에서 그 모습을 볼 수 있으며 사찰 건물과 불상을 꾸미는 여러 문양 조각에 많다. 뿌리와 씨 둘 다 먹을 수 있다. 연꽃씨는 강장제로 놀라운 효과가 있다고 한다.

옛날에 어떤 남자가 나무 아래서 잠이 들었는데 꿈에 멋진 무지개 아래 아름다운 꽃 한송이를 보았다. 하루는 꿈에서 본 그 연꽃을 발견하고는 매일 보러 가 사랑에 빠졌다. 다시 꿈에 연꽃이 나타나 그에게 말했다. "제가 하늘나라에서 온 걸 아시죠. 여기 시끄러워 견딜 수가 없어요. 조용하고 쉴 만한 곳에 날 데려다 줄 수 없나요?" 그러자 남자는 연꽃을 높은 산속 깊은 골짜기에 옮겨 심었다. 다시금 연꽃이 꿈에 나타나 말했다. "이 산을 떠나야만 해요. 짐승이 너무 많아 날 짓밟거든요." 그래서 남자는 연꽃을 연못에 갖다 심었다. 연꽃은 행복하고 만족하여 그 후론 항상 물에 피는 꽃이 되었다.

흰 연꽃에 관한 이야기다. 옛날 심청이란 이름의 소녀가 있었다. 심청의 어머니는 죽었고 아버지는 앞 못보는 걸인이었다. 불교 승려가 쌀 삼백 가마니를 절에 공양하면 눈을 뜰 거라고 해 아버지가 약조를 했다. 낼 돈이 없자 심청이가 어부들에게 희생제물로 자신을 팔아넘겼다. 어부들은 바다신(神)에게 바치려고 심청을 바다에 던졌다. 그러나 바다신은 소녀를 물밑 연꽃 봉오리 안에 숨겨주었다. 다음날 왕이 지나가다 막 피어나려는 꽃봉오리를 발견했다. 그는 봉오리를 꺾어 궁궐의 커다란 화병에 꽂아두었다. 그날 밤 꽃 속에서 처녀를 발견하고 그를 왕비로 맞았다. 이런 행운에도 불구하고 왕비는 슬퍼했다. 왕이 왜 슬퍼하냐고 묻자 왕비는 맹인을 위한 잔치를 베풀어달라고 청했다. 그리곤 심청이의 아버지가 왔다. 왕비가 아버지를 끌어안고 말하자 그는 기쁨에 겨워 눈을 껌뻑껌뻑하더니 심청이를 보았다. 왕비는 그 후 영원히 행복하게 살았다.

윤 전도사 추모회에서 인도자는 그의 아들들에 대해 아름다운 이야기를 했다. 윤 전도사는 결혼하여 아들 둘을 키웠고 둘 다 교회에서 훌륭한 일꾼이다. 딸에 대해선 아무 언급이 없었는데, 아들들보다 어리긴 해도 딸들도 아름다운 크리스천 소녀들이다.

 1931년 12월 6일. 작은 인생 스케치

마리아 강은 우리와 7년간 함께 지냈고 아주 신실하고 좋은 일꾼이자 요리사이다.

오늘 아침은 몸 컨디션이 안 좋아 교회에 가지 못했다. 심장근육이 피로하여 조금만 근육을 써도 심장박동이 매우 빨라져 많이 기대 누워야 했다. 첫째 원인은 약 4주 전 버스에서 가스를 들이마신 것이다. 3주 동안 극도로 조심한 후 회복하여 루스네 집에 저녁 먹으러 가기로 했다. 스탠더드 오일 회사(Standard Oil Co.)의 로저 윌리암스 씨를 기다려야 했으므로 난 마리아와 마주 앉아 그의 살아온 이야기를 들려달라고 했다.

마리아는 조선 나이로 40년 전인 1892년 이교도 가정에 태어났다. 동대문 근처에 살다가 열 살 때 공업학교를 짓느라 인근의 모든 가옥이 매입되었다. 생업으로 짚신을 팔던 아버지는 마리아가 14살 때 돌아가셨다. 마리아에겐 자매와 형제가 있었다. 극한 가난에 시달리던 어머니는 집에 들어와 가족부양을 도와줄 마리아의 데릴사윗감을 찾았다. 친구들이 34살 된 강씨를 소개했다. 그는 과일과 견과류를 파는 작은 가게 점원이었고 홀아비였다. 전처와는 그가 25살 때, 아내는 14살 때 결혼했는데 사별한 지 몇 년 되었고 사이에 자식은 없었다. 마리아는 한 번도 보지 못하고 결혼한 이 남자가 매우 두려웠다. 마리아가 17살이 될 때까지 그는 좀 떨어진 곳에서 일하느라 5일에 한번 꼴로 왔다. 17살 이후론 늘 같이 살았고 좀 더 친숙하게 되었다. 그는 심하게 말을 더듬었다. 마리아는 21세가 되기 전 세 번 유산하고 태어난 두 아기는 몇 달 살다 죽었다. 22살에 지금은 이화여고에 다니는 선녀를 낳았다. 마리아와 친정어머니는 이 아이만은 살리려고 무던히 애를 썼다. 그래서 마리아의 어머니는 아이가 태어나기 전 딸을 대신하여 서울에서 7마일(약 11킬로미터) 떨어진 각심사의 무당에게 때를 정해놓고 가곤 했다. 어머니는 매번 도보로 오갔다. 무당은 새 부인이 남편에게 자식 낳아주는 걸 죽은 전처의 혼령이 시샘해 복수하고자 매번 아기를 죽일 방도를 쓰는 거라고 했다. 유일한 해법은 한 맺힌 전처와 삼신(三神)을 달래기 위해 제사를 지내는 것이란다. 그래서 제삿날마다 어머니는 가서 떡과 과일을 제물로 바쳤다. 이들은 형편이 궁해 한번에 20~30엔이 드는 무당굿을 하는 가장 비싼 제사를 권하진 않았다.

1916년 손정도 목사가 서울 정동제일교회에서 시무할 때 그 교회는 큰 부흥을 경험하고 있었다. 손 목사는 마리아의 남편을 길에서 만나 부흥에 대해 말하며 예배에 오라고 초청했다. 그리곤 구원받는 걸 더 지체하면 위험하다고 했다. 남편 강씨는 예배에 가서 결신자로 이름을 올렸다. 그러자 아내와 아이들을 데려오라 해서 그렇게 했다. 그해 크리스마스에 그 가족은 기독교 신앙으로 세례 받았다. 마리아는 전엔 어딜 가든 늘 두려웠다. 처음엔 교회당을 나서 밖에 나가려면 공포감이 엄습해 나무 그늘 아래로 다녔다. 악령들이 도처에서 그녀를 해치려고 기다리는 것 같았고 회심할 때까지 이 느낌은 계속되었다. 그러나 회심하고선 악귀에 대한 두려움이 사라졌다. 겨울 새벽 캄캄한 어둠에 나와도 돌연한 위협을 느끼지 않고 평안했다. 다만 주정뱅이와 마주칠까봐 걱정한다. 평안이 그녀의 삶에 찾아온 것이다. 그녀의 여섯 자녀들은 아름답고 밝다. 그녀는 가족의 생계를 위해 바깥일을 해야 한다. 남편은 생활력이 없어 자기 생활비도 겨우 벌기 때문이다. 그래도 마리아는 행복하다.

출산과 아이들을 돌보는 삼신(三神)에게 제사를 드리는 때는 3월 3일, 7월 7일, 그리고 1월과 8월이다. 넉넉하게 제물을 못 받으면 삼신은 아이를 아프게 하거나 죽인다고 한다.

 1932년 1월 28일. 매티 윌콕스 노블의 일상

아침 일찍 일어나 아더가 아산과 수원 지방회에서 열리는 분기별 순회 회의 참석 차 오전 7시에 나가는 걸 도왔다. 가정부가 준비한 음식으로 도시락을 싸서 출근한 비서에게 노블에게 가져다주라고 했다.

아침 식사 후 캐롤 아펜젤러의 머리를 빗질하고 말아주었다. 캐롤의 엄마인 우리 딸 루스가 병상에서 회복 중이기 때문이다. 일본의 '일본관광' 선전문을 한 다발 묶었다. 캘리포니아 대학의 여름방학 관광강좌에서 한 그룹을 데려오려고 하는 해럴드에게 보낼 것이다.

빨래를 분류해서 넣어놓았다.

오전 10시 15분. 내 주일학교 전도부인이 왔다. 시골 교회에 관한 구두 보고를 받았다. 그녀는 이번 달엔 주4일 시골교회를 방문한다. 그리고선 미드기념교회에서 일부 기독교인 가운데 생긴 특별하고 새로운 문제에 관해 들었다. 그녀는 이 교회 영아부에서 사역하며 주3일은 다른 사역을 한다. 여인들이 특별한 곤경을 극복하도록 도울 방법과 수단을 조언하고 기도했다.

전도부인은 11시 45분 독감에서 회복 중인 우리 딸을 병문안 하러 갔다.

선교사의 딸과 함께 점심식사를 했다. 서울외국인학교를 다니는 학생인데 차가운 도시락 대신 따뜻한 식사를 먹이고 싶었다. 우린 이 학생이 집에 와 점심 먹는 걸 반긴다.

올리브가 떠나기 전 곤혹스러운 얼굴을 한 감리교 목회자가 아더의 집무실을 찾았다. 방문 이유는 자신의 박봉을 보충할 보조금을 미국에서 받을 수 있을까 타진하고 담당 순회구역에서 일어난 긴박한 문제들에 관해 아더의 조언을 구하기 위해서였다. 아더가 없다니까 그럼 선교사의 아내가 역할을 대신하길 원했다. 그래서 1시간 15분 동안 우린 문제를 파악하고 해결책을 찾기 위해 애썼다. 많은 이야기를 나누고 인도하심을 구하기 위해 우리 아버지께 많이 기도했다. 목회자는 감사의 눈물이 눈에 고인 채 그가 받은 큰 도움에 감사한다면서 교회의 큰 짐을 홀로 지고 가는 게 너무 고독했다고, 다른 이와 나눈 것이 큰 유익이 되었다고, 하나님께서 자신을 여기서 복주셨다고, 이제 가벼운 마음으로 나서서 문제와 씨름할 수 있겠다고, 문제에 대해 승리할 큰 소망을 느꼈다고 했다. 짐을 가볍게 하는 데 작으나마 일익을 한 게 얼마나 하나님께 감사한지.

선교사 부부가 재한 일본인 사역을 하러 일본에서 왔다. 스튜어트 목사 부부이다. 스튜어트 씨의 건강은 일본에서 악화되었다. 컨(Kern) 감독은 조선의 기후가 그에게 도움이 될지도 모른다고, 그를 계속 선교현장에 둘 방편으로 조선행을 권했다. 난 스튜어트 부인을 방문하러 곧 일어설 것이다. 그 후엔 기독교서회에서 열리는 5시 서양인 기도모임에 참석하고 싶다. 다른 조선인 몇 명이 낮에 방문했고 밤이 되기 전 몇이 더 올 것이다. 아더는 저녁 7시쯤 귀가할 것이다. 배재의 아르바이트생 둘이 지금 이곳에 와 있고 난 그들에게 일감을 주어야 한다. 오늘은 일지를 더 쓸 시간이 없을 것이다.

3월에 서울에서 열린 조선 감리교 연회에서 우린 셔우드와 매리언 홀과 4살 아들 윌리엄 제임스를 손님으로 맞았다. 쇼(W. E. Shaw) 목사, 데밍(C. S. Deming) 부인은 점심식사 손님으로 맞았다. 그 외에도 앤더슨(A. G. Anderson) 박사와 드마리(E. W. Demaree) 박사, 베커(A. L. Becker) 박사와 많은 조선인 목회자들을 식사 손님으로 맞았고 다른 선교사 가정과 손님들을 맞바꿔 식사를 대접하기도 했다.

연회 도중 어느 오후 아더와 나의 조선 선교사역 40주년을 기념하는 축하행사를 베풀어 주었다.

1936년 서울 상동교회의 영아부 아기와 함께 있는 매티 노블

1932년 5월 7일

노 서방은 예전엔 수원 제암리에 살았으나 최근엔 휴 밀러 씨 집 앞 고갯마루의 공터 위 토굴에 산다. 난 노 서방과 함께 150명의 토굴 무단거주자들과 그들보다도 가난한 50명의 토굴 세입자들에게 주어진 새 고갯마루를 찾아갔다. 노 서방네 집은 골조가 세워졌고 어린 아들들과 등에 아기를 업은 아내가 진흙을 퍼다가 고용한 인부에게 날랐다. 그 인부는 옥수수 줄기나 사탕수수 줄기를 벽에 넣은 방 한 칸과 흙바닥 부엌에 벽을 회칠하고 있었다. 살림방의 아궁이 관 위엔 납작한 돌을 깔고 그 위로 진흙반

죽을 회칠한다. 이미 부엌 아궁이엔 불을 지피고 있다. 연기가 살림방 아래의 아궁이 관을 통과해야 이 작디작은 방의 바닥과 벽과 천정에 바른 진흙이 빨리 마르기 때문이다. 딱할 정도로 가옥의 시늉만 낸 이 집은 작은 길 건너편에 사는 사람의 땅 위에 지어진 것이다. 가장 딱한 대목은 가족들은 집을 건축하는 동안 몇 밤을 축축하고 차가운 땅바닥에 볏짚 멍석을 깔고 자야 한다는 것이다.

다른 부지의 부인들이 위험할 정도로 가파른 길을 낑낑거리며 올라간다. 바닥에 깔려고 납작한 돌을 머리에 이고 가거나 무거운 흙무더기나 집 짓는 데 필요한 것들을 머리에 기우뚱 이고 가는 중이었다.

 1933년 7월 초. 아줌마 아들의 결혼

우리집 아줌마의 아들은 훌륭한 크리스천 청년이다. 서울의 은행에서 어떤 일을 하고 있다. 전엔 기차에서 사탕 등을 파는 소년이었다. 어머니는 가난한 과부였다. 아들은 24살이며 조선 기준으로 노총각이다. 한 조선의 부유한 이교도 가정에서 22살 된 젊은 아가씨가 부모의 골칫거리가 되었다. 부모가 중매를 통해 혼담을 건넨 모든 재력 있는 젊은이들은 교육 받은 처녀를 원했다. 그런데 딸은 교육이라곤 전혀 받아 본 적이 없었다. 아버지가 아녀자를 격리하는 옛 관습을 따라 학교에 가느라 거리에서 사람 눈에 띄는 것을 불허했기 때문이다. 친척 한 사람이 이 가난한 과부의 모범적인 외아들 이야기를 꺼냈을 땐 부모들은 상당히 조바심이 난 상태였다. 약혼 일정을 잡고 마침내 결혼을 했다. 젊은이와 어머니는 신부가 시집 와서 기독교인이 되리라 믿었고 그녀도 교회 예배에 참석하기로 약속했다. 신부는 집을 떠나 알지도 못하는 가난한 젊은이에게 시집가는 게 못마땅했다. 하지만 이젠 행복해한다. 신랑은 기독교 야간학교와 사경회를 활용해 신부를 교육시켰다. 신부는 기독교인이 되고 싶다며 비록 자신의 아름다운 장롱과 옷가지를 들여놓을 공간도 없는 비좁은 집에 살지만 행복하다고 한다.

1934년 9월 18일. 필리스 홀의 출생

9월 12일 우리 셔우드와 매리언 홀 박사 부부의 딸 필리스 매리언의 출생을 알리는 전문을 받았다. 아기의 체중은 7파운드 8온스(3.4킬로그램)이다. 다음날 루스와 헨리는 셔우드 박사로부터 전문을 받았는데, 딸이 태어난 지 1시간 만에 쌍둥이 남동생 필리스 매리언이 태어났다. 아들을 낳을 경우를 대비해 지어놓은 이름 프랭크 셔우드란 이름을 붙였다. 아들의 심장박동은 괜찮았으나 숨을 안 쉬어 갖은 방법을 쓰며 두 시간 동안 애를 썼으나 소용 없었다. 그래서 셔우드 박사는 아기의 시신을 넣을 작은 관을 만들고 아기를 양철 용기에 담아 납땜을 했다. 매리언이 꿋꿋이 잘 버텨주고 마틴 부인이 매리언 곁을 지켜주었으므로 셔우드 박사는 오늘 운전기사와 함께 차를 몰고 서울로 왔고 우리 집에 관을 가지고 왔다. 난 하얀 천을 집무실 탁자 위에 깔고 그 관 상자를 올려놓은 후 다시 하얀 천으로 덮었다. 그리곤 꽃과 화분을 주위에 놔두었다. 아침에 내 흰 꽃들을 잘라 실크 나이론 덮개를 관상자 둘레에 씌우고 꽃을 덮어서 묘지로 가져갈 때 아름답게 보이도록 할 것이다. 안장 예배는 헨리의 주재로 묘지에서 열릴 것이며 차 두 대로 몇 명이 더 갈 것이다.

22장

자립하는 조선교회

Journals of Mattie Wilcox Noble

 1931년 8월 26일. 여성 목회자 안수

새 기독교 조선감리교[88]의 첫 번째 연회(年會)가 조선 송도에서 6월 10일부터 19일 약 새벽 1시경까지 열렸다. 양주삼 총감리사가 주재했다. 첫 날은 기도의 날이었다. 일부 지방회 연회 소속 성직자와 평신도는 매일 새벽 6시 기도회로 모여 연회에 하나님의 축복을 구했다. 연회 중 특별한 문제는 발생하지 않았다. 조선인들은 조선감리교회의 첫 행사이므로 훌륭하고 평화로운 연회가 되도록 협조하고 좋은 분위기를 유지하자는 사전논의가 있었다. 그리고 실제로 그렇게 되었다.

새로운 현상은 한 무리의 여성이 목사안수를 받은 것이다. 다른 나라의 회(conference)나 여타 교회에서 여성안수가 없었다는 건 아니지만 장관이었다. 새 조선감리교는 여성이 목사안수 받는 걸 허락할 예정이고 몇 년 후엔 전도부인 몇 명도 목사안수를 받을 준비가 될 것이다. 한편 조선총회(General Conference)[82]에선 남북(南北) 두 감리교 선교회 소속의 여선교사 중 조선교회에서 14년 이상 사역하고 본인이 원한다면 누구나 목사 안수 자격을 부여하기로 했다. 14명의 여성이 원하였고 연회 중인 14일 일요일에 조선인 목회자 안수 직전에 목사안수를 받았다. 그들은 쿠퍼, 베시 올리버, 제시 마커, 룰루 밀러, 마가렛 헤스, 걸트루드 스네이브리, 아이린 헤인즈, 한나 샤츠, 엘라 수 와그너, 매리 커틀러 박사, 에드워스, 틴슬리, 쉐핀, 페어 양이다.

아더와 난 웜즈(Weems) 목사 부부 댁에 묵었다. 루스와 헨리는 노리스 댁에 묵었다. 루스네는 캐럴을 데리고 오고 마가렛과 리차드는 서울의 친구 집에 맡겨놓았다. 루스는 오래 머무르진 않고 두 번 잠깐씩 다녀갔다. 난 연회 내내 자리를 지켰다. 우리 지방회 감리사인 김장우 목사가 나보고 목사안수를 받으라고 성화였다. 김 목사와 다른 목사들은 내가 당연히 다른 사람들과 함께 안수 받을 거라고 생각했던 것이다. 그러나 난 받고 싶지 않았다. 난 그들에게 내가 교회에 실제로 목사 부임을 받을 준비가 되면 몰라도, 난 목사 안수 받지 않고서 여러 해 동안 내게 맡겨진 사역을 내게 맡겨진 자리에서 최선을 다하겠다고 했다. 14명의 여성들은 목사안수를 받을 때 모두 흰 옷을 입었다. 조선의 전도부인이 목사안수를 받게 한다면 여선교사들도 목사안수를 받게 하는 건 타당한 처사다.

이번 연회에서 아더는 이전처럼 지방회 감리사로 재차 임명되었고 많은 지방회의 협동선교사가 되었다. 그의 직분은 수원 지방회 감리사, 원주, 이천, 강릉, 서울 지방회의 지방회 선교사다. 고로 벅찰 정도로 일을 맡았고 요구된 모든 사역을 진행하고 있다. 그러나 건강이 좋지 않다.

우리와 여러 선교회의 막역한 친구이며 기부자인 애니 스키어 양은 지난 23년간 조선사역을 위해 신실하게 재정을 공급했으며 대부분의 재정을 아더를 통해 전달했다. 그녀는 우리의 절친한 친구이며 우리의 진실성과 능력을 굳게 신임하여 재정배분이 우리를 통해 이루어지길 원했다. 그녀는 지난 봄 세상을 떠났지만 우리를 통해 조선 사역을 계속해 달라고 1만 달러를 남기고 갔다. 그녀는 멋진 사람이고 멋진 친구였다. 스키어 양의 조카인 에밀리 패커 양은 펜실베니아 뉴타운의 자택에 살고 있다. 패커 양도 조선의 좋은 친구이며 우리가 개인적으로 가장 절친한 친구로 꼽는 사람이다.

1933년 1월 17일

아더 노블이 1월 수원 지방회의 성경강습회관에서 열린 부흥회에서 김장우 목사(서울 지방회 감리사)가 한 이야기를 1월 16일 쌍둥이들의 24번째 생일에 편지에 인용하여 보냈다.

"어린 소녀가 기독교인이 되었다. 부모가 교회 예배 참석을 허락지 않고 신앙을 포기하라고 요구했다. 이 가족은 작은 교회가 지어진 시골 마을에 살고 있었다. 소녀는 예배에 참석하게 해 달라고 울며불며 사정하고 버티었다. 마침내 아버지는 소녀를 집 밖으로, 마당 밖으로 내쫓았다. 이 문제에 순종하지 않는다면 딸이 아니라는 것이었다. 아버지는 딸이 곧장 뜻을 꺾고 대문으로 와 들여보내 달라며 문을 두들길 거라고 생각했다. 딸은 그렇게 하지 않았다. 한참을 기다린 후 부모는 딸을 찾아 나섰다. 그날은 헛수고하고 새벽 2시에 의기소침하여 집에 돌아왔다. 다음날 아침 이웃들도 딸 찾기에 동참했다. 하루 종일 가깝고 먼 곳을 찾았다. 마침내 어스름이 내릴 무렵 아버지가 무덤가 고갯길을 가는데 어떤 목소리가 들려왔다. 소리를 따라가 보니 큰 무덤 뒤에서 어린 딸이 아버지를 위해서 기도하고 있었다. 아버지는 딸에게 가 부둥켜안고 말했다. "얘야, 걱정 말아라, 걱정 말아. 나도 믿겠다. 나도 교인이 될게."

1933년 2월 1일. 5개 지방회의 정황에 대한 사역 보고

사랑하는 친구들에게

이 편지는 노블 씨가 행정책임을 맡고 있는 5개 지방회의 정황을 단상이나마 전하고자 씁니다. 이 지방회의 교회들은 구원의 길을 가르치고자 최대한도로 많은 비기독교인 가정을 심방

하며 "그리스도의 삶"이라는 종이표지 소책자를 선물하고 있습니다. 이 사역은 조선의 모든 기독교 교회와 연합하여 진행하는 일입니다. 목표는 크리스마스 이전에 전국을 다 도는 것이지만, 현재 이 복된 사역은 진행 중입니다. 메시지를 전달하는 최상의 방법들에 관한 일련의 강좌가 교회에서 열렸습니다. 책자 선물은 구원의 길에 관한 복음을 퍼뜨릿길 원하는 조선의 영국인 친구에 의해 가능해졌습니다.

전도부인 곽장애의 보고에 의하면 대부분 지역에서는 그녀와 다른 이들을 친절히 맞아주었으나 아예 문전박대한 집도 있었고 허겁지겁 뒤따라와 나눠준 소책자를 되돌려 준 이들도 있었다고 합니다. 그들은 책의 위력이 스스로의 의지에 반하여 자신들을 교회로 이끌 거라고 생각했던 것입니다.

지금은 한 해에 성경 강습회와 부흥회가 집중적으로 열리는 때입니다. 노블씨는 '지방회 중앙성경강습회' 일로 2주간을 수원에서 보냈습니다. 이전 강습회에 비해 수강생 수는 최고였습니다. 그들은 아주 좋은 시간을 가졌습니다. 저녁엔 드루 신학대학에서 막 돌아온 강태후 목사가 힘있는 설교를 했습니다. 새벽 기도회도 출석률이 좋았습니다. 이 기간 수원에서 노블 씨가 보낸 편지를 인용합니다. "모든 일이 잘 되고 있어요. 작은 난로가 있는 내 방도 좋고요. 내 접이식 의자에 앉아 있고 문 밖엔 물 한 양동이가 있고 작은 난로 위에는 뜨거운 물이 담긴 주전자가 있어 상당히 독립적입니다." 그가 말하는 방은 신축한 교회 건물의 현지인 목사 집무실입니다. 노블 씨가 내륙에서 보통 머물러야 하는 처소에 비하면 훌륭한 수준입니다. 비슷한 중앙강습회가 강릉, 원주, 서울, 이천 지방회와 많은 순회구역(Circuit)에 속한 군소 지방회에서 열렸거나 곧 열릴 예정입니다. 시골 어느 지역에서 35명의 기독교인이 나가서 108명의 영혼을 주님께로 데리고 오겠다고 약정하였습니다. 지방회 여러 곳에서 목사들은 교회에 온 가족이 함께 나오는 일을 보고합니다.

지방회에서 올라온 보고서를 여기서 인용하겠습니다. "우리 순회구역에 기독교인이 한 명도 없는 마을이 있었는데, 이제 하나님의 나무에 싹이 텄으며 교회가 생겨날 가능성이 있습니다." "00 지역에는 2칸 가옥이 교회 건물의 전부였는데, 이제 6칸이 더 생겼습니다(1칸은 평방 8피트 방입니다)." "우리 교회 엡워스 청년회에서 어지러운 일이 생겼습니다. 여기에 대해 뭐라고 조언하시겠습니까?" "00군(郡)의 두 순회구역 경계에서 수년간 복음을 전했으나 가시적인 결과가 없었습니다. 그런데 최근 8명이 예수를 믿기 시작했습니다. 때가 되면 교회가 세워지리라 소망합니다."

이렇게 주님은 그의 신실한 일꾼들을 축복하십니다. 세브란스 기독의전 농구팀은 일본에서 열린 선수권대회에 출전하여 치열한 경쟁을 뚫고 은장배(silver cup)를 땄습니다. 이것은 의대 교직원과 학우들에게 큰 기쁨을 안겨다 주었습니다.

저 북쪽 국경 너머 동만주 지역에서는 두려운 시간을 보내고 있습니다. 주민들은 추수를 할 수 없었습니다. 이곳 마을과 인근 부락의 민가를 불사르고 있기 때문에 많은 이들이 집을 등지고 피난길에 올라야만 했습니다. 많은 이가 살육 당했습니다. 그들은 처참한 삼각지대에 갇혀 있습니다. 중국 군사들은 약탈하고, 볼셰비키나 공산당은 살육과 방화로 가는 곳마다 공포를 불러일으키며, 일본인들은 징벌적 원정을 하며 반대자들을 모두 응징하고 있습니다. 그러나 그 지역의 크리스천 지도자들은 사람들에게 나아가 물질과 영적인 위안을 제공합니다. 죽음을 무릅쓰고, 실제로 죽기도 하지만 그래도 계속하고 있습니다.

평가위원회의 "선교회 및 선교사 보고"와 관련하여 우리는 선교회의 좋은 후원자들이 후원을 일부 중단할까 우려했습니다. 불신자들은 과거에도 늘 그랬듯이 구주의 필요성을 인정하지 않으며 선교사 파송을 요청하지도 않습니다만, 이 이교도의 땅은 아직도 선교사역을 과거 어느 때만큼이나 필요로 합니다. 그러나 신문에 실린 로버트 스피어스(Robert E. Speers) 박사나 다른 이들의 좋은 글들을 보며, 본국의 위대한 교회가 주님의 마지막 지상명령을 계속 수행할 것이며 모든 피조물에게 복음이 전파되도록 도울 것이란 생각으로 용기를 얻습니다.

세계전역에 닥친 공황으로 인해 선교사들은 거의 지푸라기 없이 벽돌을 굽고 있습니다. 그러나 벽돌이 이런 방식으로 구워질 때도 성령은 가까이 운행하시며 벽돌은 견고하며 진실합니다.

노블 씨가 수고하는 지방회 재정의 한 단면입니다. 작년에 해외선교회 이사회에서 이 5개 지방회에 집행한 선교비는 예년의 1,369달러보다 대폭 감소된 122달러입니다. 전면 삭감처럼 보이나 노블 씨는 135개 교회를 위해 연회 전까지 545달러까지 재정지원을 확보하는 책임을 맡았습니다. 연회 후부터 연말까지는 400달러를 더 확보하여 총 945달러를 확보하여야 합니다.

그가 사역지를 한 번 순회하려면 2,150마일(3,440킬로미터) 길을 여행해야 합니다. 이로 인해 또 다른 문제가 제기됩니다. 이 사회가 작년엔 순회 경비로 250달러를 제공했으나 올해는 순회 경비 예산을 책정하지 않았기 때문입니다. 작년엔 조수 한 명의 순회 경비로 185달러를 제공했으나 역시 예산을 배정하지 못했습니다. 이 항목들을 충당하기 위해 노블 씨는 1933년 중에 추가로 435달러를 확보하여야 합니다. 고로 학교나 교회 건축이나 긴급 필요는 제외한 지방회의 정규 사역만을 위해 총 1,380달러라는 거금을 확보해야 합니다.

복음화 사역을 위한 후원금으로 규모가 큰 액수 같으나 분배하고 나면 궁핍한 교회들에게 한 달에 고작 평균 50센트의 추가예산이 돌아가는 것입니다. 물론 완전히 자립한 교회들은 제외했습니다.

"누가 이런 일들을 감당할 것인가? 이제 우리가 하나님께 감사하노니 가는 곳마다 승리의 걸음을 허락하시느니라."

여러분이 후원하시는 신학교, 배재학당, 이화학당의 학생들은 잘하고 있습니다. 그들은 모두 주일학교 사역자들입니다. 여러분의 전도자들은 신실합니다. 여러분이 서울에 방문하여 현지 사역을 보고 노블 씨와 지방회 순회도 같이 한다면 여러분 마음에 얼마나 긍정적인 변화가 있을지요!

여러분 중 너무 많은 분들이 저희 편지에 친절하게 감사의 답장을 써 주셨습니다. 특별한 사역을 위한 모든 재정적인 기부금, 카드, 주일학교 상품들, 교회의 정규 채널을 통한 선교 사역에 대한 지속적인 후원, 그리고 무엇보다도 여러분의 관심과 기도에 감사드립니다. "의인의 뜨겁고 효과적인 간구는 역사하는 힘이 많기" 때문입니다.

진심을 담아,
_아더 노블과 매티 노블을 대표하여 노블 부인이.

1933년 2월 7일

서울에서 조선 의료선교회가 열리는 때다. 우린 해주의 셔우드와 매리언 홀 박사 부부, 2월 17일에 6살이 되는 그 집 아들 윌리엄 홀, 11월에 태어난 아기 조우 홀과 평양의 앤더슨(A. G. Anderson) 박사를 손님으로 맞았다. 가족이 미국에 있는 베커 박사는 가족과 합류하려고 안식년을 떠날 때까지 우리 집에 살고 있다. 캐나다 연합교회의 로랜드 바칸(Roland Bakan) 목사 부부가 조선어 어학반이 개설되면 두 달씩 우리 집에 묵는다. 바칸 부인은 2세대 선교사로서 함흥의 전(前) 캐나다 장로교 선교회의 맥크레(D. M. McCrae) 목사님 부부 딸이다. 맥크레 목사님은 지금 함

1934년 이전 서울 구역의 어느 주일학교 학생들의 모습

홍의 새 교회에 계시며 부인만 캐나다에 있다.

앤더슨 박사는 많은 수의 일본 군인들이 매일 기차 가득 만주로 간다고 했다. 운산금광의 포웰 부인은 일본 여행을 갔다 오는 길에 고베와 시모노세키 사이에서 많은 군인들이 배에 올라타 사케 정종을 선물 받는 걸 보았다고 했다. 그들은 술에 취해 익살과 추태를 부렸고, 한 군인은 칼을 휘두르며 복도를 오갔다. 겁먹은 부인은 오찬 시간에도 자기 자리를 떠날 엄두를 못 내고 자리에서도 내내 좌불안석이었다고 했다.

1933년 8월 7일. 조선에서 기독교가 말살될 수 없는 증거

윌리엄 노블의 비서 김형삼에게 조선에 기독교가 깊이 뿌리내렸다는 구체적인 사례를 들어보라고 주문했다. 그는 조선을 대표하여 자신의 가족의 예를 들겠다고 했다.

이 가족은 매일 가정예배를 드린다. 가능하다면 아침에 드리고, 아침에 모이는 게 불가능한 날엔 예외적으로 저녁에 드린다. 먼저 찬송하고 성경낭독하고 한 명씩 성구암송하고 기도하고 주기도문으로 마친다. 예배인도는 가족이 차례대로 돌아가며 한다. 처음에 김형삼 씨, 다음은 부인, 12살 맏딸, 10살 아들, 8살 딸 순이다. 3살 여자 아이도 자기 차례를 원해서 아버지가 대신 인도하며 나름대로 최선을 다한다. 아기는 기도한다. "우리 아버지 고맙습니다. 아멘." 아기는 늘 같은 찬송을 고른다. "예수 사랑하심은." 자주 암송하는 성구는 "네 부모를 공경하라."

그렇다. 기독교 가정들이 이런 식으로 주님을 경외하고 권면하며 아이들을 양육하는 한 조선에서 기독교가 근절될 수 없다고 난 말했다.

"어떻게 마을 전체가 안식일을 지키게 되었을까."

김형삼이 성장기를 보낸 아버지 집은 수원 지방회 소속인 당모의 요모리에 있다. 40가정에 인구 320명의 마을이다. 대부분의 가정이 안식일을 지키는 기독교인이라 안식일엔 밭일을 나가지 않는다. 특별한 일이 있으면 불신자를 포함하여 마을 사람들끼리 서로 품앗이를 한다. 그런데 불신자가 안식일에 품앗이를

요구하면 다른 날 하겠다고 거절한다. 고로 불신자도 어느 정도 안식일을 지킬 수밖에 없게 된다. 이곳 교회 사역은 활짝 피어나고 있다.

1935년엔 조선 개신교 선교회 설립 50주년을 기념하는 행사가 열릴 것이다. 조선에서 최초로 지어진 감리교회인 연고로 정동제일감리교회에서 기념행사 계획을 세우고 있다. 현재 정동교회에서는 각 교인이 불신자 한 명씩 데리고 와 같이 예배에 참석하고 찬송가와 성경책을 나눠 보며 그를 기독교인으로 만들기 위해 인도하는 운동을 벌이고 있다. 많은 청년들이 이렇게 교회로 왔고 앞으로도 오게 될 것이다. 청년들은 그들이 접했던 어떤 장소보다 교회가 더 훌륭한 이상을 제시한다고 한다. 정오의 사이렌 소리가 울리면 모든 교인은 일어나 고개를 숙이고 묵상기도를 한다.

조선어로 된 내 책 "조선 초기 기독교인들의 승리의 삶"을 내가 부분적으로 영역한 것이 옛날 감리교 출판사인 일본 도쿄의 연합기독출판사(Union Christian Publishing House)에서 출판되었다.

 1933년 9월 6일. 나주리 강의 선교여행

9월 4일 루스는 결혼 15주년을 맞아 매우 유쾌한 수정혼식(crystal wedding)을 올렸다. 셔우드와 매리언 홀 박사 부부가 원산 해변에서 집으로 가는 길에 들러 며칠 루스네에 묵었다. 아멘츠 가족은 소래 해변에서 돌아오는 길에 우리 집에 묵었다. 우리 식구 넷과 셔우드와 아멘츠 부부 네 명 외에도 제물포의 크리스 젠슨 목사 부부, 더글라스 애비슨 부인, 앨리스 아펜젤러 양, 밴 플리트 양이 자리를 함께 했다.

오늘 리먼(Lehman) 주일학교 장학생인 나주리 강(Nachuli Kang)이 휴가를 마치고 돌아왔다. 그는 동해안 강릉의 지방회 감리사인 아버지 댁에 다녀왔다. 나주리는 아버지의 지시를 받고 기독교인이 한 명도 없는 30릿길 떨어진 산골 마을로 가 그곳에서 2개월간 기거했다. 그는 강릉에서 100명의 어린이들이 참가한 여름방학 매일성경학교에서 봉사하였고, 그후엔 그 산골 마을로 2주에 한 번꼴로 설교하러 갔다. 그 마을엔 주일예배에 36명의 성도가 모였고, 그 중 32명이 어린이였으며, 꼬마들 중엔 발가벗은 아이도 있었다. 여름방학 매일성경학교엔 매일 30명의 아이들이 왔다. 그는 주일성도 36명 중 10명이 진정 회심했으며 그 10명 중 6명은 신임할 만한 리더나 일꾼이 될 것이라고 했다. 물론 교회당이 없으므로 모임과 성경학교는 가정집에서 진행되었다. 그는 내가 건네준 카드들과 두루마리 그림차트가 큰 도움이 되었다고 매우 고마워했다.

1933년 12월. 성령충만의 눈부신 보고들

아더는 어제 수원에서 10~14일간 열리는 지방회 중앙성경강습회를 인도하러 떠났다. 22일 금요일 크리스마스 바로 전엔 1개월 과정인 특별훈련학교 폐회모임을 인도했다. 특별훈련학교는 안수 받은 담당목사가 없을 때 순회구역에서 예배를 맡는 사람들을 훈련하는 코스다. 보통 목사 한 명이 담당하는 순회구역엔 3~16개의 교회가 있다. 이 학교는 대단한 성과가 있었다. 약 30명이 참석했고 모두 성령으로 충만해졌다. 마지막 날 아더는 각 사람에게 엽서 한 장씩 나눠주고선 훈련학교 직후 거둔 사역의 결과물을 적어 자신에게 크리스마스 선물로 보내달라고 했다. 벌써 28명의 영혼이 구원받고 주일학교 1개가 시작됐다는 등 눈부신 보고들이 있었다.

우리의 사랑하는 친구 애니 스키어 양의 유산으로 아더는 8개의 시골 교회당 건축과 다른 사역을 추진할 계획이다. 그의 나날은 이렇듯 큰 계획과 책임으로 채워진다.

1934년 6월 24일. 개신교 조선선교 50주년 기념

이 날, 모든 현지인 감리교회들은 조선에서 감리교 선교회가 창립된 것을 경축하는 프로그램을 가지거나 축사를 했다. 이 날은 개신교 선교 50주년이기도 하다. 왜냐하면 1884년 6월 24일 모든 선교이사회를 통틀어 최초로 조선 사역을 위해 이사회에서 임명한 선교사들인 맥클레이(McClay)[90] 박사 부부가 조선에 도착했기 때문이다. 맥클레이 부부는 7월까지 얼마간 초대 주한미국 공사인 푸크(Faulk)[91] 부부 자택에 거하였다. 맥클레이 박사는 선교회를 위해 부지를 조금 샀고 조선 국왕으로부터 조선에서 개신교 선교사역으로 교육과 의료사업을 시작해도 된다는 윤허를

얻어냈다. 알렌(H. N. Allen) 박사는 장로교 해외선교이사회에서 조선에 의료사역을 개척하려고 파송한 분이다. 알렌 부부는 1884년 가을에 조선에 왔다.

장로교와 감리교 선교이사회에서 조선에 거주하며 사역하도록 임명한 최초의 복음 선교사들은 같은 배를 타고 1885년 4월 5일 부활절 아침에 제물포 항에 다다랐다. 바로 언더우드 목사(장로교)와 아펜젤러 목사 부부(감리교)다. 거할 처소를 마련하기가 어려워 아펜젤러 부부는 한동안 일본으로 돌아갔다가 다시 왔다. 닥터 스크랜턴(W. B. Scranton)은 어머니 메리 스크랜턴 여사와 어린 아기 아구스타와 함께 아펜젤러 부부와 같은 배편으로 일본에 도착했다.[92] 닥터 스크랜턴은 1885년 5월 혼자 조선에 입국해 감리교 최초의 의료사역을 시작했다. 스크랜턴 의사의 가족과 아펜젤러 가족은 다음 달 모두 같이 왔다.

감리교회는 6월 19일, 20일 영어로 축하행사를 가졌다. 장로교는 1934년 7월의 첫 3일간 자체행사를 가졌다. 감리교에선 19일 저녁 배재남자중학교 새 예배당에서 초창기 시절을 묘사한 멋진 연극을 했다.

축하행사 때 여러 발표문을 낭독했다. 감사할 제목은 벙커 여사가 내한하여 초창기 시절을 추억하는 탁월한 글[93]을 낭독할 수 있었던 것이다. 애니 엘러스[94] 양은 1888년 또는 89년에 장로교 소속으로 내한했다가 후에 벙커(D. A. Bunker) 목사와 결혼하여 부부가 다함께 감리교 선교회에 들어왔다. 부인은 1933년 봄 남편의 화장한 유해를 이 땅에 묻으려고, 또 조선에서 얼마간 시간을 보낼 계획으로 다시 돌아왔다. 아더는 '조선 초창기 선교사의 회상'이란 글을, 난 '조선 초대 기독교인의 추억'이란 글을 발표했다.

1885년 감리교 선교회 출범 이후 사망한 감리교 선교사들*

아펜젤러(H. G. Appenzeller, 1902), 스크랜턴(W. B. Scranton, 1919), 올링거(F. Ohlinger, 1919), 존스(George Heber Jones, 1919), 맥길(W. B. McGill, 1904), 제임스 홀(William James Hall, 1895), 버스티드(J. A. Busteed, 1901), 스웨어러(W. C. Swearer, 1916), 셔먼(H. C. Sherman, 1900), 모리스(C. D. Morris, 1927), 샤프(R. A. Sharp, 1906), 켄트(H. M. Kent, 1917), 록웰(N. L. Rockwell, 1910), 벡(S. A. Beck) 부인, 아펜젤러(H. G. Appenzeller) 부인, 맥길(W. B. McGill) 부인, 셔먼 부인, 데이빗 한(David Hann), 테일러(D. C. Taylor) 부인, 해리스, 프레이 양, 에스티 양, 앨버슨 양, 터틀 양, 스크랜턴(Mary F. Scranton) 여사, 페인 양, 루이스 양, 해리스 양, 로트와일러 양, 팔웰, 힐먼 양, 벙커(D. A. Bunker), 무어(J. Z. Moore) 부인

선교사 수 - 총 33명
아이들 수 - 총 11명
합 44명

---

* 매티 노블이 일지에 따로 적어 놓은 목록이다.

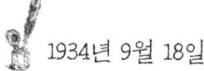
1934년 9월 18일

오늘 연합공의회(Federal Council)가 감리교 신학교에서 폐회했다. 난 아더와 함께 대의원단에 소속되었다. 아더는 오늘 오전에 시작된 조선기독교교회협의회(Korean National Church Council)의 평의원단에도 소속되어 있어 오늘 오전 그곳을 향해 일찍 집을 나섰다. 작년 가을 다가오는 조선기독교교회협의회의 평의원단을 선출했을 때 최초로 선임된 사람은 김종우95 목사였고 두 번째는 아더였다. 다양한 장로교와 감리교 기구에서 다수의 조선인과 14명의 선교사가 평의원으로 선임되었다.

9월 초반에 평양에서 소집된 장로교 총회에서 미국 북장로교, 미국 남장로교, 캐나다 연합교회, 호주 장로교의 장로교회들 간에 대부분의 선교사역지를 분할하였다. 그들은 작년 장로교 총회가 조선기독교협의회(Korean National Christian Council)96에 제출한 세 가지 제안이 통과되지 않았다고 분개하고 있다. 일부 목회자는 들고 일어나 이 협의회를 파기할 기세였다. 한 사람이 총회 도중 일어나 자신과 다른 이들이 그렇게 할 거라고 공언한 것이다. 선교사들은 이로 인해 처참한 기분이 되었고 오늘 30분을 조선기독교협의회 회의를 위한 특별기도시간으로 정해놓고 조선인 목회자들에게도 동참하라고 전신을 쳤다. 협의회를 함께 열어 이 나라에 큰 축복이 되지 못한다면 참으로 애석한 일이다. 이 나라는 하나님의 사랑과 그리스도인으로서 겸손히 참고 인내하는 정신이 필요하다. 우린 이런 영이 지배하도록 기도한다.

성경이 조선 가정에 일으킨 변화[*]

성경이 조선의 기독교 가정에 이룩한 변화와 그 가정이 발산하는 영향력에 대하여.

여성의 지위가 올라갔다. 가정과 여학교와 교회에서 진정한 여성성이 얼마나 유익한지에 대한 인식이 확산되고 있다. 이전엔 여성에게 리더십이나 훌륭한 동역자의 역할이 허용된 적이 없다. 이제 여성은 종종 남편과 나란히 교회에 와 한자리에서 식사할 수 있다. 부유층 여성들은 더 이상 여성만의 처소에 숨어 지내지 않아도 된다. 어떤 계층의 젊은 여성이라도 외출 시 머리를 가리기 위해 긴 장옷을 눈 바로 밑에까지 덮어쓰거나 여성을 격리하기 위한 둘레 8~9피트(약 2.5~2.7미터)의 커다란 모자를 머리에 이고 다니지 않아도 된다. 이 베일용 두루마기와 어마하게 큰 모자는 속히 자취를 감추고 있다. 이제 여성들은 바깥 공기를 쐬고 햇살을 느끼기 시작한다. 지금이 과도기인 것은 사실이지만 여성들에게 복음을 통해 빛과 자유가 찾아오고 있다.

아동 시절이 돌봄을 받는다. 개인의 교육 및 가정생활 수준이 상승하면서 아동의 건강과 윤리적 발달을 위한 특별한 보살핌이 이루어지고 있다. 부모들은 아이 자신을 위해 아이에게 겸양을 가르쳐야 함을 깨닫는다. 아직도 극도로 버릇없는 아이들이 눈에 띈다. 하지만 조선에 처음 온 사람이 수년이란 시간의 베일을

---

[*] 이 일지는 날짜와 별다른 설명 없이 기록되어 있다.—편집자

걷고 본다면 과거와 현재의 큰 대비가 명확하게 보일 것이다.

성경에 근거한 기독교에는 어린아이를 위한 자리가 있다. 처음에 성서의 적은 일부분만 배포되었을 땐 아기들이 세례 받으러 제단에 나올 때 태어날 때 상태 그대로 미끈한 알몸으로 나왔다. 그러나 이젠 잘 차려입고 때론 멋지게 단장하고 유아세례를 받는다.

여자 아기가 태어나도 더 이상 부모에게 위로의 말을 건네지 않는다. 대신 친지들은 하나님으로부터 선물을 받았다고, 또는 학교에 새 여학자가 생겼다고 말한다(주일학교가 가정에 찾아왔기 때문이다). 나는 영아부에서 베푼 첫 어버이날 행사에서 가장 아름다운 광경 중 하나를, 발전의 징표로 보았다. 200명의 아기가 어머니와 함께 있었고 한쪽엔 아버지들이 있었는데, 일부 아버지는 여자 아기를 자랑스럽게 안고 있었던 것이다.

교육이 확산되었고 많은 이가 교육받는 것이 가능해졌다. 과거엔 기생계층에 속한 아녀자만 글공부가 허용되었다. 지금은 아내나 딸에게 글을 가르치는 것이 현명한지에 관한 모든 의구심이 사라졌다. 난 거의 70이 다 된 노부인들이 앉아서 가나다를 익히는 걸 보았다. 조선 최고의 전도부인 한 명은 삼십이 넘어 글을 배웠다. 그는 깊은 영적 통찰력을 소유한 여성이자 성경에 통달한 학자이다.

성경은 남녀에게 사회적 교제의 장을 열었다. 성경이 들어오기 전엔 남녀 함께 음악이나 강의나 설교를 듣거나, 어떤 종류의 오락을 관람할 회관이나 건물이 없었다. 그러나 성경이 들어온 후 남녀가 위에서 말한 모든 것을 듣고 보러 한 자리에 모였다. 물론 남녀가 양편으로 나눠 앉고 대부분 그 사이에 분리막이 있긴 하다. 여성 사경회를 마치고 우리 집에서 열린 교제의 자리에서 젊은이나 늙은이나 모든 여성들은 여러 게임을 즐겼다. 이보다 더 즐겁게 노는 무리를 찾으려면 아주 멀리 헤매야 할 것이다. 이들에게 놀이는 너무 생소해서 모두 뺨에 눈물이 흘러내릴 때까지 웃어댔다. 다바타(Tabatha)란 이름의 노부인은 나에게 작별인사를 하며 말했다. "오, 부인. 이게 저희한테 얼마나 큰일인지 모르실거에요. 이런 날을 볼 때까지 살아서 다행이에요. 다시 젊어지면 좋겠지만 제 손녀딸 엘지(Elsie)가 이런 새로운 기독교 문화에서 삶을 펼칠 수 있게 된 것만 해도 기뻐요. 기독교는 여자의 즐거움을 억누르지 않고 여자를 교육시키고 잔인하게 좁은 집구석에 격리시키지 않고 벗어나게 했습니다. 오, 부인. 정말 놀라워요."

노비가 해방되었다. 노비를 부리던 많은 부유한 조선인들이 성경 이야기를 듣고 노비를 풀어주고 그들을 자비의 교회당으로 인도했다.

성경은 남편에게서 아내를 고문하고 불구로 만들 권한을 박탈했다. 사실이건 상상의 산물이건 아내의 불륜에 대한 질투심에 의해 충동적으로 아내의 코를 베어버릴 수 없게 되었다. 기독교 동네에선 여성을 존중하는 분위기가 지배적이라 남자가 아내를 구타하면 지탄의 대상이 될 각오를 해야 한다. 남자는 누구나 과부를 강제로 끌고 집으로 데려갈 수 있다는 오래된 불법무도한 관습[보쌈]이 이제 급속도로 사라지고 있다.

성경은 혼인연령을 늦추었다. 몇 년 전 교회에선 남자 18세, 여자 16세 이하는 주례를 거부했다. 이젠 어린 소년이 백마 타고 혼례에 가거나 어린 소녀가 훌쩍이며 부모 집에서 억지로 시집으로 가는 모습은 보기 드문 광경이 되었다. 근래엔 이교도의 혼례에서도 신부의 눈을 풀로 붙여 감게 하는 일이 흔치 않다.

과거엔 기생과 남자들만 노래했고 보통 노래는 음주가무의 일부였다. 그러나 이제 복음이 전파되는 곳엔 어디나 기쁨의 노래를 들을 수 있다.

기독교 공동체에선 부부는 둘이 합하여 한 몸을 이룬 것이란 가르침을 따르고 있다. 그래서 기독교 가정에선 축첩제도로 인한 비탄과 고난은 과거지사가 되었다.

청결, 미용, 자족이 가정에 찾아왔다. 난 최근 18년 전 가르쳤던 노부인과 그의 딸을 만났다. 할머니는 비록 귀가 멀고 지팡이를 기대고 서 있었지만 온 맘을 다해 날 반기며 옛 일을 회상했다. 딸은 어머니가 늘 나의 청결교육을 놀랄 정도로 실천에 옮겼다고 했다. 그래서 지난 세월 내내 청결로 인해 살아 있는 미의 모범이 되었으며 수십 명의 젊은이와 노인들에게 청결교육을 시켰다고 전했다. 과거엔 병자나 노인은 물로 몸을 씻는 법이 거의 없었다.

기독교는 장애인에 대해서도 특별한 축복을 보장한다. 장애는 부모의 죄로 인해 천벌을 받은 것이란 미신으로 장애인을 문자 그대로 감금해 두는 일은 기독교 가정에서 일어나지 않는다.

그러나 무엇보다도 가장 위대한 것은 사람들의 가정에 성경을 통해 구주 예수가 찾아왔다는 것이다. 타종교의 굴레에 짓눌리고 수세기의 암울함에 깔려 있던 조선인에게 구원과 평안과 기쁨과 소망이 찾아왔다. 이제부터는 예수를 영접한 사람은 하나님의 영광에 머물게 되었다.

23장

본향으로

Journals of Mattie Wilcox Noble

 1946년 6월 20일. 아더의 죽음

 1934년 조선에 있는 의사들은 내게 샌프란시스코나 그 근방에 가서 치료 받으라고 권유했다. 물론 평양의 닥터 앤더슨(A. G. Anderson)도 시카고의 스웨덴 감리교인들이 기증한 최상의 임상 치료기기를 갖추고 있었다. 하지만 더 좋은 기기들이 발명되었으므로 생명을 부지하려면 샌프란시스코로 가 그곳에서 치료받으라고 했다. 그래서 우린 조선을 떠났고, 아더가 아들들에게 사 놓으라고 한 목장으로 갔다. 목장은 알덴이 강의하고 글렌이 근무하는 퍼시픽 대학에서 3마일 정도 떨어져 있었다. 어느 정도 자리가 잡힌 후 아더와 난 버클리에 가서 나의 치료를 시작했고, 완전히 치유되었다. 아더가 목장과 양계일이 힘에 부친다고 한 1942년 7월 9일까지 목장에 살았다. 아더의 건강이 많이 상해 목장을 팔고 포도넝쿨로 덮인 시골집을 샀다. 아더의 건강이 좀 나아졌고 우린 새 집에서 행복했다. 아더는 차고를 짜임새 있는 공방으로 개조하여 몇 가지 물건을 제작했다. 교회는 예나 지금이나 센트럴감리교회(Central Methodist Church)에 다닌다.

아더가 집에 있을 때, 의사는 화장실 정도는 혼자 걸어가도 된다고 했다. 한번은 화장실에 간 사이 욕조 옆에 서서 환상을 보았다고 했다. 아더는 그 아름다움과 생생함을 나에게 전달하려고 손짓까지 하며 이야기했다. 그의 말로는 경이로운 아름다움이 대홍수처럼 그를 에워쌌다. 뭔가 더 말하려 했으나 기운이 빠져 난 그를 침대에 눕혀야 했다. 아더는 1945년 봄 그의 어린 시절에 관해 아름다운 향수어린 추억을 들려주었다. 내가 받아 적는지도 의식하지 못하고 이야기했다. 어딘가에 그 어린 시절 이야기와 그의 환상 또는 영광스런 조우(glimpse)에 관해 적어놓았다. 언젠가 발견되어 읽히리라 생각한다.

1945년 12월 25일 크리스마스 새벽 2시 30분. 아더는 심장발작으로 심하게 아팠고 죽어가는 것 같이 축 늘어졌다. 난 닥터 오도넬과 알덴을 불렀다. 아더는 주사를 여러 대 맞고 세인트 죠셉 병원에 실려가 산소마스크를 2.5번 썼다. 서서히 정신을 차리며 회복하는 것 같았다. 12월 31일 일요일 병원에서 집으로 돌아가도 된다고 했다. 1946년 1월 5일 토요일, 아더는 영광의 나라로 옮겨진 후 월레스 장의회사의 새 공원묘지 페어비유(Fairview) 파크에 묻혔다.

아이들 아빠의 사망 원인은 꽤 여러 해 동안 계속된 심장질환이며 진행성 당뇨에 의해 앞당겨졌다.

실베스터 박사가 장례 예배를 인도했다. 손님으론 프랭크 헤론 스미스 박사 부부, 베커 부인, 맥스와 그의 아내 마가렛, 스미스 부부가 왔다. 베커 박사 부부는 조선 선교사였고 미국 서부 해안 지역에서 장례식에 올 수 있던 유일한 사람들이다. 조선에서 수년간 싱어 재봉틀 회사를 운영하였던 주버 부부가 잠시 오크랜드에 들렀다가 장례식에 왔다. 스톡턴(Stockton)에 사는 한국인들은 7명 모두 다 왔다. 미스터 이는 조의를 표하고 아더와 나의 오랜 조선에 대한 섬김에 대한 감사의 표시로 60달러를 건넸다. 미국 여러 주와 여러 나라에서 조의를 표하는 편지를 많이 받았다.

1946년 7월 1일. 서서히 건강을 잃어가다

1941년 봄 뉴욕 42번가 66번지에 있는 '골든룰 펠로우쉽'(Golden Rule Fellowship, 황금률 동우회)란 단체에서 나를 북캘리포니아 지역의 '미국의 어머니'(American Mother)로 선발했다. 이 단체는 매년 미국 또는 미국의 특정 주나 지역에서 '미국의 어머니'를 선정한다.

난 몇 년간 여러 번 고혈압 발작을 겪었다. 한번은 샌프란시스코의 캘리포니아 대학병원에 입원하기도 했다. 의사들은 콩팥이 원인일지 모른다고 하여 콩팥제거수술을 했다. 그러나 나중에 판명된 바로는 제거된 콩팥은 전혀 문제가 없었다. 빈혈이 심하고 손과 발가락에 관절염이 있었으나 관절염은 심각한 문제는 되지 않았다. 혈압은 238까지 올라갔고 눈에서 세 번 출혈이 있었다. 목장에서 일어난 첫 번째 내출혈로 왼쪽 눈의 중심부 시력이 사라졌다. 그래도 왼쪽 눈 주변부로 커다란 형상은 볼 수 있었다. 약 4년 전 오른쪽 눈에 출혈이 있었고 나중에 셔터문의 줄무늬 같은 상처가 남았다. 플레이어 박사님이 이 눈으로도 쉽게 읽을 수 있는 특수 안경을 제작해 주었다. 몇 달 전, 괜찮았던 왼쪽 눈 망막에 세 번째 출혈이 왔다. 처음엔 글이 가는 선으로만 보였는데 이젠 글은 보이나 글자는 판별이 안 된다. 그러나 플레이어 박사가 더 강력한 안경을 만들어 줘 읽을 수 있게 되길 바란다. 내출혈은 모두 혈압이 치솟은 후에 왔다.

난 아직 우리 집에 살 수 있다. 사는 동안은 집에 머무를 수 있으면 좋겠다. 그러나 주님께서 나를 본향의 집으로 부르시는 걸 미루시면 다른 방편을 마련해야 할 것이다.

"하나님은 환난 중에 계시는 도움이시니."

1948년 9월 11일. 고로 다 평안하다

여느 때처럼 오늘 아침에도 머리를 빗으며 라디오를 들었다. 노래가 흘러나왔다.

내 마음이 아플 때

예수가 돌보시나
세상의 몰약으로 치유키엔
너무 깊은 슬픔

내 마음이 아플 때
내 마음이 무너질 때
앞길이 고단하고 길게만 느껴질 때
예수가 돌보시나

예수 돌보시네
난 아네 그가 돌보심을
내 고난 그의 마음에 닿아
하루가 고단하고 긴 밤이 두려워지면
나의 구주
그가 돌보심을 아네

 세월의 슬픔이 마음 깊숙이 차올라 견딜 수 없었다. 대부분은 재빨리 소리 없이 예수께 도움을 구하면 슬픔을 조절할 수 있다. 그리고 인생은 감미로운 평상심을 되찾는다.

 고로 다 평안하다(All is well).

덧붙이는 말

매티 노블은 1956년 8월 5일 84세의 나이로 숨졌다. 죽기 전 1년간은 스톡턴 전원지대의 양로원에서 1년간 살았다. 죽기 직전 그녀는 자녀들도 알아보지 못할 정도로 기억력을 완전히 잃어버렸다.

마르다 노블(Martha Noble)
매티 노블의 아들 글렌의 아내

The Journals of Mattie Wilcox Noble
1892-1934

감사의 글

매티 노블이 손으로 쓴 일지의 원본은 1980년대 초 그녀의 며느리 중 두 명(매티의 아들 글렌Glenn의 아내인 마르다 하우저 노블Martha Houser Noble과 매티의 아들 해럴드Harold의 아내 라인하르트 노블Rinehart Noble)이 타자기 한 대로 필사한 것이다. 일지를 가능한 한 정확하게 필사했으며 편집은 이해를 돕기 위해서만 했다. 그들의 세심한 노고에 감사한다.

옮긴이 주

1. 하디 박사(Dr. R. A. Hardie)는 1890년 의료선교사로 내한했다. 1900년 원산에 상주 선교사로 부임한 후 의료사역보다는 복음 사역에 전념한다. 1903년 8월 선교사 기도모임에서 죄를 자백하고 전국에 부흥집회를 인도한 것이 1907년에 정점을 이룬 회개와 대부흥의 시발점이 되었다.

2. 에스더 박(Esther Park, 1877~1910). 로제타 홀 선교사의 도움으로 미국 유학길에 올라 볼티모어 의대(현재 존스홉킨스 의대)를 졸업하고 조선 최초의 의학박사가 된다. 1900년 조선에 돌아와 1910년 폐결핵으로 숨질 때까지 평양 기홀병원(Hall Memorial Hospital)에서 닥터 로제타 홀과 10년간 봉사하였다.

3. 한국에서 여름 끝자락에서 가을 초입으로 넘어가는 시기를 영어로는 '인디언 섬머'(Indian Summer)라고 부른다.

4. 메리 스크랜턴(Mary F. Scranton, 1832~1909). 윌리엄 스크랜턴 선교사의 어머니. 1885년 6월 52세 되던 해 미국 감리회 해외여선교회의 파송을 받아 한국에 온 최초의 여선교사이다. 1886년 한 명의 학생을 데리고 이화여자대학의 전신인 이화학당을 설립하였다. 1909년 상동 자택에서 별세하여 양화진 외국인묘지에 묻혔다.

케이블(E. M. Cable)은 스크랜턴 대부인에 대해 다음과 같이 묘사했다.

"스크랜턴 대부인은 조선에 도착하여 곧바로 현재의 이화학교 부근에 해외여선교회의 첫 번째 땅을 구입했다. 스크랜턴 대부인은 1886년 6월에 한 명의 학생으로 시작했다. 그렇지만 그 어머니가 학교에서 아이를 자퇴시키는 것이 더 낫다고 생각하기까지는 그리 오래 걸리지 않았다. 이웃 사람들은 그녀가 아이를 외국인에게 맡기는 이상한 여자라고 말했다. 아마 얼마간은 아이에게 잘 대해주겠지만 결국은 미국으로 데려가 버릴 것이라고 했다. 결국 아이를 절대 나라 밖으로 데려가지 않겠다는 내용의 각서로 그 어머니를 안심시켰다. 두 번째 학생은 길에서 주워 온 고아였다. 조선인 주민들은 이 소녀들을 매우 주의 깊게 관찰했다. 소녀들이 행복하고 나쁘게 대우받지 않은 것처럼 보이자 다른 어머니들이 차츰 학교에 대해 조금씩 확신을 얻게 되었다. 6개월 내에 학교의 학생수가 7명이 되었다. 그 학교는 오늘날까지 성장하여 모든 한국인 여성을 위해 문을 연 유일한 대학[이화여자대학]이 되었다." 「한국 감리교의 역사」(*A History of Methodism in Korea, 1934*). 23쪽.

5. 스크랜턴 박사(Dr. W. B. Scranton)는 감리교 최초의 의료선교사로 1885년 내한하여 서울 정동 부지에 진료소를 개설하였다. 1895년 이후엔 선교회 감리사로서 의료사역보다 전체 선교회 사역을 돌보았다.

6. 조지 히버 존스(George Heber Jones, 1867~1919). 1885년 5월, 21세의 나이로 아펜젤러와 스크랜턴의 뒤를 이어 내한한 감리교 선교사다. 1892년 최초의 감리교 상주 선교사로 제물포에 파송되었다. 1902년 선교회 감리사로 임명되었다. 1909년 6월 미국에 귀국한 후에도 한국선교 후원에 힘쓴다.

7. 배재학당. 감리교 헨리 아펜젤러 선교사가 1886년 서울에 설립한 미션스쿨이다. 조선 근대교육의 효시가 된 이 학교는 초기엔 대학과정이었으나 후에 보통고등학교로 자리매김한다. 배재학당 교사는 조선에 지어진 첫 서양식 벽돌건물이기도 하다.

8. 하인계층은 이름 뒤에 '이'를 붙여 불렀다.

9. 프랭클린 올링거(Franklin Ohlinger, 1845~1919). 1888년 1월, 16년간 사역한 중국 선교지를 떠나 42세의 나이로 내한하여 1893년까지 조선에서 약 6년간 사역한 감리교 선교사이다. 중국에서는 1881년 윤치호가 수학한 중서서원(Anglo-Chinese College)을 설립하고 초대 교장에 취임했다. 삼문출판사 등 감리교 문서선교를 주도하였다. 1893년 미국에 귀국한 후 1895년 다시 중국 선교사로 파송되었다.

10. 존 헤론(John W. Heron). 장로교 의료 선교사로 1885년 내한하여 알렌 의사의 후임으로 최초의 서양식 병원인 제중원을 맡았다. 제중원을

정릉 외국인 거주지에서 구리개(을지 1가)로 옮겼다. 1887년 언더우드, 아펜젤러와 함께 성서번역위원회를 조직하였고 대한기독교서회를 제안하여 조직했다.

11. 윌리엄 레이놀즈(William D. Reynolds). 맥코믹 신학교에서 언더우드 선교사의 설교를 듣고 조선 선교를 결심한 남장로교 개척 선교사다. 1892년 내한하여 1937년까지 봉사한다. 히브리어와 조선어에 능통하여 신약 및 구약번역에 주역을 감당했으며 평양신학교에서 가르쳤다.

12. 클라렌스 그레이트하우스(Clarence Greathouse, 1846-1899). 미국 법률가로서 고종 치하 법무아문의 고문으로 일하다가 조선에서 생을 마쳐 양화진 묘지에 묻혔다. 호머 헐버트는 그레이트하우스에 대해 이렇게 기록했다. "명성황후 시해 사건을 둘러싼 여러 가지 내막을 조사하도록 하는 새로운 칙령이 서둘러 반포되었다. 처음에는 이와 같은 조치로 인해 한인들을 모조리 체포하여 단순 혐의가 있다는 이유만으로 처벌하지는 않을까 걱정되었지만 그와 같은 걱정은 터무니없는 것이었다. 법무아문의 고문이며 유능한 법률가인 그레이트하우스 씨가 참석한 가운데 재판이 진행되었다. 13명이 체포되어 아무런 고문도 받지 않고 공정한 재판을 누리면서 모두 법적 권리를 누리는 가운데 공개재판이 열렸다. 이휘하만이 사형선고를 받았으며 4명이 종신유배를 당하고 5명은 그보다 기간이 더 짧은 유배를 당했다. 이와 같은 공평한 재판이 이루어졌다는 것은 한국의 정치사가 새롭고도 밝은 시대를 향하고 있음을 보여주는 신호등이 되기에 충분한 것이었다."(호머 헐버트,「대한제국멸망사」, 신복룡 옮김)

13. 호머 헐버트(Homer B. Hulbert, 1863~1949). 1886년 조선의 왕립학교인 육영공원의 교사로 내한한다. 1891년 교사직을 사임하고 미국으로 돌아갔으나 미국에 들른 헨리 아펜젤러 선교사의 권유로 1893년 가족과 함께 감리교 선교사로 돌아온다. 감리교 문서사역기구인 삼문출판사에서 일했다. 1903년 한국 YMCA 초대 회장에 선임되었다. 1905년 미국정부에 고종의 칙서를 전달하고, 1907년 한일합방 직전 헤이그 만국평화회의에 고종의 밀서를 전달하여 일본에 의해 조선에 입국금지 당한다. 1949년 이승만 대통령의 초청으로 내한했으나 1주일 만에 86세의 나이로 별세하여

양화진 외국인 묘지에 묻혔다. 저서로는 「대한제국멸망사」(*The Passing of Korea*) 등이 있다.

14. 앨리스 아펜젤러(Alice Appenzeller). 아펜젤러 선교사의 딸로 언더우드 선교사와 아펜젤러 선교사가 함께 1885년 제물포항에 입항할 때 아내의 뱃속에 있었다. 미국 초대공사 푸트는 임신한 여성이 거하기엔 조선의 시국이 불안정함으로 일본에 머물다가 재입국하라는 권유를 하였다. 그래서 몇 달 후에야 아펜젤러 선교사 가정은 조선에 거주하게 된다. 앨리스 아펜젤러는 조선에서 출생한 최초의 선교사 자녀. 미국에서 유학한 후 조선에 돌아와 이화학당의 초대교장을 맡았다. 1939년 김활란 교장을 후임으로 하고 이화학당과 조선을 떠났다.

15. 존 실(John Sill). 1894년 4월부터 1897년 9월 주한 미국공사를 역임했다.

16. 구한말 제물포에 주둔해 있던 미군함 팔로스(Palos) 호의 선장 보스트위크(Bostwick)는 다음과 같은 시를 썼다. 당시 분위기를 가늠해 볼 수 있다.

바다 너머 저 멀리 독보적인 나라 하나 있네
세상엔 코리아로 알려졌지
매력도 즐거움도 하나 없는 곳
청결은 금시초문이지
사람들이나 문물을 제대로 묘사하려면
가장 민첩한 펜도 상당히 주춤거리지
노래하는 시인에게 이상한 회의를 불러일으키는
머나먼 나라 조선

사람 사는 집은 대개 흙으로 짓고
내려앉은 지붕은 짚단으로 만들고
비누는 모른다고 해도 안전한 곳
숱한 해충이 알을 낳는 곳
거리에 진동하는 악취는

하이에나 소굴도 저리가라 하네
평생 한번 방문하면 충분한 곳
머나먼 나라 조선에서

의복은 괴상한 구조로 만들었지
평범함과는 상당히 벗어났지
여자들이 꼭 남자처럼 바지를 입고
남자들이 여자처럼 머리를 땋는 곳
결혼한 남자는 머리 꼭대기에 머리를 모아
혹과 너무 비슷한 매듭을 만들지
여성의 머리장식은 크고 보기흉한 걸레자루
머나먼 나라 조선에서
모자엔 머리에 비해 너무 작은 관이 있고
챙은 둘레가 몇 피트나 되는 곳
주 난방원은 침대 밑에 있고
굴뚝은 땅바닥의 구멍인 곳
가마꾼들은 노래하지 않고선 일하지 못하고
3피트 길이의 파이프에서 몇 모금 **빠는** 동안
종종 쉬려고 멈춰야만 하는 곳
머나먼 나라 조선에서

어떤 쾌적한 풍토에서 막 온 전쟁군인이
며칠간 들여다보는 곳
팔로스가 세상에! 대부분의 시간을
제물포 항구에서 보내는 곳
한번 **빠져나간** 사람은 다시는
'고요한 아침'의 나라로 돌아갈 생각을 않는 곳
지구상 어떤 것도 그리워하게 만들 수 없는 곳
머나먼 나라 조선에서

650 매티 노블의 조선회상

17. 닥터 스크랜턴이 1885년 서울에 설립한 상동병원

18. 루이스 테이트(Lewis B. Tate, 1862~1929). 맥코믹 신학교에서 언더우드 선교사의 설교에 감화 받아 조선 선교를 결심한 남장로교 개척선교사다. 1892년 내한하여 1925년 신병악화로 미국에 귀국할 때까지 사역했다.

19. 제임스 게일(James Gale, 1863~1927). 1888년 25세의 나이로 내한한 장로교 개척 선교사이다. 조선어에 능통하여 성경번역에 큰 공헌을 했으며 조선의 구전문학 보존에 힘쓴 저술가이기도 하다.

20. 김창식(1857~1929). 1890년대 초반 제임스 홀(James Hall) 선교사가 평양의 선교기지를 개척하는 일을 위해 돕다가 투옥되었으나 핍박 속에서도 신앙을 지키고 평양에 교회를 개척하였다. 1901년 조선인 최초로 목사 안수를 받았고 후에 조선인 최초로 감리교 지방회 감독이 되었다. 노블 선교사가 감독한 평양 남산현 교회에서 섬겼으며 마지막 임지는 해주였다. 맏딸은 방귀순 목사와 결혼했고, 외아들 김영진은 해주 감리교 병원에서 제임스 홀 선교사의 아들인 닥터 홀과 함께 일했으며, 막내딸은 릴리언 해리스 기념병원에서 의사로 재직하였다. 김창식의 절개 있는 신앙에 대한 일면은 사무엘 모펫 목사의 다음 글에서 엿볼 수 있다.

평양의 기독교인들은 1894년 봄 그 잊을 수 없는 기도모임을 가지며 누가복음 12장 4절 말씀을 낭독하고 있었다. "몸을 죽이고 그 후에는 능히 더 못하는 자들을 두려워하지 말라" 돌연히 군졸들이 들이닥치더니 나무판자 막대기로 두들겨 패고 결박했다. 한석진과 김창식은 사형을 뜻하는 붉은 포승줄로 결박되었고 감옥으로 끌려갔다. 김창식은 [제임스] 홀 박사의 어학선생이자 전도사였다. 목에 칼이 채워졌고 신앙을 포기하고 하나님을 저주하면 풀어주겠다고, 거부하면 참수형에 처하겠다고 위협했다. 지조를 지키자 형장으로 끌어내 참수대에 머리를 올려놓았다. 한 번 더 신앙을 포기하면 풀어주겠다고 했다. 그들은 거절하며 다음 순간 떨어질 형 집행자의 칼을 기대하고 있었다. 그런데 놀랍게도 이들을 번쩍 일으키더니 밀면서 '가라'고 했다. 석방 훈령이 서울에서 온 것이었다. (...) "조선에서의 50년간의 선교사 생활" 중에서, 사무엘 모펫(Samuel Moffett)

닥터 셔우드 홀은 그의 책 「조선회상」에서 김창식을 이렇게 그린다.

닥터 김은 편지에다 "닥터 윌리엄 제임스 홀의 아들과 김창식 목사의 아들이 이제 해주에서 한 팀이 되어 일하게 되었으니 얼마나 기쁜지 모르겠다"고 썼다. 닥터 김은 김창식 씨의 아들이었던 것이다. 편견과 오해가 많았던 1894년, 평양에서 기독교 박해가 있었을 때 그의 아버지 김창식은 인내와 믿음으로 아버지 제임스 홀을 도와 그 역경을 넘겼던 분이었다. 감히 그 깊이를 헤아릴 수 없는 하나님의 섭리, 하나님께서는 이 지역에서 기독교를 개척한 두 사람의 아들들이 다시 만나 하나님께 봉사할 수 있는 길을 터주셨던 것이다.

닥터 김의 아버지 김창식은 1901년 자격을 얻어 부목사가 되었다. 그는 조선의 신교사(新教史)에 있어서 최초로 임명된 목사였다. 1904년에는 조선인으로서는 처음으로 감리교의 구역장이 되어 6년간 영변 구역에서 사역했다. 마지막으로 맡은 교구가 해주였다. (...)

1929년 1월 9일 저녁 6시 30분. 아버지의 신앙심 깊은 동료였던 김창식 목사가 일흔둘의 나이로 영광된 곳으로 부르심을 받아 우리 곁을 떠났다. 장례식은 1월 25일에 거행되었다. 그의 인생은 오로지 하나님을 위한 봉사로 일관된 삶이었다. 그는 35년 동안 한 번도 주일 예배에 빠진 적이 없었다. 아무리 아파도 하나님을 섬기는 예배를 못 드린 적이 없을 정도로 그는 믿음의 사람이었다. 큰 딸은 방기순 목사와 결혼했고, 외아들 김영진은 우리 노튼 기념병원(해주 구세병원)의 의사이며, 막내딸인 로다 박(Rhoda Park)은 서울에 있는 릴리언 해리스 기념병원의 의사로 재직하고 있었다.

21. 팔웰(E. Douglas Follwell). 1895년 내한한 감리교 의료선교사. 제임스 홀 선교사를 기념하는 기홀병원(Hall Memorial Hospital)을 설립하는 일을 맡아 1896년 병원을 완공하고 평양 의료선교를 개척하는 데 큰 공헌을 하였다.

22. 북감리교에서는 원입인(enquirer), 학습인(probationer), 세례인(baptized member), 입교인(full member)라는 네 단계를 거쳐 정교인이 된다.

23. 엡워스 청년회(Epworth League)는 1897년 창설된 북감리교 기독 청년회이다. 1905년 반일운동으로 정치에 개입하게 되자 북감리교 선교본부에서 해산 조치하였다.

24. 노살로메(Salome Noh). 1890년대 평양에서 노블 목사를 만나 기독교로 개종하여 노블 부인의 초창기 전도부인으로 활동하였다. 조상제사를 거부하여 믿지 않는 남편의 핍박을 받았으나 남편 김재찬도 후에 목사가 되어 영변에서 교회를 담임하였다. 강서, 삼화, 황해도 봉산 등 북부 내지에 파송되어 여학교를 개척하였다.

25. 아이들을 위해 작성되었던 18세기의 기도문

26. 셔우드 홀은 동생이 사망했을 때의 어머니의 심경을 이렇게 생생하게 기록하고 있다.

에디스가 우리를 떠난 후 쓴 어머니의 일기는 지금도 나를 울린다. ……
1898년 5월 23일. 월요일…. 또 하나의 엄청난 슬픔이 우리에게 닥친 것이다. 우리의 첫 슬픔, 닥터 홀이 우리 곁을 떠날 때 하나님이 주신 보석 같이 귀하고 우리의 위안이었던 에디스가 평양의 새 집에 정착하기도 전에 우리 품을 떠난 것이다. 하나님께서 에디스를 데려갔다고 하자 셔우드는 첫 마디에 "아빠가 에디스를 너무 원했기 때문에 하나님이 데려가셨을 거예요"라고 했다. …… (「조선회상」, 셔우드 홀 지음)

27. 팔웰 박사는 감리교 의료선교사로 1896년 평양에서 의료사역을 시작했고, 웰즈(J. Hunter Wells) 박사는 장로교 의료선교사로 1895년 평양에서 의료사역을 시작했다. 후에 감리교, 장로교 합동으로 평양에 연합기독병원(Union Christian Hospital)을 설립한다.

28. 여자성경학원(Women's Bible Institute). 사경회가 일반 성도들을 대상으로 한다면, 성경학원은 주로 전도부인이나 주일학교 교사 등 사역자들을 대상으로 하는, 보다 전문적인 성경교육과정이었다. 성경학원은 자체 건물도 있었고, 학기는 일 년에 몇 달씩 계속되었다. 성경학원을 졸업한 여성들은 주로 다음 단계인 여자성경학교(Women's Bible School)에 진학하였다.

29. 조사(helper)는 현재 전도사와 동격으로 선교사의 조수 역할을 하였던 조선인들이다.

30. 게일 박사가 1934년 2월 18일 해리 로우즈(Harry A. Rhodes) 목사에게 쓴 편지에는 당시의 심경이 그대로 묻어 나온다.

"당신은 초창기 번역과 그 어려움에 대해 물으셨죠. 우리 앞에 놓인 성경을 조선어로 바꾸는 과제가 얼마나 어려운가는 학자들이 그의 생각을 기록하기 위해 습관적으로 쓰는 방법이 얼마나 다양한가를 생각하면 알 수 있습니다. 학자들이 우선적으로 쓰는 방법은 한문입니다. 학자들에겐 한문이란 모든 문어의 근간입니다. 그러나 우리의 과제는 말과 글 양자에서 순전하고 단순한 한국어로 옮기는 문제였습니다. 어떻게 학자들을 고급스런 문체에서 보통 쓰이는 말의 단순함으로 내려오게 할 것인가. 이것은 수년간의 노동이었습니다. 생각을 구어와 가능한 한 근접한 형태로 표현한다는 것은 학자들에겐 극히 불필요하고 상당히 괴상하게 여겨졌습니다.

수년 전에 조선어로 번역된 고전들은 현지 말로 어느 정도 옮겨졌지만 한자만큼이나 읽기가 어려웠습니다. 이 딱딱하고 부자연스런 스타일에서 벗어나 책이 한국어를 말하게 하는 것이 최우선으로 요구되는 일이었습니다. 루터가 이렇게 말했죠. '난 내 성경이 라틴어가 아니라 독일어로 말하게 할 것이다.' 정말 타당한 말이죠. 단순한 구어를 찾아가려는 몸부림 가운데 어느 날 전 무심코 물었습니다. "섭섭이 오마니가 이걸 이해할까?" (Will supsupi's omani understand this?)" 이 질문은 학자 조씨의 심기를 건드렸습니다. 그는 벌떡 일어나 말했습니다. "게일 목사는 이 책에 있는 모든 걸 평범한 조선 아낙이 읽고 이해하도록 만들 수 있다고 상상하는 겁니까?" 조씨는 그가 살던 시대의 기준으로 볼 때 꽤 옳았다. 조금씩 조금씩 우린 우리의 책을 가지고 평범한 말로 가는 긴 여행을 했다. (……) 한번은 나의 희망사항을 실례로 보여주기 위해 짧은 이야기를 순전한 회화체로 써서 기독교 신문에 넘겼다. 신문에 게재되자 어느 정도의 충격을 야기하였다. 그 충격은 마침내 의주에서 부산까지 번진 입가의 미소로 귀결되었다. 그 미소는 말했다. "언어가 입술에서 나온 그대로 페이지 위에 '털썩 주저

앉아' 있을 수도 있구나. 참 괴상도 해라." *Fifty Years of Christian Literature in the Korean Mission, Presbyterian Church*, U.S.A. Rev. Harry A. Rhodes, D.D.

31. 호레이스 알렌(Horace N. Allen, 1858~1932). 1884년 개신교 최초의 선교사로 조선에 온 의사. 갑신정변(1884년) 때 부상당한 명성황후의 친족 민영익을 극적으로 살려내어 왕실의 신임을 얻고, 최초의 서양식 병원 광혜원(세브란스 병원의 전신)의 초대원장을 역임하였다. 1887년 최초의 주미 공사관 개척을 위해 조선 사절단을 대동하고 미국에 갔으며 후에 선교사직을 사직하고 주한미국공사(Minister)로 봉직하였다.

32. 미국성서공회 일본지부장인 헨리 루미스(Henry Loomis)는 일본에서 회심한 조선인 이수정을 통해 1880년대 초 마가복음 등 신약성서를 한글로 번역, 배포하였다. 이수정 역본은 주로 한문을 썼기 때문에 조선의 성경번역위원회는 이수정역본을 검토한 후 이 역본을 채택하지 않고 새롭게 번역작업을 하기로 결정하였다.

33. 현재의 평안남도 남포항. 진남포항은 서해와 대동강을 잇는 관문이다.

34. 로제타 홀(Rosetta Hall).

1890년 감리교 의료 선교사로 조선에 부임
1892년 선교사 윌리엄 제임스 홀과 결혼
1894년 남편이 병사한 후 미국으로 귀국
1897년 3년의 휴가 후 평양으로 아들 셔우드와 딸 에디스와 함께 귀국.
  딸 에디스 이질로 사망
1901년 8살 난 아들 셔우드를 데리고 미국으로 안식년 휴가 떠남
1902년 평양 사역지로 복귀
1925년 아들 셔우드 홀이 아내 매리언 홀과 함께 부부 의료 선교사로 조선 해주에 부임
1928년 서울에 조선 최초의 여성 의학교인 '여자의학교' 설립
1933년 68세의 나이로 은퇴하여 미국으로 귀국하기까지 43년간 조선을 위해 봉사함

35. 감리교회의 기본 단위는 구역이다. 구역이 모여 감리사(Superintendent)가 관할하는 지방회(District)를 형성한다. 지방회는 다시 모여 감독(Bishop)이 관할하는 연회(年會, Annual Conference)를 이룬다. 최상위기관은 총회(General Conference)이다.

36. bridal feast, 폐백을 가리키는 듯하다.

37. 노블의 일기에 나온 내용을 통해 당시 엔화의 실제 가치를 짐작할 수 있다. 소 한 마리가 약 700엔(1899년)이었고, 조선인 경찰의 월급이 7엔, 일본인 경찰은 21엔이었으며, 전형적인 조선인 초가집을 짓는 비용은 최소한 200엔이 들었다(1919년).

38. 알렌 박사가 장로교 선교본부 엘린우드 박사에게 쓴 다음 편지를 보면 당시 미국 공사 입장에서 어떻게 정세를 판단하고 있었는지 잘 알 수 있다.

지난 며칠간의 사건들에 대해 간략히 적습니다. 아시다시피 중국과 일본은 조선이 자기 땅이라고 주장하고 있으며, 자기 권리를 지키려고 상비군을 주둔시켜 놓았습니다. 고로 조선은 정치적으로 친중파와 친일파, 외국과의 관계라면 모두 반대하는 자들, 이렇게 크게 3개의 세력으로 나뉘어 있습니다. 최근까지 7개의 고위 요직은 친중파가 차지했습니다. 반대파는 그 자리를 차지하려고 안달이었으며 일본인 '후견자'들 역시 그들을 부추겼습니다. 그러다가 12월 5일 전야, 목요일, 외국관리들을 초청한 저녁 연회 중간에 그리고 연회 후에 그 7명이 살해되었습니다. 그 중 가장 유명한 사람은 아직 살아있으며 회복 가능성이 있습니다만, 처참하게 난도질당했습니다. 그는 우리 정부가 매우 높이 평가하여 미국 군함 트렌튼 호에 태우고 대사로 미국방문과 세계여행을 시켜주었던 민영익입니다. 저는 상처를 치료하느라 즉시 불려갔으며 그 후 계속 그의 곁을 지켰습니다.

살인이 자행되자마자 일본군은 왕과 궁전을 점령하고 중국인의 출입을 금했습니다. 그 결과 중국이 더 많은 군대를 끌고 공격해 들어와 궁전과 왕을 장악하고, 일본인들을 자기네 영사관으로 쫓아냈습니다. 어찌나 몰아 댔는지 어제 일본인들은 비싸게 새로 지은 일본 영사관 건물에 총질을 하며 분통이 터져 부딪히는 사람마다 다 죽이며 북적거리는 거리의 사람들을 쓸어버리다시피 하며 전투태세로 도시를 빠져나갔습니다. (…)

민영익 대신은 느린 속도지만 놀랍게 회복했습니다. 그는 나의 수고를 감사하면서 나를 형제라고 부르며, 함께 여행을 하자고 청하고, 많은 약속들을 하며 수없이 많은 선물을 보냅니다. 왕과 왕비도 존경과 신뢰를 표하는 친절한 메시지를 보냈으며 귀한 조선의 골동품을 선물했습니다. 서울에서 저에 대해 들어보지 못했거나 저를 모르는 관리는 한 명도 없으며, 그 중 많은 이들이 제 약을 씁니다. 제가 중국에서 중국 공사와 장군을 치료하면서, 또 장군의 요청으로 20명의 부상병을 치료하면서 얻고자 했으나 얻지 못했던 기회들이 여기서는 열리고 있습니다. (…)

우리의 요청으로 조선인 관리들이 이 병원을 감독하도록 임명되었고, 정부가 관리를 임명하며 우리와 병원의 관계는 단순히 감독만 하는 것으로 분명히 이해되었습니다. 별 것 아닌 것처럼 여겨질지 모르지만, 400년간 약제소 같은 것이 존재해왔고, 그들이 다양한 방식으로 관직을 쌓아왔으며, 그렇기에 최초의 현대식병원 설립으로 현재 일천 명이 관직에서 쫓겨난다는 점을 고려해본다면, 이것은 하나의 승리로 간주되어야 할 것입니다. 물론 과거의 제도와 연관되어 관직을 차지했던 많은 사람들의 반대에 부딪쳐야 했습니다. 그러나 현대식 병원에 대한 왕의 바람은 진지했고 병원은 지어졌습니다.

현재의 병원은 혜민소 또는 "문명화된 은혜의 집"으로 불립니다. 건물은 최근 사태[갑신정변]의 와중에 살해당한 홍영식의 집이었습니다. 우리가 그 자리에 들어갔을 때 집은 완전히 약탈을 당해 빈 껍데기 뿐이었습니다. 방 하나는 사람의 피로 보이는 웅덩이가 흥건하였습니다. 건물을 개조하는 데 드는 비용(600-1000달러)은 모두 정부에서 부담하였습니다. 의약품과 운영경비를 위한 연간재정 300달러도 정부가 부담합니다. 돈을 낼 형편이 못 되는 사람 모두에게 의약품과 치료가 무료입니다. 약 40개의 침대가 있으며 더 확장될 수 있습니다. (…)

39. 헨리 아펜젤러와 윌리엄 스크랜턴은 최초로 감리교에서 조선에 파송한 선교사들이다. 1885년 내한한 이들의 첫 해 선교 보고서는 이렇게 끝난다. "스크랜턴은 환자를 갖게 되었고, 아펜젤러는 학생을 갖게 되었다."

아펜젤러는 1902년 타고 있던 증기선이 침몰하여 제물포 앞바다에서 익사하였다. 게일과 밀러는 장로교 소속으로 1880년대 후반 조선 국립학교인 육영공원의 교사 자격으로 내한하였다.

40. 로렌스 애비슨(Laurence Avison)과 레라 애비슨(Lera Avison)은 애비슨(O. R. Avison) 선교사의 자녀들이다.

41. 헬렌 헐버트는 호머 헐버트(Homer Hulbert) 선교사의 딸이다.

42. 김(문)도라는 1890년대 노블 목사의 평양 남산현 교회 목양 시 기독교인이 된 후 신앙을 포기하지 않는다는 이유로 이혼 당한다. 진남포 여학교 교사로 활동하다 딸을 데리고 하와이로 이민 가 감리교인 문경호와 재혼하고 전도부인으로 하와이 감리교회를 섬겼다.

43. 조선선교 50주년 기념연회에서 매티 노블이 발표한 글이다.

44. 해리스(M. C. Harris, 1846~1921). 1904년부터 1916년까지 일본과 조선의 감리교 감독을 맡았던 감리교 선교회의 지도자였다. 일본의 조선 통치를 찬성하는 입장을 취하여 교계에서 물의를 빚기도 했다.

45. 오석형(~1905). 평양의 가장 초창기 기독교 신자였던 오석형은 1894년 평양에 기독교 신앙을 전파한다는 이유로 김창식과 함께 투옥되어 고초를 겪는다. 출옥하여 김창식과 함께 감리교 초창기의 조선인 안수목사가 된다. 노블 목사의 감독 하에 사역하다가 1905년 병사한다. 오석형의 신앙의 일면은 매티 노블의 다음 글에서 볼 수 있다.

"오석형은 평양의 초기 개종자들 중 한 사람으로 1894년 평양에서 박해가 일어났을 때 김창식과 다른 이들과 함께 감옥에 갇히게 되었다. 기독교인들이 감옥에서 나오게 되었다는 것을 알게 된 사람들이 감옥 문밖에 모여들었고 '하나님을 믿는 놈들을 두들겨 패라'고 외쳐댔다. 어떤 이들은 감옥에서 나오는 이들을 향해 돌을 던졌다. 오석형의 아버지는 곁에 서있던 여성이 쓰고 있던 둘레가 15피트나 되는 커다란 둥근 모자를 낚아채어 아들 위로 던져주었고 아들은 날아오는 돌을 피할 수 있었다. 오석형의 형수 수잔나는 무당을 찾아가 오씨가 언제 감옥에서 풀려나게 될지 물어보았다. 무당은 오씨를 감옥에서 풀려나게 해주겠다며 큰 돈을 챙겼다. 후일 오씨가 그 사실을 알게 되었을 때 수잔나를 크게 꾸짖으며 허망하고 거짓된 길을 버리고 예수를 믿을 것을 권고하였다. 그의 말은 바늘처럼 그녀의 가슴을 찔렀고 두렵고 부끄러워지며 하나님이 유일하신 참 신앙을 고백하게 되었고, 하나님을 섬기겠다고 말했다. 그녀는 즉시 가가호호 방문하여 다른 여성들에게 믿음을 전하기 위하여 애썼다." (「조선 초기기독교인의 추억」, 매티 노블 저)

46. 평양기술학교(School of Technology). 1903년 1,400여명의 평양시민들이 북감리교 선교회에 제출한 아래의 청원에 의해 건립되었다. 아더 노블 선교사의 감독 하에 1907년 완공된 이 학교는 "사물의 이치를 궁극까지 추구한다"는 격물치지(格物致知)에서 이름을 따 '격물학당(格物學堂)'이라고 지었다. 장로교-감리교 연합으로 운영되어 외국 선교사들은 숭실학당 과학관(Science Hall)이라고 불렀다. 기술학교를 세우기 위해 제출한 청원서의 일부를 소개한다.

1903년, 1400명의 평양 시민들이 북감리교 연회(年會)에 제출한 청원서

(...) "우리가 외국 산업의 침략으로부터 스스로를 방어해야 할 때가 되었습니다. 우리의 상점과 시장은 외국 물품으로 넘치고 있습니다. 외국인들은 우리의 광산을 착취하고 있으며 우리 바다에서 고기의 씨를 말리고 있습니다. 우리는 산업 훈련을 받지 못했기 때문에 일본인, 중국인, 유럽인, 그리고 미국인들로부터 스스로를 방어할 힘이 없습니다. (...)

외국 배들만 깊은 바다 위에서 작업합니다. 우리 바다는 눈물의 바다가 되지 않았습니까? 바다의 물고기는 우리 백성의 그물을 원하지만 일본인들이 풍부한 우리 어장을 황폐케 하고 있어 심지어 그물에 뛰어든 물고기가 조선 어부를 위해 흐느끼기도 합니다.

대로가 우리 백성을 축복하고자 하지만 우리는 대로를 만드는 과학을 몰라 길을 단 한 자도 건설할 수 없습니다. 그러나 우리는 순전히 외국인들에 의해 만들어진 천둥 같은 소리를 내는 기차 소리와 전차의 질주하는 소리를 듣습니다. 산들이 그 부를 자기 자녀들의 발에 내려놓으려 하지만 그것은 다른 나라 사람들에게 주어져 우리의 금이 다른 사람들은 부유케 하

면서 우리에게는 저주가 되고 수치가 되고 있습니다. 너그럽고 부유하고 강한 분들에게가 아니라면 누구에게 우리의 무력함을 호소하겠습니까? 올바르게 그렇게 불릴 분들이 미국인이 아니라면 누구이겠습니까?

우리는 강한 자에게 도와달라고 요청하는 데 대하여 변명하고자 하지 않습니다. 미국 독립군은 프랑스의 도움을 거절하지 않았습니다. 지난 청일전쟁 때 어려움에 처한 중국은 열강의 도움을 청하기에 주저하지 않았습니다. 우리는 받음으로 해서 가난해지는 거지처럼 요구하는 것이 아닙니다. 우리는 우리 스스로 싸울 수 있기 위해 무지에서 해방되기를 요청하는 것입니다. 우리에게 지식을 주십시오. 그러면 나머지는 우리가 하겠습니다.

따라서 우리 청원자들은 가능하면 빠른 시일에 기술학교를 평양시에 건립하여 우리 자녀들을 그곳에 보내서 조선인들의 산업적 자유를 위한 싸움을 진심으로 시작할 수 있게 해주실 것을 귀 선교회에 요청합니다." (「개화기 조선과 미국 선교사」, 류대영 저)

47. "1904년 웨일즈 지방에 성령의 불길이 임했다. 텅 비어있던 교회가 매일 3회씩 부흥집회가 열리게 되고 죄를 참회하는 역사가 여기저기서 일어났다. 5주 동안에 2천 명이 교회로 찾아들었으며 불량배들이 회심하고 술집과 극장이 문을 닫게 되었다. 웨일즈 지방 최초로 일어난 강한 성령의 역사였다." (『구령의 열정』, 오스왈드 스미스 저)

48. 당시 일어났던 부흥의 불길에 대해서는 다음 글에서 그 면면을 살필 수 있다.

50년간의 조선 교회 발전

허버트 블레어(Herbert E. Blair) 목사

때는 겨울이었고 난 벽촌 강계에 홀로 있는데 평양에 있는 나의 형제 윌리엄 블레어 목사로부터 편지가 한 통 왔다. 편지엔 하나님의 영이 어떻게 그들의 겨울성경반에 임했는지에 대해 말하고 있었다. 강계의 교회 전체가 이 보고를 듣고 떨 듯이 기뻐했고, 난 며칠 후 집으로 돌아갈 때 내게 다가올 일에 대해 어느 정도 마음의 준비를 하게 되었다. 난 선천역에서 내렸

660 매터 노블의 조선회상

다. 기차역 플랫폼엔 샤록스(Sharrocks) 박사와 평양에서 온 나의 형제 윌리엄 블레어(William Blair)가 있었다. 근처엔 조선인 교회 지도자들 한 무리가 서 있었고 흐느끼고 있는 양전백 장로 주변에 모여 있었다. 샤록스 박사가 먼저 나와 손을 내밀며 말했다. "블레어, 고백하고 싶지 않은 죄가 조금이라도 있으면 저 기차를 타고 그대로 돌아가는 게 좋을 걸세." 난 그 땐 내 형제 윌리엄이 왜 북부 내지 깊숙한 곳에서 홀로 90일을 보내고 온 날 선뜻 환영하지 않는지 헤아릴 수 없었다. 내가 조선인들에게 왜 흐느끼냐고 묻자 그들은 대답하지 않았다. 깨달음은 서서히 왔다. 우리가 시내를 통과하여 위대한 북부교회(North Church)의 열린 문을 지나칠 때였다. 때는 정오였고, 난 전 기독교 교인들이 바닥에 엎드려 흐느끼며 기도하는 걸 보았다. 나중에 오후가 되자 선교사들도 기도의 진통에 합류하였다. 그제야 상황이 파악되기 시작했다. 성령은 하늘에서 불길과 함께 위대한 교회에 쏟아 부어졌고 선교사들은 조선인과 함께 깨끗케 되고 있었다.

내가 사역을 하던 서해바다 근처 강변 농천읍에서 남자들이 왔다. 그들은 평양과 선천에서 일어난 것과 같은 부흥을 경험하도록 누군가 와서 길을 열어주고 방법을 제시해 달라고 간청했다. 그들의 마음은 억눌린 감정과 죄의 확증으로 터지기 직전이었지만 선교사가 오기 전에 자백을 시작하는 걸 주저했다. 며칠 후 선천의 연장자 선교사들은 내 자신이 그 불길을 통과했다고 확신하자 내가 가도록 허락했다. 난 교회에서 교회로 다니며 한 교회당 한 밤씩만 보냈다. 뒤의 교회들이 빨리 오라고 사람을 보내 성화였기 때문이다. 거룩한 2주간 난 매일 새로운 교회에서 회개의 불길이 하나님 백성의 가슴 속을 헤집고 다니는 두려운 광경을 보았다. 그 광경은 처음엔 감당하기 벅찰 정도였다. (……) *Fiftieth Anniversary Celebration of the Korea Mission of the Presbyterian Church in the USA*, 한국기독교역사연구소, 122-3쪽

49. 강신화(姜信華)의 여동생 강신근이 로제타 홀 부인의 전도로 기독교인이 되어 온 가족을 전도한다. 어머니 김서커스는 노블 부인이 인도하는 기도회와 사경회에 참석하여 한글과 성경을 배워 그의 추천으로 전도부인이 된다.

50. 오수잔나(Susanna O). 오석형 목사의 형수. 1894년 오석형 목사가 신앙으로 투옥되자 시동생이 풀려나길 기원하며 무당에게 굿을 하였다가 후에 이 사실을 안 오석형 목사가 꾸짖는 말에 찔림을 받아 예수를 믿게 되었다. 1907년 성령체험 후 전도부인으로 섬겼다.

51. 래드(G. T. Ladd) 박사는 이 방문을 마치고 "이토 총독과 함께 한 조선여행기"(*In Korea with Marquis Ito*)란 책을 저술했다.

52. 윤치호(1865~1945). 1865년 대원군 집정기에 왕가의 친족 가문에서 태어나 1945년 12월 광복 직후 별세했다. 1881년 일본수신사의 일원으로 일본에 파견되어 개화사상에 눈뜨고 1883년 초대 주한미국공사 푸트(Foote)의 통역관으로 귀국했다. 1885년 갑신정변 후 급진개화파와 연루되었다는 혐의를 받아 조선을 떠나 상하이의 중서서원(中西書院, Anglo-Chinese College)에 입학했다. 이곳에서 회심하고 남감리교 기독교인이 된다. 1888년 도미하여 밴더빌트 대학, 에모리대학에서 수학한 후 다시 중국으로 돌아가 중서서원에서 교편을 잡고 중국인 마애방과 결혼한다. 1897년 조선에 귀국하여 감리교 교회에서 설교하며 독립협회 회장, 독립신문 편집인과 주필 등 고종치하에서 조선의 개혁을 위해 여러 운동을 벌인다. 1912년 기독교인이 총독암살을 꾀했다는 거짓 혐의에 근거한 '105인 사건' 주동자로 체포되어 옥고를 치루기도 했다. 후엔 반일독립운동에 회의를 느끼고 교육과 기독교를 통한 실력양성 및 도덕성 함양을 위한 일에 여생을 바친다. 감리교 선교회의 도움으로 송도에 실업학교인 한영서원(Anglo-Korean School)을 설립하고 YMCA 총무 등을 역임했다.

윤치호의 사상의 일면을 살펴볼 수 있는 몇 편의 글을 소개한다.

1919년 5월 10일. 우리 조선인들이 아직 정치적 독립을 위한 준비를 갖추지 못했다는 몇 가지 확실한 증거가 있다. (1) 일부 지역에서는 마을 사람들이 조선이 독립되었다는 소식을 듣자마자—잘못 안 것이다— 지방 공무원들이 자기들에게 심게 했던 나무들을 모두 베어버렸다. 이 무식한 사람들은 너무도 몰상식한 나머지 정작 독립이 되면 나무가 더 많아야 한다는 사실을 모르고 있다. (2) 중등학교 학생들은 동맹휴학을 쉬지 않고 계속

한다. 이 젊은 친구들 역시 너무나 몰지각한 나머지 교육 없이는 어떤 나라도 생존할 수 없다는 것과, 교육을 받으면 받을수록 더욱더 독립을 원하게 된다는 걸 모르고 있다. (3) 기독교 목사들마저도 사리분별력이 떨어져서 조선의 정신적, 정치적 발전의 현 단계에서는 정치에 간여치 말고 민족의 도덕적 향상에 전념해야 한다는 걸 모르고 있다. (「윤치호 일기」, 김상태 편역)

1919년 7월 31일. 양주삼 씨의 말로는 상하이에 있는 '독립운동가'들이 자기들에게 합류하지 않는다는 이유로 날 욕하고 있으며, 다른 한편으로는 내가 물질적으로 자기들의 대의명분에 힘을 실어줄 거라고 믿고 있다고 한다. 그동안 내가 관계했던 모든 공공운동이 실패로 끝났다. 아니 단순히 실패로 끝난 정도가 아니라 내게서 또다시 불의에 맞설 수 있는 용기를 앗아가는 고통을 안겨주었다. 내겐 연로하신 어머니와 어린아이들이 있으며 그들의 건강과 행복이 무척 중요하다. 내겐 가망이 없는 사업에 모든 걸 내걸 만한 용기가 없다. 내 보기엔 조선인들은 아직 이토록 혼란스러운 세계에서 독립국가를 운영하고 유지해나갈 만큼 정치적으로 각성되질 않았다. 그런데 비관적인 견해를 가지고 있는 사람들은 조선인들이 그 정도의 지성을 획득하도록 일본이 가만 내버려두지는 않을 거라고 말한다. 하지만 지금껏 다른 민족의 지적 성장을 억제하는 데 성공했던 민족은 하나도 없었다. (「윤치호 일기」, 김상태 편역)

"한 노인의 명상록"(An Old Man's Ruminations)

1945년 광복 직후 윤치호가 이승만에게 보낸 영문 편지 (윤경남 옮김)

1. 친일파라는 비난을 받고 추방당한 사람들 중에는 유능하고 유용한 이들이 적지 않습니다. 자, 과연 누가 독선적인 비방자들일까요? 바로 그런 친구들 대부분이 '1945년 8월 15일 정오'까지만 해도 학교, 교회, 공장, 정부, 큰 사업체, 백화점, 결혼식, 장례식 등 모든 공식석상에서 동방요배를 하고, 황국신민서사를 되뇌고, 천황 만세를 외쳤습니다. 그들 대부분이 창

씨개명을 했습니다. 어째서 그들은 친일파와 똑같은 행동을 했을까요? 그들은 다만 그렇게 해야만 했던 것입니다. 아니면 감옥에 가야만 했으니까요. 그렇다면 누가 남들에게 제일 먼저 돌을 던지는 것일까요? 두 가지 이유가 있습니다. (1) 불미스러운 자기들의 과거를 감추고자 조선인들을 속이기 위해서입니다. (2) 정당과 개인의 주머니를 채우고자 근심과 공포감에 싸여 있는 사람들에게서 돈을 뜯어내기 위해서입니다.

누군가에게 친일파라고 오명을 씌우는 것은 정말이지 터무니없는 일입니다. 일본에 병합되었던 1911년부터 1945년까지 34년 동안 조선의 위상은 어땠습니까? 독립적인 왕국이었나요? 아니요. 조선은 일본의 일부였고, 미국 등 세계 열강도 그렇게 알고 있었습니다. 즉 조선인들은 좋든 싫든 일본인이었습니다. 그렇다면 일본의 신민으로서 '조선에서 살아야만 했던' 우리들에게 일본 정권의 명령과 요구에 응하는 것 외에 어떤 대안이 있었겠습니까? 우리의 아들들을 전쟁터에 보내고 딸들을 공장에 보내야만 했는데, 무슨 수로 군국주의자들의 명령과 요구를 거역할 수 있었겠습니까? 그러므로 누군가가 일본의 신민으로서 한 일을 가지고 비난하는 것은 어불성설입니다.

이른바 친일파들이 평화롭게 살 수 있도록, 또 자유는 곧 무법이며 공산주의는 곧 강탈이라고 믿는(그리고 그렇게 행동하는) '애국자'들의 공갈 협박으로부터 안전할 수 있도록, 고도의 정치행위이자 보편적 정의로서 일반사면이 단행되어야 합니다. 추방된 조선인들 가운데 다수는 다방면에 걸쳐서 종전의 십장들[일본인들]로부터 효율과 규율을 배워왔습니다. 각 지역의 상황과 조선인 대중의 요구에 대한 그들의 지식과 재능은 조선의 새 정부 지도자들에게 크게 유용할 것입니다.

2. 그런데 마치 자기들의 힘과 용맹성을 가지고 일본 군국주의로부터 조선을 구해내기라도 한 것처럼 어딜 가나 으스대며 다니는, 자칭 구세주들의 꼴이란 참으로 가관입니다. 그들은 아둔하거나 수치심이 없는(아마도 그 둘 다인) 사람들인지라, 조선의 자유는 달나라에 사는 사람의 자유만큼도 되지 않았다는 것을 모르는 모양입니다.

이른바 그 '해방'이란 단지 연합군 승리의 한 부분으로 우리에게 온 것뿐입니다. 만일 일본이 항복하지 않았더라면, 허세와 자만에 찬 '애국자' 들은 어떤 사람이 큰 지팡이로 일본을 내쫓을 때까지 계속해서 동방요배를 하고 황국신민서사를 읊었을 것입니다. 분명한 것은, 이 허세와 자만에 찬 '애국자' 들이 일본을 몰아낸 것은 아니라는 점입니다. 만일 어떤 이변에 의해서 일본이 다시 조선을 탈환한다면, 이 허세와 자만에 찬 '애국자' 들이 일본을 몰아낼 수 있을까요? 이 허풍쟁이들은 우화에 나오는 어리석은 파리처럼, 다시 말해서 달리는 마차 위에 내려앉아서 '이 마차는 내 힘으로 굴러가고 있다' 라고 외치는 파리처럼 이야기하고 다니는 것뿐입니다.

우리는 해방이 선물로 주어진 것임을 솔직히 시인하고, 그 행운을 고맙게 여겨야 합니다. 잃었던 보석을 되찾은 듯한 은혜를 입은 만큼, 겸허한 마음으로 다시는 그것을 잃지 않도록 최선을 다해야 합니다. 사소한 개인적 야심과 당파적인 음모와 지역간의 증오심일랑 모두 묻어두고, 고통을 겪고 있는 우리나라의 공익을 위해 다 함께 협력해야 합니다. 우리나라의 지정학적 상황으로 미루어볼 때, 민중의 무지와 당파간의 불화 속에서는 우리 조선의 미래를 낙관할 수가 없습니다. 우리는 분열되지 말고 단결해야 합니다.

53. 사무엘 모펫은 "조선에서의 50년간의 선교사 생활"에서 헨리 언더우드에 대해 이렇게 묘사한다.

(……) 초창기 시절 언더우드 박사는 모든 면에서 지칠 줄 모르는 불굴의 지도자였다. 그의 대단한 열정, 그의 불굴의 에너지, 자신의 메시지가 초자연적인 것이라는 그의 큰 믿음과 깊은 확신은 그를 탁월한 리더로 만들었다. 그의 영향력은 온갖 사역의 출범에서 느껴진다.

조선의 성경번역이건, 일본에서 언어교재를 만들고 인쇄하는 일이건, 맥코믹 신학교(McCormick Seminary)와 버지니아와 유니온 신학교(Union Seminary)에서 학생들에게 울림 있는 메시지와 도전을 하건, 미국 선교본부와 교회에 호소하건, 그는 항상 선두에서 조선의 복음화를 재촉하기 위한 어떤 일이든 앞장섰다.

그의 신앙은 캐리의 신앙이었다. "하나님으로부터 위대한 것을 기대하라." 그의 말을 들어본 사람이라면 어찌 그가 호소하는 그 울림 있는 도전을, 말씀을 전파하거나 그의 낙관적인 보고를 할 때나 발전계획을 주창할 때의 그 빠르고 활기찬 온몸의 움직임을 잊겠는가.

조선과 선교회를 위해 그의 최고의 기여 중 하나는 맥코믹 신학교에서 그레이엄 리, 스왈렌, 무어, 테이트를, 버지니아에서 전킨을, 유니온 신학교에서 밀러를, 캐나다에서 애비슨 박사를 조선을 위해 구해온 것이다. 조선에서 남장로교 선교회를 여는 일을 주도한 것도 그였다. (……)

54. 빌링스(B. W. Billings, 1872~1941). 1905년 내한한 미 북장로회 선교사. 1909년부터 평북 선천의 신성학교 교장을 맡았으며 1928년부터 숭실전문 교장으로 봉직했으나 1936년 신사참배를 거부하여 교장직을 박탈당했다.

55. 매티 노블이 전세계 선교회로 보낸 글.

56. 매티 노블이 여성선교회에 보낸 편지

57. 에스티(E. M. Estey). 1901년 평양 여선교회 사업의 책임자로 부임한 감리교 여선교사. 1909년 영변지방 전도부인들과 여자교인을 중심으로 전도를 목적으로 하는 '십일조 부인'들을 양육시켰다. 자질 있는 여성들을 훈련시킨 후 개인 시간의 십분의 일을 전도사역에 바치도록 파견하였다.

58. 록웰(Daniel Rockwell). 미감리교회 한국 자원 평신도 선교사. 미국 코네티커트주 릿지필드에서 구두공장을 경영하여 부자가 된 그는 크게 깨달은 바가 있어 1908년 자비 선교사로 자원해 내한. 강화, 황해도, 해주, 옹진, 강령 등지로 다니며 전도했다. 통역 겸 동역한 전도사는 윤성렬 목사였다. 그는 내한하여 약 2년간 일한 후 1910년 60세에 한국에서 별세하였다. (출처: 한국감리교인물사전)

59. 여자성경학교(Women's Bible School). 1905년 설립된 감리교 여학당으로 전도부인, 주일학교 교사 등 여교역자의 훈련기관이다. 후에 한국 서울 여자성경학원으로 개명하였다.

60. 손정도(1882~1931). 평남 강서군 출신으로 평양숭실학교와 협성신학당(현 감리교신학대학)을 졸업한 뒤 1910년 감리교 집사목사로 안수받았다. 중국 동북 지방에서 순회선교사로 파견 중 1912년 가쓰라 공작 사건

으로 체포되어 1년간 유배생활을 한 뒤 정동교회 담임목사로 부임(1915~18)하였다. 목회활동 중 항일독립운동에 투신하여 1919년 상하이로 망명하여 임시정부에 합류하였다.

61. 눈을 가리고 당나귀 그림에 꼬리를 붙이는 미국 놀이

62. 릴리어스 언더우드(Lillias Horton Underwood, 1851~1921). 미국 시카고 여자의과대학 재학시절 미국 장로교 선교위원회의 파송을 받아 1888년 내한하여 제중원에서 일했고 명성황후의 시의로 봉직했다. 1889년 호레이스 언더우드 목사와 결혼한다. 뛰어난 문장가로 많은 기고문과 저서를 남겼으며 1906년부터 1914년까지 선교잡지인 〈코리아 미션필드〉(*Korea Mission Field*)의 편집주간을 맡았다. 대표적인 저서로는 「상투쟁이들과 함께한 15년」(*Fifteen Years Among the Top-knots*), 「조선의 언더우드」(*Underwood of Korea*)등이 있다. 다음의 글을 통해 그가 어떤 마음으로 조선에서 일했는지 엿볼 수 있다.

"우리가 이 나라에서 본 것" (1910년 3월, Korea Mission Field)

릴리어스 언더우드

"그들은 '백만인'의 노래를 배워서 열심히 불렀지만 그들이 가장 좋아하고 아무리 불러도 싫증나지 않는 노래는 영광의 노래인 '안식의 땅'(Beulah Land)과 '영광의 왕께서 영원한 보좌에 영원히 사시네.' 라는 노래다. 굴욕 외에는 아무것도 알지 못하는 이 가난한 사람들이 골똘한 표정과 빛나는 눈으로 "그것이 나에게 영광이 됩니다."라고 노래하는 것을 보거나, 그들이 그들의 왕과 그들에게 장차 오게 될 왕국과 먼지 속으로 사라져 간 그들의 옛 영화를 떠올리며 "영광의 왕과 그의 영원한 면류관"이라는 찬양을 부르는 것을 들을 때, 그들이 그들에게 예비된 "빛나는 영광의 나라, 그들의 천국, 그들의 영원한 고향"을 계속해서 노래하는 동안 그들을 바라보고 그들의 찬양을 들을 때, 그 누더기 같은 옷과 누추한 작은 오막살이를 볼 때, 그들을 억누르는 극심한 빈곤과 사방을 에워싼 고난과 어려움을 볼 때(그들은 슬픔의 민족이며 탄식에 익숙하다), 그리고 그들 앞에 놓

인 소망을 기쁨으로 받아들이는 것을 볼 때 우리는 하나님께서 형언할 수 없는 그리스도의 풍성함으로 조선에서 선교하는 이 은혜를 주신 것에 대한 기쁨으로 통곡할 수밖에 없다." (「한국과 언더우드」, 서정민 편역)

63. 1910년의 105인 사건을 말한다. 일본은 새로 부임하는 총독을 기독교인들이 암살하려고 했다는 거짓 혐의를 제기하여 105명이 넘는 대표적인 기독교 인사들을 구금, 고문했다.

64. 원문에는 다음과 같이 되어 있다. Kim Chang Ho, Kim Chang Sik, Kim chaw Chau, Kim Hue Yang, Mak Won Paek, Kang Sin Wha, Ahn Kyong Nok, Lee Tong Sik, Chio Ki Whang, Song Ik Chiu, Lee Yong Kyung.

65. 박영효(朴泳孝, 1861~1939). 철종의 사위로서 김옥균, 서상범, 서재필 등과 함께 갑신정변(1884)을 주모한 후 정변이 실패하자 일본으로 망명한다. 일본 망명생활 중 조선입국을 준비하고 있던 언더우드와 스크랜턴 선교사와 친분을 쌓는다. 언더우드의 소개로 그의 형 존 언더우드를 만나 서재필, 서상범과 함께 미국으로 건너간다. 그러나 적응에 실패하고 이내 일본으로 돌아온다. 청일전쟁(1894-1895) 후 일본이 득세하자 개혁적 내각에 중용되나 이내 대원군의 정치적 핍박으로 다시 망명길에 올랐다가 1907년 귀국한다. 1920년 동아일보사 초대 사장, 1926년 중추원 의장, 1932년 일본귀족원의원을 지냈다.

"조선의 비극" (The Tragedy of Korea)

프레데릭 맥킨지(Frederic Arthur McKenzie)

"박영효는 선교사의 친구였다. 그는 특히 미국이 조선을 도와주기를 바랐다. 그는 한 미국인에게 "당신들은 우리에게 많은 좋은 일을 해줄 수 있습니다"라고 말했다. "당신들은 멀리 떨어져 있기 때문에 이기적인 목적을 가진 것으로 의심받지 않을 것입니다. 우리 백성이 필요로 하는 것은 교육과 기독교화입니다. 당신들의 선교사와 선교학교를 통해 우리 백성을 교육하고 고양시킬 수 있습니다. 그것은 대단한 도움이 될 것입니다. 아마도 지루한 일이겠지만 당신의 위대한 나라는 할 수 있을 것입니다. 당신의 선교사들은 이미 조선에서 좋은 일을 해왔습니다. 우리의 옛 종교들은 그냥 앉아만 있고 기독교 개종의 길은 열려 있습니다.

우리나라 방방곡곡에 군대같이 많은 기독교 교사와 일꾼들이 배치되어야 합니다. 헌법 개혁을 하기 전에 우리 백성은 교육받고 기독교화되어야 합니다. 그럴 때에만 우리는 입헌적 정부를 가질 것이고 아마도 가까운 미래에 당신의 나라와 같은 자유롭고 개화된 나라를 가지게 될 것입니다."

66. 박인덕(1896~198?) : 평남 진남포에서 출생하여 1916년 이화학당 대학과를 졸업하였고 출중한 재능으로 선교사들의 인정을 받았다. 웨슬레인 대학에서 사회학 석사학위를 받고 컬럼비아대학에서 교육학 박사학위를 받았다. 여성의 실력양성, 인권함양 등 다양한 사회운동을 주도했다.

67. 절무상통 : 통상교류가 전혀 없음

68. 객고(客苦) : 이방인의 객으로서의 고생

69. 매티 노블은 자신의 일지 원문에 한글 독립선언문을 영역해 놓았으나 이 책엔 실지 않았다.

70. 베커(A. L. Becker). 1903년 내한한 감리교 선교사. 미국 미시간 대학에서 물리학 박사학위를 취득한 그는 1,400명의 평양 시민들의 청원에 의해 설립된 평양의 기술학교 격물학당(格物學堂)의 초대 교수로 취임하였다.

71. 모우리(Eli M. Mowry). 1908년 내한한 장로교 선교사. 평양 숭실학교 교사로 재임 중 3·1 운동에 참여한 학생을 숨겨주었다는 혐의로 체포되어 평양에서 옥고를 치뤘다. 평양 장대현 교회의 찬양대를 지도했으며 현재명, 안익태 등 많은 음악가 제자들을 양성하였다.

72. 김윤식(金允植)과 이용직(李容稙)은 한일합방 직후 일본으로부터 자작 작위를 받았으나 이 청원서로 인하여 작위를 빼앗겼다.

73. 룰루 프레이(Lulu Frey, 1868~1921). 1893년 감리교 선교사로 내한하여 이화학당 교사로 활동하다 1907년 제4대 이화학당 당장에 취임했다. 1910년엔 이화학당에 대학과를 창설했다.

74. 과학관(Science Hall). 1907년 완공된 평양 기술학교 격물학당의 다

른 이름.

75. 신흥우(申興雨, 1883~1959). 미국유학 후 1912~20년 배재학당 교장을 맡았다. YMCA 총무로 있던 1933년 성경의 토착적 재해석과 교회의 적극적 정치 개입 등을 지향하는 적극신앙단을 결성하였으나 교계의 반발로 YMCA 총무직을 사퇴하고 적극신앙단은 해체되었다.

76. 호레이스 언더우드(H. H. Underwood)는 Korea Mission Field라는 선교잡지에 다음과 같은 글을 기고했다. 이 글은 「한국과 언더우드」(서정민 편역, 한국기독교역사연구소)라는 책에서 발췌한 것이다.

"2세대 선교사들의 추억(나의 유년시절에)"

(중략) 어머니는 조심스럽고도 섬세하게 점심식사를 마련하고 계신다. 그러나 이 우스운 도시락 통이라니! 도시락 통은 쇠로 만들어졌고 튼튼한 자물쇠가 달려 있다. 아버지는 도시락 통을 잠그시고는 안주머니에 열쇠를 조심스럽게 넣으신다. 다른 쪽 주머니에는 큰 리볼버 권총이 들어 있다. (아버지는 이 권총이 못내 불편하신 눈치다.) "아빠는 왜 도시락을 가져가세요? 소풍 가시는 거예요? 왜 엄마는 아빠에게 작별인사를 하나요? 아빠는 언제 돌아오시는 거죠?" 어떤 나쁜 사람들이 왕에게 못된 짓을 해서 아버지는 왕을 돌보러 가시는 것 같았다. (물론 나는 아빠가 폐하를 돌보시면 폐하는 안전해질 거라고 믿었다.) 왕은 우리 어머니가 마련한 음식과 그의 궁궐에서 가져온 음식을 모두 싫어한다고 했다. (이것은 당연한 일이었다. 그가 어찌할 수 있겠는가?) 정말로 폐하가 사람들이 독살당하는 것을 지켜보면서 궁궐 안에 갇혀 어떻게 대비할 수 있었겠는가? 그러나 그날 밤 나는 그런 상황을 알 수 없는 노릇이었다.

* * *

우리 가족은 교회에 딸리지 않은 작은 방에서 생활했다. 우리가 집을 떠난 후부터 우리는 며칠씩 차를 타거나 걸었고 이상한 곳에서 잠을 청했다. 어머니는 아프셨다. 몹시 아프셨다. 그들은 항상 어머니를 위해 기도했다. 한 부인과 소녀가 아버지를 보러 문간에 왔다. 나는 그 소녀를 알았고 자주 그 아이와 놀았다. 그러나 이번에는 그 아이가 신을 벗고 우리 아버지를 만나기 위해 자기의 어머니를 따라 들어왔다.

"목사님." 그 부인이 말했다. "우리 딸 필례와 제가 언더우드 부인을 위해 산에 올라가 밤새도록 기도했어요. 하나님께서 언더우드 부인을 살려주신다고 했습니다. 곧 나으실 거예요."

정말 어머니는 곧 나았다. 응답되는 기도가 이상한 것이 아님에도 불구하고 이 기억은 나의 뇌리에서 좀처럼 사라지지 않는다. 나는 아직 "장성한 분량에 이르지" 못했던 것이다! 나는 최씨 부인(김필례)이 이제 조선의 대표적인 여성으로서 자신의 의무와 활동을 하는 도중에 그녀와 그녀의 어머니가 내 어머니의 생명을 구했던 바로 그날 밤을 어떻게 회상하게 될지 궁금하다.

* * *

멋진 집이었다. 책상에는 타자기가 숨겨져 있었고 때때로 타자기는 책상 위에서 신기하게 작동했다. 나는 조용히만 있으면 그곳에서 놀 수 있었다. 나는 내가 앉은 곳에서 아펜젤러 아저씨의 발을 볼 수 있었다. 그 발은 기운이 넘치는 발이었고 이리저리 움직이기도 하고 마룻바닥을 두드리기도 하고 앞뒤로 돌아다니기도 했다. 게일 아저씨의 발은 좀 더 조용했고 발에서는 고요함이 뿜어져 나왔다. 한쪽 발은 공기 중에서 완전히 스스로 부드러운 리듬을 타며 흔들리고 있었다. 아마 그는 다리를 꼬고 앉아 있었을 테지만 그 발이 다른 한쪽 다리 아니 게일 아저씨와도 완전히 떨어져서 스스로 움직인다고 상상하는 것은 멋진 일이었다. 떠들지 말아야 한다는 원칙도 어른들한테는 해당되지 않는 것 같았다. 때로 그들은 소리를 질렀다! 항상 그들은 이야기를 나누거나 글을 읽었다. 주로 영어와 한글을 사용했고 나는 그 말을 알아들을 수 있었지만 어떤 때는 그들이 읽는 글은 완전히 알아들을 수 없는 언어였다. 모든 진행순서는 신비롭고도 흥미로웠다. 왜냐하면 그들은 "번역하고(translating)" 있었기 때문이었고, 에녹이 승천(translating)했던 것과 같은 것이었다. 아마도 꼬였던 다리가 풀어지는 것이 '번역'의 첫 단계인 것 같았다!

오랜 시간이 흐른 후 나는 그 커다란 감리교회에 갔고 그분들은 모두 강연을 시작했다. 지루한 강연들이 끝난 후에야 몹시 평범하게 보이는 조선어 신약성서 한 권이 이 모든 소란의 원인이었다는 사실이 밝혀졌다!

여행. 서리가 뒤덮인 아침, 따뜻하고 밝은 정오와 해질 녘 언덕에 작열하는 부드러운 태양! 어머니의 가마를 메고 반은 뛰고 반은 걸으며, 마음씨 좋은 아저씨들은 내가 막대기에 손을 올려놓는 것이 가마의 균형 잡는 걸 어렵게 만들고 일을 힘들게 하는데도 한 번도 불평하지 않으셨다. 아버지 곁에 서서 깡충깡충 뛰거나 재빠르게 걸으며 나는 조랑말 꼭대기 자리를 원했고 그 자리에 타게 되면 엉엉 울었다. 여관의 마당에서 조랑말들은 배 둘레에 넓은 끈을 두른 채로 서까래에 묶여 있었고 김이 모락모락 나는 뜨거운 먹이를 우적우적 먹으며 한 입 가득 먹이를 먹고 있는 다른 친구들을 친근하게 발로 차거나 깨물었다. 마부들은 호령하는 언어로 말과 여관 주인과 눈에 보이는 사람들 모두에게 호통을 쳤다. 거대한 황소와 달구지. 밤이 길 위의 우리를 덮을 때 타오르는 횃불의 행렬. 이상하게 생긴 다리. 우스운 조그만 방. 나룻배. 해안을 따라 항해하는 배. 한두 번 헐떡이다가 우리 아래로 가라앉을 것만 같은 조그만 증기선. 친절하고 친근하며 호기심 어린 수많은 사람들. 그리고 이 모든 것들 위에 울려 퍼지는 내 아버지의 목소리. 설교와 찬양. 찬양과 설교. 언제나 그랬다. 문의 꼭대기와 도시의 성벽에서, 장터의 쌀가마 위에서, 여관 마당에서, 나룻배에 탄 사람들에게 항상, 어디서나 설교하셨다.

최근 한 소년이 물었다. "믿지 않는 사람들에게 설교하는 사람들은 구세군밖에는 없지 않나요?" 나는 때로 그의 기억과 나의 기억 사이에 차이가 있지 않은가 하고 생각한다.

연유, 말린 사과와 타피오카! 프로이드는 확실히 옳다. 오늘날 이러한 장면은 가장 격렬한 반응을 일으킨다. 얼마 전 집에서 내 발끝에서 흔들리던 먼지, 타피오카와 말린 사과가 나를 그렇게 만들었다. 내 아내가 탁자 밑에서 발로 나를 조심스럽게 건드렸을 때에 나는 정신을 차리고 우리를 초대한 사람들을 제대로 대할 수 있었다. 내가 최초로 그리고 유일하게 진짜 사과를 먹어본 것은 아펜젤러 아저씨가 친절하게도 우리 가족에게 몇 개 안 되는 그의 사과 가운데 하나를 주었을 때였다. 오늘날 나는 아펜젤러 아저씨의 얼굴이 사과껍질의 후광으로 엷게 덮여 있는 것을 본다.

77. 트리셀(Maude V. Trissel). 1914년 내한한 미감리교 여선교사. 평양 맹아학교와 원주, 평양, 강릉 등지에서 복음전도 및 교육전도사로 사역하였다. 1940년 귀국하였다.

78. 협성신학대학. 1907년 아펜젤러 선교사가 초대 책임자가 되어 서울에 개교하였으며 1931년 감리교 신학대학교로 개칭하였다.

79. 김재찬 목사. 매티 노블은 감리교 조선선교 25주년 연회에서 발표한 글에서 살로메와 남편 김재찬 목사에 대해 이렇게 적었다.

"수년 전 한 젊은 여성이 선교사가 제공한 음식을 먹게 되었다. 그것을 계기로 기독교인이 되었는데 그 사실을 이웃들이 시어머니에게 알려 시어머니의 구박을 받게 되었다. 그 당시 그녀의 남편은 종종 술에 취해 있었는데 아내가 우상숭배를 끊고 교회에 고집스럽게 나가는 것을 보고 광분하였다. 하루는 크고 날카로운 칼을 들고 집에 들어오더니 그녀에게 집어 던졌다. 다행히 칼은 그녀의 발 앞에 떨어져 다치지는 않았다. 그녀는 보호해주시는 하나님께 감사하였다. 그녀는 훌륭한 전도부인이 되었고 여학교 교사가 되었다. (...) 남편은 선교사의 집에서 회심하여 후에 목사안수를 받게 되었다." (「은자의 나라 문에서」, 103쪽)

80. 성경과 신앙서적을 팔러 여행하던 사람들.

81. 이 책의 1906년 6월부터 1910년 2월 사이의 기록들은 마티 노블 선교사가 일지에 기록한 것이 아니라 대외적으로 보낸 선교보고나 편지들을 일지에 넣어 보관한 자료들이다.

82. 영시의 기본요소인 각운(rhyme)을 썼다. (wall, small, fall)

83. 헨리 아펜젤러(Henry D. Appenzeller)는 최초의 감리교 조선 선교사인 헨리 아펜젤러(Henry G. Appenzeller)의 아들로서 배재학당 교장을 역임했다,

84. 호레이스 언더우드(Horace H. Underwood)는 최초의 장로교 조선 선교사인 호레이스 언더우드(Horace G. Underwood)의 아들로서 연세대학교의 전신인 연희전문학교 교장을 역임했다.

85. 이 책은 1927년 『승리의 생활』이란 제목으로 1927년 조선기독교창문사에서 출판되었다.

86. 벙커(D. A. Bunker, 1853~?). 1886년 조선의 왕립학교인 육영공원의 교사로 내한했다. 1887년 명성황후의 시의였던 의료선교사 애니 앨러스와 결혼하고 후에 미 감리회 선교사가 되었다. 배재학당의 당장으로 교육에 헌신했으며(1902~11), 옥중전도에 힘써 이승만, 이상재, 신흥우, 남궁억 등의 배재학당 졸업생들이 기독교로 개종하는 계기를 만들었다.

87. 헨리 아펜젤러 교장은 1920년 배재학당에서 일어난 반일시위를 이유로 교장직위에서 해임 당했다. 그러나 얼마 후 반일운동이 재발되지 않도록 협력한다는 조건으로 복직되었다. (「윤치호 일기」, 169쪽)

88. 조선 감리교의 출범으로 남북으로 나눠져 있던 감리교단이 하나로 통합되었고 교회의 지도권이 미국 선교사들로부터 조선인으로 이양되었다. 그러나 미국 선교본부로부터 완전히 분리하지는 않고 미국 선교본부와 선교사들과 긴밀한 협동체계를 유지하는 과도기적인 모양새를 취했다. 그래서 조선 감리교의 최고지도자로도 '감독'(bishop)을 세우지 않고 '감독'과 '감리사'(superintendent)의 중간단계인 '총감리사'(general superintendent)를 세웠다. 당시 조선의 감리교회 내엔 서양 선교사와 조선인 목회자간의 주도권 갈등이 있었고, 조선인 내에도 지역별, 세력별 분파와 다툼이 있었다.

89. 총회는 감리교의 최고기관으로 연회보다 상위기관이다.

90. 맥클레이(Robert McClay). 감리교 일본 선교사. 1884년 감리교 가우처 박사의 요청으로 조선을 방문하여 선교를 위한 교육 및 의료사업의 가능성을 타진하고 고종의 윤허를 받아 감리교 조선선교의 개척자가 된다.

91. 매티 노블은 푸크가 초대공사라고 기록하였지만 그는 푸트(Lucius Foote) 초대공사 뒤를 이은 대리공사였다.

92. 1930년대, 닥터 스크랜턴의 아내 스크랜턴 부인이 앨리스 아펜젤러 양에게 보낸 편지를 보면 당시의 정황을 알 수 있다.

"누군가 (맥클레이 박사라고 생각되는데) 1884년 클리블랜드에 있는 스크랜턴 대부인(시어머니)을 찾아 왔어요. 현관에 있는 절 보더니 조선에 선교사로 가고 싶으냐고 물었지요. 전 놀라 그를 쳐다보았죠. 나는 해외 선교에 대해서는 아는바가 없었고, 그 때까지 해온 거라곤 국내 전도나 북아메리카 인디언과 관련된 일뿐이었어요. 그래서 이렇게 대답했습니다. "저런, 물론 아니죠." 그가 말했습니다. "그렇다면 당신은 가지 않는 것이 좋겠네요." "그래요. 저는 가는 것을 생각해 본 적이 없습니다." 그는 다른 이야기 없이 떠났고 나도 더 이상 생각하지 않고 지냈습니다.

어느 초여름 닥터 스크랜턴이 심하게 장티푸스를 앓았고 동시에 아이도 매우 아팠습니다. 남편은 어머니의 간호를 받을 수밖에 없는 형편이었습니다. 남편이 회복된 후 우리는 야외로 드라이브를 나갔습니다. 거기서 그는 놀랄 이야기를 하나 하겠다고 했습니다. 그것은 중앙아프리카를 제외한 어느 곳에라도 선교사로 가서 헌신하겠다는 이야기였습니다. 이윽고 제가 말했죠. "당신이 가는 곳이 어디든 저도 갈 거예요." 그리고 잠시 후 말을 이었습니다. "그리고 거기서 죽어 묻힐 거예요." 내가 결혼할 때의 결심 중 하나가 남편의 뜻을 거스르지 않는 것이었고, 커다란 변화였지만 그러한 큰 이상을 좇아 그와 함께 한다는 것이 만족스러웠습니다. 나는 기뻤습니다. 내가 비록 이상적인 선교사는 되지 못하겠지만 모두가 나에게 잘 해주었습니다. 다음 달인 1월 우리는 낡은 중기선 아라빅 호를 타고 거친 항해를 시작했습니다." (「은자의 나라 문에서」, 45쪽)

_1930년대 닥터 스크랜턴의 아내 스크랜턴 부인이
앨리스 아펜젤러 양에게 보낸 편지

93. 조선 초창기 시절에 관한 개인적인 회상

애니 엘러스 벙커 (Annie Ellers Bunker)

"(...) 말을 타고 성문을 통과한 후 멈춰 섰다. 막 땅거미가 지고 있었다. 말이 멈췄을 때 나는 거대한 문을 돌아보았다. 두 명의 남자가 한 쪽을 닫고 반대쪽으로 가서 사슬을 풀고 문을 닫기 위해 밀었다. 그때 거대한 철 걸쇠가 자물쇠로 밀어 넣어졌고 문은 잠겨졌다. 갇혔다! 나갈 길이 없었다.

언어 소통이 되지 않는 이 백성과 함께 성안에 갇혔다. 피곤하고, 더럽고, 더웠다. 내 안에는 조금의 열정도 남아있지 않았다.

거기에서 조랑말 위에 앉아 있었을 때 나는 어떤 신음소리와 울음소리를 들었다. 그들이 울부짖고 있을 때 여기저기를 둘러보던 나는 어둠 속에서 뒤죽박죽 쌓인 물체들이 앞뒤로 얽혀있는 것을 보았다. 어찌된 일인가! 집들은 낮았고, 이엉과 기와로 지붕을 이었고, 앞쪽 거리의 옆 아래로는 악취가 나는 도랑이 있었고, 거리는 좁았고 이곳저곳이 오물 덩어리로 뒤덮여 있었다. 우리는 어디에 있는 걸까? 이것은 악몽일까? (…) 나는 신음소리와 울음소리가 무엇인지를 물어보았다. 뒤쪽에서 대답이 들려왔다. "콜레라요 콜레라, 마실 것을 조심하쇼!" (…) 사람들은 매일 300~400명씩 죽어가고 있었다. 어느 쪽으로 가야 할지를 정한 후 우리는 아주 안전한 장소인 알렌 박사의 집과 언더우드의 집에 도착했다. 우리가 배운 첫 번째 조선말은 '물' 두 번째는 '얼음' 세 번째는 '가져오너라' 였다. 너무 더웠다! 내가 겪었던 가장 더운 독립기념일이라고 생각한다.

도착한 후 7일째 나는 서울에서의 첫 번째 세례식에 참석하는 영광과 큰 기쁨을 누렸다. 언더우드는 그때에 노씨에게 세례를 주었다. 그 의식은 헤론 박사의 집에서 거행되었다. 하인들은 모두 심부름을 시켜 밖으로 내보냈다. 우리 선교사들은 조용히 모였고 문을 잠그고 커튼을 쳤다. 그 신자는 목숨을 잃을 수 있는 일을 하고 있었다. 왜냐하면 선교사들이 가르치고 설교하는 것은 허용되었지만, 어느 정도 선까지 용납되는지에 대해서는 불안하고 불확실했기 때문이다. 그리스도는 거기에 우리와 함께 계셨고, 노씨의 신앙을 보았을 때 우리 모두의 마음은 고양되었다.

(…) 왕비는 능력 있는 여성이었다. 그녀는 정사를 결정해왔다. 품위 있고 인자한 왕은 그녀가 지도적 위치에 있는 것을 기뻐하고 좋아하는 것 같아 보였다. 어느 날 내가 왕을 알현하고 있을 때였다. 중국에서 온 한 사신이 들어왔다. 그가 가져온 문서가 왕에게 전달되었다. 왕은 그것을 정독하고 왕비가 왕의 팔을 잡으면서 어떤 지시를 보내자 왕은 비로소 말하기 시

작했다. 왕은 웃으면서 그것을 받아들였다.

결혼한 지 얼마 되지 않았을 때 왕비가 나에게 웨딩드레스를 입고 궁궐에 들어오라고 사람을 보냈다. 물론 나는 갔다. 도착했을 때, 나는 왕비의 방 중 하나로 안내를 받았다. 여기서 왕비는 내가 입고 있는 옷을 자세하게, 심지어는 속속들이 살펴보았다. 일주일 후 나는 다시 궁궐로 들어오라는 연락을 받고 들어가서 다시 왕비의 방으로 안내를 받았다. 왕비는 신부의상을 입고 있는 왕세자비와 함께 있었다. 왕세자비는 내가 결혼하기 바로 얼마 전에 결혼을 했다. 그녀는 결혼식 때와 같은 성장을 하고 서 있었다. 눈은 감고, 뺨과 이마에 연지곤지를 찍고, 어여머리를 하고 결혼식 때 입었던 모든 것을 한 채 왕비는 나에게 조선식 신부의상을 살펴보라고 말했고 나는 그렇게 했다. 심지어는 속속들이 그렇게 했다. 왕비가 얼마나 웃던지! 왕비는 나의 행동을 아주 재미있어 했다. (...)

94. 애니 엘러스(Annie Ellers, 1860~1938). 보스턴 의과대학 재학 중 조선 왕비의 시의로 와달라는 요청을 받고 1886년 북장로회 의료선교사로 내한하였다. 1887년 육영공원 교사 벙커(D. A. Bunker)와 결혼했다. 한국에서 40년간 선교사로 봉직하며 1926년 은퇴하여 귀국했다가 다시 내한하여 1938년 양화진 묘지에 묻혔다.

95. 김종우(1883~1939) 목사는 부흥목사 및 기독교조선감리회 감독으로도 활동했다. 동대문 교회, 정동제일교회, 수표교교회 등 서울의 주요교회를 담임하였다.

96. 조선기독교협의회(Korean National Church Council). 1924년 결성된 조선예수교연합공의회(Federal Council)를 근간으로 하는 기독교 협의체. 장로교와 감리교가 교회의 연합과 일치의 정신을 실현하기 위해 창설하였다.